SCHRIFTEN ZUR GELDTHEORIE UND GELDPOLITIK

Herausgegeben von
Prof. Dr. Hans-Hermann Francke, Freiburg
Prof. Dr. Alois Oberhauser, Freiburg

Band 14

Die Performance der Europäischen Währungsordnung

Eine Analyse der Interessenstrukturen im EWS

Thomas Lord

Centaurus Verlag & Media UG 1995

Die Deutsche Bibliothek – CIP-Einheitsaufnahme

Lord, Thomas:
Die Performance der Europäischen Währungsordnung :
eine Analyse der Interessenstrukturen im EWS /
Thomas Lord. – Pfaffenweiler : Centaurus Verl.-Ges., 1995
(Schriften zur Geldtheorie und Geldpolitik ; Bd. 14)
Zugl.: Freiburg (Breisgau), Univ., Diss., 1994

ISBN 978-3-8255-0030-6 ISBN 978-3-86226-372-1 (eBook)
DOI 10.1007/978-3-86226-372-1

NE: GT

ISSN 0941-1194

Satz: Vorlage des Autors

Geleitwort

Seit Beginn der 80er Jahre wird die europäische Währungsgeschichte von den institutionellen Regelungen des Europäischen Währungssystems (EWS) und dem Bemühen der daran beteiligten Partnerstaaten geprägt, im Rahmen dieses Währungssystems unterschiedliche politische Interessen durchzusetzen. Die Divergenz der währungspolitischen Zielstellungen hat zu einer wechselhaften Performance dieser europäischen Währungsordnung geführt, so daß neben Phasen effizienten Kooperierens solche des gemeinsamen Scheiterns getreten sind. Die gegenwärtige drastische Erweiterung der Wechselkursbandbreiten, die im Sommer 1993 beschlossen wurde, markiert zwar einen vorläufigen de facto-Endpunkt des EWS, doch scheint damit zugleich die Basis für eine neue zukünftige europäische Währungsordnung in Form der angestrebten Europäischen Währungsunion (EWU) gelegt worden zu sein.

Die Entwicklung des EWS ist von wissenschaftlicher Seite von Anfang an aufmerksam beobachtet und kommentiert worden. Während in der politischen Öffentlichkeit die zustimmende Einschätzung des Systems dominierte, sind die diesbezüglichen wissenschaftlichen Auseinandersetzungen eher von skeptischer Distanz geprägt. Wenn trotzdem positive Hoffnungen mit dem EWS verbunden wurden, dann gründeten diese sich wesentlich auf den durch ein Festkurssystem ausgeübten Zwang zur Herausbildung effizienter ökonomischer Institutionen in den Partnerländern. Ein derartiger Institutionenwandel hat zwar teilweise stattgefunden, doch wurden dabei Anspannungen des Systems hervorgerufen, die dieses in mehrfache existentielle Krisen stürzten. Herrn Dr. Thomas Lord ist es gelungen, diese Performance des EWS umfassend darzustellen und sie einer erhellenden ökonomischen Analyse zu unterziehen.

Freiburg i. Br., Februar 1995 *Prof. Dr. H.-H. Francke*

Meinen Eltern

Vorwort

In der vorliegenden Arbeit, die als Dissertation von der Wirtschaftswissenschaftlichen Fakultät der Albert-Ludwigs-Universität Freiburg angenommen wurde, wird der Versuch unternommen, die vielschichtigen nationalen Motive und damit verbundenen Handlungsstrategien der europäischen Staaten in ihrer Zusammenarbeit auf währungspolitischer Ebene aufzudecken. In dem für die Analyse relevanten Zeitraum von der Gründung des Europäischen Währungssystems im März 1979 bis zur heutigen 'Nach-Maastricht-Zeit' sind gerade die Zielvorstellungen und wirtschaftspolitischen Präferenzen der Mitgliedstaaten ausschlaggebend gewesen für die wechselvolle Entwicklung der währungspolitischen Kooperation in Europa. Als Teil des gesamten europäischen Integrationsprozesses ist diese Zusammenarbeit schon immer gekennzeichnet gewesen von einer komplexen Interessenkonstellation, in der sich die Divergenzen in den nationalen politökonomischen Vorstellungen widerspiegeln. Eine adäquate Berücksichtigung dieser 'politischen Dimension' in der ökonomischen Analyse währungspolitischer Kooperationen ist somit unentbehrlich für ein tieferes Verständnis der institutionellen Performance der Europäischen Währungsordnung.

Den entscheidenden Anstoß zu einer kritischen Auseinandersetzung mit dieser interessanten Thematik verdanke ich vor allem meinem Doktorvater, Professor Dr. H.-H. Francke, der mir mit seinen Ratschlägen, Anregungen und insbesondere mit seinem großen Vertrauen in das Gelingen dieses Projektes sehr geholfen hat. An dieser Stelle möchte ich ihm dafür - und für vieles andere mehr - herzlich danken. Desweiteren bedanke ich mich bei meinen Institutskollegen für die hilfreichen Gespräche und Diskussionen, vor allen bei Dr. Jochen Michaelis, dessen kritische wie konstruktive Anmerkungen mir eine wertvolle Unterstützung waren. Einen besonderen Dank möchte ich an meine Eltern und Karin Benz, ferner Nicolas Jost und Andreas Fischer-Barnicol richten, die mich mit Zuspruch, Rat und Tat auf meinem Weg zur Vollendung dieser Arbeit begleitet haben. Schließlich bedanke ich mich bei den Herausgebern für die Aufnahme meiner Arbeit in die Schriftenreihe zur Geldtheorie und Geldpolitik.

Köln, im Februar 1995 *Thomas Lord*

Inhaltsverzeichnis

Abbildungs- und Tabellenverzeichnis

Abkürzungsverzeichnis

Abb.	Abbildung
Art.	Artikel
Bd.	Band
BdF	Banque de France
BdI	Banca d'Italia
BIZ	Bank für internationalen Zahlungsausgleich
bzw.	beziehungsweise
D-Mark	Deutsche Mark
d. h.	das heißt/bedeutet
DBBk	Deutsche Bundesbank
Deutschland	Bundesrepublik Deutschland, ab Oktober 1990 einschließlich der neuen Bundesländer
ECU	Europäische Währungseinheit (European Currency Unit)
EG	Europäische Gemeinschaften
EU	Europäische Union
EWFZ	Europäischer Fonds für währungspolitische Zusammenarbeit
EWGV	Vertrag zur Gründung der Europäischen Wirtschaftsgemeinschaft
EWS	Europäisches Währungssystem
EWWU	Europäische Wirtschafts- und Währungsunion
EZB	Europäische Zentralbank
f.	folgende Seite bzw. fortfolgende Seiten
FIBOR	Frankfurt Interbank Offer Rate
Fr. Fanc	Französischer Franc
Großbritannien	Großbritannien einschließlich Nordirland
Hrsg.	Herausgeber
IMF	International Monetary Fund
It. Lira	Italienische Lira
Jg.	Jahrgang
Kap.	Kapitel
Mio.	Millionen
Mrd.	Milliarden
Nr./No.	Nummer
OECD	Organisation for Economic Co-operation and Development
PIBOR	Paris Interbank Offer Rate
S.	Seite
Tab.	Tabelle
u. a.	unter anderem / und andere
US-Dollar	US-amerikanischer Dollar
v. a.	vor allem
vgl.	vergleiche
Vol.	Volume
(West-) Deutschland	Bundesrepublik Deutschland ohne die neuen Bundesländer
z. B.	zum Beispiel

A. Einleitung

I. Einführung in die Fragestellung

Die Quasi-Aufhebung der Wechselkursbandbreiten im Sommer 1993 markierte den vorläufigen Tiefpunkt der währungspolitischen Kooperation im Europäischen Währungssystem, das im März 1979 gegründet wurde. Die Entwicklungen, die das EWS bis heute erfuhr, waren vor allem politisch geprägt. Schon die Einführung des Systems war kein Resultat eines tiefen ökonomischen Denkprozesses, sondern das für viele unerwartete Ergebnis einer politischen Initiative. Denn die Meinung vieler Ökonomen hinsichtlich der Effizienz eines solchen Wechselkurssystems war überwiegend pessimistisch. Die politische 'Tour de force' der beiden Hauptakteure, des damaligen deutschen Bundeskanzlers Helmut Schmidt und des damaligen französischen Präsidenten Valéry Giscard d'Estaing, war trotz allem erfolgreich bei dem Bemühen, einen europäischen Wechselkursverbund zu etablieren. Dabei war die Interessenlage der Teilnehmerstaaten von sehr heterogener Natur. Die sogenannten Schwachwährungsländer erhofften sich u. a. Hilfe bei der Wiederherstellung der inneren und äußeren Stabilität ihrer Währungen, während die Starkwährungsländer, v. a. Deutschland, einen Weg suchten, sich vor einer weiteren Aufwertung und einer Passivierung der Leistungsbilanz zu schützen. Daneben war es ein gemeinsames Anliegen, durch die Etablierung einer festen Wechselkurszone in Europa einen Kontrapunkt zum US-amerikanischen Dollar zu schaffen und damit die Abhängigkeit von demselben abzuschwächen.

Diese spezifische Interessenkonstellation, die noch eine Vielzahl anderer politischer Faktoren beinhaltete, erfuhr im Lauf der Jahre grundlegende Veränderungen. Es haben sich mit der Zeit strategische Verhaltensweisen als Antwort auf individuelle Präferenzen und Bedürfnisse der Mitgliedsländer herausgebildet, die von der ursprünglichen Konzeption des EWS abwichen und die Arbeitsweise des Systems in verschiedener Hinsicht modifizierten. Insofern ist die Performance des EWS nicht nur auf das System selbst, sondern mehr auf die politischen Präferenzen und deren Durchsetzung zurückzuführen.

Gegenstand der Arbeit soll demnach eine Analyse der Interessenstrukturen der beteiligten Staaten im EWS sein, mit dem Ziel, deren Einfluß auf die Funktionsweise des Systems aufzuzeigen. Somit steht nicht eine rein makroökonomische Analyse des Wechselkurssystems im Mittelpunkt der Untersuchung, sondern vielmehr die Rolle der Politikkoordination bzw. -interaktion zwischen den Teilnehmerstaaten. Dieses Vorgehen erlaubt eine Identifizierung der politökonomischen Interessen und der darauf beruhenden Handlungsstrategien der Hauptakteure.

Gerade in den letzten Jahren sind grundlegende Veränderungen in der währungspolitischen Kooperation eingetreten. Auf institutioneller Ebene wurde mit den Verhandlungen zur Errichtung einer Europäischen Wirtschafts- und Währungsunion, die zur Unterzeichnung des Maastrichter Vertrages im Februar 1992 führten, die Grundlage für eine noch weitergehende politische Union geschaffen. Demgegenüber steht die praktische Politikkoordination, die die Entwicklung des EWS von einem System fester, aber anpassungsfähiger Wechselkurse über ein Quasi-Festkurssystem ohne Leitkursanpassungen (ab 1987) bis zu einem Quasi-Flexkurssystem (mit der De-facto-Aufhebung der Bandbreiten im August 1993) entscheidend beeinflußte. Der extreme Wechsel von festen zu flexiblen Wechselkursen ist letztlich als Konsequenz der divergierenden währungspolitischen Handlungsstrategien und der dahinterstehenden Interessen der einzelnen Mitgliedstaaten zu sehen.

Die politische Debatte um die Weiterentwicklung der europäischen Währungskooperation war schon immer eine Mixtur aus unterschiedlichen ökonomischen, politischen und ideologischen Argumenten, in der das strategische Verhalten der Beteiligten maßgeblich die Entwicklung des Systems beeinflußt hatte, was nicht zuletzt die Verhandlungen um die Europäische Wirtschafts- und Währungsunion zeigten. Diese waren gekennzeichnet von einem strategisch geführten Verhandlungsprozeß, in dem die unterschiedlichen nationalen Vorschläge hinsichtlich der institutionellen Ausgestaltung der Währungsunion die bestehenden Divergenzen in den Vorstellungen der einzelnen Mitgliedsländer reflektierten. Auch nach der Ratifizierung des Maastrichter Vertrages dauert der Verhandlungsprozeß noch an und wird wohl noch längere Zeit andauern; denn angesichts der aktuellen Situation in der Europäischen Union und deren bevorstehende Erweiterung durch die nordischen Staaten und Österreich sind noch eine Vielzahl politischer und ökonomischer Probleme auf dem Weg zu einer gemeinsamen Wirtschafts- und Währungsunion zu lösen.

Für eine differenzierte Analyse des EWS ist es also von Wichtigkeit, die politischen 'feedbacks' auf die Arbeitsweise des Europäischen Währungssystems zu berücksichtigen. Denn politische Entscheidungen basieren nicht nur auf ökonomischen Erkenntnissen über die 'optimale' Kooperationslösung für alle Beteiligten, sondern beruhen vielmehr auf den Divergenzen in den wirtschaftspolitischen Grundvorstellungen, Ordnungs- und Machtverhältnissen und auch in den unterschiedlichen Kulturmerkmalen der Mitgliedstaaten im EWS. Die Unterschiede in den nationalen Präferenzen können dazu führen, daß erzielte kooperative Lösungen die faktische Situation nicht nur verbessern, sondern möglicherweise auch verschlechtern und nicht-kooperative Lösungen kooperativen mitunter überlegen sein können; die Konsequenzen der jüngsten Währungskrisen im EWS sind dafür ein prägnantes Beispiel.

Ziel der Arbeit ist es demnach, die politische Dimension des EWS in die ökonomische Analyse zu integrieren, um so zu einer weiterreichenden Erklärung der Performance des EWS zu gelangen. Dabei wird v. a. das vertragstheoretische Instrumentarium der Institutionenökonomik angewandt, weil gerade dieser Denkansatz eine nähere Begründung des individuellen Verhaltens in vertraglichen Kooperationen erlaubt. Die Anwendung dieses Ansatzes als geeigneter Rahmen spiel- bzw. verhandlungstheoretischer Überlegungen und Erkenntnisse soll dazu dienen, Entwicklungen in der europäischen Währungskooperation auch institutionell erklären zu können. Dies eröffnet eine erweiterte Sichtweise der Interaktion der Teilnehmerländer und ihres Einflusses auf ökonomische und institutionelle Entwicklungen im EWS.

II. Aufbau der Arbeit

Im ersten Teil der Arbeit wird ausgehend von der Begriffsbestimmung 'Institution' die Entstehung und der Wandel von Institutionen mit Hilfe einer allgemeinen spieltheoretischen Analyse näher untersucht. Es werden die typischen Spielsituationen und mögliche Strategien erläutert. Von Interesse sind die unterschiedlichen Anreizstrukturen, die insbesondere in Verhandlungsspielsituationen das Verhalten der beteiligten Parteien und damit den Ausgang des 'bargaining process' entscheidend prägen. Darauf aufbauend wird mit der Vorstellung der konkreten Institution des relationalen Vertrages der Problemkreis durch zusätzliche Aspekte ökonomischer Kooperationen erweitert. Der langfristige Charakter solcher Vertragsbeziehungen hat zur Folge, daß eine eindeutige Spezifizierung der Handlungen in Abhängigkeit künftiger, nur teilweise zu bestimmender Umweltsituationen nicht möglich ist. Damit bestehen potentielle diskretionäre Spielräume für ein strategisches Verhalten der Vertragspartner. Die Konsequenzen dieses Verhaltens, die sich in den Kosten des Vertragsverhältnisses widerspiegeln, sind hauptverantwortlich für Erfolg oder Mißerfolg der Kooperation. Die Übertragung des erarbeiteten Instrumentariums auf die Geldpolitik ist Gegenstand des vierten Kapitels. Im Mittelpunkt steht die Interaktion zwischen Zentralbank und privaten Wirtschaftssubjekten. Besonderes Interesse gilt der Politikglaubwürdigkeit im Zusammenhang mit der Erwartungsbildung der Akteure, die eine fundamentale Rolle in der Strategienbildung der geldpolitischen Institutionen einnimmt. Als nächste Stufe wird die Geldpolitik auf internationaler Ebene betrachtet. Es wird der Frage nachgegangen, welche Anreize Staaten mit unterschiedlichen Politikpräferenzen haben können, eine Währungskooperation einzugehen; denn die Anreizstruktur bestimmt letztendlich die institutionelle Etablierung und die Funktionseffizienz eines Festkurssystems. Damit wird übergeleitet zu der vertragstheoretischen Betrachtung eines Festkursarrangements zwischen souveränen Staaten, in der nachgewiesen wird, daß eine solche währungspolitische Kooperation die meisten Merkmale relationaler Kontrakte aufweist und deren konkrete Ausgestaltung mitverantwortlich ist für ihre Stabilität im Zeitablauf.

Im zweiten Teil werden die zuvor herausgearbeiteten Aspekte auf das Europäische Währungssystem übertragen. Es wird zuerst der institutionelle Charakter der geldpolitischen Institutionen im EWS näher betrachtet. Anhand der Deutschen Bundesbank, der Banque de France und der Banca d'Italia, die die wichtigsten geldpolitischen Instanzen im EWS darstellen, werden die verschiedenen Formen der Ausgestaltung und Stellung der Zentralbanken im EWS detailliert untersucht, um die Unterschiede in den Zielfunktionen der einzelnen Zentralbanken und deren Implikationen für die nationale Geldpolitik - unter Bezugnahme auf die theoretischen Ausführungen im ersten Teil - näher erklären zu können. Es folgt dann nach einem geschichtlichen Überblick der währungspolitischen Zusammenarbeit in Europa eine eingehende Betrachtung der Verhandlungen zur Errichtung des EWS und der konkreten Konstruktion des Systems bzw. dessen Elemente, v. a. unter dem Gesichtspunkt der unterschiedlichen nationalen Interessenlagen. Darauf aufbauend schließt sich eine Beurteilung des EWS als ein relationales Kontraktverhältnis zwischen souveränen Staaten mit dem im zweiten Teilvorgestellten vertragstheoretischen Instrumentarium an. Es wird dabei der Frage nachgegangen, inwieweit die asymmetrische Verteilung der Anpassungslasten zuungunsten der Schwachwährungsländer, die sich aus dem Disziplinierungscharakter des Wechselkurs- und Interventionsmechanismus ergibt, einen Schutz vor opportunistischem Verhalten bietet und welche Möglichkeiten sich eröffnen, diesen Disziplinierungsdruck abzuschwächen.

Der dritte Hauptteil hat eine detaillierte empirische Analyse der Performance des EWS zum Gegenstand. Hauptanliegen ist es, das Verhalten der Teilnehmerstaaten und dessen Auswirkungen auf die Arbeitsweise des EWS zu untersuchen. Nach einem Überblick über die Entwicklung wichtiger ökonomischer Größen der Mitgliedstaaten und einer näheren Analyse für die drei großen EWS-Kernländer werden die Unterschiede in den währungspolitischen Strategien anhand des Interventions- und Sterilisationsverhaltens der teilnehmenden Staaten eingehend untersucht. Es wird auch auf die besondere Rolle bzw. auf die Stärke der Dominanz Deutschlands im EWS, die Gegenstand einer Vielzahl empirischer Untersuchungen ist, kritisch eingegangen. In der darauf folgenden Schlußbetrachtung soll vor dem Hintergrund der bisher gewonnenen Erkenntnisse die Rolle der politischen Faktoren bzw. des strategischen Verhaltens der beteiligten Staaten in der Entwicklung der währungspolitischen Kooperation in Europa seit 1979 näher untersucht werden. Denn das unterschiedliche nationale Vorgehen im politischen Bereich spielte und spielt die entscheidende Rolle bei den durchgeführten und geplanten institutionellen Veränderungen der Europäischen Währungsordnung und ist darüber hinaus verantwortlich für die zukünftige Entwicklung des gesamten europäischen Integrationsprozesses.

B. Interessen und Institutionen - Theoretischer Hintergrund und Implikationen für die Geld- und Währungspolitik

I. Begriffsabgrenzungen und terminologische Grundlagen

1. Ökonomische Analyse von Institutionen und Institutionenbegriff

Die Rolle der institutionellen Struktur von Volkswirtschaften stand in der traditionellen wirtschaftstheoretischen Analyse überwiegend im Hintergrund. Diese Struktur wurde nicht als veränderlicher Faktor, sondern als Datum des ökonomischen Prozesses behandelt. Aufgrund der impliziten Annahme eines meist rudimentären institutionellen Rahmens wurde diesem in den Modellaussagen keine besondere Aufmerksamkeit geschenkt. In der neueren Wirtschaftstheorie wird dagegen dieser Rahmen selbst zum Untersuchungsgegenstand der Analyse.[1] Diese Entwicklung im ökonomischen Denken läßt sich aus dem gewachsenen Interesse ableiten, die Natur wirtschaftlicher Rahmenbedingungen und deren Wandel zu verstehen und erklären zu können. Aufgrund der Determinierung dieses Rahmens durch institutionelle Strukturen in einer Volkswirtschaft muß sich notwendigerweise dieses Interesse auf eine nähere Analyse gesellschaftlicher Institutionen und deren Entwicklung beziehen. Gleichwohl gibt es einige theoriengeschichtliche Ansätze, die sich schon viel früher mit der Frage des Entstehens und Wandels von gesellschaftlichen Institutionen auseinandersetzten.[2] In der heutigen Literatur beschäftigt sich eine Reihe ökonomischer Theoriengebiete mit dem Phänomen der 'Institution'. Sie können unter dem Begriff *Moderne Institutionenökonomie* zusammengefaßt werden.[3]

---

1 Vgl. dazu z. B. Meyer, W. (1983), S. 1f., Furubotn, E. G. / Richter, R. (1989), S. 1f., Eggertsson, T. (1990), S. 3f.

2 Schon Adam Smiths 'Theory of Moral Sentiments' (1759) ist eine institutionentheoretische Arbeit, die sich mit der Frage des Entstehens von Basisinstitutionen ('General Rules') beschäftigt, vgl. dazu Elsner, W. (1986b). Zu erwähnen ist auch die theoriengeschichtlich grundlegende Arbeit von C. Menger (1883). In Deutschland hat sich die sogenannte deutsche historische Schule (W. Roscher, B. Hildebrand, G. Schmoller) schon mit institutionellen Fragen beschäftigt. Als Vertreter des älteren amerikanischen Institutionalismus ist J. R. Commons zu nennen.

3 Darunter fallen v. a. vier (sich in ihren Inhalten überlappende bzw. ergänzende) Richtungen: 1. Die neue politische Ökonomie (Public Choice), Vertreter: A. Downs, J. M. Buchanan, G. Tullock, W. A. Niskanen, u. a., 2. Die ökonomische Theorie der Verfügungsrechte (Property Rights), Vertreter: R. H. Coase, G. S. Becker, R. A. Posner, u. a., 3. Die Neue Institutionen-

Im Gegensatz zu den frühen, theoretisch kaum fundierten Ansätzen versucht die Moderne Institutionenökonomie unter Verwendung des heutigen wirtschaftstheoretischen Instrumentariums die Konsequenzen der Einbeziehung von Institutionen in den gesellschaftlichen Prozeß, deren Rolle und deren Einfluß auf die Entwicklung von Volkswirtschaften zu analysieren.[4]

Um der Frage nachgehen zu können, weshalb es überhaupt nötig ist, menschliche Interaktionen institutionell einzuschränken, bzw. warum Institutionen existieren, muß zu Beginn geklärt werden, was eigentlich eine Institution darstellt. In der Literatur existieren - je nach Untersuchungsschwerpunkt - die verschiedensten Bedeutungen des Begriffes Institution. Deshalb soll eine Definition an den Anfang gestellt werden, die so allgemein gehalten ist, daß die meisten Spezifikationen subsumiert werden können:

> *Eine Institution ist eine Regelung für das Verhalten selbstinteressierter Individuen in sich wiederholenden strategischen Entscheidungssituationen, deren allgemeine Anerkennung sich auf bestimmte wechselseitige Verhaltenserwartungen stützt.*[5]

In dieser Definition sind einige grundlegende Hypothesen enthalten, die für das Verständnis der Sichtweise der Institutionenökonomik wichtig sind:

- *Methodischer Individualismus*

Dieser postuliert, „daß es keinen anderen Weg zum Verständnis der sozialen Erscheinungen gibt als über das Verständnis des Handelns des einzelnen, das sich nach den Nebenmenschen richtet, und von deren zu erwartendem Verhalten bestimmt wird".[6] Deshalb soll in der Erklärung sozialen Gruppenverhaltens von den Einstellungen und Verhaltensweisen der einzelnen Gruppenmitglieder ausgegangen werden.

- *Selbstinteressevermutung*

Es wird davon ausgegangen, daß alle Individuen aus Eigeninteresse handeln, um ihren Nutzen zu maximieren.[7] Die Annahme eines ökonomisch zweck-

---

ökonomik (New Institutional Economics), Vertreter: O. E. Williamson, V. P. Goldberg, D. C. North, u. a., 4. Die neue österreichische Schule (Evolutionsökonomik), Vertreter: F. A. v. Hayek, L. M. Lachmann, G. O'Driscoll, u. a., vgl. Richter, R. (1987), S. 71.

4 Zum gegenwärtigen Stand der Diskussion auf diesem Gebiet vgl. die Symposiumsbeiträge in JITE (1993), zur Evolutionsökonomie insbesondere vgl. Witt, U. (1991) und die Beiträge in Witt, U. (Hrsg.) (1992). Für eine synoptische Analyse der institutionenökonomischen Theorieansätze in bezug auf die Geldpolitik siehe Nuck, S. W. (1994).

5 Vgl. Schotter, A. (1981), S. 11, Elsner, W. (1986a), S. 200f.

6 Hayek v., F. A. (1952), S. 15.

7 Es werden stabile individuelle Präferenzen (Nutzenfunktionen) angenommen, in denen das Eigeninteresse alle anderen Motive dominiert; zu diesem 'ökonomischen Ansatz zur

rationalen Verhaltens kann auch in abgeschwächter Form als eingeschränkt rationales Verhalten formuliert werden.[8]

- *Anerkennung und Verhaltenserwartungen*
Im Gegensatz zu physischen Begrenzungen stellen Institutionen einen Bedingungsrahmen für das individuelle Verhalten dar, der helfen soll, politische, wirtschaftliche und gesellschaftliche Interaktionen zu strukturieren und zu vereinfachen. In jeder Gesellschaft existieren Verhaltensnormen, die gegenseitig anerkannte Handlungen der Individuen definieren. Die Anerkennung dieser Regeln liegt in der Erwartung des Einzelnen begründet, daß sich auch die anderen Individuen regelgebunden verhalten. Jeder akzeptiert die Regel, wenn der andere es auch tut. Das Handeln eines Individuums ist somit vom Verhalten und Handeln der anderen abhängig und umgekehrt (strategische Handlungsinterdependenzen).

- *Rekurrenz und Reaktion*
Der zeitlich-dynamische Aspekt liegt in der Wiederkehr von Situationen, in denen sich Individuen erneut gegenüberstehen und gezwungen sind, bei ihren Handlungsentscheidungen das Verhalten der anderen mit zu berücksichtigen. Denn bei regelwidrigem Verhalten eines Einzelnen werden die anderen als Reaktion ebenfalls von der vereinbarten Regel abweichen und das Ergebnis ist für alle schlechter als bei gemeinsamer Regelbefolgung.[9] Die Rekurrenz der Entscheidungssituation ist eines der wichtigsten Merkmale einer Institution,

---

Erklärung menschlichen Verhaltens' sei auf die gleichbetitelte Arbeit von Becker, G. S. (1976) verwiesen; vgl. hierzu weiter Kirchgässner, G. (1991), S. 12f.

8 Der Ausdruck läßt sich auf Simon, H. A. (1957) zurückführen und besagt, daß die individuelle Rationalität durch physische, biologische und soziale Faktoren begrenzt ist; vgl. hierzu auch Hayek v., F. A. (1945), der schon früher auf die begrenzten Möglichkeiten des menschlichen Wissens und Könnens und deren Konsequenzen für gesellschaftliche Prozesse hinweist. Im Kap. B. III. 2 wird darauf noch näher eingegangen.

Die beiden ersten Hypothesen gehen auf Carl Menger (1883) zurück. Institutionen entstehen nach seiner Auffassung 'organisch' aufgrund von Wechselbeziehungen vieler individueller Wirtschaftssubjekte, die nur nach ihrem Eigennutz streben. Gleich wie nach dem Prinzip der unsichtbaren Hand nach Adam Smith, die die Wirtschaftsteilnehmer zu einem pareto-optimalen Wettbewerbsgleichgewicht auf den Märkten führt, kann die (aus dem Eigeninteresse der Individuen initiierte) Einführung institutioneller Regeln und Normen zu einer effizienteren Gestaltung von Wirtschaftsprozessen führen, vgl. Menger, C. (1883), S. 82f., S.161f. Eine gegensätzliche Interpretation liefert John Commons; seine kollektivistische Sichtweise sieht Institutionen als Ergebnis einer bewußten, kollektiven Handlung rational denkender Wirtschaftssubjekte zur Kontrolle individuellen Handelns, vgl. Commons, J. (1934), S. 69.

9 Auf diesen 'self-policing'-Charakter einer Institution (Schotter, A. (1981), S.11) wird später noch eingegangen. Neben dieser latenten Sanktionsmöglichkeit können Institutionen mit einer externen Sanktionsgewalt ausgestattet sein, die die Kontrolle ausübt. Aber auch sie ist letztendlich abhängig von der Zustimmung der beteiligten Individuen.

denn sie ermöglicht erst eine Reaktion auf Regelverletzung und beinhaltet - wie noch gezeigt wird - eine notwendige Voraussetzung für das Entstehen von Institutionen.

Die Einhaltung einer Verhaltensregel hängt also von deren Akzeptanz bei den beteiligten Individuen ab. Wenn es sich um ein allgemeines Koordinationsproblem handelt, beispielsweise die Seitenwahl im Straßenverkehr, akzeptiert man eine Übereinkunftsregel (entweder Rechts-, oder Linksfahren) und hält sich an diese, weil nur so ein geordneter Verkehrsfluß ohne Zusammenstöße erreicht werden kann. Einmal von allen angenommen, besteht kaum ein Anreiz, davon abzuweichen. Solche *Konventionen* koordinieren Verhalten, das abgeleitet ist von *gemeinsamen Präferenzen* der beteiligten Individuen bezüglich des Konventionsergebnisses.[10] Die Mittelwahl bzw. die Ausgestaltung der Regel spielt dabei eine untergeordnete Rolle.[11] Es existieren viele solcher Arrangements in einer Gesellschaft, die historisch entstanden sind aus einem gemeinsamen Bedürfnis der Mitglieder heraus, zumindest grundsätzliche Interaktionen zu koordinieren.[12]

Darüber hinaus existieren de jure oder de facto institutionelle Regelungen, die das Verhalten und Handeln eines Individuums mit Rücksicht auf das Verhalten und Handeln der anderen definieren. Diese weit *umfassendere Definition von Institutionen* als „sets of ordered relationships among people which define their rights, exposures to the rights of others, privileges, and responsibilities“[13] ist im Gegensatz zu Konventionen meist gekennzeichnet durch *unterschiedliche individuelle Präferenzen* der beteiligten Individuen hinsichtlich des ge-

---

10 D. Lewis definiert Konvention folgendermaßen: „A regularity *R* in the behavior of a population *P* when they are agents in a recurrent situation *S* is a *convention* if and only if it is true that, and is common knowledge in *P* that, in any instance of *S* among members of *P*: (1) everyone conforms to R; (2) everyone expects everyone else to conform to *R*; (3) everyone prefers to conform to *R* on the condition that the others do, since *S* is a coordination problem and uniform conformity to *R* is a coordination equilibrium in *S*.“, Lewis, D. (1969), S. 58 (Hervorhebungen im Original).

11 Im Straßenverkehrsbeispiel ist es egal, ob die Regel Rechts- oder Linksfahren beinhaltet, Hauptsache alle fahren rechts oder links, um zum gewünschten Konventionsresultat zu gelangen (vgl. auch das Beispiel des ‘telephone game’ in Lewis, D. (1969), S. 42f.), vgl. Fußnote 34 auf S. 32; daß Konventionsregelungen auch reine historische Zufälle sein können, zeigt die unterschiedliche Seitenbenutzungsregel im Straßenverkehr in Großbritannien und im restlichen Europa.

12 Brennan, G. / Buchanan, J. M. (1987, S. 9) geben als Beispiel die Sprache einer Gesellschaft als notwendiges Instrument gegenseitigen Verstehens an. Alle haben einen Anreiz, eine Sprache zu verwenden, die die anderen Mitglieder verstehen können.

13 Schmid, A. A. (1972), S. 893, zitiert nach Bromley, D. W. (1989), S. 43.

wünschten Resultats oder der Ausgestaltung der Regelungen.[14] In diesen Fällen ist die Anreizstruktur von völlig anderer Natur als bei Konventionen. Aufgrund divergierender Interessen besteht permanent die Möglichkeit, daß die betroffenen Individuen aus Unzufriedenheit über bestehende Institutionen neue Handlungsmöglichkeiten erfinden, die potentiell den institutionellen Rahmen verändern. Die Anreizstruktur der Institution ist somit ausschlaggebend für deren Akzeptanz. Gerade auf dieser Art von institutionellen Arrangements, in denen es nicht nur um reine Koordinationseinigungen geht, sondern um Kooperationsvereinbarungen, die gekennzeichnet sind von unterschiedlichen Interessenlagen, liegt das Hauptaugenmerk der Arbeit.

Der Begriff Institution muß also sehr umfassend gesehen werden. Die verschiedenen Dimensionen von Institutionen als Ordnungsbeziehungen im Sinne von Konventionen oder „legal relations",[15] die das Verhalten und Handeln der Individuen untereinander spezifizieren, machen deutlich, daß jede gesellschaftliche Organisationsform durch solche institutionellen Regelungen ihre Bedeutung erhält, durch sie definiert wird. Die Wirtschaft als ein Bündel von Ordnungsbeziehungen erlangt ihre Struktur und ihren operationalen Rahmen von diesen Regeln und Konventionen. Sie setzen den institutionellen Bedingungsrahmen einer Volkswirtschaft, innerhalb dessen Individuen und Gruppen von Individuen interagieren. Der wirtschaftliche Interaktionsprozeß ist somit - neben den allgemeinen ökonomischen Rahmenbedingungen - in ein Bündel von Normen, Sitten, Gesetzen, Konventionen, Eigentumsrechten, Kontrakten und administrativen Regeln eingebettet. Über diese nationale Ebene hinaus bestehen auch internationale Abkommen und Vereinbarungen, die zu einer effizienteren wirtschaftlichen und wirtschaftspolitischen Kooperation zwischen den Volkswirtschaften beitragen sollen; deren Einbeziehung erweitert die Dimension bzw. die Bedeutung von Institutionen.

2. Methodik und Hauptmerkmale der Institutionenökonomik

Das Interesse der Institutionenökonomik ergibt sich aus der Begriffsbestimmung. Warum Institutionen entstehen, wie sie beschaffen sind und wie sie sich entwickeln bzw. sich wandeln, sind die grundlegenden Fragestellungen in der institutionenökonomischen Analyse. Darüber hinaus wird das Problem optimaler Institutionen als weiterer Untersuchungsgegenstand gesehen. Hier geht

---

14 Vgl. hierzu Bromley, D. W. (1989), S. 43f.; North, D. C. (1990, S. 36f.) trennt diese 'formal rules', die politische, wirtschaftliche und vertragliche Regeln (Verfassung, Gesetze, Eigentumsrechte) umfassen, von den 'informal constraints', die Sitten, Traditionen, Verhaltensnormen und Konventionen beinhalten.

15 Bromley, D.W. (1989), S. 44.

es um die Suche nach der Beschaffenheit von Institutionen bzw. Organisationen, die mit solchen Anreiz-Sanktions-Mechanismen ausgestattet sind, daß die Steuerung des sozialen Verhaltens von Individuen im wirtschaftlichen Sinne optimal ist.[16]

Die Einschränkung des individuellen eigeninteressierten Handelns durch institutionelle Arrangements setzt wirtschaftliche Anreize, die wiederum die Entwicklung von Institutionen bestimmen. Es ergeben sich drei wesentliche Arten von institutionellen Beschränkungen. Die erste Art kann als eine durch den Zustand der Institution bedingte Beschränkung gesehen werden. Dabei geht es um die Frage der *Ausgestaltung von Verfügungs- bzw. Handlungsrechten*, die die Allokation und Nutzung von wirtschaftlichen Gütern beeinflussen.[17] Eng verbunden ist als weitere Beschränkung die *Existenz von Transaktionskosten* zu berücksichtigen, deren Höhe wiederum von der Gestaltung des institutionellen Rahmens abhängt.[18] Die Gewährung bzw. Einschränkung von Verfügungsrechten und das Vorhandensein von Transaktionskosten stellen unterschiedliche Handlungsbeschränkungen und damit - unter der Annahme des Eigeninteresses von Individuen - unterschiedliche Anreize dar, die das individuelle Verhalten beeinflussen. Die Verhaltensanreize, die von diesen Beschränkungen ausgehen, sind gleichwohl verantwortlich für den Wandel des institutionellen Bedingungsrahmens. Entgegen der klassischen individualistischen Optimierungshypothese (Maximierung unter gesetzten Nebenbedingungen) wird die Möglichkeit der endogenen Veränderung von Beschränkungen miteinbezogen, um den Wandel institutioneller Strukturen erklären zu können. Die Art der Verteilung von Handlungsrechten und die Höhe der Transaktionskosten spielen in institutionellen Arrangements eine wichtige Rolle, insbesondere der Kostenaspekt, auf den im dritten Kapitel noch näher eingegangen wird.

Das besondere Interesse dieser Untersuchung liegt jedoch in der *interaktionsbedingten Restriktion von Individuen untereinander*. Das eigene Handeln beeinflußt das Verhalten und Handeln anderer, ist jedoch auch abhängig von

---

16 Vgl. Schotter, A. (1981), S. 155f., Richter, R. (1990), S. 579f.

17 Vgl. Furubotn, E.G. / Pejovich, S. (1972), S. 1139, De Alessi, L. (1980), S. 3f.; diese sogenannten 'property rights' sind die mit materiellen und immateriellen Gütern verbundenen, institutionell legitimierten Handlungsrechte eines oder mehrerer Wirtschaftssubjekte. Man unterscheidet vier ursprüngliche Verfügungsrechte: 1. Usus-Recht, eine Sache zu nutzen, 2. Usus-fructus-Recht, die Erträge der Nutzung einzubehalten, 3. Abusus-Recht, die Substanz der genutzten Sache zu verändern und 4. Tranfer-Recht, die Sache anderen ganz oder teilweise zu übertragen, vgl. Richter, R. (1990), S. 575.

18 Unter dem Begriff Transaktionskosten, der v. a. auf Coase, R. H. (1960) zurückzuführen ist, sind hier alle Kosten gemeint, die mit der Bereitstellung, Durchsetzung und Nutzung der Institution verbunden sind, vgl. Richter, R. (1990), S. 576f. Zur Theorie der Property Rights und der Transaktionskostentheorie vgl. Nuck, S. W. (1994), S. 223f.

Aktionen bzw. Reaktionen der anderen. Diese wechselseitig bewußte Beschränkung stellt eine Spielsituation dar, die geprägt ist von strategischem Verhalten bei Interessenkonflikten. Gerade der Untersuchungsgegenstand EWS stellt eine permanente Verhandlungssituation dar, in der die Akteure von unterschiedlichen Einschätzungen und Wertvorstellungen ausgehen. Dabei besteht ein gegenseitiges Abhängigkeitsverhältnis in dem Sinne, daß wirtschaftspolitische Maßnahmen in einem Land einen Einfluß auf die ökonomischen Gegebenheiten in den anderen Ländern haben und umgekehrt. Diese Interdependenz von Politikwirkungen hat zur Folge, daß die optimale Handlungsweise der wirtschaftspolitischen Entscheidungsträger eines Landes von den verfolgten Strategien der anderen abhängig ist und umgekehrt.

Das geeignete wirtschaftstheoretische Instrumentarium, mit dem solche strategischen Handlungsinterdependenzen untersucht werden können, stellt die Spieltheorie dar.[19] Mit Hilfe eines einfachen spieltheoretischen Ansatzes soll zuerst auf grundsätzliche Spielsituationen, die zum Entstehen von Kooperationsformen zwischen eigenständigen selbstinteressierten Individuen führen können, eingegangen werden. Gleichzeitig werden damit auch grundlegende Motive für Veränderungen in institutionellen Arrangements aufgedeckt. Diese elementaren spieltheoretischen Erklärungsgründe des Entstehens und Wandels von Institutionen sind somit Ausgangspunkt für das Verständnis von dynamischen institutionellen Veränderungen in der Geschichte des EWS.

3. Anmerkungen zur spieltheoretischen Terminologie

Bevor die einzelnen Spielsituationen vorgestellt werden, sollen die grundlegenden spieltheoretischen Begriffe kurz erläutert werden.[20]

Ein Spiel besteht aus einer Reihe von Regeln für eine bestimmte Situation, in denen die Spieler aus einer definierten Menge von Alternativen (Handlungs- oder Strategienmenge) eine auswählen müssen. Die Strategien sind vollstän-

---

19 Gerade in neuerer Zeit wird die Spieltheorie in zunehmendem Maße als Theorie der Evolution institutioneller Arrangements formuliert, vgl. Mailath, G. J. (1992), S. 259.

20 Die folgenden Ausführungen erheben keinen Anspruch auf Vollständigkeit. Es sollen nur die für die Analyse notwendigen Grundbegriffe und Zusammenhänge dargestellt und nicht ein Überblick über alle relevanten Bereiche der Spieltheorie gegeben werden. Dafür sei auf die entsprechende Literatur verwiesen wie z. B. Basar, T. / Olsder, G. J. (1982), Myerson, R. B. (1991), Fudenberg, D. / Tirole, J. (1991); eine Einführung geben Rasmusen, E. (1991) und Holler, M. J. / Illing, G. (1993); lesenswert ist auch die grundlegende Arbeit von Neumann v., J. / Morgenstern, O. (1947). Einen Überblick über spieltheoretische Konzepte geben Shubik, M. (1985) und Thomas, L. C. (1986); zum Stand der neueren theoretischen Entwicklung vgl. Aumann, R. J. / Hart, S. (Hrsg.) (1992/94).

dige Beschreibungen, wie ein Akteur sich während des ganzen Spiels verhält, also ein Verhaltensplan, der die Entscheidung eines Spielers in jeder möglichen Spielsituation im voraus festschreibt. Die Spielregeln definieren neben den Auswahlmöglichkeiten den Ablauf des Spiels und die Ergebnisse, die den Wert jeder erreichten Situation für jeden Spieler beinhalten. Der Nutzenzuwachs bzw. -verlust, den ein Spieler erhält, ist jedoch nicht nur von seiner gewählten Strategie, sondern auch von den Handlungen der anderen Spieler abhängig. Diese Interdependenz ist ein Hauptmerkmal der Definition eines Spiels, denn ohne diese gegenseitigen Abhängigkeiten würden nur mehrere unabhängige Maximierungsprobleme bestehen, die gerade Konfliktsituationen, in denen Akteure mit unterschiedlichen Interessen bestimmte Entscheidungen in Abhängigkeit der Handlungen der anderen treffen müssen, nicht berücksichtigen.

Die Gewinne bzw. Verluste können anhand einer ordinalen Nutzenskala gemessen werden, deren Bewertung bei allen Spielern identisch sein muß.[21] Zu unterscheiden sind Spiele, bei denen die Summe der Gewinne/Verluste der einzelnen Spieler konstant bzw. null sind (Konstantsummen-/Nullsummenspiele)[22] und die für diese Untersuchung interessanteren Positiv- bzw. Nicht-Nullsummenspiele, bei denen der Gewinn des einen Spielers nicht genau dem Verlust des anderen entspricht bzw. höher ist als der des anderen.

Man unterscheidet weiter zwischen kooperativen und nicht-kooperativen Spielen.[23] Erstere erlauben bindende Absprachen zwischen einzelnen Spielern zur Koordination ihrer Strategien. Bei Mehr-Personenspielen kann es durch Kooperation zu Koalitionenbildungen kommen, in denen sich mehrere Spieler zusammentun und eine gemeinsame Strategie gegenüber den anderen verfolgen.[24] Das bedeutet jedoch nicht, daß es auf jeden Fall zu einer Kooperation kommt. Wenn keine Kommunikation möglich ist und damit auch keine unmit-

---

21 In den nachfolgenden Beispielen verdeutlichen die Zahlen in der Nutzenmatrix somit Nutzenindizes, deren ordinale Reihenfolge (1 schlechter als 2, usw.) bei allen Spielern gleich sein muß, die Werte müssen nicht auf einer absoluten Skala, sondern nur relativ zueinander gemessen werden.

22 Als Beispiele des Nullsummenspiels sind Formen des Wettspiels zu nennen.

23 Eine detaillierte theoretische Analyse kooperativer Spiele gibt z. B. Driessen, T. (1988).

24 Bei *n*-Personenspielen stehen nicht mehr die Strategien der einzelnen Spieler im Vordergrund der Betrachtung, sondern vielmehr die Frage der Koalitionenbildung. Ausgangspunkt dieser 'Koalitionentheorie' ist eine Auflistung der Nutzen, die sich jede mögliche Koalition von Spielern als minimalen gemeinsamen Gewinn aus dem Spiel sichern kann. Es wird davon ausgegangen, daß alle anderen Spieler ebenfalls durch Koordinierung ihrer Strategien eine Gegenkoalition bilden, um ihren gemeinsamen Gewinn zu maximieren. Somit läßt sich diese Situation als hypothetisches Zweipersonen-Nicht-Nullsummenspiel zwischen jeweils zwei Koalitionen charakterisieren, siehe hierzu näher Shubik, M. (1985), S. 128f.

telbare Kooperation aufkommen kann, wird diese Spielsituation nicht-kooperativ genannt.

Die Klassifizierung in 'one-shot-games' und Wiederholungsspiele, in denen die Akteure erneut aufeinandertreffen, ist ein weiteres wichtiges Unterscheidungsmerkmal. Wie noch im folgenden zu zeigen ist, liegt gerade in letzteren eine mögliche Begründung des Entstehens von Institutionen. Denn die Dynamisierung bedeutet, daß gegenwärtige Entscheidungen nicht nur das aktuelle Spielergebnis bestimmen, sondern auch das zukünftige Verhalten der Akteure beeinflussen können. Ein Spiel, das durch unendlich viele Wiederholungen gekennzeichnet ist, wird als Superspiel bezeichnet.[25]

Sowohl in statischen, als auch in dynamischen Spielen ist auch die Art der Informationsstruktur von Bedeutung. Bei vollständiger Information sind alle Spieler in jeder Spielsituation sowohl über die Spielstruktur als auch über die bisherigen Entscheidungen der anderen im Bild. Daneben kann eine Vielzahl von Einschränkungen in die Informationsstruktur eingeführt werden.[26]

Ausgangspunkt ist die Annahme der Nutzenmaximierung, d.h. jeder Spieler wählt die Strategie aus, die ihm bei gegebener Strategie des anderen immer den höchsten Nutzen bringt (dominante Strategie).[27] Wenn in einem Spiel für alle Akteure eine dominante Strategie existiert, dann ist auch ein Gleichgewichtspunkt vorhanden, in dem kein Spieler einen Anreiz hat, von seiner - gemäß der Maximierungshypothese - gewählten Strategie abzuweichen, auch wenn ihm die Nutzenverteilung bekannt ist. Dieser Gleichgewichtspunkt wird als nicht-kooperatives oder Nash-Gleichgewicht bezeichnet.[28] Das Pareto-Optimum eines Spiels ist als die Strategienkombination der Akteure definiert, bei der sich kein Spieler besser stellen kann, ohne daß ein anderer eine Nutzeneinbuße erfährt.[29]

---

25 In der Literatur finden sich Abweichungen von dieser Terminologie, vgl. dazu Holler, M. J. / Illing, G. (1993), S. 139.

26 Zu den möglichen Informationsstrukturen siehe Basar, T. / Olsder G. J. (1982), S. 207f.

27 Neben der Definition einer dominanten Strategie in reiner Form, können auch gemischte Strategien (nur bei Wiederholungsspielen) verwendet werden, in der Art, daß die Akteure im Spielverlauf verschiedene Strategien einsetzen, die mit relativen Häufigkeiten gewichtet werden. Gesucht ist das optimale Mischungsverhältnis der eingesetzten Strategien, das einen durchschnittlichen Mindestgewinn garantiert, egal wie der andere Spieler sich verhält, vgl. dazu das 'battle-of-the-sexes-game' in Hamburger, H. (1979), S. 128f.; zur Formalisierung siehe Fudenberg, D. / Tirole, J. (1991), S. 18f.

28 Der Begriff 'Nash-Gleichgewicht' geht auf die grundlegende spieltheoretische Arbeit über nicht-kooperative Lösungen von Nash, J. F. (1951) zurück.

29 Die Möglichkeit, daß das Pareto-Optimum ein Gleichgewichtspunkt im Sinne des Nash-Gleichgewichts darstellt, liegt in der Art der Nutzenverteilung. Wenn die Wahl der dominanten Strategie eines jeden Spielers aufgrund der Auszahlungsstruktur zu der für ein

Von symmetrischen Spielen, in denen alle die gleichen Chancen und strategischen Möglichkeiten haben,[30] lassen sich die Spiele mit asymmetrischen Verhalten unterscheiden, die von einer unterschiedlichen Machtstellung der Spieler ausgehen. Ein Akteur ist demnach der Spielführer, der - in Kenntnis des optimalen Verhaltens des anderen - den für ihn gewinnmaximalen Zug setzt, während der andere die Entscheidung seines Gegenspielers als gegeben betrachtet und gezwungen ist, die Strategie zu wählen, die ihm die geringste Nutzeneinbuße einbringt.[31]

Im weiteren wird von Zwei-Personen/Nicht-Nullsummenspielen mit jeweils zwei möglichen reinen Strategien bei vollständiger Information ausgegangen. Als Darstellungsart wird die Normalform gewählt.[32] Die Nutzenmatrix hat dann folgendes Aussehen:

		A: α	A: β
B	α	$\Pi_A(\alpha,\alpha)$ $\Pi_B(\alpha,\alpha)$	$\Pi_A(\beta,\alpha)$ $\Pi_B(\alpha,\beta)$
	β	$\Pi_A(\alpha,\beta)$ $\Pi_B(\beta,\alpha)$	$\Pi_A(\beta,\beta)$ $\Pi_B(\beta,\beta)$

A, B = Spieler A und Spieler B;
α, β = 2 alternative Strategien;
Π_i = Nutzenindex des jeweiligen Spielers;
(,) = Strategiewahl des jeweiligen Spielers, bei gegebener Strategie des anderen.

Abb. 1: Allgemeine Darstellung einer Nutzenmatrix

Pareto-Optimum erforderlichen Strategienkombination führt, liegt ein eindeutiges Gleichgewicht vor. Dieses ideale Spiel, in der das, nur von Eigeninteresse geleitete Verhalten der Akteure zum Pareto-Optimum führt, wird Konvergenzspiel genannt. Institutionen mit dieser Eigenschaft sind in dem Sinne optimal, weil sie durch das Verhalten der beteiligten Individuen konstituiert sind. In der Realität bilden jedoch solche Situationen, in denen Pareto-Optimum und Nash-Gleichgewicht identisch sind und ein stabiles Gleichgewicht sich einstellt, oft die Ausnahme.

30 Symmetrische Spiele sind durch zwei Merkmale gekennzeichnet: Zum einen ist es die Art der Nutzenverteilung, d.h., wenn die Spieler dieselbe Strategie verfolgen, bekommen beide gleiche Nutzenzuwächse/-einbußen, bzw. wenn sie unterschiedliche Strategien einsetzen, ist die Nutzenverteilung in den gegenüberliegenden Quadranten gleich. Das 2. wichtigere Merkmal liegt in der Annahme, daß keine einseitige Ex-ante-Abhängigkeit im Sinne einer gegebenen hierarchischen Struktur besteht, vgl. Hamburger, H. (1979), S. 80.

31 In der Literatur wird dieser Spielausgang in Analogie zur Oligopol-Theorie oft auch als Stackelberg-Gleichgewicht angeführt, vgl. Varian, H. A. (1992), S. 295f. und S. 301f. (zu dieser Spielsituation siehe Fußnote 38 auf S. 34).

32 Neben der Normal- bzw. Matrixform (auch strategische Form genannt) können Spiele in ihrem Ablauf in der sogenannten extensiven Form (anhand eines Spielbaumes) dargestellt werden, vgl. Myerson, R. B. (1991), S. 37f., Fudenberg, D. / Tirole, J. (1991), S. 77f.

II. Institutionenemergenz und -wandel

1. Institutionenemergenz und das Gefangenen-Dilemma

a) Struktur einer Gefangenen-Dilemma-Situation

Das Gefangenen-Dilemma zeigt in einfacher Weise ein Grundproblem gesellschaftlicher Konfliktsituationen, indem die beteiligten Akteure nach unvereinbaren individuellen Zielen streben, und im Ergebnis alle sich schlechter stellen als bei wechselseitig kooperativem Verhalten.[33] Zwei Inhaftierten (A und B) wird ein Verbrechen zur Last gelegt, bei dem es keine Augenzeugen gegeben hat und deshalb nur durch Schuldeingeständnis eines oder beider Beschuldigten eine Überführung möglich ist. Sie werden getrennt vernommen, und es wird jedem einzelnen im Falle der Schuldeingestehung eine mildere Strafe versprochen. Jeder weiß, daß, wenn er gesteht und der andere nicht, er mit einem Jahr, der andere jedoch mit fünf Jahren Gefängnis bestraft wird. Gestehen beide, bekommen sie jeweils vier Jahre Haftstrafe. Leugnen sie jedoch gemeinsam, so kann ihnen nur ein im Vergleich zur Haupttat strafrechtlich geringeres Vergehen (zwei Jahre Gefängnis) angelastet werden. Die Nutzenmatrix besitzt folgendes Aussehen:

		A: *Gestehen*	A: *Nicht Gestehen*
B	*G*	-4 Nash-Gleichgewicht -4	-5 -1
	NG	-1 -5	-2 Pareto-Optimum -2

A:
G = (- 4 / -1)
∨ ∨
NG = (-5 / -2)
Dominante Strategie: *G*.
B:
G = (- 4 / -1)
∨ ∨
NG = (-5 / -2)
Dominante Strategie: *G*.

Abb. 2: Nutzenmatrix im Gefangenen-Dilemma

Beide wissen nicht, wie der andere entscheidet. Jedoch ist jedem klar, daß, egal wie sich der Gegenspieler verhält, es immer besser ist zu gestehen als zu leugnen (ein Jahr ist besser als zwei Jahre, unter der Annahme, daß der andere leugnet, und vier sind besser als fünf Jahre Gefängnis, unter der Annahme, daß der andere gesteht). Demnach werden beide gestehen und vier Jahre Haft ver-

33 Das Gefangenendilemma wurde um 1950 von M. Flood und M. Dresher kreiert und wenig später von A. W. Tucker formalisiert, vgl. Axelrod, R. (1984), S. 22. Es wird zur Erklärung einer Reihe ökonomischer Problemsituationen herangezogen. Die Hauptanwendung lag zuerst bei der Problematik der Bereitstellung öffentlicher Güter wie z. B. bei Buchanan, J. M. (1968), Sen, A. K. (1969), Olson, M. (1971), Taylor, M. (1976).

büßen, obwohl sie zwei Jahre weniger bekommen hätten, wenn beide die Tat geleugnet hätten. Jeder will seinen individuellen Nutzenverlust (die Zahl der Gefängnisjahre) minimieren und wählt die adäquate (dominante) Strategie. Das Ergebnis ist das Nash-Gleichgewicht, in dem sich beide schlechter stellen als im möglichen Pareto-Optimum, das nur dann realisiert wird, wenn beide Akteure gerade nicht ihre dominante Strategie spielen.[34]

Während beim originären Gefangenen-Dilemma die Spieler gleichzeitig, ohne zu wissen, wie der andere handelt, ihre Strategie wählen, soll nun diese Restriktion in der folgenden Spielsituation, die gegenüber dem Gefangenen-Dilemma ein wirklichkeitsnäheres Beispiel für ökonomische Transaktionen liefert, aufgehoben werden.[35]

Zwei Akteure, A und B, stehen sich folgender Situation gegenüber. A benötigt zum Zeitpunkt t_0 ein spezielles Gut, das nur B herstellen kann. Weiter sei angenommen, daß Lieferung und Zahlung nur zu verschiedenen Zeitpunkten möglich sind und eine Vereinbarung getroffen wird, daß B zum Zeitpunkt t_0 das Gut liefert und A in t_1 zahlt. Beide würden einen Nutzengewinn erfahren, wenn das Geschäft zustandekommt (B: Verkaufspreis > Produktionskosten, A: Gewinn aus der Verwendung des Gutes > Kaufpreis). Die Nutzenmatrix, die beiden Akteuren bekannt ist, gestaltet sich folgendermaßen:

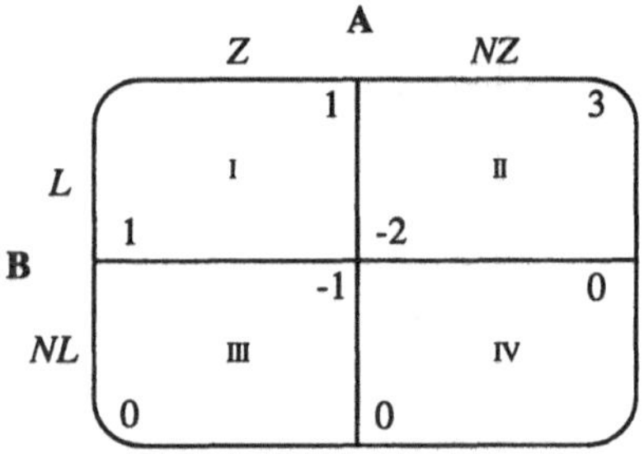

A:
Z = (1 / -1)
∧ ∧
NZ = (3 / 0)
Dominante Strategie: *NZ*.

Abb. 3: Nutzenmatrix im nicht-simultanen 'one-shot'-Spiel

---

34 Im Gegensatz zum Gefangenen-Dilemma existieren beim Konventionsspiel 2 Pareto-Optima, jedoch gibt es keine dominante Strategie. Die Akteure müssen sich auf ein Gleichgewicht einigen. Wenn einmal eine Konvention gewählt und akzeptiert wird (I. oder IV. Quadrant), dann besteht kein Anreiz, davon abzuweichen; das Gleichgewicht ist stabil.

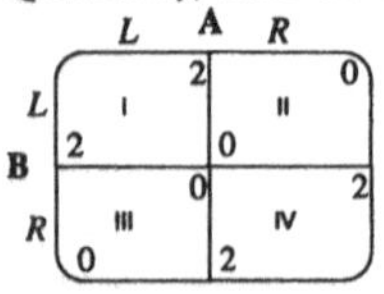

Beispiel eines Konventionsspiels (Verkehrsregel):
2 Strategien: *R* (echtsfahren) oder *L* (inksfahren).
A: *L* = (2/0), *R* = (0/2), *R* < ? > *L*, keine dominante Strategie;
B: *L* = (2/0), *R* = (0/2), *R* < ? > *L*, keine dominante Strategie;
es existieren 2 Gleichgewichte, die zugleich pareto-optimal sind

Für eine weiterführende spieltheoretische Betrachtung gesellschaftlicher Konventionen siehe Wärneryd, K. (1990), Boyer, R. / Orléan, A. (1993).

35 Zu dieser Spielsituation vgl. Hart, O. (1987), S 756.

Z und *NZ* sind die beiden Handlungsmöglichkeiten von A (Zahlen oder Nichtzahlen) *L* und *NL* die des B (Liefern oder Nichtliefern). B ist zuerst am Zug, d.h. er hat in t_0 die Herstellungskosten zu tragen und die Lieferung zu tätigen. Weil er sich nicht auf eine externe Sanktionsinstanz stützen kann und weiß, daß, egal welche Strategie er wählt, A immer einen höheren Nutzen erzielt, wenn dieser *NZ* spielt, erwartet B, daß A *NZ* wählt. Da B bei (*L*,*NZ*) eine Nutzeneinbuße in Form des nicht erhaltenen Verkaufspreises erfahren würde, wird er von vornherein das Gut nicht liefern [(*NL*,*NZ*) > (*L*,*NZ*)]. Das Resultat ist das Nash-Gleichgewicht, in dem keiner der beiden einen Nutzengewinn erzielt.[36]

Diese Spielsituation beinhaltet ein zentrales Merkmal dynamischer Spiele, *das Zeitinkonsistenzproblem optimaler Strategien*, das - wie später noch gezeigt wird - eine wichtige theoretische Fundierung und Ausgangspunkt für die Erklärung der unterschiedlichen Interessen und deren Konsequenzen im strategischen rekurrenten Spiel zwischen Notenbank und privaten Marktteilnehmern bietet.

In allgemeiner Form kann das Zeitinkonsistenzproblem folgendermaßen dargestellt werden.[37] Aus einem Bündel von möglichen Handlungen wählen die Spieler A und B ihre Strategie. y stellt die Handlungswahl des Spielers B dar, der zuerst handelt, x die Handlungswahl des Spielers A, der als nächster zieht. Die folgende Argumentation geht von der Sicht des A aus.

Die Nutzenfunktion von A ist abhängig von x und y:

$$\text{a)} \quad U_A = U(x, y).$$

Zur Vereinfachung wird eine Reaktionsfunktion für B angenommen, in der B's Wahl von der von ihm erwarteten Handlung des A (x^e) abhängt:

$$\text{b)} \quad y = y(x^e).$$

Es wird angenommen, daß beiden Akteuren die Spielstruktur und die Nutzenfunktionen bekannt sind. Es ergeben sich vier mögliche Spielausgänge:

---

36 Die Spielstruktur kann leicht dahingehend verändert werden, daß B die Rolle des A übernimmt, indem die Annahme der unterschiedlichen Zeitpunkte der Lieferung und Bezahlung so formuliert wird, daß A zuerst zahlen, während B erst später liefern muß.

37 Hier handelt es sich um eine stark vereinfachte Form des Modellansatzes von Kydland, F. E. / Prescott, E. C. (1977), die als erste die Zeitinkonsistenzproblematik modelliert haben; die folgenden Ausführungen sind an Rowe, N. (1989), S. 41f. angelehnt.

1. A ist in der Lage, B von der Wahl seiner zukünftigen Handlung zu überzeugen, bevor B handelt. B glaubt an A's Versprechen ($x^e = x$). A steht nun vor dem Optimierungsproblem der Wahl seines zukünftigen Handelns:

$$\text{c)} \qquad \underset{x}{Max}\ U_A = U(x, y(x)).$$

Die optimale Entscheidung liegt vor, wenn gilt:

$$\text{d)} \qquad \frac{\partial U}{\partial x} + \frac{\partial U}{\partial y} \cdot \frac{\partial y}{\partial x} = 0.$$

Durch simultanes Lösen der Gleichungen b) und d) erhält man das 'precommitment'-Gleichgewicht $[x^p, y^p]$ (entspricht dem Pareto-Optimum), in dem A sein Versprechen hält und B ihm glaubt.

Gleichung d) verdeutlicht die Interdependenzen dieser Spielsituation. Hier berücksichtigt A nicht nur den direkten Effekt seiner Handlungswahl auf seinen Nutzen (erster Term), sondern auch den indirekten Effekt seiner Entscheidung (zweiter Term). Seine Wahl beeinflußt die Erwartungsbildung von B, die dessen Wahlentscheidung bestimmt; diese wiederum hat Auswirkungen auf den Nutzen von A.[38]

2. A kann (aus irgendwelchen Gründen) kein Versprechen über sein zukünftiges Verhalten machen. Demnach besitzt A auch nicht die Möglichkeit, die Handlung von B zu beeinflussen und wird seine Wahlentscheidung erst

38 Die 'precommitment'-Lösung kann in ihrer Art insofern mit dem Stackelberg-Gleichgewicht (vgl. Fußnote 31 auf S. 30) verglichen werden, als A - in Kenntnis der Reaktionsfunktion von B - unter Berücksichtigung von B's Verhalten auf sein Handeln die Strategie auswählt, die ihm den höchsten Nutzen einbringt. Der Unterschied zum asymmetrischen Dyopol liegt darin, daß A als *leader* erst nach dem Zug des *followers* B in Aktion tritt und dabei keine Beschränkung in der Handlungswahl von B existiert. Beim asymmetrischen Dyopol muß keine dominante Strategie existieren. Ein Gleichgewicht kann sich jedoch nur einstellen, wenn aufgrund der unterschiedlichen Machtstellung asymmetrisches Verhalten unterstellt wird (II. oder III. Quadrant). Es besteht aber immer der Anreiz für jeden Spieler die Unabhängigkeitsposition einzunehmen. Die Stabilität dieses Gleichgewichtes ist selbst von Stackelberg v., H. (1951, S. 217) bezweifelt worden. Als Beispiel kann folgende Spielstruktur konstruiert werden:

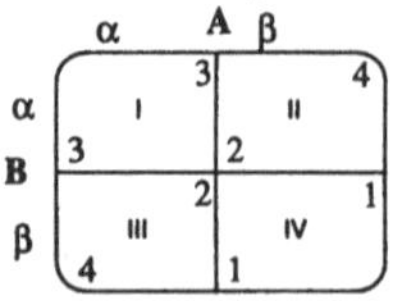

2 Strategien: α (maximin-Strategie), β (maximax-Strategie).
A: α = (3/2), β = (4/1), α < ? > β, keine dominante Strategie;
B: α = (3/2), β = (4/1), α < ? > β, keine dominante Strategie;
nur wenn der eine Spieler α und der andere β wählt, existieren zwei unabhängige Gleichgewichte (II. und III. Quadrant).

Wenn beispielsweise A die führende Position einnimmt, dann weiß er, daß, wenn er β (Erreichen des maximalen Gewinnes) wählt, B, im Bemühen seine Nutzeneinbuße zu minimieren, sich dann für α entscheidet (Quadrant II). Dieses Spiel wird in der Literatur auch 'chicken-game' genannt, vgl. Hamburger, H. (1979), S. 83f.

fällen, wenn B gezogen hat. Jetzt ist die Aktion von B determiniert und ein Parameter für seine Handlungswahl. A maximiert seinen Nutzen (Gleichung a)) in Abhängigkeit von x:

$$\text{e)} \quad \frac{\partial U}{\partial x} = 0.$$

B wiederum weiß, daß A keine Verpflichtung eingehen kann und erwartet, daß A nach e) seinen Nutzen zu optimieren versucht. Das Ergebnis ist das Nash-Gleichgewicht $[x^n, y^n]$ (simultanes Lösen von b) und e)).

3. B vertraut A und erwartet, daß er sein Versprechen (x^p) hält und wählt y^p. Demgegenüber täuscht A, indem er seine wahren Präferenzen verdeckt, und bricht seine Verpflichtung im nächsten Zug. Man erhält das 'cheating'-Ergebnis $[x^c, y^p]$.

4. Neben den drei genannten ist als vierte die Situation denkbar, in der A sich selbst die Verpflichtung auferlegt, x^p zu wählen, im Glauben, daß B y^p spielt (Gleichung d)), jedoch B in der Erwartung, daß A x^n spielt, y^n wählt. Das Ergebnis $[x^p, y^n]$ ist für A das schlechteste. Neben der direkten Nutzeneinbuße kann A durch seine selbst auferlegte Handlungsbeschränkung die Erwartungshaltung von B nicht beeinflussen.[39]

Das Spielergebnis hängt also erstens davon ab, nach welcher Gleichung (d) oder e)) A vorgeht und zweitens, welche Erwartungshaltung B in bezug auf A's Wahl bildet. Das Zeitinkonsistenzproblem zeigt sich dabei in der Form, daß aus der Sicht von A die optimale Strategie darin besteht, zu Beginn des Spiels B zu versprechen, x^p zu spielen, jedoch später sein Versprechen nicht einzulösen. Da B A's Anreiz zur Täuschung kennt, ist es für ihn rational, seine Erwartungshaltung demgemäß zu bilden, und y^n zu wählen. Die für beide optimale 'precommitment'-Lösung ist deshalb zeitinkonsistent, weil stets ein Anreiz zur Täuschung für A existiert. Unter der Annahme rationalen Verhaltens und allgemeiner Kenntnis der Spielsituation wird bei 'one-shot'-Spielen, auch in der Nicht-Simultanform, immer das Nash-Gleichgewicht erreicht.

---

39 Die vier Spielergebnisse repräsentieren in dem zuvor behandelten Beispiel die vier Quadranten. Im ersten Quadranten wird das Pareto-Optimum erreicht, indem A sein Versprechen, zum Zeitpunkt t_1 zu zahlen, hält, B ihm glaubt und das Geschäft zustande kommt. Beide erfahren einen Nutzengewinn. Der zweite beinhaltet die 'cheating'-Lösung, in der A B zu täuschen vermag und nicht zurückzahlt. Im dritten liegt die gegensätzliche Situation vor, indem A schlechter gestellt ist als B. Die Nutzeneinbuße des A läßt sich beispielsweise mit den Kapitalbeschaffungskosten, die A -im Glauben an B´s Lieferung- zur Bezahlung des Gutes in t_0 trägt, erklären. Der letzte Quadrant zeigt das Nash-Gleichgewicht, in dem es von Anfang an nicht zum Geschäft kommt und keiner einen Nutzengewinn erzielt.

b) Institutionenemergenz als Lösung des Gefangenen-Dilemmas

Wird die Restriktion der statischen Spielstruktur aufgehoben, ändert sich die Situation erheblich. Bei Wiederholung eines Spiels in Zukunft mit denselben Partnern, können die Akteure das Verhalten ihrer Mitspieler aus ähnlichen Spielsituationen in der Vergangenheit nachverfolgen und ihre Beobachtungen über die Geschichte des Spiels in ihren zukünftigen Entscheidungen mitberücksichtigen. Auf der anderen Seite bedeutet dies, daß gegenwärtige Entscheidungen auch das Verhalten der Akteure in den zukünftigen Spielrunden beeinflussen können. Damit besteht für den einzelnen die Möglichkeit, Reputation für sein zukünftiges Verhalten aufzubauen. Angenommen A spielte in der Vergangenheit über mehrere Spiele hinweg x^p, dann erwartet B mit großer Wahrscheinlichkeit, daß A sich auch zukünftig so verhält und mit y^p reagiert. Umgekehrt würde B y^n spielen, wenn A in der Vergangenheit nach Gleichung e) seinen Nutzen zu optimieren versuchte. Somit besitzt A einen Anreiz, die 'precommitment'-Strategie zu verfolgen, um B's Erwartungen dahingehend zu beeinflussen, daß auch er in Zukunft eher y^p als y^n spielen wird und damit den zukünftigen Nutzen von A erhöht.

Läuft das Spiel nur über eine bekannte *endliche Anzahl* von Durchgängen, besteht jedoch immer noch kein Anreiz zu kooperieren, denn der letzte Durchgang stellt die gleiche Situation wie in einem Einzelspiel dar. Weil A aufgrund des Fehlens weiterer Spiele keinen Anreiz hat, B's Erwartungen in bezug auf sein zukünftiges Verhalten zu beeinflussen, wählt er x^n. Da B dies bekannt ist, bildet er seine Erwartungen demgemäß und das Ergebnis ist das Nash-Gleichgewicht $[x^n, y^n]$. Da A im vorletzten Spiel weiß, daß B y^n im letzten Zug wählen wird, egal wie A sich vorher verhalten hat, ist es für ihn rational, x^n zu spielen. B weiß wiederum, daß A sich so entscheidet und beide enden wieder bei $[x^n, y^n]$. Diese Überlegungen gelten damit auch für den Zug davor, usw. Somit ergibt sich für den gesamten Spielverlauf, daß das Spielergebnis über alle Züge hinweg das Nash-Gleichgewicht beinhaltet und sich das Spiel ab dem ersten Schritt auflösen wird.[40]

Interagieren die Spieler über eine *unbestimmte Anzahl* von Durchgängen, so können sie nicht sicher sein, wann das letzte Spiel stattfinden wird. Damit gewinnt die Möglichkeit des Reputationsaufbaus wieder an Bedeutung. A kann durch eine für B glaubwürdige Verpflichtung seines zukünftigen Handelns die für beide optimale Lösung herbeiführen. Dabei ist eine Erweiterung des strik-

---

40 Dieses 'backward-induction'-Argument erhielt mit dem Beispiel des „chain store paradox" von Selten, R. (1978) seine allgemeine Bekanntheit in der spieltheoretischen Diskussion, vgl. hierzu die formale Analyse des Paradoxons in Kreps, D. M. / Wilson, R. (1982).

ten Rationalitätsbegriffs (Handeln nach der dominanten Strategie) in der Art vorzunehmen, daß die Rationalität nicht so sehr im Handeln selbst liegt, als im Befolgen einer Handlungsregel.[41] A führt eine Handlung aus, weil er sie in der Vergangenheit versprochen hat. Durch dieses Versprechen ist er in der Lage, die Erwartungen des B bezüglich seines zukünftigen Handelns und damit auch das aktuelle Handeln von B zu beeinflussen. B wiederum 'lernt', daß A dieser Regel folgt und wird sich dementsprechend verhalten. A's Anreiz, sein Versprechen zu brechen, wird durch den hohen Verlust an Reputation bei Regelverletzung überkompensiert, d.h. der kurzfristige Nutzen, den A aus der Regelabweichung erzielt, ist kleiner als der langfristige Nachteil in Form des Reputationsverlustes; denn es besteht die Gefahr, daß B sofort auf eine Abweichung reagieren und die Kooperation aufkündigen wird.[42] Für A wird es dann schwierig, seine Glaubwürdigkeit wiederherzustellen. Somit kann in diesem Fall die Institution des Versprechens, einer freiwilligen ex ante Verpflichtung zukünftiger Handlungen, das Zeitinkonsistenzproblem überwinden.

Wenn es möglich ist, daß die Akteure Informationen über ihr Verhalten in bestimmten Situationen austauschen, miteinander kommunizieren, dann können glaubwürdige Versprechen, aber auch Warnungen und Drohungen gegenüber den anderen zu koordinierten Verhaltensweisen führen, die für alle von Nutzen sind.[43] Die Institutionalisierung von Verhalten, von Interaktionen zwischen Individuen kann im Zeitablauf gesetzlich festgelegte und durch den Staat als legimitierte Sanktionsgewalt überwachte Normen und Rechte, wie z. B. Eigentumsrechte, hervorbringen, die, eingebettet in einem Regelwerk, die institutionelle Struktur einer Gesellschaft abbilden.[44] Bei längerfristigen Kooperationsvereinbarungen können ausgehandelte Verhaltensregeln vertraglich fixiert werden, um somit den Willen zu gegenseitiger Einhaltung der Regeln noch stärker

---

41 Zur Kritik des traditionellen Rationalitätsbegriffes vgl. Rowe, N. (1989), S. 25f. Er verwirft den 'act-individualism', zugunsten eines 'rule-individualism'. Ersterer ist nicht dazu geeignet, Institutionenemergenz zu erklären. „The basic problem is the incompatibility between the *teleological* perspective of the latter [act-individualistic behavior] - each action being rationally chosen *in order* to best achieve the individual's *present* and *future* goals - and the *deontological* perspective of social institutions - wherein individuals act *because of past* untertaking of obligations, and wherein rights are enforced by acts of punishment performed *because of past* transgressions", Rowe, N. (1989), S. 29 (Hervorhebungen im Original), vgl. hierzu auch Elster, J. (1989).

42 In dem von Axelrod, R. (1984) durchgeführten iterativen Gefangenen-Dilemma-Turnier hat sich gerade die 'tit-for-tat'-Strategie (Im ersten Zug kooperieren, und dann mit der gleichen Aktion reagieren, die der andere Spieler zuvor gewählt hat) langfristig als die am besten geeignete Strategiewahl erwiesen.

43 Siehe dazu Hirshleifer, J. (1987).

44 Vgl. Hirshleifer, J. (1982, insbesondere S. 46f.), der sich mit Modellen beschäftigt, die die Evolution der allgemeinen (angelsächsischen) Gesetzgebung zum Gegenstand haben, siehe hierzu weiter Eggertsson, T. (1990), Kap. 9 (S. 281f.), Sen, A. K. (1994).

zum Ausdruck zu bringen und um die Unsicherheit in der Einschätzung des Verhaltens des anderen zu reduzieren. Die Überwachung der Regeleinhaltung liegt jedoch in diesem Fall weniger bei einer externen Sanktionsgewalt, sondern in der latenten Sanktionsmöglichkeit der Regelabweichung durch die Reaktion der anderen.

2. Institutionenwandel und das Koordinationsproblem

a) Gründe für den Institutionenwandel

Die Gründe, die für die Entstehung von Institutionen verantwortlich sind, können auch einen Wandel institutioneller Strukturen herbeiführen. Bei veränderter Problemsituation, hervorgerufen durch externe Faktoren (Änderung der allgemeinen Bedingungen), kann eine Institution für die Individuen ihre Funktion wieder verlieren. Gerade in der Interdependenz zwischen ökonomischen und institutionellen Bedingungen liegen meist die Ursachen eines Institutionenwandels. Aufgrund eines veränderten Umfeldes werden bestehende Regeln zugunsten anderer aufgegeben. Kooperationsvereinbarungen werden nicht mehr eingehalten, weil der Kooperationsgewinn unter den einer nicht-kooperativen Lösung gesunken ist. Wachsende Anzahl von Regelabweichungen und sinkende Bereitschaft, bestehende Institutionen durch glaubwürdige Sanktionierung von Regelverletzungen zu erhalten, signalisieren dann das schwindende Interesse an bestehenden Institutionen.[45]

Die Art der Nutzenverteilung ist letztendlich ausschlaggebend für die Akzeptanz einer Institution bzw. einer Kooperationsvereinbarung. In der Realität birgt jedes ökonomische Arrangement Vor- und Nachteile in sich, die meist ungleich auf die Mitglieder verteilt sind. Liegt eine solche asymmetrische Nutzenverteilung vor, die entweder zu Beginn der Kooperation noch akzeptiert (oder gar nicht erkannt) wurde oder erst im Verlauf sich herausgebildet hat, versuchen die benachteiligten Parteien diese Asymmetrie wieder aufzuheben oder noch weitergehend zu ihren Gunsten umzudrehen. Aus diesem Anreiz heraus können sie neue Handlungsmöglichkeiten finden, die die institutionellen Regelungen unterwandern bzw. explizit verändern. Ein solches Vorgehen hat dann auch Einfluß auf das Verhalten des- oder derjenigen, die aus der Kooperation einen höheren Nutzen ziehen. Diese Handlungsinterdependenzen sollen nun anhand einer einfachen Problemsituation verdeutlicht werden.

---

45 Vgl. Witt, U. (1988), S. 90.

b) Verhandlungsspielsituationen

Unter der Annahme der Existenz einer institutionellen Regelung, die eine Gefangenen-Dilemma-Situation überwinden half, und einer ungleichen Nutzenverteilung zwischen den Akteuren im Pareto-Optimum läßt sich eine Nutzenmatrix wie folgt konstruieren:[46]

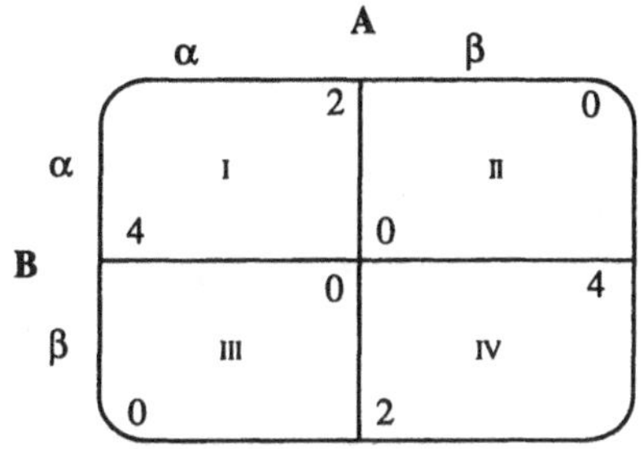

A:

$\Pi_A(\beta,\beta) > \Pi_A(\alpha,\alpha)$;

A präferiert Kooperationsgleichgewicht im vierten Quadranten.

B:

$\Pi_B(\alpha,\alpha) > \Pi_B(\beta,\beta)$;

B präferiert Kooperationsgleichgewicht im ersten Quadranten.

Abb. 4: Beispiel einer Nutzenmatrix in Verhandlungsspielen

Angenommen das Gleichgewicht liegt im vierten Quadranten, dann zieht A einen größeren Nutzen aus der Kooperation als B. Der Unterschied zu den vorherigen Spielen liegt darin, daß A keinen Anreiz besitzt, von der Kooperationsstrategie abzuweichen, und zusätzlich den Wunsch hat, daß B auch daran festhält. Er will B nicht täuschen, sondern wünscht sich eine dauernde Koordination seiner Handlung mit der des Gegenspielers, denn der Nutzen aus der Kooperation ist immer höher, egal auf welches Kooperationsergebnis sie sich einigen (erster oder vierter Quadrant). A ist jedoch nicht indifferent gegenüber den beiden möglichen kooperativen Gleichgewichtspunkten [$\Pi_A(\beta,\beta)$ (4) > $\Pi_A(\alpha,\alpha)$ (2)]. B, dessen Gewinn in dieser Situation geringer ist, präferiert dagegen die alternative Kooperationslösung [$\Pi_B(\alpha,\alpha)$(4)], die ihm einen höheren Nutzen garantiert.[47]

Der Anreiz des B, seine Strategie zu wechseln, ist insofern gegeben, als er mit der Ankündigung oder Drohung, ab jetzt immer α zu spielen, A zwingt, mitzuziehen. Denn ändert A seine Entscheidung nicht, so zieht er (wie auch B) keinen Nutzen aus dem Spiel. Es ist somit für A besser, auch α zu wählen. Die Möglichkeit eines solchen Gleichgewichtswechsels liegt in der Stärke der Determinierung einer Kooperationslösung durch die institutionelle Regelung.

46 Für eine tiefergehende, theoretisch-formale Analyse von Verhandlungsspielen siehe z. B. Osborne, M. J. / Rubinstein, A. (1990), Peters, H. J. M. (1992), vgl. ferner die verschiedenen Aufsätze zum Thema 'bargaining' in Linhart, P. B. / u. a. (Hrsg.) (1992).

47 Diese Spielstruktur wird deshalb auch 'mixed-motive-game' genannt, siehe Schelling, T. C. (1960), S. 89, Schotter, A. (1981), S. 23.

Läßt sie einen genügend großen instrumentalen Spielraum für strategisches Verhalten zu, so kann es innerhalb der Kooperation zu einer Nutzenneuverteilung kommen.

Dabei spielt auch die Möglichkeit von Kompensationszahlungen eine Rolle. Werden diese in Betracht gezogen, so erweitert sich die Anzahl potentieller Verhandlungsergebnisse. Im Beispiel könnte A einen Teil seines Kooperationsgewinnes B zukommen lassen, und trotzdem noch einen Gesamtvorteil gegenüber der nicht-kooperativen Lösung erzielen.

Auf der anderen Seite ist A in seiner Situation versucht, dem Zwang einer Neuverteilung mit einer Einschüchterungstaktik zu begegnen, und zu drohen, eher die Kooperation aufzukündigen als seine Strategie zu wechseln. Wenn A und B an ihren jeweiligen Standpunkten festhalten, besteht die Gefahr, daß dann im Ergebnis beide Parteien verlieren.[48] Solche Abhängigkeiten sind ein charakteristisches Merkmal von Verhandlungssituationen, in denen die beteiligten Parteien versuchen, das Kooperationsniveau zu erreichen, das ihnen jeweils den höchsten Nutzen aus der Kooperation bringt.

Ist jedoch im extremen Fall die institutionelle Regelung „like a property right or an inheritance law that establishes a convention in which property of certain types, or the right to use such property, is agreed to be safe from theft or violation by others“[49] und determiniert diese die Lösung im vierten Quadranten, dann ist der Versuch, ins andere Gleichgewicht zu gelangen, für B unmöglich. Dies nicht nur, weil die Regelung den Gleichgewichtspunkt und damit das adäquate Verhalten der Akteure spezifiziert, sondern weil sie auch die Möglichkeit für A einschließt, B in irgendeiner Form zu bestrafen, falls er versucht, sein Verhalten zu seinen Gunsten zu ändern.

Die Anreizstruktur, die die individuellen Präferenzen und die allgemeinen Rahmenbedingungen, unter denen die Akteure ihre Entscheidungen treffen, reflektiert, ist ausschlaggebend für das Verhalten der beteiligten Akteure und bestimmt damit das jeweilige Aussehen und die Performance von Institutionen.

---

48 Keohane, R. O. (1988, S. 29) spricht in diesem Zusammenhang von 'bargaining perversities': „These perversities provide incentives to actors to behave in ways that have the effect of hindering mutually beneficial cooperation... As a result of these perversities, all participants are worse-off than they could have been had cooperation been achieved.“ Vgl. dazu auch Schelling, T. C. (1960, insbesondere S. 21-52), der sich in seiner Analyse gerade auf solche konfliktäre Verhandlungssituationen konzentriert. Der potentielle Verlust der Kooperationsgewinne, der sich sich bei Nicht-Koordination für beide Parteien einstellt, korrespondiert mit den Ergebnissen des zweiten und dritten Quadranten in der Verhandlungsspielmatrix.

49 Schotter, A. (1981), S. 26. Er bezeichnet solche Institutionen als „inequality-preserving institutions“.

In realen Verhandlungssituationen bestehen normalerweise immer Spielräume in der Nutzenverteilung, innerhalb derer die beteiligten Akteure versuchen, für sich das Maximum an möglichen individuellen Nutzen aus der Kooperation zu sichern und die Gewinne der anderen am Minimum zu halten. Ein solches strategisches Verhalten, verbunden mit unvollständiger Information der Beteiligten über das zukünftige Verhalten des anderen, erzeugt Unsicherheiten und generiert Kosten in verschiedenster Form. Die Erweiterung des Problemkreises durch die Berücksichtigung dieser und weiterer wichtiger Aspekte soll im folgenden anhand der konkreten Institution des relationalen Vertrages in die Untersuchung eingeführt werden. Diese Vertragsform stellt eine bilaterale Kooperationsvereinbarung dar, deren langfristiger Charakter die Möglichkeit einer ungleichen Nutzenverteilung und potentielle Spielräume für strategisches Verhalten in sich birgt und die sich damit als eine geeignete Grundlage für die spätere Analyse währungspolitischer Kooperationen anbietet.

III. Die Institution Relationaler Vertrag

1. Theorie der relationalen Kontrakte

Das Konzept des Relationalen Vertrages stammt von J. R. Macneil (1974) und wurde v. a. von V. P. Goldberg (1976) und O. E. Williamson (1976) als Vertreter des Neuen Institutionalismus in die mikroökonomische Analyse von Institutionen integriert.[50] Das relationale Vertragsrecht bedeutet eine Weiterentwicklung bzw. Ergänzung zur früheren Vertragstheorie, die nur Formen des klassischen und neoklassischen Vertrages behandelt. Ersterer ist zeitpunktorientiert, Leistung und Gegenleistung fallen zeitlich zusammen und sind eindeutig festgelegt. Das neoklassische Vertragsrecht schließt auch längerfristige Vertragsbeziehungen ein, die unter Unsicherheit abgeschlossen und nicht mehr oder nur zu hohen Kosten im voraus spezifiziert werden können. Es sieht jedoch einen effizienten, kostenlosen institutionellen Rahmen vor, der die Vertragserfüllung garantiert. Bei beiden sind vorwiegend einmalige, abgeschlossene Tauschgeschäfte Vertragsgegenstand.[51]

Während also traditionelle Vertragsformen v. a. auf formalen Ex-ante-Regelungen beruhen, und diese für die gesamte Dauer des Kontraktes gelten, be-

50 „The three interdisciplinary legs of NIE [New Institutional Economics] are law (especially contract law), economics (with a relentless emphasis on economizing), and organization theory (which is responsible for greater behavioral content)“, Williamson, O. E. (1985b), S. 190.

51 Vgl. dazu Macneil, J. R. (1978).

rücksichtigt das relationale Konzept dagegen die zunehmende Geltungsdauer und Komplexität von Verträgen. Denn sie erfordern laufende Anpassungsmaßnahmen auf unerwartete bzw. nicht im vornherein spezifizierbare Umweltveränderungen. Neben den vertraglich eindeutig fixierten Rechtsgrundlagen werden implizite Vereinbarungen getroffen, die für die Anpassungsfähigkeit des Kontraktverhältnisses von entscheidender Bedeutung sind. Somit wird die gesamte, im Laufe der Zeit sich entwickelnde Beziehung in den Mittelpunkt der Analyse gestellt.

Zwei wesentliche Aspekte werden in die Betrachtung einbezogen. Es sind zum einen die grundlegenden Verhaltensannahmen begrenzte Rationalität und Opportunismus, zum anderen die die Transaktionsform charakterisierenden Merkmale Faktorspezifität, Unsicherheit und Häufigkeit von Transaktionen.[52] Die Konsequenzen, die sich aus dem Zusammenwirken dieser Faktoren ergeben, und deren Bedeutung für die institutionelle Koordinationsstruktur langfristiger Vertragsbeziehungen sollen nun näher erläutert werden.

2. Verhaltensannahmen

a) Begrenzte Rationalität

Die Theorie der 'bounded rationality' geht auf H. A. Simon (1957) zurück und berücksichtigt in der Analyse ökonomischen Verhaltens - entgegen der neoklassischen idealtypischen Nutzenmaximierungshypothese - Satisfaktionsstrategien und damit unterschiedliche Grade des Strebens nach Nutzenoptimierung. Die Wirtschaftssubjekte sind in der Realität in ihrem 'Optimierungsstreben' mit einer enormen Entscheidungskomplexität konfrontiert, die meist die menschliche Wissens- und Informationsverarbeitungskapazität überschreitet.[53] Der klassischen Annahme der Existenz eines fixen, bekannten Alternativenbündels und der Kenntnis der resultierenden Nutzenverteilung bei alternativen Entscheidungen wird ein Prozeß der Alternativensuche bzw. -generierung entgegengestellt. Aufgrund der Unsicherheit und Komplexität der Umwelt sind

---

52 Vgl. Williamson, O. E. (1985a), S. 52f.; der Begriff Transaktion bezieht sich nicht nur auf einen Akt des Gütertauschs auf einem Markt, sondern umfaßt auch Tauschbeziehungen jedweder Art (also auch Vereinbarungen im Rahmen einer Kooperation).

53 „The capacity of the human mind for formulation and solving complex problems is very small compared with the size of the problems whose solution is required for objectively rational behavior in the real world", Simon, H. A. (1957), S. 198. Simons Konzept verwirft also nicht die Rationalitätshypothese, sondern schwächt sie dahingehend ab, daß die Wirtschaftssubjekte zwar beabsichtigen, rational zu handeln, jedoch es ihnen nur in begrenztem Maße gelingt, vgl. Simon, H. A. (1961), S. 24f.

nicht ohne weiteres alle Möglichkeiten bekannt bzw. in ihren Zusammenhängen und zukünftigen Konsequenzen überschaubar. Überdies ist der Prozeß der Alternativensuche mit erheblichem Zeitaufwand verbunden. Die hohen Kosten der Informationsbeschaffung führen dazu, daß sich die Auswahl auf für den einzelnen 'zufriedenstellende' oder eindeutig nachweisbare bzw. erkennbare Möglichkeiten beschränkt.[54]

Somit spielen die kognitiven Grenzen der Individuen in bezug auf die Komplexität der Probleme, mit denen sie konfrontiert sind, bei der Entscheidungswahl eine zentrale Rolle.[55] Deren Einbeziehung in eine Analyse ökonomischen Verhaltens kann dann auch Erklärungen beobachtbarer Inkonsistenzen in menschlichen Verhaltensmustern liefern.[56]

b) Opportunistisches Verhalten

Die neoklassische Motivationsannahme des individuellen Handelns aus Eigeninteresse, die sich darin ausdrückt, daß die Individuen ihren persönlichen Nutzen offenkundig zu maximieren versuchen, wird mit der Einbeziehung oppor-

---

54 Vgl. Simon, H. A. (1987), S. 266f.; Schotter, A. (1981, S. 149) führt ein solches Verhalten auch auf die Wichtigkeit der jeweiligen Problemsituation für den einzelnen zurück. Er sieht in vielen institutionellen Arrangements 'satisfactory rules', die zwar für die Beteiligten Problemlösungen liefern, jedoch nicht notwendigerweise zu optimalen Resultaten führen müssen: „Their major benefit is that by solving unimportant problems quickly, they allow the agents in the economy to allocate effort elsewhere to solve more important problems."

55 Eine zusätzliche Begrenzung rationalen Verhaltens führt Selten, R. (1990, S. 652) an. Neben den kognitiven Grenzen existieren auch 'motivational limits', die sich in der beobachtbaren Trennung zwischen Wissen über die optimale Entscheidung und abweichendem tatsächlichem Verhalten zeigen: „Emotions like anger or hunger focus the attention on a narrow set of activities related to temporary goals and fears and thereby control the direction of thinking and imigination." Zu einer weitergehenden Relativierung der Rationalitätshypothese siehe z. B. Frank, R. H. (1988), der die strategische Rolle von Emotionen in Beziehungen zwischen Individuen untersucht, Elster, J. (1990 und 1992), der sich u. a. mit individueller Entscheidungsfindung bei konfliktären Präferenzen beschäftigt, und Thaler, R. H. (1992), der beobachtbare Anomalien in ökonomischen Verhaltensweisen analysiert; vgl. weiter Frey, B. S. (1992), der einen allgemeinen 'psychologischen' Ansatz zur Erklärung ökonomischen Verhaltens entwickelt.

56 Auch in der traditionellen Wirtschaftstheorie kann man Beispiele finden, die kognitive individuelle Grenzen explizit berücksichtigen, wie z. B. die Geldillusion, der die Arbeitnehmer in der keynesianischen Unterbeschäftigungstheorie unterliegen können (vgl. Simon, H. A. (1987), S. 267). Spieltheoretische Arbeiten, die eingeschränkte Rationalität als Verhaltensannahme zugrundelegen, gibt es jedoch aufgrund der extrem schwierigen Modellierung bisher nur ansatzweise, wie z. B. Rubinstein, A. (1986), Abreu, D. / Rubinstein, A. (1988), Aumann, R. J. / Sorin, S. (1989), Gilboa, I. / Samet, D. (1989); für einen zusammenfassenden Überblick der Arbeiten auf diesem Gebiet siehe Kalai, E. (1990).

tunistischen Verhaltens - als stärkste Ausprägung der Verfolgung des Eigeninteresses - erweitert bzw. verschärft. O. E. Williamson versteht unter einem solchen Verhalten „self-interest seeking with guile".[57] Dies bedeutet, daß Wirtschaftssubjekte sich nicht immer offen und ehrlich um ihren Vorteil bemühen. Sie versuchen gegebenenfalls ihre eigenen Interessen durch arglistiges Handeln, insbesondere durch unvollständige oder verzerrte Wiedergabe von Informationen,[58] zum Nachteil anderer zu verwirklichen. Die Gefahr opportunistischer Verhaltensweisen einzelner Wirtschaftsteilnehmer, als „troublesome source of „behavioral" uncertainty in economic transactions"[59] besteht in vertraglichen Beziehungen sowohl ex ante im Stadium der Vertragsanbahnung als auch ex post bei Vertragserfüllung. Zur Verdeutlichung des Ex-ante- und Ex-post-Opportunismus können als prägnante Beispiele die 'adverse-selection'- und die 'moral-hazard'-Problematik auf Versicherungsmärkten angeführt werden.[60]

Erstere beruht auf der Unfähigkeit der Anbieter von Versicherungsleistungen zu erkennen, ob der einzelne Versicherungsnachfrager ein hohes oder niedriges Risiko darstellt, während letzterer weitgehend über sein Risiko informiert ist. Gerade Personen mit hohem Risiko werden den Versicherungsschutz vermehrt nachfragen, jedoch kaum den Anbieter über ihre wahre Risikosituation informieren. Da der Versicherungsanbieter nicht die Risikohöhe des einzelnen, wohl aber den hohen Anteil riskanter Fälle abschätzen kann, ist die Versicherungsprämie relativ hoch. Die Höhe schreckt Personen mit geringen Risiko ab, den Versicherungsschutz nachzufragen. Dies führt sukzessive zu einer 'negativen Auslese' innerhalb der Versichertenstruktur.

'Moral hazard' spielt immer dann eine Rolle, wenn der Eintritt des Versicherungsfalles nicht unabhängig vom Verhalten des Versicherten ist. Bei vollem Versicherungsschutz besteht für ihn der Anreiz, erforderliche risikomindernde Handlungen zur Vermeidung des Versicherungsfalles zu unterlassen oder gar den Versicherungsfall vorsätzlich herbeizuführen. Der Versicherungsanbieter kennt nicht die Neigung des einzelnen Nachfragers, sich so zu verhalten, und kann daher die Versicherungsprämie nicht nach geringen und hohen mora-

---

57 „...This includes but is scarcely limited to more blatant forms, such as lying, stealing, and cheating. Opportunism more often involves subtle forms of deceit", Williamson, O. E. (1985a), S. 47.

58 „...calculated efforts to mislead, distort, disguise, obfuscate, or otherwise confuse", Williamson, O. E. (1985a), S. 47; vgl. dazu auch Goldberg, V. P. (1980), S. 339f.

59 Williamson, O. E. (1985a), S. 49 (Hervorhebungen im Original).

60 Vgl. Williamson, O. E. (1985a), S. 47. Das Phänomen der 'negativen Auslese' wurde erstmals von Akerlof, G. A. (1970), das des 'moralischen Wagnisses' von Arrow, K. J. (1953) untersucht; für eine umfassendere theoretische Behandlung der Problematik unvollständiger Information siehe Phlips, L. (1989).

lischen Risiken differenzieren. Der Umstand, daß ein derartiges Verhalten existiert, und Nachteile für das Versicherungsunternehmen bei der Abwicklung ex post nach sich zieht, wird dazu führen, daß entweder die Prämie mit der Zeit drastisch erhöht, oder ein vollständiger Versicherungsschutz überhaupt nicht mehr angeboten wird.[61]

Beiden Fällen liegt eine Asymmetrie in der Informationsverteilung zwischen den Vertragsparteien zugrunde. Diese ungleiche Verteilung birgt die Gefahr in sich, daß eine Partei ihren Informationsvorsprung bzw. ihre superioren Informationen ex ante oder ex post opportunistisch auszunutzen versucht.[62]

3. Die Rolle der Transaktionen und der Kosten in Vertragsbeziehungen

a) Transaktionsmerkmale

Transaktionen in Vertragsverhältnissen unterscheiden sich voneinander hauptsächlich in drei Punkten, von denen die sogenannte *Faktorspezifität* bzw. deren Umfang die bedeutendste Rolle in bilateralen Kontrakten spielt. Damit sind spezifische Investitionen oder Ausgaben ('sunk costs') gemeint, die mit einer Transaktion unmittelbar verbunden bzw. für eine bestimmte Transaktion notwendig sind. Eine solche transaktionsspezifische Investition liegt beispielsweise vor, wenn ein Stahlproduzent seine Fertigungsstätten in der Nähe einer Erzmine errichtet, um Transportkosten zu sparen. Wenn überdies die Anlagen speziell auf die Qualität des Erzes ausgerichtet sind, ist die Investition für den Produzenten nur dann von Vorteil, wenn er mit dem Eigentümer der Erzmine

---

61 Vgl. dazu den Fall der Diebstahlversicherung bei Varian, H. A. (1992), S. 455f.; weitere Beispiele opportunistischen Verhaltens bei asymmetrischer Informationsverteilung finden sich bei Tietzel, M. (1988).

62 Der Unterschied zur früheren Vertragstheorie liegt in der Möglichkeit des Ex-post-Opportunismus. Das Prinzipal-Agent-Modell konzentriert sich zwar auch auf Probleme bei asymmetrischer Informationsverteilung, jedoch nur in Verbindung mit Möglichkeiten zu deren *Ex-ante*-Vermeidung und geht von unbegrenzter Rationalität der Vertragspartner aus. Es wird nur einmal und abschließend verhandelt und davon ausgegangen, daß alle vertragsrelevanten Fragen ex ante geregelt werden, ein alle Eventualitäten berücksichtigendes Verhandlungsergebnis erzielt wird und damit Probleme der Vertragserfüllung kaum auftreten können, zumal die Erfüllung durch eine effiziente und kostenlose Sanktionsinstanz (Gerichte, Schiedsstellen) gewährleistet wird. O. E. Williamson leitet diese 'information impactedness' dagegen aus der Kombination von Opportunismus und begrenzter Rationalität ab und bezweifelt die perfekte Wirksamkeit des Rechtszwanges. Deshalb richtet sich das Interesse dieses Ansatzes nicht nur auf die konstitutionelle Ebene des Vertragsschlusses, sondern auch und verstärkt auf den Erfüllungsteil des Vertrages, vgl. Williamson, O. E. (1985a), S. 27f., S. 51.

einen langfristig bindenden Liefervertrag aushandelt, andernfalls ist sie überwiegend wertlos.

Das zweite Merkmal umfaßt die *Unsicherheit über Verlauf und Erfolg der Transaktionen*. Neben den Unsicherheiten der Vertragspartner in bezug auf die Entscheidungen und Pläne des anderen, die durch mangelnde Kommunikation bzw. Abstimmung entstehen können, spielt vor allem die Unsicherheit über das tatsächliche Verhalten des anderen aufgrund seines opportunistischen Verhaltenspotentials in Vertragsbeziehungen eine große Rolle.[63] Gerade bei hohen vertragsspezifischen Investitionen einer Vertragsseite bzw. unterschiedlich hohen 'sunk costs' der Partner kommt es zu einem „lock-in effect“,[64] der die Möglichkeit strategischen Verhaltens einer Vertragspartei eröffnet. Im zuvor genannten Beispiel haben die Parteien ein Interesse daran, daß ein Vertrag abgeschlossen wird, in dem der ausgehandelte Preis des Erzes beiden eine positive Rente eröffnet. Errichtet der Produzent das Stahlwerk und bindet sich mit dieser Ex-ante-Investition an den Partner, besteht jedoch für ihn das Risiko, daß der andere sich nicht an dem zuvor vereinbarten Kaufpreis des Erzes hält, und versuchen wird, einen höheren Preis durchzusetzen. Denn dieser besitzt mit der Drohung, zum vereinbarten Preis nicht zu liefern, ex post die stärkere Verhandlungsposition. Dieses zeitliche Kontraktproblem ist in seiner Struktur identisch mit der in Kapitel II. 1 a) behandelten Zeitinkonsistenzproblematik. Denn auch hier liegt eine Zeitinkonsistenz optimaler Pläne der Vertragspartner in der Art vor, daß ein anderes Verhalten vor der Vereinbarung optimal ist als in der Phase der Vertragserfüllung.[65]

Deshalb wird bei Unsicherheit über das zukünftige Verhalten des Partners in Verbindung mit hohen partnerspezifischen Aufwendungen, die sich bei Abbruch der Beziehung nie amortisieren würden, eine vertraglich bindende Kooperationsform angestrebt, die das Opportunismus-Risiko vermindern soll. Damit gewinnt die *Häufigkeit bzw. Wiederholung von Transaktionen* als ein weiteres Merkmal zur Charakterisierung relationaler Vertragsformen an Bedeutung. Je häufiger Transaktionen sich innerhalb einer vertraglichen Beziehung wiederholen, desto eher ist der Anreiz gegeben, den Vertrag auf lange Sicht aufrechtzuerhalten.

---

63 „The possibility that parties make strategic plans in relation to each others ...are the source of *ex ante* uncertainty and *ex post* surprises...“, Williamson, O. E. (1985a), S. 57f. (Hervorhebungen im Original).

64 Williamson, O. E. (1985a), S. 53.

65 Vgl. Bofinger, P. (1991, S. 26f.), der mittels eines einfachen Zahlenbeispiels (auf Grundlage von Hart, O. (1987), S. 752) die Verbindung zum Zeitinkonsistenzproblem verdeutlicht.

Jedoch bleibt die Möglichkeit des Ex-post-Opportunismus latent vorhanden. Die Ursachen hierfür liegen zum einen in der oft unzureichenden Wirksamkeit gerichtlicher Regelungen zur Durchsetzung von Vertragspflichten. Gründe dafür sind die meist hohen Kosten, vertraglich fixierte Ansprüche gerichtlich durchzusetzen, die Unsicherheit hinsichtlich der Geltungsdauer rechtlicher Regelungen und die engen Grenzen der Gerichte in der Behandlung komplexer Kontraktprobleme. Zum anderen ist es die Unmöglichkeit aufgrund der Langfristigkeit und Komplexität der Beziehung und der begrenzten Rationalität der Beteiligten, einen umfassenden Vertrag zu formulieren, der allen zukünftigen Eventualitäten Rechnung trägt. Durch die zwangsläufigen Lücken im Vertrag[66] entsteht ein Bedarf an gegenseitigen Ex-ante-Vereinbarungen über die Gestaltung eines geeigneten Rahmens zur Konfliktlösung, der notwendige Vertragsanpassungen an sich im Zeitablauf verändernde Bedingungen regeln soll.[67] Da in den Verhandlungen über Vertragsanpassungen die Interessen der Vertragsparteien oft entgegengesetzt sind, jedoch ein Anreiz bei beiden besteht, die Beziehung aufrecht zu erhalten, bemühen sich die Vertragspartner ex ante um interne Verfahren zur späteren Konfliktlösung. Externe Sanktions- und Schlichtungsstellen werden - wenn überhaupt - als letzte Instanz betrachtet.[68]

Im Extremfall zeichnet sich der Vertrag allein durch einen impliziten 'Durchsetzungsmechanismus' aus, der mit dem Nutzenkalkül der Vertragspartner seine unmittelbare Wirksamkeit erhält. Bei Vertragsbruch einer Partei steht der anderen einzig die Möglichkeit offen, die Vereinbarung insgesamt zu lösen und damit die Vorteile aus der Kooperation für beide zunichte zu machen. Die Kooperation bleibt damit solange bestehen, wie beide die Fortsetzung der Beziehung für vorteilhafter halten als deren Abbruch.[69]

---

66 „Unlike a comprehensive contract, this [long-term] contract contemplates omissions, drafting defects, and unanticipated contingencies", Williamson, O. E. (1985a), S. 165, „...complete, fully contingent, costlessly enforceable contracts are not possible", Klein, B. (1980), S. 356.

67 Wegen der nicht ausreichenden Wirksamkeit des 'court ordering' und der Unvollständigkeit bzw. Unvollkommenheit von Verträgen sind gerade in langfristigen Vertrags- bzw. Kooperationsbeziehungen außergerichtliche Regelungen ('private ordering') von zunehmender Bedeutung, vgl. Goldberg, V. P. (1980), S. 343f., Williamson, O. E. (1985a), S. 29 und S. 164f.

68 Nach Williamson, O. E. (1985a, S. 74f.) ist das relationale Vertragskonzept gerade durch eine solche bilaterale Organisationsform ('bilateral governance') gekennzeichnet, während im neoklassischen Vertrag eine 'trilateral governance structure' vorherrscht, die zur Schlichtung insbesondere Schiedsgerichte vorsieht.

69 Die Theorie des 'self-enforcing agreement' geht davon aus, daß die Vertragserfüllung von keiner externen Sanktionsinstanz durchgesetzt werden kann und alleine von der unmittelbaren Wirksamkeit des Vertrages abhängt, vgl. Telser, L. G. (1980), S. 27 und Klein, B. / Leffler, K. B. (1981), S. 616, zitiert in Williamson, O. E. (1985a), S. 168; vgl. desweiteren Klein, B. (1985), S. 594f., Telser, L. G. (1987), S. 187f.

b) Vertragskosten

Wenn hohe partnerspezifische Aufwendungen notwendig sind, infolge einer unsicheren Vertragserfüllung die Abwicklung koordiniert werden muß und sich die Transaktionen regelmäßig wiederholen, gewährleistet der relationale Charakter des Vertragsverhältnisses im Idealfall jederzeit Spezifikationen bzw. Anpassungen an geänderte Bedingungen und vermag dadurch der begrenzten Rationalität Rechnung zu tragen, als auch opportunistisches Verhalten zu vermindern. Da jedoch solche Verträge nicht kostenlos zu realisieren sind, müssen in der Betrachtung einer langfristigen Kooperation die mit dem Entwurf und der Durchführung eines relationalen Kontraktes verbundenen Kosten berücksichtigt werden, denn sie haben einen entscheidenen Einfluß auf die Bindungswirkung der Beziehung.

Neben den *Kosten der Vertragsformulierung* sind es vor allem die *Fehlanpassungskosten*,[70] die dadurch entstehen, daß die vertraglichen Verpflichtungen entweder zu eng gesetzt sind, d. h. die Regeln, an denen sich die Vertragspartner zu richten haben, sind in ihrer Anpassungsflexibilität auf ex post eintretende Veränderungen zu stark eingegrenzt. Oder die vorgesehenen Anpassungsspielräume sind zu groß, so daß das Opportunismusrisiko eine Höhe erreicht, die die Vertragsparteien vor einer Anpassung zurückschrecken läßt. Dies kann dazu führen, daß notwendige Vertragsänderungen nicht oder nur in unzureichender bzw. nicht adäquater Weise vollzogen werden. Solche Fehlanpassungen, die meist einseitige Benachteiligungen generieren, gefährden die gesamte Beziehung und können letztendlich zur Aufkündigung der Kooperation durch eine Vertragsseite führen.

Desweiteren kommt den *Kosten der Überwachung und Durchsetzung von Vertragspflichten* eine große Bedeutung zu. Deren Höhe hängt von den im Vertrag installierten Kontroll- und Sanktionsmöglichkeiten ab. Verfahren, wie der Austausch von Pfändern bzw. Sicherheiten,[71] oder die öffentliche Bekanntgabe von Erklärungen zur Einhaltung der Vertragsregeln,[72] stellen zum einen den Versuch dar, die Glaubwürdigkeit und damit das Vertrauen unter den Vertragsparteien zu erhöhen. Andererseits soll dadurch erreicht werden, daß die Kosten einer Nichteinhaltung in Form des Verlustes der abgegebenen Sicherheiten bzw. der eigenen Reputation (auch bei Dritten) eine Höhe erreichen, die eine effiziente Abschreckung vor opportunistischem Verhalten ermöglicht. Ist jedoch der Sanktionsgrad hoch und sind die Sanktionsmöglichkeiten einseitig auf die Mitglieder verteilt, besteht die Gefahr eines Festhaltens an änderungs-

---

70 Williamson, O. E. (1985a, S. 21) spricht von „maladaption costs".

71 Vgl. Williamson, O. E. (1985a), S. 193f., Kronman, A. (1985), S. 15.

72 Zu dieser Form des 'hands-tying' vgl. Kronman, A. (1985), S. 18f.

bedürftigen Regelungen. Sie bringen einer Vertragsseite im Laufe der Zeit Nachteile, deren Beseitigung nicht oder nur bedingt durchgesetzt werden kann. Denn der andere Vertragspartner, der durch den Status quo bevorteilt ist, besitzt mit der Drohung, das Pfand zu zerstören bzw. die Sicherheiten einzubehalten, ein stärkeres Sanktionspotential.

Die angesprochene Problematik in der Errichtung einer geeigneten 'governance structure' spiegelt sich in der Höhe der *Verhandlungskosten*[73] wider, die durch den Versuch der Vertragspartner entstehen, Fehlentwicklungen ex post zu korrigieren. Je nach Art und Aufteilung der mit der Kooperation verbundenen Vorteile kann es zu intensiven, zeitaufwendigen, beiderseits selbstsüchtigen Verhandlungen über Vertragsanpassungen kommen. Diese führen meist zu Kompromissen, die vorhandene Asymmetrien in der Nutzenverteilung der Kooperation nur teilweise aufheben bzw. neue Asymmetrien schaffen können.[74] Die Installation einer Schlichtungsinstitution kann die hohen Verhandlungskosten in Konfliktsituationen reduzieren helfen. Die Effizienz einer solchen Instanz hängt jedoch von deren Anerkennung durch die beteiligten Parteien ab.

Somit läßt sich zusammenfassend feststellen, daß für die Effizienz und Bindungswirkung eines relationalen Vertragsverhältnisses zwei Kriterien eine wichtige Rolle spielen: Auf der einen Seite sollte der Opportunismusschutz möglichst groß sein, um das gegenseitige Vertrauensverhältnis zu stärken; andererseits darf die Höhe der mit dem Vertrag verbundenen Transaktionskosten die Kontraktgewinne nicht konterkarieren.

Die Übertragung der gewonnenen Erkenntnisse spiel- und verhandlungstheoretischer Zusammenhänge auf die Geldpolitik ist Gegenstand des nun folgenden Kapitels. Dabei wird in der Analyse schrittweise - von den nationalen Geldpolitiken bis zu internationalen währungspolitischen Kooperationen - vorgegangen.

---

73 Williamson, O. E. (1985a, S. 21) bezeichnet diese Kostenart als „haggling costs".

74 Vgl. dazu Buchanan, J. M./Tullock, G. (1962, S. 45f. und 97f.), die den Kostenaspekt von Entscheidungsverfahren mit dem Begriff 'interdependence costs' in ähnlicher Weise berücksichtigen. Diese setzen sich aus der Summe der Verhandlungs(zeit)kosten des Entscheidungsprozesses und der 'externen Kosten' zusammen. Letztere bestehen einmal aus den Kosten der Nicht-Entscheidung bzw. des entgangenen Nutzens aufgrund nichtkollektiven Handelns der Vertragspartner, zum anderen aus den Kosten des Nutzenentgangs eines Teilnehmers bei einer im Vergleich zur eigenen Position weniger präferierten Verhandlungslösung.

IV. Institutionenökonomische Analyse der Geld- und Währungspolitik

1. Das geldpolitische Spiel auf nationaler Ebene

a) Geldpolitik, Inflation und Beschäftigung

Die institutionellen und politischen Gegebenheiten einer Volkswirtschaft, in denen die nationalen Geldpolitiken eingebettet sind, determinieren den Handlungsspielraum der geldpolitischen Instanzen und können sich, wie im Fall der Europäischen Währungsordnung, von Land zu Land deutlich unterscheiden. Die landesspezifischen Unterschiede und die damit verbundenen Divergenzen in den nationalen Politikpräferenzen haben wiederum Konsequenzen für das Verhalten und das Interagieren der Mitgliedstaaten innerhalb einer Währungskooperation. Deshalb ist es sinnvoll, zuerst die Geldpolitik auf der nationale Ebene zu betrachten, um dann in einem zweiten Schritt die strategische Interaktion auf der internationalen Ebene zu analysieren. Im folgenden sollen die grundlegenden Implikationen der theoretischen Diskussion über Zentralbankverhalten erörtert werden. Dabei richtet sich das Hauptaugenmerk auf die Glaubwürdigkeit von Handlungsankündigungen seitens der Geldpolitik. Wie in Kapitel II. 1 im allgemeinen schon gezeigt, spielt diese deshalb eine fundamentale Rolle, weil die Fähigkeit der politischen Instanzen, ihre zukünftigen Ziele zu erreichen, von den Erwartungen der privaten Wirtschaftssubjekte bestimmt wird. Diese Erwartungen hängen wiederum von der Einschätzung der Glaubwürdigkeit der Wirtschaftspolitik ab.[75]

Neben diesen strategischen Interdependenzen zwischen dem Verhalten und Handeln geldpolitischer Instanzen und privater Wirtschaftssubjekte als Hauptbestimmungsgröße wird die Glaubwürdigkeit der Geldpolitik von zwei weiteren Faktoren beeinflußt. Einmal sind es ökonomisch-technische Bedingungen, wie die Zuverlässigkeit des Datenmaterials, das als Grundlage für Politikentscheidungen dient, die Durchführbarkeit und Kontrollfähigkeit der eingesetzten Politikinstrumente und damit auch die Relevanz des theoretischen Modells, auf das sich die Wirtschaftspolitik stützt. Zum anderen sind es politisch-administrative Faktoren, wie der Kohärenzgrad zwischen Geldpolitik und Finanz- bzw. Wirtschaftspolitik, sowie die institutionelle Ausgestaltung und politische Stellung der Währungsbehörde. Die Einbeziehung dieser zusätz-

---

75 Die Bedeutung der Politikglaubwürdigkeit und deren Konsequenzen für die Geldpolitik werden in der Literatur unter dem Begriff 'Glaubwürdigkeits-Hypothese' behandelt, der von Fellner, W. (1976) und Haberler, G. (1980) geprägt wurde.

lichen Faktoren in die Analyse des Zentralbankverhaltens erweitert die Dimension der Glaubwürdigkeitsproblematik.

Ein allgemeines Grundmodell

Die verschiedenen Arbeiten in der gegenwärtigen Literatur,[76] die sich mit dem Glaubwürdigkeitsproblem der Geldpolitik beschäftigen, nehmen als Grundlage den Ansatz von R. J. Barro und D. B. Gordon (1983a/b), die ein geldpolitisches Spiel zwischen Notenbank und Privaten modellieren, in dem Inflation und Beschäftigung in einer Volkswirtschaft bestimmt werden. Allen Ansätzen ist gemeinsam, daß sie sich auf zwei Basisrelationen stützen, die in den einzelnen Modellen auf verschiedene Weise modifiziert werden. Zum einen wird eine um rationale Erwartungen erweiterte Phillipskurvenrelation[77] unterstellt, die den Bedingungsrahmen für das geldpolitische Spiel liefert:

$$\text{a)} \qquad x_t = x_n + \alpha\left(\pi_t - \pi_t^e\right); \qquad \alpha > 0.$$

Zum anderen ist es die Formulierung einer Ziel- bzw. Nutzenfunktion,[78] die die Präferenzen der Politikinstanz zum Ausdruck bringt:

$$\text{b)} \qquad U_t = f\left(\pi_t - \pi^*\right) + g\left(x_t - x^*\right); \qquad x^* = k\,x_n, \quad k \geq 1;$$

$$\text{mit } f'(\cdot), g'(\cdot) \lessgtr 0 \text{ wenn } (\cdot) \gtrless 0;\; f'', g'' < 0;\; f(0), g(0) = 0.$$

π_t bedeutet dabei die aktuelle Inflationsrate, π_t^e die von der Öffentlichkeit in Periode t–1 gebildete Inflationserwartung für die Periode t; x_t ist die tatsächliche, x_n die 'natürliche' volkswirtschaftliche Output- bzw. Beschäftigungsrate,[79] die sich bei Abwesenheit von monetären Störungen einstellt. Gleichung a) impliziert, daß die tatsächliche nur dann von der natürlichen Beschäftigung abweicht, wenn die Privaten am Anfang der Periode die später sich ein-

76 Es sollen im folgenden nur die Hauptimplikationen der Diskussion erörtert und weniger Detailaspekte und mögliche Kritikpunkte der einzelnen Ansätze verfolgt werden. Einen kritischen Literaturüberblick über diese Thematik geben u. a. Blackburn, K. / Christensen, M. (1989) und Levine, P. (1990); für eine weitergehende, theoretische und empirische Analyse sei auf die umfassende Arbeit von Cukierman, A. (1993) verwiesen.

77 Diese Relation, die aus der ursprünglichen Phillipskurve eine Beziehung zwischen Inflation und Output bzw. Beschäftigung ableitet, basiert auf einer aggregierten Lucas-Angebotsfunktion (Lucas, R. E., 1973) oder auf Kontraktmodellen von Fischer, S. (1977) und Taylor, J. B. (1980), vgl. Levine, P. (1990), S. 256; eine formale Herleitung dieser Relation wird im Rahmen des Modells in Kap. B. IV. 2 bzw. im Anhang durchgeführt.

78 Vgl. Blackburn, K. / Christensen, M. (1989), S. 9f. Die Zielfunktion wird meist als eine Schadens- bzw. Kostenfunktion ('loss function') konstruiert, die die Zentralinstanz zu minimieren versucht.

79 Annahmegemäß besteht eine positive Korrelation zwischen Output und Beschäftigung, so daß x als Proximation für die Beschäftigungsrate angesehen werden kann.

stellende Inflationsrate falsch prognostizieren; eine unerwartete Preisniveauerhöhung hat damit - über die erfolgende Reallohnsenkung - einen (zeitlich begrenzten) positiven Effekt auf Output und Beschäftigung und eröffnet einen Handlungsspielraum für die Politik, eine erwünschte Erhöhung des volkswirtschaftlichen Outputs durch Überraschungsinflation zu erzielen. Der als konstant angenommene positive Faktor α beschreibt die Neigung der Phillipskurve (je größer α, desto stärker ist der kurzfristige Effekt einer nicht antizipierten Inflationierung auf die Beschäftigung). π^*, x^* verkörpern die von der Politikinstanz gewünschten Zielgrößen. Die Zeit wird diskret gemessen ($t = 0,...,T$), der Zeithorizont kann je nach Spielstruktur endlich oder unendlich sein.

Aus den Strukturbedingungen der Zielfunktion läßt sich das Bestreben der geldpolitischen Entscheidungsträger ableiten, Abweichungen von den Zielgrößen zu minimieren. Der erste Term der Funktion beinhaltet das Inflationsziel bei Berücksichtigung steigender Abweichungskosten von der Zielgröße π^*.[80] Der zweite Term repräsentiert das Beschäftigungsziel. Als zentrale Annahme wird unterstellt, daß die Beschäftigungsrate als zu niedrig angesehen wird. Dies liegt in der Einschätzung der Politikinstanz begründet, daß verschiedene Arbeitsmarktverzerrungen existieren, die einen Rückgang der natürlichen Beschäftigungsrate bewirken ($k > 1$). Die Verzerrungen können zum einen durch Steuern und Transfers verursacht worden sein,[81] zum anderen die Bedeutung der Macht großer Gewerkschaften für das Arbeitsangebot reflektieren.[82] Eine vereinfachende Alternative ist die Annahme, daß die Politiker

80 Als Inflationskosten können neben den direkten Wirkungen der Inflation auf die Funktionseffizienz des Geldes im allgemeinen die negativen Auswirkungen auf den Allokationsprozeß und die Umverteilungseffekte von Einkommen und Wohlfahrt angesehen werden. Erstere zeigen sich in der inflationsbedingten Fehlleitung von Ressourcen, letztere ergeben sich aus der Veränderung der relativen Preise bzw. aus dem Verlust des Informationsgehaltes relativer Preisänderungen und damit einhergehender Preisverzerrungen (zu den Wohlfahrtskosten der Inflation siehe die Übersicht in Garfinkel, M. R. (1989), S. 4f.). Analog dazu drückt sich die Abneigung gegenüber einer Deflation in ihren negativen Folgekosten (Gewinn- und Einkommensenkungen, Nachfragerückgang, Abschwächung der gesamtwirtschaftlichen Produktion) für die Volkswirtschaft aus.

81 Nach Barro, R. J. / Gordon, D. B. (1983b, S. 103) verzerren direkte Steuern und Transferzahlungen die Allokation von Arbeit und Freizeit und führen zu einem Arbeitsangebot, das geringer ist als das ohne solche staatlichen Eingriffe.

82 Canzoneri, M. B. (1985, S. 1058) argumentiert in der Weise, daß der Arbeitsmarkt von wenigen großen Gewerkschaften dominiert wird und bei Lohnverhandlungen nur Gewerkschaftsmitglieder berücksichtigt werden, andere Arbeitnehmer werden ausgeschlossen. Die resultierende Beschäftigungsrate entspricht nicht der in der Nutzenfunktion der Politikinstanz, in der alle Arbeitnehmer eingeschlossen sind. In ähnlicher Weise argumentieren Horn, H. / Persson, T. (1988) und Tabellini, G. (1988a), die von Gewerkschaften ausgehen, die die Macht besitzen, ein Reallohnniveau durchzusetzen, das höher ist als der markträumende Reallohn.

darauf abzielen, per se eine höhere Rate als die natürliche zu erreichen.[83] Beiden Fällen liegt letztendlich eine Unzufriedenheit der Politik über die natürliche Beschäftigungsrate zugrunde.

Der private Sektor wird vereinfachend als homogener Block gesehen, in dem die privaten Wirtschaftssubjekte die gleichen Präferenzen und Informationen haben, und ihr Verhalten und Handeln auf rationale Erwartungen in bezug auf die Politikaktionen stützen.[84] Er kann als eine Union zwischen den Unternehmen mit einer neoklassischen Arbeitsnachfragefunktion und einigen großen Gewerkschaften angesehen werden, die das Nominallohnniveau für eine Periode festsetzen und dabei in den Tarifverträgen ihre Inflationserwartungen mit einfließen lassen, um die angestrebte Kombination von Reallohn und Beschäftigung zu realisieren.[85] Die grundlegende Annahme dabei ist, daß die Nominallohnverhandlungen vor dem Festsetzen der Preissteigerungsrate durch die Geldpolitik abgeschlossen werden. Die Zielfunktion des privaten Sektors kann in allgemeiner Form folgendermaßen ausgedrückt werden:

$$\text{c)} \qquad Z_t = h\left(\pi_t - \pi_t^e\right);$$

$$\text{mit } h'(\cdot) \lesseqgtr 0 \text{ wenn } (\cdot) \gtreqless 0;\; h'' < 0;\; h(0) = 0.$$

Jede Abweichung der tatsächlichen Inflationsrate von der erwarteten impliziert einen Nutzenverlust für die Privaten. Ist $\pi_t > \pi_t^e$, bedeutet dies eine Reallohnsenkung für die Arbeitnehmer und damit einen Rückgang des Arbeitsangebotes. Im Fall $\pi_t < \pi_t^e$ sinkt aufgrund des höheren Reallohnniveaus die Nachfrage der Unternehmen nach Arbeitskräften und damit die Beschäftigung. In beiden Fällen werden die in den Verträgen ausgehandelten Zielgrößen nicht erreicht.

Wird a) in b) eingesetzt, erhält man:

$$\text{d)} \qquad U_t = f\left(\pi_t - \pi^*\right) + g\left[\alpha\left(\pi_t - \pi_t^e\right) - (k-1)x_n\right].$$

---

83 Dies impliziert, daß keine konkrete Zielgröße vorgegeben ist. Die Zielfunktion ändert sich damit in der Weise, daß für x^* x_n gesetzt wird und $g(\cdot)$ als eine lineare Funktion (mit $g' > 0$, $g'' = 0$, $g(0) = 0$) definiert ist.

84 Rationale Erwartungen werden formal definiert als der mathematische Erwartungswert der subjektiven Wahrscheinlichkeitsverteilung der zu prognostizierenden Variablen der Periode t auf Basis aller am Ende der Periode t-1 verfügbaren Informationen. Die Prognose der Variable π ist damit (unter Nichtberücksichtigung von Prognosefehlern) definiert als $\pi_t^e = E_{t-1}(\pi_t)$, vgl. hierzu Neumann, M. J. M. (1979), S. 376.

85 Für die europäischen Staaten, in denen eine zentralisierte Lohnfestsetzung vorherrscht, erscheint diese Annahme gerschtfertigt; der private Sektor tritt als gleichwertiger Gegenspieler auf, dessen Strategienwahl das Verhalten der politischen Instanz zu beeinflussen vermag (vgl. Fußnote 92 auf S. 57).

Die Inflationsrate π_t, die die Zentralbank annahmegemäß mit ihrem zur Verfügung stehenden Instrumentarium zu kontrollieren vermag, stellt somit die strategische Variable der Geldpolitik dar,[86] und das intertemporale Entscheidungsproblem für die Zentralinstanz zum Zeitpunkt t liegt in der Auswahl einer Sequenz von Inflationsraten $\pi_t, \pi_{t+1}, \ldots, \pi_T = \{\pi_t\}$, die den beiden konfliktären Zielen in der Funktion gerecht werden soll:

$$\text{e)} \quad \max_{\{\pi_t\}_{t=0}^{T}} \quad U = E\left[\sum_{t=0}^{T} (1+r)^{-t} U_t\right].$$

Die Gesamtzielfunktion U stellt dabei den Erwartungswert E der Summe der mit dem Faktor $(1/(1+r)^t$ abdiskontierten Nutzenfunktionen in den einzelnen Perioden des Planungshorizonts der Zentralbank ($t = 0,\ldots,T$) dar.[87]

Die Rolle der geldpolitischen Instanz wird in den Ansätzen auf verschiedene Weise interpretiert. Einmal kann sie als 'social planer' angesehen werden, der eine festgesetzte aggregierte Wohlfahrtsverlustfunktion minimiert.[88] In der neueren Literatur herrscht dagegen eine realistischere, politische Interpretation der Zielfunktion vor, in der die Präferenzstruktur der Geldpolitik nicht vom allgemeinen politischen Prozeß unabhängig ist und die Zielgewichtung je nach Einfluß variieren kann.[89] Die möglichen Konsequenzen und Implikationen, die sich aus dem geldpolitischen Spiel je nach Struktur ergeben, sollen nun schrittweise erörtert werden.

---

86 Aufgrund der Annahme, daß zwischen der Inflationsrate und der Wachstumsrate des Geldmengenangebots ein eindeutiger kausaler Zusammenhang besteht, wird meist statt der Inflationsrate die Geldmenge als strategische Größe eingesetzt. Dabei wird von möglichen kurzfristigen Abweichungen zwischen den beiden Raten abstrahiert. π und π^e können somit auch als die aktuelle und die erwartete Geldmengenexpansion angesehen werden.

87 In Analogie zur betriebswirtschaftlichen Investitionsrechnung spiegelt der nur subjektiv zu erklärende 'Kalkulationszinssatz' r die Zeitpräferenzrate der geldpolitischen Instanz wider. Je größer r, desto geringer werden die zukünftigen Kosten bzw. Nutzenverluste gewichtet bzw. um so höher ist dann die Zeitpräferenzrate der Zentralbank.

88 Diese Sichtweise entspricht dem Wohlfahrtsansatz von Barro, R. J. / Gordon, D. B. (1983a/b).

89 Diese Richtung vertreten u. a. die Ansätze von Cukierman, A. / Meltzer, A. H. (1986), Alesina, A. (1987), Rogoff, K. / Sibert, A. (1988) (siehe dazu auch den Sammelband von Willett, T. D. (Hrsg.) (1988)). Diese beinhalten um rationale Erwartungen erweiterte 'political business cycles' mit unterschiedlichen Präferenzen der politischen Instanzen vor und nach den Wahlen bzw. berücksichtigen den Einfluß politischer Interessengruppen auf das Verhalten der geldpolitischen Entscheidungsträger, vgl. die Diskussion in Alesina, A. / Tabellini, G. (1988), Alesina, A. (1989), S. 59f., Persson, T. / Tabellini, G. (1990), Kap. 5 (S.78f.) und Cukierman, A. (1993), S. 43f.

b) Geldpolitik, Glaubwürdigkeit und Reputation

'One-shot'-Spiele

In einem ersten Schritt wird davon ausgegangen, daß das Spiel ohne Wiederholung abläuft und eine symmetrische Informationsverteilung vorliegt. Die Akteure finden sich am Ende im bekannten Gefangenen-Dilemma wieder, das die Glaubwürdigkeitsproblematik einer anti-inflationären Geldpolitik in prägnanter Form herausstellt. Dies soll durch ein einfaches Zahlenbeispiel illustriert werden.

Es wird angenommen, daß die tatsächliche wie auch erwartete Inflationsrate nur die Werte 0 oder 1 annehmen können und daß die Zielrate der geldpolitischen Instanz 0 beträgt. Die vereinfachte Ziel- bzw. Nutzenfunktion der Geldpolitik[90] und die Zielfunktion der Privaten lauten:

$$U = -\pi^2 + 2(\pi - \pi^e); \qquad Z = -(\pi - \pi^e)^2.$$

Die 'pay-off'-Matrix hat damit folgendes Aussehen:

		Zentralbank $\pi = 0$	**Zentralbank** $\pi = 1$
Private	$\pi^e = 0$	Zentralbank: 0; $x = x_n$, $\pi = \pi^e = 0$; Private: 0	Zentralbank: 1; $x > x_n$, $\pi > \pi^e$; Private: -1
Private	$\pi^e = 1$	Zentralbank: -2; $x < x_n$, $\pi < \pi^e$; Private: -1	Zentralbank: -1; $x = x_n$, $\pi = \pi^e = 1$; Private: 0

Zentralbank:

$(\pi = 0) \Rightarrow (0 \,/ -2)$

$\qquad\qquad\wedge \quad \wedge$

$(\pi = 1) \Rightarrow (1 \,/ -1)$

Dominante Strategie: $(\pi = 1)$.

Abb. 5: Nutzenmatrix im geldpolitischen 'one-shot'-Spiel

Von den beiden möglichen Zügen, inflationieren oder nicht inflationieren, ist es für die Zentralbank bei gegebenem π^e am besten, die Strategie $\pi = 1$ zu spielen. Der private Sektor zieht zuerst, und ihm ist der Anreiz der Zentralbank bekannt, durch eine Überraschungsinflationierung die gewünschte Erhöhung des Beschäftigungsniveaus zu erreichen. Deshalb wird er sich von der Ankündigung seitens der Geldpolitik, $\pi = 0$ zu spielen, nicht täuschen lassen, bildet demgemäß seine Erwartungen ($\pi^e = 1$) und wird sie bei den Lohnverhandlungen mit einbeziehen. Ein möglicher Erfolg der Überraschungsinflation wird

90 Der zweite Term der geldpolitischen Zielfunktion ($\alpha = 2$) ist als eine lineare Funktion mit keiner konkreten Beschäftigungzielvorgabe definiert (vgl. Fußnote 83 auf S. 53); zu diesem Beispiel vgl. Cukierman, A. (1986), S. 6.

durch das höhere Nominallohnniveau zunichte gemacht. Die Notenbank ist nun gezwungen, auf jeden Fall zu inflationieren, um die Beschäftigung nicht noch unter die natürliche Rate sinken zu lassen. Das Ergebnis ist ein suboptimales Nash-Gleichgewicht mit einer höheren Inflationsrate und einer Beschäftigung, die sich auch bei einer Preissteigerungsrate von 0 eingestellt hätte (vierter Quadrant). Das Zeitinkonsistenzproblem zeigt sich in der Weise, daß für die Zentralbank ex ante die Strategie mit $\pi = \pi^* = 0$ optimal ist, jedoch ex post es mehr Nutzen für sie einbringt, davon abzuweichen und statt dessen $\pi = 1$ zu realisieren.

Können die beiden Akteure kooperieren, d. h. die Zentralbank ist in der Lage, eine glaubwürdige Ankündigung zu $\pi = \pi^* = 0$ in Periode $t-1$, in der die Inflationserwartungen geformt werden, abzugeben, würde die pareto-optimale Lösung $\pi = \pi^e = 0$ realisiert. Die Frage, wie eine solche kooperative Lösung bei gegebenem Anreiz der Geldpolitik, nach Abschluß der privaten Tarifverträge von der Kooperationsstrategie abzuweichen, erreicht und damit das Glaubwürdigkeitsproblem einer anti-inflationären Politik gelöst werden kann, erfordert eine dynamische Betrachtung des Spiels.

Wiederholungsspiele

Die Geldpolitik steht im rekurrenten Spiel vor dem intertemporalen Optimierungsproblem von $\{\pi_t\}$ (Gleichung e)) und muß auch die zukünftigen Konsequenzen ihres gegenwärtigen Handelns berücksichtigen, denn die privaten Wirtschaftssubjekte können ein abweichendes Verhalten seitens der Zentralbank 'bestrafen'.[91] Sie muß den kurzfristigen Nutzengewinn aus einer Überraschungsinflation gegen den langfristigen Reputationsverlust abwägen. Letzterer äußert sich in einer zukünftig höher erwarteten Inflationsrate, deren Ursache in der Unfähigkeit der Zentralbank liegt, die Erwartungen der Privaten durch ihre Politik-Ankündigungen zu beeinflussen. Sind die Kosten einer kurzfristigen Beschäftigungspolitik höher als deren Nutzen, besteht für die Zentralbank keine Motivation für opportunistisches Verhalten mehr, und sie wird sich demnach an ihre angekündigte Politik halten, nicht zu inflationieren. Ohne eine Einschränkung der Entscheidungsfreiheit der geldpolitischen Instanz durch formale a priori Regeln (wie z. B. gesetzlich vorgeschriebene Geldmengenziele) kann es allein durch den Sanktionsmechanismus zu einer kooperativen Lösung kommen.

---

91 Nach Barro, R. J. / Gordon, D. B. (1983b) formt der private Sektor seine Erwartungen hinsichtlich der aktuellen Politik der Zentralinstanz nach einer einfachen 'tit-for-tat'-Strategie: $\pi_t^e = \pi^*$ wenn $\pi_{t-1} = \pi^*$, $\pi_t^e > \pi^*$ wenn $\pi_{t-1} > \pi^*$. Andere Beispiele von 'trigger mechanism' bei Wiederholungsspielen findet man bei Rogoff, K. (1987).

Daß dieses Ergebnis zustandekommt hängt jedoch entscheidend von der Zeitpräferenzrate der geldpolitischen Instanz ab. Je höher die Zeitpräferenzrate (*r* in Gleichung e) groß), desto kleiner wird der Reputationsverlust in der Zukunft gewichtet, desto größer ist der Anreiz für eine kurzfristige Beschäftigungspolitik. Auch die Geschwindigkeit, mit der der private Sektor auf eine Abweichung der Politik reagiert, und wie lange die Sanktionierung anhält sind für das Gleichgewicht von Bedeutung. Je kürzer das Bestrafungsintervall, desto schneller kann die Politik ihre Reputation zurückerlangen, desto größer ist wiederum der Anreiz seitens der Geldpolitik gegeben, zu täuschen und um so eher hat die resultierende Gleichgewichtsinflationsrate einen positiven Wert.[92]

Die Bedeutung der Informationsstruktur

Das Glaubwürdigkeitsproblem der Geldpolitik kann - wie gesehen - durch reaktive Sanktionierung des privaten Sektors relativ leicht gelöst bzw. in seiner Bedeutung abgeschwächt werden; allerdings nur, wenn die Annahme gilt, daß die Struktur des makroökonomischen Modells allgemein bekannt ist, alle relevanten ökonomischen Variablen beobachtbar sind und von möglichen externen Störungen abstrahiert wird. Wird diese eher unrealistische Annahme fallengelassen, somit Politik und Private nicht die gleichen Informationen über die Spielstruktur besitzen, dann besteht für die Zentralbank mehr Spielraum für strategisches Verhalten. Dieser Spielraum resultiert einmal aus der (endogenen) Unsicherheit der Privaten über die Präferenzen der Politik (Unkenntnis der Zielgewichtung in der Nutzenfunktion), zum anderen aus der unvollständigen, asymmetrisch verteilten Information über eintretende Schocks und der Reaktion der Geldpolitik auf diese (Möglichkeit von 'private information' auf seiten der geldpolitischen Instanzen).

Der erste Typ von Unsicherheit in Form von unvollständiger Information über den Charakter des Gegenspielers[93] impliziert die Möglichkeit bzw. einen Anreiz der Geldpolitik, zuerst der Öffentlichkeit ihre wahre Identität zu verbergen und mittels restriktiver Geldpolitik Reputation aufzubauen, um später erst auf die Politik umzuschwenken, die ihren eigentlichen Präferenzen entspricht. Der private Sektor ist nicht in der Lage zu erkennen, ob das Ziel Inflationsverhü-

---

92 Wird der private Sektor nicht als eine Union mit vollkommen koordinierten Aktionen gesehen, kann je nach Wahl der 'trigger'-Strategie und der Dauer des Bestrafungsintervalles eine ganze Anzahl von möglichen Lösungen existieren. Die Möglichkeit multipler Gleichgewichtslösungen und die damit verbundenen Koordinationsprobleme bei Rekurrenzspielen mit einer großen Anzahl von atomistischen, privaten Wirtschaftssubjekten soll jedoch hier nicht behandelt werden, zumal von einer zentralisierten Lohnfestsetzung ausgegangen wird, vgl. Rogoff, K. (1987) (vgl. Fußnote 85 auf S. 53).

93 Von den Arbeiten, die diesen Typ von Unsicherheit in ihre Analyse implementieren, sind v. a. Backus, D. / Driffill, J. (1985), Barro, R. J. (1986) und Vickers, J. (1986) zu nennen, die alle auf einem Reputationsmodell von Kreps, D. / Wilson, R. (1982) basieren.

tung oder Beschäftigungsstimulierung von der Geldpolitik präferiert wird, und kann nur indirekt anhand der aktuell beobachteten Inflationsrate die Politik bewerten.[94] Die Glaubwürdigkeit der Geldpolitik liegt hier in der Wahrscheinlichkeit, mit der die Öffentlichkeit glaubt, daß die Zentralbank anti-inflationär eingestellt ist. Im Verlauf des Spiels lernen die privaten Wirtschaftssubjekte, die Präferenzstruktur der Geldpolitik einzuschätzen und reagieren entsprechend.[95] Solange nicht inflationiert wird, bewerten sie die Politik mit großer Wahrscheinlichkeit als restriktiv. Der anfängliche Reputationsaufbau geht jedoch bei Abweichung von der aktuellen Politik verloren, die privaten Erwartungen werden dementsprechend revidiert, und die Inflationsrate verharrt auf höherem Niveau.

Wird angenommen, daß die Preissteigerungsrate nicht perfekt durch das Geldmengenangebot kontrolliert werden kann, die beiden Variablen (durch Zufallsstörungen in der Geldnachfrage) nicht länger in deterministischer Weise zusammenhängen und die Geldpolitik über mögliche Schocks besser informiert ist als der private Sektor, ist es für letzteren nicht klar erkennbar, welche Strategie die Zentralbank verfolgt. Neben dem deterministischen Element der Zielgewichtung enthält die geldpolitische Zielfunktion einen stochastischen Faktor, der die Reaktion der Notenbank auf Störungen reflektiert. Da die Privaten in ihrer Politikbeobachtung nicht zwischen den beiden Elementen unterscheiden können, besteht ein Anreiz der monetären Instanz, diese Unsicherheit zu ihrem Vorteil auszunutzen. Durch ihre superioren Informationen über einen Schock kann sie ex post eine monetäre Expansion, die über der erwarteten liegt, mit Hinweis auf eine eingetretene Störung glaubhaft machen, obwohl die tatsächliche Stärke der Störung die Höhe der Inflationierung nicht rechtfertigt. Somit ist sie in der Lage, temporär eine 'cheating'-Strategie zu fahren, ohne daß die Öffentlichkeit dies erkennt und ohne einen Glaubwürdigkeitsverlust zu erleiden.[96] Auf der anderen Seite besteht die Gefahr, daß ein aufrichtiger Versuch, der Störung durch eine geeignete Politik zu begegnen, von den Privaten als opportunistisches Verhalten mißverstanden und mit höheren Inflationserwartungen sanktioniert wird.

Eine zusätzliche, die Unsicherheit verschärfende Annahme liegt in der Möglichkeit eines Präferenzwechsels der Zentralbank, der die Beeinflussung ver-

---

94 In diesen Ansätzen wird vereinfacht davon ausgegangen, daß es nur zwei verschiedene, polarisierte Typen von Zentralbankverhalten gibt. Im Gegensatz zu der Zentralbank, wie sie im Grundmodell charakterisiert ist, hat die konservative, anti-inflationär eingestellte Notenbank keinen Anreiz zu inflationieren (entspricht einer Zielfunktion (Gleichung b) auf S. 51) mit $\pi^* = 0$ und $x^* = x_n$).

95 Nach Backus, D. / Driffill, J. (1985, S. 533) bewerten die Wirtschaftssubjekte die Glaubwürdigkeit der geldpolitischen Instanzen mittels der Bayes'schen Regel.

96 Vgl. Canzoneri, M. B. (1985), S. 1058f.

schiedener konkurrierender politischer Interessengruppen auf das Verhalten der Notenbank widerspiegelt. Da diese Parteien unterschiedliche Interessen wahrnehmen, und deren Einflußstärke im politischen Entscheidungsprozeß - z. B. durch Regierungswechsel - variieren kann, ist sich die Zentralbank zwar über ihre gegenwärtige Präferenzstruktur im klaren, wie ihre Zielgewichtung in Zukunft aussieht, hängt jedoch von dem dann herrschenden institutionellen und politischen Umfeld ab. Die Zielfunktion ist dadurch unvorhergesehenen Veränderungen ausgesetzt,[97] die den geldpolitischen Kompromiß zwischen den Vertretern einer Beschäftigungspolitik und denen einer Anti-Inflationspolitik zum Ausdruck bringen. Die Zentralbank weiß, daß ihr jetziges Handeln zukünftige Inflationserwartungen beeinflußt. Deshalb muß sie ihre unsicheren Ziele in den nächsten Perioden abschätzen, wenn sie die aktuelle Preissteigerungsrate festsetzt. Erwartet sie einen zukünftigen Schwerpunkt in der Beschäftigungspolitik statt der gegenwärtigen Anti-Inflationspolitik, wählt sie eine relativ niedrige Rate, um ihr Überraschungspotential zu erhöhen. Umgekehrt strebt sie jetzt eine höhere Inflation an, wenn in Zukunft mit einem Wechsel hin zu einer eher konservativen Politik zu rechnen ist.

Die Öffentlichkeit kann nicht die aktuelle Zielgewichtung der Zentralbank abschätzen und zieht ihre Schlüsse aus der vergangenen Inflationsentwicklung. Da die Erwartungsbildung zusätzlich durch die unvollständige Kontrolle der Inflationsrate seitens der Geldpolitik und der damit kaum auszumachenden Trennung zwischen Zielgewichtungswechseln und Kontrollfehlern erschwert wird, passen die privaten Wirtschaftssubjekte ihre Erwartungen an die aktuelle Inflationsrate nur mit einiger Verzögerung an. Der Grad der Glaubwürdigkeit wird hier als Parametergröße anhand der Geschwindigkeit gemessen, mit der der private Sektor einen Präferenzwechsel in der Geldpolitik erkennt. Je höher die Stabilität des politischen Umfeldes ist und je präziser die Inflationsrate kontrolliert werden kann, desto höher ist die Glaubwürdigkeit geldpolitischen Handelns. Indem die Zentralbank die Öffentlichkeit mit der Strategie verwirrt, Informationen über ihre Ziele und über die tatsächliche Effizienz ihres Kontrollinstrumentariums zurückzuhalten,[98] ist sie in der Lage, die Anpassungsgeschwindigkeit der privaten Erwartungen zu beeinflussen. Damit gewinnt sie Spielräume für eine temporär erfolgreiche Überraschungsinflationierung. Auf der anderen Seite ist es jedoch um so schwieriger und mit hohen Kosten im realen Bereich verbunden, eine Desinflationspolitik bei pessimistischen Inflationserwartungen durchzusetzen. Diese Kosten liegen in der aufkommenden

---

97 Zur Modellierung der stochastischen Struktur der Zielfunktion der geldpolitischen Instanz siehe Cukierman, A. / Meltzer, A. H. (1986), S. 1104.

98 Vgl. Goodfriend, M. (1986), dessen empirische Analyse der Informationspolitik der US-amerikanischen Zentralbank diese Argumentation mit der Feststellung unterstützt, daß die 'federal reserve' dazu neigt, Informationen über ihre Ziele zu verschweigen.

Rezession, in der die Geldpolitik einen restriktiven Kurs fährt, während die Erwartungen sich nur langsam anpassen.[99]

Aus diesen theoretischen Überlegungen läßt sich zusammenfassend ableiten, daß grundsätzlich die Möglichkeit für eine Lösung des Glaubwürdigkeitsproblems trotz eines bestehenden Anreizes für die geldpolitische Instanz, die privaten Wirtschaftssubjekte zu täuschen, gegeben ist. Die Lösung besteht darin, daß die potentiellen Kosten in Form eines Glaubwürdigkeitsverlustes höher sind als der Nutzen einer 'cheating'-Strategie. Ist die anfängliche Reputation der Geldpolitik hoch genug, so wird das optimale Ergebnis ohne eine konstitutionelle Regelung erreicht. Der Disziplinierungscharakter des Reputationsmechanismus erfährt jedoch eine mehr oder weniger starke Abschwächung aufgrund der Existenz endogener und exogener Unsicherheit des privaten Sektors in bezug auf die Präferenzen der geldpolitischen Entscheidungsträger, ihres Instrumenteneinsatzes und dessen Effizienz und ihrer verfügbaren Informationen über Störungen monetärer Art. Diese Einschränkungen eröffnen diskretionäre Handlungsspielräume für die Geldpolitik und lassen damit die Möglichkeit von Fluktuationen der Inflations- und Outputrate zu, die jedoch einen 'inflationary bias' in sich bergen, dessen Rückführung von hohen Desinflationskosten begleitet wird.

c) Geldpolitik, Unabhängigkeit und Effizienz

Wird die Geldpolitik als Ergebnis eines Prozesses angesehen, in dem konkurrierende Gruppen ihre Autorität benutzen, um den Entscheidungsprozeß der Zentralbank zu beeinflussen, so ist es für letztere um so schwieriger, eine glaubwürdige Politik zu betreiben, die Unsicherheiten zu reduzieren vermag und damit zu einer Stabilisierung der Erwartungen der Wirtschaftssubjekte beiträgt. Ist sie institutionell als Teil der Wirtschaftspolitik der Regierung unterstellt, so können die Politikinstanzen die Geldpolitik als Instrument zur Erreichung eigener Ziele ausnutzen. Neben dem Beschäftigungsziel sind vor allem das Einnahmen- und das Zahlungsbilanzmotiv zu nennen, die eine monetäre Expansion implizieren. Das Einnahmenziel ist gerade für Volkswirtschaften relevant, in denen ein relativ großer Anteil der Staatsausgaben in Form von 'seigniorage', also Einnahmen aus der Geldschaffung, finanziert wird,[100] oder

---

99 Dieses Ergebnis korrespondiert mit dem des dritten Quadranten der 'one-shot'-Matrix auf S. 55.

100 Gerade für Länder mit einem unterentwickelten, relativ ineffizienten Steuersystem sind Einnahmenverbesserungen durch Inflationierung einfacher und mit weniger Kosten zu realisieren als durch höhere Steuern, vgl. De Grauwe, P. (1992), S. 28. Zum Begriff 'seigniorage' und dessen theoretische Konzepte in der wissenschaftlichen Literatur

für Länder mit hohen nominalen Staatsschulden, deren Regierungen einen starken Anreiz haben, via Überraschungsinflation die reale Last des Schuldendienstes zu reduzieren.[101] Liegt das Ziel in dem Abbau großer Zahlungsbilanzdefizite, kann versucht werden, durch eine inflationsinduzierte Abwertung der inländischen Währung den negativen Zahlungsbilanzsaldo zu verringern. Beide Fälle beinhalten jedoch - analog zur vorherigen Argumentation - das Problem der Zeitinkonsistenz. Damit besteht die Gefahr, daß sich längerfristig eine höhere Inflationsrate einstellt, die einen möglichen positiven 'seigniorage'-Effekt kompensiert, die reale Zinslast sich nicht verringert und es zu keiner spürbaren Verbesserung der Zahlungsbilanzsituation kommt.[102]

Die Neigung der regierenden Parteien zu einer monetären Expansion reflektiert also neben den potentiellen, kurzfristigen, wahltaktisch erwünschten Nutzengewinnen aus einer ökonomischen Stimulierung noch eine weitere Anzahl von Motiven. Eine große Rolle spielt dabei auch die wirtschaftspolitische Grundeinstellung, die ideologische Sichtweise der gewählten Politikinstanzen, die ihre Präferenzstruktur und damit die Rolle der Geldpolitik prägt. Die relative Bedeutung der einzelnen Ziele kann sich je nach politischer Machtkonstellation ändern, und es besteht die Gefahr, daß die Geldpolitik zum Spielball divergierender politischer Partikularinteressen wird, mit der Folge, daß sie ihre Glaubwürdigkeit einbüßt. Es sind somit die Anreize der politischen Instanzen, die Geldpolitik kurzfristig für eigene Interessen einzuspannen, und die hohe Wahrscheinlichkeit, daß die Öffentlichkeit dies früher oder später antizipieren wird, die letztendlich zu Nutzeneinbußen für die gesamte Volkswirtschaft führen können.[103]

---

siehe z. B. Klein, M. / Neumann, M. J. M. (1990), Spaventa, L. (1989), Wagner, H. (1992).

101 Vgl. Gros, D. (1990), S. 162f.

102 Die Argumentationskette läuft im Prinzip analog zur vorherigen Analyse. Unter der Annahme vollständiger Antizipation werden die höheren Einnahmen aus einer Inflationierung deshalb neutralisiert, weil die pessimistischen Inflationserwartungen zu einem veränderten Verhalten in der Geldhaltung der privaten Wirtschaftssubjekte führen, das eine Verringerung der Steuerbemessungsgrundlage und damit des Steueraufkommens zur Folge hat. Die nominellen Zinsen steigen, weil die privaten Staatspapierbesitzer bzw. -käufer schon im voraus eine entsprechende Ausgleichsprämie verlangen. Der Zahlungsbilanzsaldo bleibt unverändert, weil die Nominallohnerhöhung die -über eine inflationsinduzierte Abwertung- erhoffte Exportstimulierung (Verbilligung der inländischen Güter für das Ausland) verhindert. Für eine detaillierte formale Analyse der alternativen Motive für eine monetäre Expansion siehe Cukierman, A. / Liviatan, N. (1990) sowie Cukierman, A. (1993), Kap. 4 (S. 47f.) und Kap. 5 (S. 83f.).

103 Neben diesen polit-ökonomischen Überlegungen sei auch auf die allgemeine Problematik einer Mehrfachzielsetzung für die Geldpolitik hingewiesen. Wenn der Geldpolitik neben dem Ziel Geldwertsicherung auch andere wirtschaftspolitische Grundziele auferlegt werden und die Notenbank je nach Stärke der Abweichung einer Zielvariable von ihrer politisch erwünschten Größe im Vergleich zu den anderen Zielgrößen angemessen

Eine Möglichkeit, dieses Glaubwürdigkeitsproblem, dem eine gewählte Regierung gegenübersteht, zu lösen, besteht in der Übertragung der Verantwortung für die Geldpolitik an eine von der Regierung unabhängige Instanz, die gesetzlich verpflichtet wird, durch geeigneten Einsatz ihres Instrumentariums das Preisniveau stabil zu halten. Das Ziel Geldwertstabilität, das ansonsten im politischen Willensbildungsprozeß nur geringe Realisierungschancen hat, erfährt somit seine institutionelle Verselbständigung. Mit der Änderung der geldpolitischen Zielfunktion in der Weise, daß der Inflationsbekämpfung ein weitaus größeres Gewicht zugesprochen wird als möglichen anderen Zielen, können die dynamischen Inkonsistenzen beseitigt werden. Eine derart unabhängige, in ihrer Politik langfristig orientierte Notenbank wäre in der Lage, die Skepsis des privaten Sektors gegenüber Politikankündigungen zu überwinden und den inflationären 'bias' zu eliminieren bzw. zu reduzieren.[104] Empirische Studien über die Beziehung zwischen dem Unabhängigkeitsgrad einer Zentralbank und der Höhe der Inflation scheinen diese Sichtweise zu bestätigen. Länder mit einer Notenbank, die einen relativ hohen Autonomiegrad besitzt, weisen meist eine geringere durchschnittliche Inflationsrate auf als Staaten, in denen die Geldpolitik mehr oder weniger der Regierung unterstellt ist.[105]

Die formale Unabhängigkeit einer Zentralbank ist jedoch noch keine hinreichende Garantie dafür, daß die Währungsbehörde eine effiziente Geldpolitik - völlig frei von politischen Zwängen - betreiben kann. Denn die Glaubwürdigkeit der Geldpolitik hängt nicht nur vom Verhalten der Notenbank ab, sondern auch vom Verhalten der Regierung, das sich in deren wirtschafts-

---

mit ihrem Instrumentarium reagieren soll, so besteht die Gefahr der Überforderung der Geldpolitik. Der Erfolg einer auf mehrere Ziele gerichteten Geldpolitik kann v. a. durch die bestehenden Ziel- und Mittelinterdependenzen zunichte gemacht werden. Für eine detaillierte Analyse der Inkonsistenzproblematik mehrdimensionaler Politikstrategien (innerhalb alternativer wirtschaftstheoretischer Modelle), die eine Mehrfachzielsetzung für die Geldpolitik in sich birgt, siehe Peschutter, G. (1992).

104 Nach Rogoff, K. (1985a) würde die Ernennung einer konservativ eingestellten Zentralbankführung das Glaubwürdigkeitsproblem verringern.

105 Es sind v. a. die neueren Vergleichsstudien von Bade, R. / Parkin, M. (1988), Alesina, A. (1989), Grilli, V. / u.a. (1991) und Alesina, A. / Summers, L. (1993) zu nennen, die, obwohl sie von unterschiedlichen Indikatoren zur Messung des Autonomiegrades der untersuchten nationalen Zentralbanken ausgehen und teilweise zu voneinander abweichenden Ergebnissen kommen, als Hauptcharakteristik einer unabhängigen Zentralbank ihre Fähigkeit, eine gegenüber dem allgemeinen politischen Prozeß autonome, auf Preisniveaustabilität ausgerichtete Geldpolitik zu betreiben, herausstellen; vgl. Eijffinger, S. / Schaling, E. (1993), die die Hauptindizes der drei erstgenannten Studien einer vergleichenden Analyse unterziehen; für eine noch weitergehende empirische Untersuchung siehe Cukierman, A. (1993), Kap. 20 bis 23, S. 415f.; in Teil C. (Kap. I) wird noch eingehender der Autonomiestatus von Zentralbanken anhand dreier Fallstudien analysiert.

politischem Gesamtprogramm widerspiegelt.[106] Gerade die Autonomie gegenüber anderen Wirtschaftspolitiken, insbesondere der Finanzpolitik, kann mögliche Konflikte zwischen Notenbank und Regierung hervorrufen. Wenn beispielsweise die Finanzpolitik einen expansiven Kurs verfolgt und dadurch hohe Budgetdefizite mit ihren potentiell inflatorischen Konsequenzen entstehen, während die Zentralbank, im Bemühen, die Währungsstabilität zu erhalten, eine gegengerichtete, restriktive Geldpolitik betreibt, besteht die Gefahr, daß die gesamte Wirtschaftspolitik an Glaubwürdigkeit einbüßt. Denn diese Koordinationsprobleme führen zu Unsicherheiten in der Politikeinschätzung der Öffentlichkeit, die nur darüber spekulieren kann, wessen Politik sich letztlich im Machtkampf zwischen Zentralbank und Regierung durchsetzen wird.

Da in der Realität auch eine gesetzlich verankerte Unabhängigkeit der Geldpolitik das Ergebnis einer gesellschaftspolitischen Konvention darstellt, also durch mehr oder weniger aufwendige Gesetzgebungsverfahren eingeschränkt bzw. abgeschafft werden kann, besitzt die Regierung ein gewisses Drohpotential, mit dem sie die Zentralbank zu Kompromissen zwingen kann. Diese nur „de facto gegebene Autonomie“[107] führt somit zu Möglichkeiten des politischen Einflusses auf die Notenbank. Die Nichttransparenz in der aktuellen Beziehung zwischen geldpolitischer Instanz und Regierung läßt überdies Spielräume für letztere zu, innerhalb derer sie eigene Interessen verfolgen und quasi eine 'free-rider'-Position einnehmen kann.[108] Um ihre politische Anerkennung bei den Wählern zu erhalten, ist sie bestrebt, die Verantwortung für eine schlechte Wirtschaftssituation auf die Politik der Zentralbank abzuschieben, eine gutgehende Konjunktur versucht sie jedoch der Öffentlichkeit als Ergebnis ausschließlich ihres Handelns zu verkaufen.[109]

Da davon ausgegangen wird, daß jedes Wirtschaftssubjekt primär in seinem Eigeninteresse handelt, muß auch eine Zentralbank bzw. deren Mitglieder danach beurteilt werden, inwieweit ihre Eigeninteressen mit den ihr übertragenen Aufgaben übereinstimmen. Wie oben schon erläutert, besteht gerade bei fehlender bzw. unzureichender Kontrolle ein Anreiz der geldpolitischen Entscheidungsträger, durch eine entsprechende Informationspolitik ihren Handlungsspielraum zu vergrößern und Kritik an ihren Maßnahmen zu erschweren. Somit ist sie mehr oder weniger in der Lage, sich einerseits unerwünschter Ein-

---

106 Vgl. Blackburn, K. / Christensen, M. (1989), S. 27f.

107 Francke, H.-H. (1990a), S. 145.

108 Zum 'free-rider'-Problem der Finanzpolitik vgl. Hansmeyer, K.-H. / Mackscheidt, K. (1973).

109 Dagegen kann argumentiert werden, daß gerade eine unabhängige Zentralbank, indem sie die Öffentlichkeit über die tatsächlichen Kosten eines für die Situation ungeeigneten finanzpolitischen Handelns informiert, einen disziplinierenden Effekt auf die Regierungspolitik ausüben kann, vgl. Castello-Branco, M. / Swinburne, M. (1991), S. 421.

flußnahme zu entziehen, andererseits mögliche eigene Interessen, die von ihrer eigentlichen Aufgabe abweichen können, zu verfolgen.[110] Da jedoch die Mitglieder einer jeden Institution nach Resonanz und Einfluß streben, und neben diesem Prestigemotiv als Nebenbedingung im Verhalten einer Behörde ihr 'Überleben' steht,[111] bewegt sie sich auf einem schmalen, meist von Kompromissen gekennzeichneten Grat. Die Notenbank muß darauf achten, daß sie in keinen zu großen Konflikt mit den politischen Instanzen, die ihren Status beeinflussen können, gerät und darf andererseits in ihrer Politik nicht zu sehr von den ihr auferlegten Zielen abweichen, um ihr Ansehen nicht zu verlieren.[112]

Die Diskussion zeigt, daß die Etablierung einer unabhängigen Zentralbank keine hinreichende Voraussetzung für die Lösung des Glaubwürdigkeitsproblems darstellt. Die wohl entscheidende Rolle kann der Einstellung der Öffentlichkeit zur Bedeutung des Ziels Geldwertstabilität und deren Einschätzung der Zentralbankpolitik zugesprochen werden. Wird der Rang des Stabilitätszieles hoch bewertet, so daß sich die Zentralbank auf eine breite öffentliche Zustimmung ihrer Politik stützen kann, hat dies einen starken, direkten Einfluß auf das Verhalten der für die Regierungspolitik verantwortlichen Entscheidungsträger und verhindert eine Beschneidung der politischen Freiheit der Währungsbehörde.[113] Auf der anderen Seite wiederum wird ein diskretionäres,

---

110 Ein mögliches eigeninteressiertes Verhalten kann nach Niskanen, W. A. (1971) aus dem Bestreben einer Bürokratie, ihr zugeteiltes Budget zu maximieren, abgeleitet werden. Die Konsequenz eines solchen Verhaltens wäre im Falle der Währungsbehörde eine institutionelle Aufblähung und eine dem alleinigen Nutzen der Mitglieder förderliche Ausgabenerhöhung, die beide keine Beziehung zu dem eigentlichen Ziel der Preisniveaustabilität haben. Wenn die Notenbank sich selbst aus den eigenen Gewinnen finanziert, dann besteht der Anreiz, ihr Budget um so mehr auszudehnen, je höher die Gewinne sind. Da diese Gewinne durch Inflationierung vergrößert werden können, steht die Zentralbank in Konflikt mit dem Ziel der Währungssicherung, vgl. Dittus, P. (1987), S. 185f. Dagegen kann argumentiert werden, daß die Zentralbank ihr Budget unter der Nebenbedingung des Erhaltes ihrer Unabhängigkeit maximiert. Letztere ist jedoch nur bei zielkonformen Handeln erfüllt. Zur Analyse des Zentralbankverhaltens im Sinne der Theorie der Bürokratie siehe auch Nuck, S. W. (1994), S. 183f.

111 Nach Downs, A. (1967, S. 2) ist Prestige oder soziale Anerkennung ein wichtiges Ziel bürokratischer Handlungsträger. Er bezeichnet als die Haupteinschränkung einer jeden Bürokratie ihr eigenes Überleben (S. 7f.); vgl. dazu weiter Vaubel, R. (1993), S. 26f.

112 Gerade in wirtschaftlichen Extremsituationen, wie z. B. Ölpreisschocks, ist der politische Druck auf die Zentralbank groß; je größer der reale Schock, desto eher akkommodiert sie die diskretionäre Politik der Regierung. In ihrem Handeln muß sie jedoch de Erhalt ihrer Glaubwürdigkeit im Auge behalten, vgl. Lohmann, S. (1992); zum Problem einer optimalen geldpolitischen 'mixed strategy' siehe Flood, R. P. / Isard, P. (1989).

113 Vgl. Caesar, R. (1981, S. 467f.), der in seiner umfassenden Vergleichsanalyse des Handlungsspielraums ausgewählter Notenbanken dem gesellschaftspolitischen Konsens über den Rang des geldpolitischen Ziels die Hauptverantwortung für den Grad der Unabhängigkeit einer Währungsbehörde zuspricht.

eigeninteressiertes Handeln der Zentralbank durch die Gefahr, die hohe Reputation bei der Bevölkerung zu verlieren, eingeschränkt.[114]

Auch wenn in der Praxis das Glaubwürdigkeitsargument für eine Notenbankautonomie im Prinzip akzeptiert wird, kann realiter beobachtet werden, daß der erwünschte Grad der geldpolitischen Unabhängigkeit von Staat zu Staat differiert. Die Unterschiede lassen sich aus einer Reihe von landesspezifischen Faktoren ableiten. Es können vor allem die historische Situation und die damit gegebenen Erfahrungen mit Inflation, die gesellschaftspolitischen Grundeinstellungen, die Struktur des politischen Systems insgesamt und dessen relative Stabilität angeführt werden, die die Bedeutung der Geldpolitik für die Volkswirtschaft und damit ihren Stellenwert innerhalb des politischen Prozesses erklären.

2. Geldpolitische Strategien auf internationaler Ebene

a) Geldpolitik in einem Zwei-Länder-Modell

Lag der Schwerpunkt der bisherigen Analyse auf dem Zentralbankverhalten innerhalb einer geschlossenen Volkswirtschaft, soll nun die Interaktion zwischen den politischen Instanzen mehrerer Länder betrachtet werden. Der nun offene Charakter von Volkswirtschaften hat zur Folge, daß einzelstaatliche Politiken über verschiedene Transmissionskanäle internationale Ausstrahlungseffekte ('spill-overs') auf makroökonomische Variablen anderer Länder haben und vice versa.[115] Gerade in Europa sind solche Interdependenzen durch die Nähe und den intensiven Handelsaustausch zwischen den Staaten stark ausgeprägt. Die Existenz gegenseitiger Abhängigkeiten erlegt der Effizienz und Führung nationaler makroökonomischer Politik gewisse Zwänge auf, liefert den politischen Entscheidungsträgern jedoch auch Möglichkeiten des Einflusses auf Politikaktionen anderer Länder, die strategisch genutzt werden können.

Im geldpolitischen Bereich stellt der Wechselkurs die monetäre Verbindung zwischen zwei Volkswirtschaften her. Bei flexiblen Wechselkursen ist im Idealfall eine Abkopplung der nationalen Inflationsrate und damit eine vom Aus-

114 Vgl. dazu Willeke, C. (1993, S. 166f.), die einen weitergehenden Anforderungskatalog für die Ausgestaltung einer anreizkompatiblen Zentralbankverfassung aufstellt, bei der eine dauerhafte Vermeidung von Inflation zu erwarten ist.

115 Siehe hierzu die klassische Arbeit von Mundell, R. A. (1968), vgl. weiter Mussa, M. L. (1979), Hamada, K. (1985), Frenkel, J. A. / Razin, A. (1987); für einen Überblick der grundsätzlichen, wirtschaftspolitischen Interdependenzen und Transmissionswege auf internationaler Ebene siehe Fehl, U. (1990).

land unabhängige Geldpolitik möglich, weil Veränderungen des Wechselkurses nicht durch entsprechende geldpolitische Maßnahmen kompensiert werden müssen. Aber auch flexible Wechselkurse bieten keinen vollständigen Schutz vor Einflüssen ökonomischer Entwicklungen und Politiken anderer Länder und sind nicht in der Lage, internationale geldpolitische Interdependenzen zu eliminieren.[116] Feste Wechselkurse bedingen von vornherein eine Koordination nationaler Geldpolitiken, weil Veränderungsimpulse durch Anpassung der Inflationsraten übertragen werden. Somit kann sich eine offene Volkswirtschaft weder bei flexiblen noch bei festen Wechselkursen internationalen Anpassungszwängen entziehen.

Der Frage, welches System das ökonomisch bessere ist, soll hier nicht in einer weiteren Diskussion der relativen Vorteile zwischen festen und flexiblen Wechselkursen nachgegangen werden.[117] Vielmehr wird - entsprechend dem Schwerpunkt dieser Arbeit - aus einem strategischen Blickwinkel heraus untersucht, welche Anreize für Länder mit unterschiedlichen Politikpräferenzen bestehen können, ihre Währungsrelationen zu fixieren. Dabei wird von zwei stilisierten Volkswirtschaften ausgegangen, von denen erstere eine eher konservative Geldpolitik mit dem Ziel einer niedrigen Inflationsrate betreibt, während die andere mehr zu einer diskretionären, kurzfristig orientierten Politik mit entsprechend höherer Inflationsrate neigt.[118] Schwerpunkt der folgenden Analyse ist es, das jeweilige Interesse der beiden Länder an festen Wechselkursen zu beleuchten und mögliche Handlungsstrategien abzuleiten. Unter der Annahme, daß der private Sektor in beiden Volkswirtschaften gleich strukturiert ist, kommt diesem, sozusagen als 'dritten Mann', im internationalen Spiel eine besondere Bedeutung zu. Die Untersuchung beschränkt sich auf die Wahl zwischen den Extremen flexibler oder fester Wechselkurs. Diese Vorgehensweise wird einmal gewählt, weil die Abgrenzungen klarer und modelltheoretisch einfacher formuliert werden können. Auf der anderen Seite läßt sich mit dem Aufdecken der Anreizstrukturen der beiden Länder deren Bestreben besser erklären, währungspolitische Kooperationen einzugehen, in denen Elemente

---

116 Vgl. Francke, H.-H. (1985), für eine umfassende empirische Analyse siehe Bryant, R. / u. a. (1988).

117 Die jüngere Diskussion begann mit Milton Friedman's Essay (1953) und wurde insbesondere nach der Bretton-Woods-Ära intensiv weitergeführt. Es existiert eine ganze Anzahl von theoretischen und empirischen Arbeiten zu diesem Thema; zu den neueren Arbeiten zählen z. B. Dornbusch, R. / Frankel, J. (1988), Kenen, P. B. (1988), Krugman, P. R. (1989); einen Überblick der theoretischen Ansätze in der aktuellen Literatur zum Forschungsgebiet 'optimal currency areas' geben Masson, P. R. / Taylor, M. P. (1993); zum Thema Wechselkursverhalten in Theorie und Empirie siehe z. B. Mussa, M. L. (1990), MacDonald, R. / Taylor, M. P. (1992).

118 Es wird von jeweils einem homogenen nationalen Entscheidungsträger in beiden Ländern ausgegangen.

beider Formen mehr oder weniger eingebaut sind. Damit wird ein geeigneter Ausgangspunkt für die spätere Behandlung der konkreten, institutionell verankerten europäischen Währungskooperation gewonnen. Das im folgenden verwendete Modell soll v. a. dazu dienen, einen Einblick in die strategische Interaktion zwischen den Zentralbanken zweier Länder und dem privaten Sektor - insbesondere unter dem Glaubwürdigkeitsaspekt - zu gewinnen, um daraus Implikationen für eine mögliche geldpolitische Zusammenarbeit der beiden Länder ableiten zu können.

Das Modell

Zur Analyse der strategischen Interaktion zwischen zwei Ländern wird eine vereinfachte Version des spieltheoretischen Modells von M. B. Canzoneri und D. W. Henderson (1988) herangezogen.[119] Die beiden durch die Indizes 1 und 2 kenntlich gemachten Länder sind in ihrer wirtschaftlichen Größe und in der Höhe der natürlichen Output- und Beschäftigungsraten symmetrisch. Jedes Land produziert ein gegenüber dem anderen Land unterschiedliches, homogenes Produkt x_i, mit der Eigenschaft, daß es nur begrenzt durch das ausländische Produkt substituiert werden kann. Alle Variablen sind in logarithmischer Form als prozentuale Abweichungen von ihren deterministischen Gleichgewichten bzw. von ihren natürlichen Raten (bei Output und Beschäftigung), dargestellt. Alle vorkommenden Parameter (Elastizitäten) sind positiv.

Es wird eine Cobb-Douglas-Produktionsfunktion unterstellt, in der der Output (x) nur vom Produktionsfaktor Arbeit (n) abhängt:

$$(1) \qquad x_1 = \bar{x} + (1-\alpha)n_1; \qquad x_2 = \bar{x} + (1-\alpha)n_2;$$
$$\text{mit } \bar{x} = \ln[1/(1-\alpha)].$$

Die Arbeitsnachfrage wird durch das Gewinnmaximierungsverhalten der Unternehmen bestimmt. Es wird solange Arbeit nachgefragt, bis der Reallohn, der durch den Nominallohn (w) und dem Produktpreis (p) bestimmt wird, gleich dem Grenzprodukt des Faktors Arbeit ist:

$$(2) \qquad w_1 - p_1 = -\alpha n_1; \qquad w_2 - p_2 = -\alpha n_2.$$

Die Höhe des nominellen Lohnsatzes resultiert aus den Lohnverhandlungen zwischen Arbeitgebern und Gewerkschaften. Er wird am Ende der Vorperiode bzw. am Anfang der aktuellen Periode - auf Basis rational gebildeter Erwartungen in bezug auf zukünftige Preissteigerungen - so festgesetzt, daß der von

119 Vgl. Canzoneri, M. B. / Henderson, D. W. (1988), S. 8f. Die hier vorgestellte modifizierte Modellstruktur ist entnommen aus Fratianni, M. / Hagen v., J. (1992), S. 61.

den Privaten gewünschte, natürliche Beschäftigungsgrad, der annahmegemäß in beiden Ländern gleich ist, erreicht wird:

$$(3) \qquad w_1 = p_1^e; \qquad w_2 = p_2^e.$$

Weiter wird angenommen, daß die jeweilige nationale Währung das einzige von Inländern gehaltene Aktiva (mit konstanter Umlaufgeschwindigkeit) ist, das nur zu Transaktionszwecken benutzt wird. Von der Existenz anderer Wertpapiermärkte wird abstrahiert. Das Gleichgewicht auf dem Geldmarkt ist dann realisiert, wenn die Geldangebotsrate (m) der folgenden, vereinfachten Quantitätsgleichung genügt:[120]

$$(4) \qquad m_1 = p_1 + (x_1 - \bar{x}); \qquad m_2 = p_2 + (x_2 - \bar{x}).$$

Die relativen Preise werden durch den realen Wechselkurs (z) zwischen den beiden Landeswährungen bestimmt. Dieser ist definiert als:

$$(5) \qquad z = e + p_2 - p_1.$$

e ist der nominelle Wechselkurs, hier ausgedrückt als der Preis der Währung des Landes 2 in Währungseinheiten des Landes 1. Es wird die Gültigkeit der Kaufkraftparitätentheorie unterstellt.

Die Gleichgewichtsbedingung auf den Gütermarkt für das einheimische Produkt lautet:

$$(6) \qquad x_1 = \delta^{-1} z + (1-\beta) x_1 + \beta x_2; \qquad x_2 = -\delta^{-1} z + (1-\beta) x_2 + \beta x_1.$$

$1/\delta$ bedeutet dabei die Wechselkurselastizität der Importnachfrage, die bei Veränderung der relativen Preise die Stärke der Nachfrageverschiebung vom ausländischen Gut hin zum einheimischen, oder umgekehrt, bestimmt. β drückt die Einkommenselastizität der Importnachfrage und damit den Anteil des Outputs eines Landes am Konsum des anderen Landes aus.[121]

120 Aus Gleichung (1), (2), und (4) folgt: $n = m - w$. Da die Lohnverhandlungen vor dem Festsetzen des Geldangebots durch die Zentralbank stattfinden, werden sich die Tarifparteien auf einen Nominallohn auf Basis ihrer Erwartungen hinsichtlich der Geldmengenentwicklung einigen. Das Arbeitsangebot ist zu diesem Nominallohn völlig elastisch. Erfüllen sich die Erwartungen ($m^e = m$), wird der gewünschte (natürliche) Beschäftigungsgrad ($n = 0$) bzw. der gewünschte (natürliche) Output ($x = \bar{x}$) erreicht. Somit läßt sich Gleichung (3) auch $w = m^e$ schreiben (zur formalen Herleitung siehe Anhang, S. 231f.).

121 Da aufgrund der Symmetrieannahme die natürlichen Outputraten der beiden Länder gleich sind, müssen auch die durchschnittlichen Importneigungen dieselben sein, vgl. Canzoneri, M. B. / Henderson, D. W. (1988), S. 100.

Die Inflationsrate (π) ist - in Form eines Konsumentenpreisindexes - als gewichteter Durchschnitt der Preise für das in- und ausländische Gut dargestellt:

$$\text{(7a)} \quad \pi_1 = (1-\beta)p_1 + \beta(e + p_2); \qquad \pi_2 = (1-\beta)p_2 + \beta(p_1 - e).$$

Durch Umformung ((5) nach e aufgelöst, in (7a) eingesetzt) gelangt man zu:

$$\text{(7b)} \quad \pi_1 = p_1 + \beta z; \qquad \pi_2 = p_2 - \beta z.$$

Die Präferenzen der geldpolitischen Instanzen kommen in den Zielfunktionen zum Ausdruck, die als quadratische Abweichungen von den Zielgrößen konstruiert sind :

$$\text{(8)} \quad 2U_1 = -(\pi_1)^2 - \sigma\left(n_1 - n_1^*\right)^2; \qquad 2U_2 = -(\pi_2)^2 - \sigma\left(n_2 - n_2^*\right)^2.$$

Auf der einen Seite steht das Ziel, Abweichungen vom Preisniveau möglichst gering zu halten, auf der anderen Seite sind die politischen Entscheidungsträger bestrebt, Abweichungen von der politisch erwünschten Beschäftigungsrate n^*, die annahmegemäß über der natürlichen Beschäftigungsrate liegt, zu minimieren (vgl. die Ausführungen in Kapitel IV. 1. a)). σ bedeutet dabei das relative Gewicht, das dem Beschäftigungsziel gegenüber dem Inflationsziel beigemessen wird.[122]

b) Geldmengen- versus Wechselkursstrategie

Das Modell wird in Form eines simultanen Gleichungssystems nach den beiden Zielvariablen Beschäftigung und Inflation aufgelöst. Unter der Annahme, daß die geldpolitischen Instanzen in beiden Ländern das Geldangebot als alleiniges Instrument einsetzen, lauten die reduzierten Gleichungen für n und π :[123]

$$\text{(9)} \quad n_1 = m_1 - m_1^e; \qquad n_2 = m_2 - m_2^e.$$

$$\text{(10)} \quad \pi_1 = m_1 - (1-\alpha)\left(m_1 - m_1^e\right) + \varepsilon\left[m_1 - m_1^e - \left(m_2 - m_2^e\right)\right];$$

$$\pi_2 = m_2 - (1-\alpha)\left(m_2 - m_2^e\right) + \varepsilon\left[m_2 - m_2^e - \left(m_1 - m_1^e\right)\right];$$

$$\text{mit } \varepsilon = \delta\beta^2(1-\alpha).$$

---

122 Um die weitere formale Analyse zu vereinfachen, ohne dabei den qualitativen Aussagegehalt zu beeinträchtigen, wird im folgenden σ in beiden Ländern gleichgesetzt und mögliche Zielgewichtungsdifferenzen durch unterschiedlich hohe nationale Beschäftigungszielgrößen zum Ausdruck gebracht, vgl. Fratianni, M. / Hagen v., J. (1992), S. 72.

123 Eine nähere Herleitung der Lösungen des Gleichungssystems und der weiteren im Text vorkommenden Gleichungen wird im Anhang durchgeführt.

Gleichung (9) zeigt die proportionale Beziehung einer Abweichung der Beschäftigung von ihrer natürlichen Rate zum unerwarteten Wachstum des einheimischen Geldangebots. Gleichung (10) impliziert auf der einen Seite, daß eine vollständig antizipierte Geldmengenerhöhung ($m_i = m_i^e$) zu einem relativ gleichen Anstieg des inländischen Preisniveaus führt ($\pi_i = m_i$). Eine unerwartete Geldangebotserhöhung ($m_i > m_i^e$) dagegen wirkt einerseits über den Outputeffekt $[(1-\alpha)(m_i - m_i^e)]$ dämpfend auf die Preisniveauentwicklung, führt jedoch auf der anderen Seite über die induzierte Abwertung der inländischen Währung $[\varepsilon(m_i - m_i^e)]$ wiederum zu einer Verstärkung des Preisanstiegs. Eine unerwartete Inflationierung verursacht jedoch nur dann eine Abwertung, wenn die inländische monetäre Überraschung von der ausländischen differiert $[(m_{1(2)} - m_{1(2)}^e) > (m_{2(1)} - m_{2(1)}^e)]$. Der 'trade-off' zwischen Beschäftigung und Inflation ($\partial n / \partial \pi$), der die Stärke des Effektes einer Inflationserhöhung auf die Beschäftigungsrate (bei gegebenen Erwartungen) zum Ausdruck bringt, besitzt einen positiven Wert ($1/(\alpha + \varepsilon) > 0$).[124]

Wird nun angenommen, daß in Land 2 das Beschäftigungsziel stärker gewichtet wird als in Land 1 ($n_2^* > n_1^*$), bedeutet dies, daß der Anreiz, über eine Überraschungsinflationierung eine Output- und Beschäftigungsstimulierung zu erreichen, größer ist als in Land 1. Ersteres fährt demnach eine eher diskretionäre Politik zur wirtschaftlichen Stimulierung, während letzteres mehr konservativ eingestellt ist und eine eher restriktive, inflationsbekämpfende Geldpolitik betreibt.

Im folgenden soll die Interaktion zwischen Zentralbank und privatem Sektor um mögliche Interdependenzen zwischen den Ländern erweitert werden.[125] Dazu wird in einem ersten Schritt angenommen, daß die beiden Länder nicht kooperieren, sondern unabhängig voneinander ihr Geldangebot wählen. Dies bedeutet, daß der Wechselkurs zwischen den Ländern völlig flexibel ist. Die resultierende Inflationsrate bzw. das Geldmengenangebot im Nash-Gleichgewicht lautet dann:

$$(11) \quad m_1^n = [\sigma/(\alpha+\varepsilon)]n_1^* = \pi_1^n; \qquad m_2^n = [\sigma/(\alpha+\varepsilon)]n_2^* = \pi_2^n.$$

Die entsprechenden Nutzenniveaus sind von folgender Höhe:

$$(12) \quad 2U_1^n = -\sigma\,(n_1^*)^2\left[1+\sigma/(\alpha+\varepsilon)^2\right] > 2U_2^n = -\sigma\,(n_2^*)^2\left[1+\sigma/(\alpha+\varepsilon)^2\right].$$

Es stellt sich das schon im Kapitel IV. 1. b) abgeleitete Ergebnis ein: In beiden Ländern hat sich die Beschäftigung nicht erhöht, sie ist gleich ihrer natürlichen

124 Vgl. Anhang, S. 237.

125 Die Argumentation folgt Fratianni, M. / Hagen v., J. (1992), S. 62f.

Rate ($n_1 = n_2 = 0$), und die Inflationsraten sind positiv. Die unterschiedlichen Charaktere der geldpolitischen Entscheidungsträger in den beiden Ländern haben jedoch zur Folge, daß Land 2 eine höhere Inflationsrate aufweist als Land 1 ($\pi_2^n > \pi_1^n$), ohne einen kompensierenden Nutzenzuwachs aus einer Beschäftigungserhöhung via Überraschungsinflation erzielt zu haben. Somit fällt der Gesamtnutzen des Landes 2 niedriger aus als der des Landes 1.

Wenn nun unterstellt wird, daß Land 2 die Inflation reduzieren will, steht es vor dem Problem, die hohen Inflationserwartungen zu brechen. Wie in Kapitel IV. 1.b) (S. 59f.) ausgeführt, kann zwar die Zentralbank m senken und die niedrigere Rate halten, muß jedoch warten, bis sich die Erwartungen der Privaten angepaßt haben. Die damit verbundenen hohen realen Kosten, die sich in der aufkommenden Rezession widerspiegeln, stehen wiederum dem Wunsch, die Preissteigerungen zu verringern, entgegen. Für Land 2 stellt sich die Frage, ob es eine andere Strategie gibt, die für die Öffentlichkeit glaubwürdiger ist und damit eine niedrige Inflationsrate mit geringeren Kosten durchgesetzt werden kann.

Alternativ zum Geldangebot kann der Wechselkurs als geldpolitisches Instrument eingesetzt werden. Wird die Geldmenge als strategische Variable genutzt, so ist der Wechselkurs endogen, umgekehrt ist die Geldmenge endogen, wenn der Wechselkurs zum Instrument wird. Fixiert nun Land 2 seine Währung an die des Niedriginflationslandes 1, wählt dieses unabhängig das Geldangebot, während Land 2 durch die fixierte Währungsrelation gezwungen ist, die Geldpolitik des Landes 1 zu übernehmen. Denn bei abweichenden Inflationsraten ($\pi_2 > \pi_1$) würde der Abwertungsdruck auf die einheimische Währung Devisenverkäufe gegen Inlandswährung erzwingen, die über eine Verringerung der inländischen Geldmenge die Differenz zwischen den Preissteigerungsraten wieder ausgleichen. Folgt man diesem Argument, dann läge gerade in diesem Zwang der Vorteil für Land 2. Indem es ein festes Wechselkursarrangement mit Land 1 einginge, sich sozusagen selbst die Hände bände, könnte es dessen Glaubwürdigkeit importieren und damit den Prozeß der Erwartungsanpassung beschleunigen. Die privaten Erwartungen würden sich nun an der niedrigeren Geldangebotsrate des Landes 1 orientieren und somit die Grundlage für die inländische Geldpolitik schaffen, das einheimische Preisniveau mit geringeren Kosten zu senken.[126]

Um dieses Argument im Modell prüfen zu können, wird zunächst unterstellt, daß die Geldpolitik des Landes 1 durch die Wechselkursfixierung nicht

126 Dieses Argument wurde erstmals von Giavazzi, F. / Giovannini, A. (1987) und Giavazzi, F. / Pagano, M. (1988) in die Diskussion über die Vor- und Nachteile des Disziplinierungszwangs im EWS eingebracht (vgl. auch Giavazzi, F. (1988)).

tangiert wird. Land 2 kopiert quasi - via festen Wechselkurs - die Geldpolitik des Landes 1, und die privaten Wirtschaftssubjekte passen ihre Erwartungen dementsprechend an $(m_2 = m_1 = m_2^e)$. Das resultierende Nutzenniveau für Land 2 lautet dann:

$$(13) \quad 2U_2^{f'} = -\sigma\left[(n_2^*)^2 + \sigma(n_1^*)^2/(\alpha+\varepsilon)^2\right] \quad > \quad 2U_2^n.$$

Die Strategie der Währungsanbindung scheint Land 2 einen eindeutigen Vorteil zu bringen, und zwar in Form eines Nutzenzuwachses gegenüber dem Nash-Gleichgewicht. Dieser Vorteil wird dann realisiert, wenn Land 1 an seiner Geldpolitik festhält.

Unter der Symmetrieannahme[127] berührt jedoch die Wechselkursstrategie des Landes 2 die Zielfunktion des Landes 1 in der Weise, daß die gleichgewichtige Geldangebotsrate m_1^n in Gleichung (11) für letzteres nicht mehr optimal ist. Die feste Währungsrelation verringert die einheimischen Inflationskosten einer Beschäftigungserhöhung, oder anders gesagt, die Phillipskurve ist flacher geworden. Dadurch, daß die inflationären Konsequenzen einer monetären Expansion in Land 1 keine Abwertung verursachen, können sie zum Teil exportiert werden.[128] Damit wird auch das Nutzenkalkül in der Weise tangiert, daß der Anreiz zur Überraschungsinflationierung für Land 1 stärker geworden ist. Die vorherige restriktive Geldpolitik ist nicht mehr glaubwürdig, denn der private Sektor wird diesen Anreiz berücksichtigen und seine Erwartungen dementsprechend bilden. Unter diesen Umständen wird eine Gleichgewichtsinflationsrate von folgender Höhe erreicht:

$$(14) \quad m_1^f = \pi_1^f = m_2^f = \pi_2^f = \sigma\, n_1^*/\alpha \quad > \quad m_1^n.$$

Daraus resultieren Nutzenniveaus der beiden Länder in Höhe von:

$$(15) \quad 2U_1^f = -\sigma\,(n_1^*)^2(1+\sigma/\alpha^2) < 2U_1^n; \qquad 2U_2^f = -\sigma\left[(n_2^*)^2 + \sigma\,(n_1^*)^2/\alpha^2\right].$$

Die Inflationsrate π^f ist höher als im Fall flexibler Wechselkurse, Land 1 hat einen Teil seiner Glaubwürdigkeit eingebüßt und muß infolgedessen einen Nutzenverlust hinnehmen. Land 2 kann gegenüber der Nash-Lösung nur dann einen Nutzenzuwachs $(2U_2^f - 2U_2^n > 0)$ erfahren, wenn die Bedingung

127 Wenn Land 1 in seinem ökonomischen Gewicht wesentlich größer als sein Partnerland wäre, würde es kaum von den Politikaktionen des 'kleinen' Landes berührt werden und wäre gegenüber alternativen Wechselkursarrangements nahezu indifferent.

128 Der letzte Term in Gleichung (10) $[\varepsilon(m_1 - m_1^e - (m_2 - m_2^e))]$ verschwindet; siehe Anhang, S. 236.

$(\alpha+\varepsilon)/\alpha < n_2^*/n_1^*$ gilt. Dies setzt voraus, daß der 'credibility-gap' ausreichend groß und der Integrationsgrad zwischen den Ländern nicht zu hoch ist.[129]

Angenommen die Bedingung sei erfüllt und Land 2 zieht einen eindeutigen Vorteil aus der Wechselkursfixierung, dann bleibt jedoch wiederum der Anreiz, diese Selbstbindung - nach dem Festsetzen der Nominallöhne - aufzugeben, um eine bessere Inflations-Beschäftigungs-Relation zu erreichen. Dieser Anreiz drückt sich in dem Grenznutzen einer monetären Überraschung bei $m_2 = m_2^e = m_1^f$ aus:

$$(16) \quad \partial\, 2U_2^f / \partial\, m_2 = 2\sigma\left[n_2^* - n_1^*(\alpha+\varepsilon)/\alpha\right].$$

Der Grenznutzen ist dann positiv, wenn exakt dieselbe Bedingung erfüllt ist, die notwendig ist für einen Nutzengewinn aus der Währungsanbindung. Dies bedeutet, daß eine Verpflichtung zu einer Wechselkursfixierung gegenüber einer angekündigten, nationalen Desinflationspolitik kein Mehr an Glaubwürdigkeit bringen kann. Denn angesichts dieser Anreizstruktur wird die Öffentlichkeit ihre Erwartungen nicht entsprechend Gleichung (14) bilden, die Inflationsrate wird höher ausfallen. Bei vollständiger Antizipation kann überhaupt kein Vorteil aus der Wechselkursfixierung gezogen werden.

Die bisherige spieltheoretische 'single-shot'-Analyse zeigt, daß unter dem Glaubwürdigkeitsaspekt eine geldpolitische Koordination in Form fester Wechselkurse dem Hochinflationsland nicht unbedingt Nutzengewinne einbringen kann, und wenn, dann nur auf Kosten des Niedriginflationslandes. Insbesondere für Land 1 können keine triftigen Gründe gefunden werden, die eine feste Währungsrelation mit Land 2 vorteilhaft erscheinen lassen. Dieses auch als 'Rogoff-Paradoxon' bezeichnete Ergebnis zeigt, daß internationale Politik-Koordination auch kontraproduktiv sein und mithin Wohlfahrtsverluste statt Wohlfahrtsgewinne verursachen kann.[130] Die Frage, die sich unmittelbar stellt, ist die, ob sich bei Wiederholung des Spiels das Verhalten der Akteure zu einem superioren Ergebnis führt, oder noch andere Gründe sich finden lassen, die die Anreizstruktur der politisch Verantwortlichen so setzen, daß ein Fixkursarrangement für beide Länder von Nutzen ist.

---

129 Die linke Seite der Bedingung zeigt das Verhältnis der 'trade-off's' bei flexiblem zu denen bei festem Wechselkurs an. Soll die Bedingung erfüllt sein, so müssen einerseits die Beschäftigungsziele ausreichend divergieren, auf der anderen Seite muß der Parameter $\varepsilon\ (= \delta\beta^2(1-\alpha))$ genügend klein ist. Letzteres impliziert, daß die Importneigung β relativ klein und die (reale) Wechselkurselastizität der Importnachfrage $1/\delta$ relativ groß ausfallen muß.

130 Vgl. Rogoff, K. (1985b).

c) Fester Wechselkurs und Anreizstruktur

Interessen des Hochinflationslandes

Was kann nun Land 2 dazu bewegen, ein festes Wechselkursziel zu verfolgen, bzw. welche Faktoren können das Verhalten der geldpolitischen Instanzen so beeinflussen, daß das Glaubwürdigkeitsproblem gelöst werden kann? Eine Antwort liegt in der Dynamisierung des Spiels, die die Möglichkeit einer reaktiven Sanktionierung der Geldpolitik für den privaten Sektor eröffnet. Es müßten also potentiell Kosten - in Form eines Reputationsverlustes - existieren, die einem Wechselkurs-'commitment' im Gegensatz zum 'one-shot'-Spiel mehr Glaubwürdigkeit verleihen würden. Aus der obigen Modellanalyse folgt, daß eine Wechselkursfixierung nur dann glaubwürdiger ist als eine nationale Geldmengenzielankündigung, wenn die mit der Verpflichtung verbundenen Kosten ($2P_2$) den potentiellen, kurzfristigen Abweichungsnutzen ($\partial\, 2U_2^f / \partial\, m_2$) zumindest aufwiegen:

$$(17) \quad 2P_2 \geq 2\sigma\left[n_2^* - n_1^*(\alpha+\varepsilon)/\alpha\right].$$

Besteht ein großer intertemporaler 'trade-off' zwischen aktueller Beschäftigung und zukünftiger Inflation, der in einer positiven Zeitpräferenzrate der geldpolitischen Instanz zum Ausdruck kommt, müßte das Sanktionspotential seitens des privaten Sektors so hoch sein, daß die zukünftigen Nutzenverluste - trotz ihrer geringeren Gewichtung - den Anreiz der Zentralbank zur Täuschung kompensieren.[131] Von welcher Art könnten diese zusätzlichen Abweichungskosten für Land 2 sein?

Die Tragweite eines Wechselkurs-'commitments' und damit der politische Druck, diese Verpflichtung einzuhalten, können größer sein als die einer nationalen Geldmengenzieleinhaltung. Denn die inländischen Politikinstanzen werden nun auch vom Ausland daran gemessen, ob sie sich dementsprechend verhalten. Eine Abwertung würde dann als Blamage gegenüber dem Ausland gewertet, das Ansehen der gesamten Regierung sänke und damit auch deren Wiederwahlchancen. Dies impliziert einen sehr hohen Reputationsverlust, der

---

131 Bei Wiederholungsspielen ist die Höhe des in die geldpolitische Zielfunktion zu implementierenden Zeitdiskontierungssatzes - bei gegebener Reaktion seitens des privaten Sektors - verantwortlich für die Höhe der Inflationsrate im Gleichgewicht. Somit stellt die Zeitpräferenzrate der Zentralbank ein weiteres Unterscheidungsmerkmal zwischen Hoch- und Niedriginflationsländern dar. Im Modell kann dies durch eine Zielfunktion folgender Art zum Ausdruck kommen (vgl. dazu Gleichung e) auf S. 54):

$U_{0,i} = \sum_{t=0}^{T} \left(1 + r_i\right)^{-t} U_{t,i}$; mit verschiedenen nationalen Diskontierungssätzen ($r_2 > r_1$).

die politischen Entscheidungsträger möglicherweise davor abschrecken läßt, die Währungsfixierung aufzugeben.[132]

Wie in Kapitel IV. 1. b) ausgeführt, sind private Informationen seitens der Zentralbank für deren Anreiz verantwortlich, ihren Informationsvorsprung auszunutzen, um temporär eine Überraschungsinflationierung erfolgreich durchführen zu können. Wechselkursbeeinflussungen durch die Zentralbank sind jedoch für die Öffentlichkeit relativ einfach und schnell zu erkennen.[133] Die einhergehende Reduktion von Unsicherheiten in der Einschätzung der tatsächlichen Zentralbankpolitik verringert den Erfolg einer 'cheating'-Strategie und damit den Anreiz für die Notenbank, diese Strategie zu fahren. Auf der anderen Seite kann die Währungsbehörde des Landes 2, indem sie bei den Privaten den Eindruck vermittelt, daß nicht sie, sondern die Geldpolitik des Landes 1 verantwortlich sei für die inländische Währungsabwertung, von ihrer eigentlichen Motivation für eine Wechselkursänderung ablenken.

Neben diesen strategischen Argumenten muß natürlich auch der Verlust der allgemeinen ökonomischen Vorteile von festen Wechselkursen ins Spiel gebracht werden. Diese äußern sich in niedrigen Informations- und Transaktionskosten für die private Wirtschaft (wie z. B. geringere Risiken und Kosten bei grenzüberschreitenden Geschäftsabschlüssen durch den Wegfall von Wechselkursabsicherungen und der erleichterten Abrechnung bei festen Währungsrelationen).[134] Ein weiteres Argument für feste Wechselkurse liegt in der Reduzierung von Wechselkursunsicherheiten. Die einhergehende Erwartungsstabilisierung würde dann positive Wachstumsimpulse erzeugen.[135] Es besteht ferner die Gefahr, daß mit einer Aufkündigung mögliche andere Bereiche der wirtschaftlichen Kooperation zwischen den beiden Ländern negativ berührt werden und Kosten in Form von Outputverlusten entstehen. Werden diese Nutzenverluste im rekurrenten Spiel mitberücksichtigt, so wird die Teilbedingung für einen Nutzengewinn im 'single-shot'-Spiel gerade umgekehrt: Je stärker die

132 Nach Melitz, J. (1988, S. 58) sind die (politischen) Kosten einer Abwertung in einem Festkursarrangement höher als unter flexiblen Wechselkursen: „Under flexible rates, voters are likely to view exchange rates as determined essentially by the market, while in case of a political agreement about the exchange rate, they hold their political leaders responsible for devaluations."

133 Nach Giavazzi, F. / Giovannini, A. (1989, S. 103f.) sind Wechselkursziele für die Öffentlichkeit transparenter und damit besser beobachtbar als Geldmengenziele.

134 Vgl. De Grauwe, P. (1992), S. 61f. und Gros, D. / Thygesen, N. (1992), S. 249f., die die Vorteile des Wegfalles von jeglichen Transaktionskosten im extremen Fall einer gemeinschaftlichen Währung hervorheben, siehe dazu auch Thygesen, N. (1990), S. 309f.

135 Daß eine Reduzierung von Wechselkursschwankungen und der einhergehenden Unsicherheiten zu einem Outputwachstum führe, wird allerdings in der wissenschaftlichen Literatur kontrovers diskutiert, vgl. z. B. De Grauwe, P. (1992), S. 71f., Feldstein, M. (1992), S. 20, siehe dazu auch Emerson, M. / u. a. (1991), S. 75f.

Integration der beiden Länder (ε groß), um so höher die allgemeinen Vorteile aus der Währungskooperation, desto größer der entsprechende Nutzenverlust bei Aufkündigung.

Insgesamt gesehen ist die Möglichkeit gegeben, daß die zu erwartenden Kosten einer Aufkündigung hoch genug sind, um das Glaubwürdigkeitsproblem für Land 2 zu lösen.

Auch wenn davon ausgegangen werden kann, daß Land 2 durch die Währungsanbindung eine niedrigere Inflationsrate mit geringeren Kosten erzielt, bleibt immer noch die Frage der Bereitschaft, seine geldpolitische Freiheit dafür zu opfern. Denn ein solches 'hands-tying' funktioniert nur, wenn es sich ausschließlich am Wechselkurs orientiert, während das andere Land dagegen frei das Geldangebot und damit die gemeinschaftliche Inflationsrate wählen kann. Der Nachteil dieser asymmetrischen Lösung der *n-1*-Problematik[136] liegt darin, daß Land 2 sich keine nationalen Alleingänge erlauben kann und die Geldpolitik des Landes 1 passiv akkommodieren muß, wenn es die Vorteile einer niedrigeren Gemeinschaftsinflationsrate voll nutzen will. Dieser Disziplinierungszwang kann gerade in spezifischen Situationen, die aus der Sicht des Landes 2 eine diskretionäre Geldpolitik erfordern, als nicht mehr tragbar angesehen werden.

Das Auftreten von Schocks, die nur eines der beiden Länder berühren, ist ein Beispiel, das die Anpassungsproblematik des betroffenen Landes bei festen Wechselkursen deutlich macht. Angenommen Land 2 ist mit einem relativ großen Outputschock konfrontiert, der z. B. durch inländische Faktoren, wie beispielsweise eine starke, spontane Lohnerhöhung, hervorgerufen worden ist; ein anderes Beispiel wäre eine spürbare Abschwächung der Weltnachfrage nach den in Land 2 produzierten Gütern.[137] Die Folge dieser Störungen ist ein

---

136 Jedes feste Wechselkurssystem ist mit dem sogenannten *n-1*-Problem konfrontiert. Bei einer Teilnehmerzahl von *n* Ländern können nur *n-1* Wechselkurse existieren. Somit besitzt das System nur einen Freiheitsgrad. Bei einer extrem asymmetrischen Lösung dieses Problems wären *n-1* Länder gezwungen, ihr geldpolitisches Instrumentarium zur Wechselkursfixierung einzusetzen, während das *n*-te Land den Freiheitsgrad nutzt, um eine unabhängige Geldpolitik zu betreiben. Dagegen ist als zweite Möglichkeit eine mehr symmetrische, kooperative Lösung gegeben, die eine gemeinschaftlich koordinierte Geldpolitik der Teilnehmerländer beinhaltet; vgl. hierzu Giavazzi, F. / Giovannini, A. (1989), S. 22, De Grauwe, P. (1992), S. 111f., Burda, M. C. / Wyplosz, C. (1993), S. 415f.

137 Zu den genannten Beispielen von möglichen negativen Schocks siehe De Grauwe, P. (1992), S. 101f., Krugman, P. R. (1992), S. 189f.; Eine Verschärfung der Problematik liegt im Aufkommen von exogenen Schocks, die die Länder in der Weise treffen, daß für das eine Land Kosten entstehen, während das andere dadurch Gewinne verzeichnen kann (für eine formale Analyse von exogenen Schocks mit asymmetrischen Effekten im Zwei-Länder-Fall bei festen Wechselkursen vgl. Fratianni, M. / Hagen v., J. (1992),

Rückgang von Output und Beschäftigung (Lohn- und Preisrigidität unterstellt). Da durch die Fixierung der Wechselkurs als Instrument wegfällt, ist Land 2 in seiner geldpolitischen Anpassungsautonomie stark eingeschränkt. Infolge der hohen Anpassungskosten der Kursverteidigung - in Form des Verlustes von Devisenreserven und hoher Zinssätze - wächst der Anreiz der politischen Entscheidungsträger, via Abwertung einen stimulierenden Effekt auf Produktion und Beschäftigung zu erreichen. Berücksichtigen die privaten Wirtschaftssubjekte die Eintrittsmöglichkeit solcher Situationen, in denen Wechselkursänderungen Anpassungskosten minimieren können, dann gehen sie auch davon aus, daß, wenn die Situation eintritt, die politisch Verantwortlichen einen Anreiz haben, die Zusicherung zu festen Wechselkursen zu brechen. Ein Festhalten am Wechselkursziel würde damit die Gefahr bergen, daß die Abwertungserwartungen eine Spekulationskrise gegen die eigene Währung erzeugen, die letztlich eine Kursänderung erzwingen kann. Setzen die Privaten ihre Löhne in Erwartung einer Abwertung höher an, so würde die Fixierung des nominellen Wechselkurses zu einer Aufwertung des realen Wechselkurses führen, deren negativen, längerfristigen Folgen in einem Verlust der Wettbewerbsfähigkeit gegenüber Land 1 zum Ausdruck kommen.[138] Damit ist die Glaubwürdigkeit von festen Wechselkurszielen wieder in Frage gestellt.

Die Diskussion zeigt, daß Land 2 nicht unbedingt die Vorteile, die mit einer Wechselkursfixierung verbunden sind, auch nutzen kann bzw. überhaupt nutzen will. Dies hängt entscheidend davon ab, wie groß der Wunsch ist, die Inflation zurückzuführen und an einer restriktiven Geldpolitik festzuhalten, und wie hoch die allgemeinen Fixkursvorteile eingeschätzt werden. Die starke Beschneidung seines geldpolitischen Handlungsspielraumes ist wohl das wichtigste Argument gegen ein striktes Festhalten an einem Wechselkursziel.

Welche Strategie kann Land 2 einsetzen, um einerseits die Vorteile nutzen zu können, andererseits noch genügend Freiraum zur Verfolgung anderer Ziele zu besitzen? Kann es den Reputationsgewinn halten, ohne die Möglichkeit zu verlieren, temporär eine eigene diskretionäre Geldpolitik zu betreiben? Dazu muß es versuchen, eine mehr symmetrische Lösung der *n-1*-Problematik durchzusetzen, und Land 1 in die Verantwortung miteinzubeziehen, sich an den

---

S. 103f.). Aber auch bei symmetrischen Schocks, wie z. B. einer Ölkrise, die beide Länder gleichermaßen treffen, kann es Probleme geben, wenn diese auf den Preisanstieg mit unterschiedlichen Politiken reagieren; und zwar in der Weise, daß Land 1 gegenüber Land 2 eine übertriebene Stabilisierungspolitik verfolgt, die temporär zu hoher Arbeitslosigkeit führt, und sich bei fixen Währungsrelationen auch auf die aktuelle wirtschaftliche Situation des Partnerlandes ungünstig auswirkt.

138 Zur Modellierung dieser 'negative exchange rate surprises' siehe Giovannini, A. (1990a), S. 259f., Driffill, J. / Miller, M. (1992), S. 172f., Obstfeld, M. (1992).

möglichen Anpassungskosten zu beteiligen. Ob dies gelingt, hängt natürlich vom Verhalten des Partnerlandes ab.

Interessen des Niedriginflationslandes

In der Analyse ist gezeigt worden, daß Land 1, indem es Land 2 erlaubt, seine hohe Reputation auszuleihen, selbst einen Teil seiner Glaubwürdigkeit einbüßt und dadurch einen Nutzenverlust erleidet. Es stellt sich die Frage, welche Strategie Land 1 wählt, um die Einbuße zu verhindern bzw. zu kompensieren, und - darüber hinaus - welchen Anreiz es haben kann, eine intensivere Kooperation mit Land 2 anzustreben. Welche möglichen Antworten können gefunden werden?

Es wird der geldpolitischen Instanz unterstellt, daß sie kein eigenes Beschäftigungsziel verfolgt und sich gegenüber dem privaten Sektor von Anfang an kooperativ verhält ($n_1^* = n_1 = 0$). Spielt die Öffentlichkeit mit, wären die resultierenden Nutzenniveaus in Gleichung (12) und (15) gleich, und Land 1 verlöre somit nicht seine Reputation.

Land 1 verlangt einen Ausgleich ('side payments') des Nutzenverlustes von Land 2. Dazu müßte jedoch der Nutzengewinn des letzteren durch die niedrigere Gemeinschaftsinflationsrate so hoch sein, daß das aggregierte Nutzenniveau insgesamt positiv ausfällt:

$$(18) \quad 2\left(U_2^f - U_2^n\right) + 2\left(U_1^f - U_1^n\right) = \sigma^2 \left(n_1^*\right)^2 \left[2/\alpha^2 - \left[1 + \left(n_2^*/n_1^*\right)^2\right] / (\alpha + \varepsilon)^2\right] \overset{!}{>} 0.$$

Dies hängt jedoch wiederum von der Abweichungsdifferenz der Beschäftigungsziele der beiden Länder und von der Größe des Parameters ε ab. Der Grad der wirtschaftlichen Integration der beiden Länder darf nicht zu hoch sein.[139] Problematisch ist hier die Beantwortung der Frage, von welcher Art solche Kompensationszahlungen sein könnten und wie die technische Abwicklung auf längere Sicht vonstatten gehen soll.

Auch wenn eine der beiden Möglichkeiten in Betracht käme, würde dies allerdings nur die erste Frage beantworten. Land 1 erführe weder einen Nutzengewinn noch hätte es Nachteile. Um es zu einem aktiven, kooperativen Handeln zu bewegen, müßten zusätzlich noch andere Vorteile für Land 1 existieren.

Entgegen dem Analyseergebnis, daß durch die Wechselkursfixierung die Phillipskurve des Landes 1 flacher verläuft, können auch Gründe angebracht werden, daß sie eher steiler ausfallen kann. Denn wenn angenommen wird, daß

139 Der Gemeinschaftsnettonutzen ist dann positiv, wenn die folgende Bedingung erfüllt ist: $(1 + \varepsilon/\alpha)^2 < 0{,}5[1 + (n_2^*/n_1^*)^2]$, vgl. Fußnote 129 auf S. 73, siehe Anhang, S. 240.

eine Überraschungsinflation die einheimischen Produktionskosten und Güterpreise erhöht, würde bei festem Wechselkurs die inländische Wirtschaft an Wettbewerbsfähigkeit gegenüber Land 2 verlieren und infolge dessen auch die Beschäftigung zurückgehen. Dies würde den positiven Effekt einer unerwarteten Inflationierung auf die Beschäftigung reduzieren. Aufgrund des fehlenden Anreizes zu einer monetären Expansion wäre die Gleichgewichtsinflationsrate eher niedriger als bei flexiblen Wechselkursen.[140]

Eine alternative Begründung einer niedrigeren Preissteigerungsrate bei fester Währungsrelation liegt in der Möglichkeit einer stärkeren Reaktion seitens des privaten Sektors auf ein Abweichen von der Wechselkursverpflichtung. Der anfänglich höheren 'single-shot'-Inflationsrate steht die härtere 'Bestrafung' im Zeitverlauf entgegen, die über den Reputationsmechanismus die Rate noch unter die bei flexiblem Wechselkurs zu drücken vermag. Dominiert der zweite Effekt, so resultiert ein gegenüber der nicht-kooperativen Nash-Lösung superiores Gleichgewicht.[141]

Ein weiterer möglicher Pluspunkt einer intensiveren Zusammenarbeit ist in der potentiellen Erweiterung des Handlungsspielraumes der geldpolitischen Instanzen in Land 1 zu sehen. Analog zu der Argumentation, daß Land 2 in der Lage ist, unpopuläre Maßnahmen einer restriktiven Geldpolitik mit dem Hinweis auf Verpflichtungen aus der eingegangenen Währungskooperation glaubwürdig durchzusetzen, könnte die Zentralbank des Landes 1 mit dem gleichen Hinweis eigene Zielabweichungen vor der Öffentlichkeit leichter rechtfertigen. Indem das Geldmengenziel durch den Wechselkursvorbehalt relativiert wird, braucht sie sich nicht auf eine bestimmte, eng eingegrenzte geldpolitische Konzeption festzulegen, und schützt sich so vor Kritik von außen.[142] Damit wird jedoch implizit unterstellt, daß die geldpolitischen Entscheidungsträger in Land 1 andere Zielvorstellungen haben, als die in der Präferenzfunktion konkretisierten.

---

140 Vgl. Melitz, J. (1988), S. 65f., De Grauwe, P. (1992), S. 110. Zur Kritik an dieser Argumentation siehe Fratianni, M. / Hagen v., J. (1992), S. 66f., die theoretisch nachweisen, daß, auch wenn die einheimischen Kosten aufgrund einer Inflationierung gestiegen sind, die Inflationskosten eines Beschäftigungsanstiegs bei festem Wechselkurs immer noch niedriger sein können und damit der Anreiz zu einer Überraschungsinflation größer sei, als im Fall flexibler Wechselkurse. Vgl. dazu die frühere Diskussion über Wechselkurssysteme und Phillipskurve in Kredit und Kapital (Holtfrerich, C.-L. (1982 und 1983), Neumann, M. J. M. (1982), Lang, P. / Ohr, R. (1983), Smeets, H.-D. (1984)).

141 Dazu müßte die Gewichtung der Inflationskosten in der Zukunft stark genug (r_1 (Fußnote 131 auf S. 74) klein genug) und - entgegen dem 'one-shot'-Spiel - der wirtschaftliche Integrationsgrad ausreichend groß sein (ε groß), vgl. Hagen v., J. (1992), S. 856f.

142 Vgl. Brunner, K. (1983), S. 104f., Chant, J. F. / Acheson, K. (1986), S. 110, Francke, H.-H. (1990a), S. 143.

Neben diesen strategischen Überlegungen sind die oben genannten allgemeinen ökonomischen Vorteile fester Wechselkurse am offensichtlichsten. Sie sind natürlich auch für Land 1 relevant und würden bei Nichtkooperation kaum zu realisieren sein. In diesem Kontext mag auch das Argument der Wettbewerbsfähigkeit für Land 1 eine Rolle spielen. Bei flexiblem Wechselkurs resultiert aufgrund der restriktiven Geldpolitik mit niedriger Inflation eine starke Aufwertung gegenüber der Währung des Landes 2. Wenn nun ein intensiver Handel zwischen den beiden Staaten existiert, so würde die Exportwirtschaft des Landes 1 Wettbewerbsnachteile durch die starke Währung erleiden, die womöglich nicht erwünscht sind. Ein Abbruch der Kooperation würde somit zu einem Nutzenverlust für beide Länder führen.

Sind die Kosten einer Aufkündigung der Kooperation sehr hoch, bedeutet dies aber auch, daß, wenn es zu einer Zusammenarbeit kommt, Land 2 dann einen gewissen Einfluß auf die Geldpolitik des Landes 1 erhält. Mit der Drohung, die Kooperation abzubrechen, kann es Land 1 dazu bringen, eine - aus der Sicht des Landes 2 - zu restriktive Geldpolitik zu lockern, bzw. sich an den potentiellen Anpassungslasten zu beteiligen. Auf der anderen Seite kann Land 1 sein Drohpotential einsetzen, um das Partnerland zu einem mehr ihm genehmen Verhalten zu zwingen. Die relative Stärke der Position der zwei Länder, die sich im Zeitablauf auch ändern kann, bestimmt das Aussehen der Kooperation.[143]

Es gibt also eine ganze Reihe von möglichen Argumenten für und gegen eine Koordination der Geldpolitiken auf internationaler Ebene, und es kann nicht eindeutig gesagt werden, daß es sich für beide Länder in jedem Fall zu kooperieren lohnt. Für den Erfolg gemeinschaftlichen Handelns kommt es letztendlich darauf an, daß die Anreizstruktur beider Länder so gesetzt ist, daß sie überhaupt eine geldpolitische Kooperation eingehen und darüber hinaus ihre gegenseitigen Verpflichtungen auch über die Zeit einhalten, um die längerfristigen gemeinsamen Vorteile nutzen zu können. Dazu müßte ein geeigneter institutioneller Rahmen gefunden werden, der im idealen Fall auf der einen Seite ein effizientes Funktionieren des Wechselkursarrangements gewähr-

143 In diesem Zusammenhang wird in der spieltheoretischen Literatur über internationale Währungspolitik als Koordinationsgleichgewicht die Stackelberg-Lösung (vgl. Fußnote 38 auf S. 34) angeführt, in der sich die Teilnehmerländer eines Festkurssystems der Steuerung des Leitwährungslandes unterordnen müssen, während letzteres für eine stabilitätsorientierte Politik verantwortlich ist, und davon ausgegangen wird, daß der 'leader' das Land mit der größeren Durchsetzungs- und Verhandlungsmacht sei, während der 'follower' sich in seiner Politik völlig dem Führungsland anpaßt (vgl. z. B. Canzoneri, M. B. / Gray, J. A. (1985), S. 554). Damit wäre das Interdependenzproblem nahezu ausgeschaltet, was jedoch gerade in dem hier behandelten Fall die Anreizstruktur der beiden Länder bestimmt; zur Diskussion der Stackelberg-Lösung im Rahmen internationaler Kooperationen siehe Reszat, B. (1986), S. 278f.

leistet, insbesondere zur Lösung des Glaubwürdigkeitsproblems beiträgt, und auf der anderen Seite 'escape-clauses' vorsieht, die beiden Ländern das gewünschte Maß an geldpolitischer Freiheit bieten, um u. a. auf spezifische Schocks entsprechend reagieren zu können.[144]

3. Die Währungsordnung als institutionelle Regelung

a) Festkurssysteme als relationale Vertragsverhältnisse

Wenn nun davon ausgegangen wird, daß mehrere Staaten eine längerfristige, mehr oder weniger enge währungspolitische Kooperation anstreben, um einen höheren Gemeinschaftsnutzen zu erzielen, so müssen sie einen Vertrag formulieren, der konform mit ihren Interessen ist. Wie läßt sich eine solches Kontraktverhältnis auf währungspolitischer Ebene charakterisieren? Können die Merkmale der Theorie relationaler Kontrakte (Kapitel B. III) auch auf solche Arrangements übertragen werden? Dieser Frage soll im folgenden nachgegangen werden.[145]

Nach den Kriterien, die J. R. Macneil (1974, S. 738f.) für die Abgrenzung zwischen den beiden Extrema klassischer ('transactional') und relationaler Vertrag aufstellt, lassen sich Festkursabkommen eher als relationale Vertragsformen charakterisieren.[146] Sie sind langfristig, meist ohne zeitliche Begrenzung angelegt und gehen von einer mehr oder weniger tiefen Beziehung mit intensiver Kommunikation zwischen den Zentralbanken der Verhandlungspartnerstaaten aus. Die geldpolitische Kooperation endet nicht bei Vertragsabschluß, ist also kein einmaliger Vorgang, sondern ein iterativer Prozeß, der während der gesamten Phase der beiderseitigen Vertragserfüllung erforderlich ist. Eine Monetisierung der Austauschbeziehungen bzw. Vertragsverpflichtungen ist relativ schwierig zu bewerkstelligen und wird deshalb auch von den Vertragspartnern nicht angestrebt. Aufgrund der Langfristigkeit solcher Arrangements wird meist versucht, die Vertragsausgestaltung flexibel zu halten, indem auch fest-

---

144 In P. Minfords Worten gilt es den „trade-off between the necessity of tying one's hands to conquer the effects of time-inconsistency and the desirability of flexible policy responses" zu überwinden, Minford, P. (1993), S. 2.

145 Die folgenden Ausführungen stützen sich auf die Arbeit von Bofinger, P. (1991), der in einer umfassenden Effizienzanalyse verschiedene Ausgestaltungen von Festkurssystemen vertragstheoretisch untersucht.

146 Vgl. R. Richter, der sowohl im nationalen Bereich von einem "implicit relational contract between the central bank and the members of the hybrid currency community" (Richter, R. (1988), S. 221) spricht, als auch internationale Währungsvereinbarungen nahe dem rein relationalen Vertrag ansiedelt (Richter, R. (1989), S. 707).

gelegte Vertragsregeln später verändert bzw. neue Verpflichtungen eingebaut werden können. Diese bewußt lückenhafte Vertragsgestaltung ist deshalb notwendig, weil es nicht möglich ist, ex ante explizite Regelungen für alle Eventualitäten - wie das Auftreten von Schocks oder starken Veränderungen in den ökonomischen Gegebenheiten der Teilnehmerländer - und für die dann erforderlichen Handlungen im Vertragszeitraum festzulegen. Somit werden die kognitiven Grenzen in der Phase der Entscheidung und Vertragsformulierung deutlich. Darüber hinaus erfordern Kontrakterfüllung und mögliche Vertragsanpassungen die Installation von geeigneten Kontroll- und Verhandlungsverfahren.

Im Gegensatz zur mikroökonomisch ausgerichteten Neuen Institutionenökonomik, die sich mit bilateralen Kontrakten zwischen privaten Wirtschaftssubjekten befaßt, liegt hier ein multilaterales Vertragsverhältnis zwischen souveränen Staaten vor. Es müssen zudem keine vertragsspezifischen Investitionen vorgenommen werden, weil schon ohne sie durch wirtschaftliche und wirtschaftspolitische Interdependenzen ein gegenseitiges Abhängigkeitsverhältnis zwischen den Staaten vorliegt.

Aber auch in diesem Fall wird die Einhaltung der Vertragspflichten nicht durch eine externe Instanz ('court ordering') gewährleistet. Festkursabkommen stützen sich auf Vereinbarungen der Vertragsländer bzw. der nationalen Zentralbanken und besitzen überwiegend keine gesetzliche Grundlage, auf die die Teilnehmer bei Streitigkeiten zurückgreifen können.

Verhaltensunsicherheiten und Ex-post-Opportunismus sind bei internationalen Währungsvereinbarungen genauso anzutreffen wie in Beziehungen zwischen privaten Wirtschaftssubjekten oder im nationalen politischen Entscheidungsprozeß und spielen eine wichtige Rolle im gegenseitigen Vertrauensverhältnis der Teilnehmerstaaten.[147]

Desweiteren sind natürlich auch Transaktionskosten (Verhandlungs- und Vertragsformulierungskosten, Kontroll-, Durchsetzungs- und Fehlanpassungskosten) mit einem Festkursabkommen verbunden.

Somit erfüllt ein Festkurssystem praktisch alle Kriterien eines relationalen Kontraktverhältnisses. Es kann als ein Vertragswerk angesehen werden, in dem die teilnehmenden Zentralbanken sich verpflichten, die Währungsrelationen durch koordinierte geldpolitische Maßnahmen aufrechtzuerhalten. Die konkrete Vertragsausgestaltung bestimmt die Funktionseffizienz und damit die Stabilität des Systems. Dabei kommt dem Opportunismusschutz eine besondere Bedeutung zu.

---

147 Vgl. Keohane, R. O. (1984), S.93f.

b) Institutioneller Rahmen und Opportunismusschutz

In internationalen Politikkooperationen muß jedes Land damit rechnen, daß sich ein anderes Teilnehmerland opportunistisch verhält, d.h. sich nicht an die Vertragsverpflichtungen hält und eine andere Politik betreibt als die, die bei Vertragsabschluß vereinbart worden ist. Bei der Koordination der Geldpolitiken in einem Festkurssystem läßt sich ein solches Verhalten als eine Verletzung der allgemeinen Verpflichtung, eine stabilitätsorientierte Geldpolitik zu betreiben, interpretieren.[148]

Dabei ist das Ex-post-Opportunismusrisiko um so höher einzuordnen, je instabiler das politische Umfeld in den einzelnen Teilnehmerstaaten sich im Zeitablauf erweist. Zwar bleiben die Länder die gleichen, jedoch lösen sich die politischen Entscheidungsträger wahlbedingt ab und damit ändern sich je nach Präferenzstruktur die nationalen Zielfunktionen. Es besteht damit die Möglichkeit, daß die neu gewählten Parteien gerade die implizit vereinbarten Verpflichtungen als nicht mehr bindend ansehen und andere Schwerpunkte in ihrer Politik setzen.[149] Dies führt zu Unsicherheiten im Vertrauensverhältnis zwischen den Vertragspartnern.

Für die konkrete Ausgestaltung von Festkurssystemen steht natürlich eine ganze Anzahl von institutionellen Optionen zur Verfügung. Im allgemeinen sind drei Hauptmerkmale beim Vertragsdesign eines solchen Währungsarrangements von Bedeutung:

- Als erstes sind es die *Interventionsregeln*, die zum einem das Wann, das Wie und das Ausmaß der Interventionen spezifizieren und zum anderen festlegen, wer von den Mitgliedstaaten verpflichtet ist, den Wechselkurs zu stützen (einseitige oder beiderseitige Interventionsverpflichtungen).

---

148 D.h., daß ein oder mehrere Länder nach Vertragsabschluß eine inflatorische oder eine deflatorische Geldpolitik betreiben, die sich auch auf die Inflationsraten der übrigen Teilnehmerländer überträgt. Letztere Politik ist eher hypothetisch zu verstehen, denn es wird kaum ein Land eine negative Inflationsrate anstreben wollen (vgl. Bofinger, P. (1991), S. 42f.), obwohl auch eine übertriebene nationale Stabilisierungspolitik denkbar wäre, die zumindest temporär zu unerwünschten negativen Auswirkungen auf die ökonomischen Verhältnisse in den übrigen Mitgliedstaaten führt (vgl. Fußnote 137 auf S. 76). In multilateralen Beziehungen läßt sich opportunistisches Verhalten auch als 'free riding' interpretieren, indem einzelne Länder versuchen, die positiven Effekte der Kooperation mitzunehmen, ohne sich an den Kosten beteiligen zu müssen, vgl. dazu Kösters, W. (1990), S. 64.

149 „The autonomy of a future administration, particularly one of different persuasion, is not necessarily part of a present government's utility function", Keohane, R. O. (1984), S. 117.

- Die *Wechselkursbandbreite*, also die Ober- und Untergrenzen, in denen der Wechselkurs von seinem Mittel- oder Leitkurs schwanken kann, ist ein weiterer, essentieller Parameter des Systems. Die Bandbreite beeinflußt die Flexibilität des Systems und damit die geldpolitische Koordinationsintensität. Sind die beiden Grenzen identisch, so ist der Wechselkurs zwischen den Mitgliedsländern vollständig fix. Letzteres kennzeichnet eine Währungsunion - als stärkste Form geldpolitischer Koordination - aus, in der die beteiligten nationalen Währungen aufgrund absolut fester Relationen zu vollständigen Substituten werden.

- Am wichtigsten sind jedoch die *Regelungen*, die *in Krisen- bzw. Konfliktsituationen* zur Anwendung kommen.[150] Die Möglichkeit von Leitkursneufestsetzungen, die Implementation von Finanzierungs- und Kreditmechanismen zur gegenseitigen Hilfe bei der Kursstützung oder der Einsatz kurzfristiger nationaler Kapitalverkehrsbeschränkungen sind einerseits Beispiele für Maßnahmen zur Bewältigung solcher Situationen, weil sie diskretionäre nationale Spielräume zulassen, die eine politisch gewünschte, Anpassungsflexibilität an mögliche divergierende inländische Entwicklungen offen halten. Auf der anderen Seite jedoch können diese Spielräume opportunistisch ausgenutzt werden, und es muß versucht werden, ex ante geeignete Maßnahmen zur Eindämmung von Ex-post-Opportunismus zu treffen.

Vor dem Hintergrund der potentiellen Gefahr, daß einzelne Teilnehmer eine mit dem gemeinsamen Ziel unvereinbare Geldpolitik betreiben, ist das Arrangement je nach Vertragsdesign mehr oder weniger geeignet, das Ziel der Geldwertstabilität zu gewährleisten.[151] Im Idealfall wird die Währungsstabilität erreicht, wenn die Mitgliedstaaten aufgrund ihrer nationalen Zielvorstellungen eine entsprechende, kohärente Wirtschaftspolitik verfolgen.[152] Da jedoch solche Abkommen im währungspolitischen Bereich „immer nur einen Kompromiß zwischen divergierenden nationalen Interessen darstellen, wird man sich auf Spielregeln einigen, die eher unbestimmt sind, einen großen Spielraum für Interpretationen eröffnen und Möglichkeiten schaffen, die währungspolitischen Vereinbarungen zumindest temporär ungestraft zu verletzen".[153]

---

150 Vgl. Delgado, F. / Dumas, B. (1993), die Krisenszenarios modellieren, in denen die Ausgestaltung gerade dieser Regelungen ausschlaggebend ist für einen möglichen Kollaps des Systems und - im Übergang - für das Aussehen und das Regeldesign des neuen Arrangements.

151 Vgl. Bofinger, P. (1991, S. 153-178), der die Effizienz von sieben Vertragsoptionen einfacher Festkurssysteme danach beurteilt, wie stark der Opportunismusschutz ist und wie hoch die Vertragskosten der jeweiligen Typen ausfallen.

152 Entsprechend den Kriterien für das Konvergenzspiel, siehe dazu Fußnote 29 auf S. 29f.

153 Berthold, N. (1990), S. 458.

Andererseits kann auch eine noch so bindende, detailliert festgelegte Regelung niemals einen vollständigen Schutz vor opportunistischem Verhalten bieten.[154]

c) Transaktionskosten eines Festkurssystems

Die Verhandlungen, deren es bei der Errichtung eines Währungsabkommens bedarf, können sehr kostenintensiv und langwierig sein, wenn die nationalen Zielgewichtungen und Prioritäten in der Geldpolitik stark differieren und wenn große Konfliktpotentiale bestehen, die sich aufgrund weit auseinanderliegender Vorstellungen über die Verteilung möglicher Koordinationsgewinne zwischen den Vertragspartnern ergeben. Diese Verteilungsprobleme sind um so höher, je ungleicher die Mitgliedstaaten an den gemeinsamen Vorteilen partizipieren.[155] Da bei internationalen Währungsarrangements keine Schlichtungsinstitutionen vorgesehen sind, deren notwendige Verfügungsgewalt zur Durchsetzung von Konfliktlösungen aufgrund der Einschränkung nationaler Souveränität wohl auch kaum von den Vertragsstaaten akzeptiert würde, können die Verhandlungskosten in Konfliktsituationen sehr hoch sein.

Desweiteren sind die Kontrollkosten der Einhaltung der vertraglichen Verpflichtungen zu berücksichtigen. Die Höhe dieser Kosten hängt von dem notwendigen Überwachungsaufwand und der Effizienz der installierten Sanktionsmöglichkeiten ab, die im Fall einer Verletzung von Interventions- und Saldenausgleichsregeln zur Anwendung kommen.

Der Kontrollaufwand ist bei Festkurssystemen relativ gering, weil sowohl von den Vertragspartnern als auch von Außenstehenden leicht festgestellt werden kann, ob die Wechselkursbandbreiten eingehalten werden bzw. ob das betroffene Land oder die betroffenen Länder ihren Interventionsverpflichtungen nachkommen oder nicht.[156] Auch die fristgerechte Rückzahlung von gewährten Interventionskrediten läßt sich ohne besonderen Aufwand für die anderen Mitgliedsländer nachprüfen.

---

154 Dies gilt auch für den Fall der Währungsunion mit einer einheitlichen, zentralisierten Geldpolitik durch eine Gemeinschaftsinstitution, in der sich dann Spielräume für nationalen Opportunismus bei den Fiskalpolitiken der Teilnehmerländer eröffnen.

155 Diese Probleme können auch im Zeitablauf auftauchen, wenn ein Land nur über einige Jahre von dem Arrangement profitiert, zwischenzeitlich jedoch sogar Nachteile erfährt, vgl. Kösters, W. (1990), S. 64.

156 Dabei spielen supranationale Institutionen wie IMF, OECD, EG-Kommission und BIZ, die laufende Konjunkturanalysen und Länderberichte vornehmen und publizieren, im Sinne von Goldberg, V. P. (1976) als Vertrags-'Regulator' zur Überwachung internationaler Vertragsvereinbarungen eine wichtige Rolle in der Informationsbeschaffung und -bereitstellung.

Bei einer Vertragsverletzung ist die Durchsetzung von Vertragsverpflichtungen mit Kosten verbunden, deren Höhe von den Sanktionsmöglichkeiten, die den anderen Ländern zur Verfügung stehen, abhängt. Grundsätzlich besteht die Möglichkeit - im Sinne der Theorie des 'self-enforcing agreement' [157]-, vertragswidriges Handeln durch Drohung von Vertragsausschluß bzw. -aufkündigung zu begegnen. Ist jedoch der Mitgliederkreis klein und die Teilnahme des oder der zu sanktionierenden Länder relativ wichtig für den gemeinschaftlichen Kooperationserfolg, so würde dieses Vorgehen auch für die vertragstreue Seite den Verlust sämtlicher Vorteile aus der Beziehung bedeuten. In diesem Fall würden partielle Regelverstöße hingenommen, weil die Kosten der Sanktionsdurchsetzung im Vergleich zum Schaden durch das abweichende Verhalten einzelner Vertragspartner relativ hoch wären. In Festkurssystemen kann man jedoch davon ausgehen, daß die anderen Länder auf ein regelwidriges Verhalten entsprechend reagieren werden. Auf ein Nichtnachkommen der Interventionsverpflichtungen durch ein einzelnes Land stellen auch sie - früher oder später - ihre Stützungsinterventionen gegenüber der betreffenden Währung ein.[158]

Neben diesen relativ harten 'Bestrafungs'-Alternativen, die mit hohen Durchsetzungskosten verbunden sind und wohl nur in Ausnahmefällen Anwendung finden, ist es auch denkbar, daß zwischen den Vertragspartnern Pfänder oder Sicherheiten - z. B. in Form der Hinterlegung von Devisenbeständen - ausgetauscht werden. Damit haben die anderen Mitgliedstaaten die Möglichkeit des Einbehaltens der Sicherheiten, wenn es zu einer Vertragsverletzung durch ein einzelnes oder mehrere Länder kommt.[159] Desweiteren spielt das 'hands tying' - in Form öffentlicher Erklärungen zur Einhaltung der Vertragsregeln [160]- eine wichtige Rolle im gegenseitigen Bemühen der Länder, die Bereitschaft zur Einhaltung der Vertragsverpflichtungen zu erhöhen und damit die Durchsetzungskosten auf niedrigem Niveau zu halten. Denn mit einem Regelverstoß kann ein prohibitiv hoher Reputationsverlust für die politischen Instanzen des betreffenden Staates sowohl bei den beteiligten Partnerländern als auch bei der Öffentlichkeit verbunden sein.

---

157 Vgl. Fußnote 69 auf S. 47.

158 Dieses Vorgehen nach dem 'tit for tat'-Prinzip (Axelrod, R., 1984) schließt auch Sanktionen bzw. Vergeltungen in anderen möglichen Bereichen der wirtschaftspolitischen Kooperation ein; Richter, R. (1989, S. 709) nennt u. a. Beschränkungen im Handel mit dem betreffenden Land.

159 Vgl. Bofinger, P. (1991), S. 47.

160 Als Beispiele können Regierungsabkommen oder gemeinsame Erklärungen bei Gipfeltreffen angeführt werden (vgl. dazu S. 48).

Die für die Bindungswirkung der vertraglichen Vereinbarungen wohl wichtigste Kostenkategorie stellen die Fehlanpassungskosten dar. Im Bemühen, einen effizienten Opportunismusschutz zu erreichen, können starre und zu eng gesetzte Politikregelungen dazu führen, daß im Extremfall einige Länder die Abmachungen aufkündigen. Eine zu flexible Regelung dürfte dagegen das Opportunismusrisiko in die Höhe treiben und kann zur Folge haben, daß eigentlich notwendige Vertragsanpassungen aus Furcht vor neuen Opportunismusspielräumen oder zur Vermeidung von Kosten der damit verbundenen Neuverhandlungen, die womöglich über den Fehlanpassungskosten liegen, unterbleiben.

Gerade in Situationen, wie in Kapitel IV. 2. c) beschrieben, in denen die Mitgliedsländer trotz exogener Schocks an ihre vertraglichen Verpflichtungen gebunden sind, können Fehlanpassungskosten je nach Art, Stärke und Dauer der Störung in nicht unbedeutender Höhe auftreten. Für Staaten mit schwacher Währung liegen dann die Kosten vor allem in dem Verlust an Währungsreserven infolge der Interventionstransaktionen, auch wenn deren Geldpolitik am Ziel der Preisniveaustabilität ausgerichtet ist. Die Höhe der Kosten hängt von den Kreditkonditionen und von der Möglichkeit von Paritätsänderungen ('realignments') ab. Denn falls es nicht ausreicht, durch eine restriktive Geldpolitik die Reservebestände wieder zu erhöhen, ist eine Abwertung der Währung unumgänglich. Im Falle beiderseitiger Interventionsverpflichtungen muß auf der anderen Seite das Starkwährungsland durch die Stützungskäufe der Partnerwährung gegen inländisches Geld eine Erhöhung der einheimischen Geldmenge hinnehmen. Es besteht zwar die Möglichkeit der Sterilisation der Geldmengenänderungen durch die betroffenen Notenbanken, jedoch wird bei anhaltenden Störungen das Sterilisationspotential beider oder einer der Zentralbanken bald erschöpft sein.[161] Solche Störungen führen dann leicht zu Spannungen, die das ganze System gefährden.

Für die Funktionseffizienz und Stabilität eines Festkurssystems ist also ausschlaggebend, wie stark der Opportunismusschutz ist; denn dieser bestimmt die Qualität des Vertrauensverhältnisses zwischen den Teilnehmerländern bzw. stärkt und erhält die Kooperationsbereitschaft auch im Zeitablauf. Andererseits muß das System genügend Anpassungsflexibilität hinsichtlich unvorhergesehener Veränderungen bzw. Störungen besitzen, die zur Entschärfung möglicher Spannungen beiträgt. Dabei sind die mit der Vereinbarung verbundenen Kosten zu berücksichtigen, deren Höhe die Kooperationsgewinne der Mitgliedstaaten nicht übersteigen darf.

---

161 Gerade für das Starkwährungsland besteht dann das Dilemma, entweder durch eine weitere Sterilisierung der Geldmengenausweitung - mittels kontraktiver Geldpolitik - Wachstumseinbußen hinzunehmen, oder die Erhöhung kaufkraftwirksam werden zu lassen und damit Inflationsgefahren in Kauf zu nehmen.

V. Zusammenfassung

Die spiel- bzw. verhandlungstheoretischen Ergebnisse zur Emergenz und zum Wandel institutioneller Strukturen lassen den Schluß zu, daß kooperatives Verhalten trotz der Gefangenen-Dilemma-Problematik sich durchzusetzen vermag. Denn mit der Berücksichtigung des Zeitfaktors und einer Erweiterung des spieltheoretischen Rahmens in der Weise, daß den intertemporalen Aspekten zwischenmenschlicher Interaktion, wie Vertrauen, Glaubwürdigkeit und Reputation, eine wichtige Rolle im Verhalten der Individuen zugesprochen wird, können die potentiellen „Rationalitätenfallen“[162] überwunden werden.

Das heißt jedoch nicht, daß die gegenüber dem Nash-Gleichgewicht superiore Lösung auch im Zeitablauf stabil ist. Aufgrund der Existenz sozialer Interdependenzen in dem Sinne, daß die eigenen Handlungen Konsequenzen für alle anderen Partner haben werden, determiniert die Art bzw. die Auswahl der Handlungskombinationen das Kooperationsergebnis, das wiederum das Hauptziel individuellen Interesses ist. Da eine Vielzahl von pareto-optimalen Kombinationen möglich ist, hängt die Auswahl von den Entscheidungen und Reaktionen der Akteure ab, die an den potentiellen Ergebnissen ein unterschiedliches Interesse haben können. Jedes erwünschte Ergebnis wird jedoch nur unter der Bedingung erreicht, daß alle Beteiligten sich in adäquater Weise verhalten. Somit ist das gemeinsame Ziel der Partner, eine Vereinbarung für zukünftige Handlungen zu finden, die konform mit ihren privaten Interessen ist. Gerade wirtschaftspolitische Beziehungen auf internationaler Ebene beinhalten solche ‘mixed-motive situations’, in denen das Zusammenspiel der Verfolgung des gemeinsamen Zieles im Zeitverlauf mit den privaten Interessen im Konfliktfall die Qualität der Zusammenarbeit bestimmt. Die Frage des ‘optimalen’ Kooperationsniveaus kann nicht eindeutig beantwortet werden, sondern muß laufend gestellt werden. Somit sind Kooperationen von einem permanenten ‘bargaining process’ gekennzeichnet, dessen Ausgang vom Verhalten der beteiligten Entscheidungsträger abhängt, „whose fortunes are linked in an interplay of collusion, conflict, and compromise“.[163]

Der relationale Charakter solcher längerfristigen Beziehungen hat zur Folge, daß die Vertragspartner nicht nur mit strategischen Entscheidungssituationen aufgrund der Handlungsinterdependenzen konfrontiert sind, sondern diese Entscheidungen auch zusätzlich unter Unsicherheit treffen müssen: Unsicherheit in bezug auf das zukünftige Verhalten der anderen und Unsicherheit hinsichtlich der ökonomischen Rahmenbedingungen, die in der Realität einem fort-

---

162 Vgl. Herder-Dorneich, P. (1982), der diesen alternativen Begriff zum Gefangenen-Dilemma im Zusammenhang mit Ineffizienzen sozialstaatlicher Systeme verwendet.

163 Shubik, M. (1985), S. 3.

laufenden Wandel unterworfen sind. Damit spielt die konkrete institutionelle Ausgestaltung der Beziehung eine entscheidende Rolle bei dem gegenseitigen Bemühen, diese Unsicherheiten und deren mögliche Konsequenzen zu reduzieren. Dabei gilt es der - wohl niemals vollständig zu erreichenden - optimalen Lösung des 'trade-off' zwischen der Forderung nach einem starken Opportunismusschutz und der Notwendigkeit einer hohen Anpassungsflexibilität an sich ändernde Bedingungen näher zu kommen. Denn ein effizienter Schutz vor Vertragsverletzungen läßt sich nicht kostenlos bewerkstelligen.

Die grundsätzlichen Strategien, die kooperatives Verhalten gewährleisten bzw. Korrekturen in der institutionellen Ausgestaltung ermöglichen, lassen sich - in der Terminologie von A. O. Hirschman (1970) - auch mit den alternativen Begriffen 'loyality', 'exit' und 'voice' umschreiben. Loyalität bedeutet, daß man sich an die Vereinbarung hält, weil die permanenten Kooperationsvorteile höher bewertet werden als der kurzfristige, einmalige Nutzenzuwachs bei Vertragsverletzung, zumal man die Einflußmöglichkeiten auf die Politik innerhalb der Beziehung nicht verlieren will. Abwanderung ist die wahrgemachte Drohung der Aufkündigung der Beziehung. Zwischen diesen extremen Wahlmöglichkeiten, die entweder zu voller Kooperation oder zu Defektion führen und mit potentiell hohen Kosten für alle Beteiligten verbunden sind, liegt die Möglichkeit des Widerspruchs, der - im übertragenen Sinne - als Versuch, bestehende institutionelle Regeln zu verbessern bzw. an aktuelle Bedürfnisse anzupassen, interpretiert werden kann.[164] Je stärker die Anpassungsflexibilität der vertraglichen Beziehung, desto eher kann es zu deren erfolgreichen Weiterentwicklung kommen. Es liegt dann an den explizit und implizit getroffenen Vereinbarungen über einen geeigneten Konfliktlösungsrahmen für spätere Ex-post-Einigungen, wie hoch die Transaktionskosten des relationalen Kontraktverhältnisses im Zeitablauf liegen.

Im nationalen wie auch im internationalen Bereich ist das Glaubwürdigkeitsproblem von Politikankündigungen der wesentliche Punkt in der Interaktion zwischen den politischen Entscheidungsträgern und der Öffentlichkeit. Bestehende potentielle Spielräume für eine nationale diskretionäre Geldpolitik können genutzt werden, um andere Ziele zu Lasten der Geldwertstabilität zu verfolgen. Währungspolitische Arrangements, wie Festkurssysteme, können als kartellähnliche Vereinbarungen zwischen den beteiligten Regierungen oder Zentralbanken fungieren, die Absprachen über die Geldpolitik oder über Devisenmarktinterventionen betreffen, deren geldpolitischen Wirkungen sich die davon betroffenen Wirtschaftssubjekte kaum entziehen können, während

164 Zur Übertragung der Theorie von A. O. Hirschman (1970) auf internationale Politikkooperationen vgl. z. B. Guerrieri, P. / Padoan, P. C. (1988), S. 12f., Vaubel, R. (1990), S. 74.

den Notenbanken die Möglichkeit bleibt, die Absprachen zu unterlaufen bzw. die Kooperation aufzukündigen.[165] Jedoch ist in beiden Fällen das Problem der Zeitinkonsistenz evident. Wie in der spieltheoretischen Analyse gezeigt, besteht bei nicht adäquater Berücksichtigung des privaten Sektors ('left-out-players problem') die Gefahr, daß über den Reputationsverlust auf nationaler Ebene hinaus eine internationale währungspolitische Kooperation die Glaubwürdigkeitsproblematik der geldpolitischen Entscheidungsträger gegenüber dem privaten Sektor noch verschärft und damit kontraproduktiv wirken kann.

Ob internationale Kooperationen im Währungsbereich gegenüber nichtkooperativen Lösungen zu inferioren oder superioren Ergebnissen führen, hängt entscheidend von der Präferenzstruktur der politischen Entscheidungsträger ab. Denn wenn die Zentralbanken in der Lage sind, glaubwürdig zu garantieren, daß sie nicht versuchen werden, eine diskretionäre Geldpolitik mit inflatorischen Konsequenzen zu verfolgen, sondern nur bei großen monetären Störungen mit adäquaten, koordinierten geldpolitischen Maßnahmen eingreifen werden, dann ist es auch möglich, ein superiores kooperatives Resultat zu erreichen. Dazu muß die Kooperationsbereitschaft der betreffenden Länder so hoch sein, daß die nationalen Eigeninteressen das gemeinsame Ziel nicht konterkarieren. Denn je nach Ausgestaltung bedeutet gerade ein Festkursarrangement eine große Einschränkung der nationalen Autonomie der beteiligten Regierungen und deren Notenbanken. Feste Wechselkurse sind weiterhin nur dann aufrechtzuerhalten, wenn das Wachstum der Produktionspotentiale der teilnehmenden Volkswirtschaften mittelfristig keine größeren Unterschiede aufweist. Dies erfordert u. a. eine relativ hohe Konvergenz und ähnliche Prioritäten in den nationalen Geld- und Fiskalpolitiken. Da jedoch jeder währungspolitischen Kooperation eine inhärente Instabilität zugesprochen werden kann, liegt es an den beteiligten Ländern, daß das Festkurssystem mehr als nur ein „fair-weather-friends"-Arrangement[166] darstellt, dessen Bindungswirkung solange Bestand hat, wie der Koordinationsbedarf der nationalen Politiken bzw. der Konflikt mit den binnenwirtschaftlichen Interessen gering ist.

Ein Mangel der theoretischen Analyse besteht darin, daß sie von einem stilisierten Zwei-Länder-Modell ausgeht, in dem nahezu vollständige Information in dem Sinne unterstellt wird, daß das 'wahre' Makromodell bekannt ist und

---

165 Vaubel, R. (1991, S. 32f.) geht in seiner Kritik an der wohlfahrtserhöhenden Wirkung internationaler Währungskooperationen noch weiter, indem er von eigeninteressierten Politikern ausgeht, die durch das Ausschalten des Währungswettbewerbs als Sanktionsmechanismus in der Lage sind, die Kontrolle ihres Handelns bzw. das Erkennen eigener wirtschaftspolitischer Fehler im Inland durch die Öffentlichkeit zu erschweren.

166 Aliber, R. Z. (1986), S. 120; zur Koordinationsproblematik vgl. auch Külp, B. (1992), S. 120f.

auch akzeptiert wird. Die Realität ist jedoch von stochastischen Einflüssen und unvorhergesehenen Ereignissen geprägt, und es existiert eine Vielzahl von unterschiedlichen Modellvorstellungen über wirtschaftliche Zusammenhänge und zukünftige Entwicklungen[167] sowie über die Art der zu betreibenden Geldpolitik. Daraus können sich unterschiedliche Bewertungen der Vor- und Nachteile einer Kooperation durch die an einem Währungsarrangement teilnehmenden Ländern ergeben. Gerade die Unsicherheiten und Meinungsdivergenzen in bezug auf die Adäquanz der Theorien, die zur Prognose relevanter makroökonomischer Variablen herangezogen werden, können sich sowohl auf den Erfolg geldpolitischer Maßnahmen auf nationaler Ebene,[168] als auch auf die Funktionseffizienz internationaler währungspolitischer Vereinbarungen ungünstig auswirken.[169] Darüber hinaus muß mit steigender Anzahl der Mitglieder in einem Festkurssystem auch mit höheren Koordinations- bzw. Transaktionskosten gerechnet werden. Was in der Analyse auch unberücksichtigt blieb, sind die existierenden internationalen wirtschaftspolitischen Interdependenzen zwischen einem regionalen 'Währungsklub' und dem Rest der Welt, die natürlich Auswirkungen auf die Politik innerhalb des Systems haben.

Angesichts dieser Komplexität, die die kognitiven Grenzen nicht nur in bezug auf die Informationsaufnahme, sondern auch im Hinblick auf die geeignete Handlungswahl deutlich macht, ist es nicht verwunderlich, daß die politisch Verantwortlichen ihre währungspolitischen Entscheidungen teilweise in einem „veil of ignorance"[170] treffen und diese dann oft von 'Irrationalitäten' und 'Anomalien' bestimmt sind.[171] Aber gerade diese Verstöße gegen die Rationalität in der Weise, daß die tatsächlichen Handlungen im Widerspruch zu den

---

167 Vgl. die empirische Analyse von Frey, B. S. / u. a. (1984), die in einer Befragung von über 900 Ökonomen in fünf westlichen Industrienationen Übereinstimmungen und Meinungsverschiedenheiten - sowohl national als auch zwischen den Staaten - bezüglich grundsätzlicher ökonomischer Zusammenhänge und Wirkungsweisen gegenüberstellen.

168 „It [the government] can commit itself to a growth rate for monetary base; but whether the right people in sufficient numbers will translate that commitment into a promised reduction in the rate of inflation depends on whether or not there is a common theory of cause and effect, one that everybody believes in and imputes to everybody else.", Schelling, T. C. (1982), S. 79.

169 Vgl. Frankel, J. A. / Rockett, K. E. (1988), die in einer umfangreichen Simulationsstudie mit zehn ökonometrischen Modellen demonstrieren, daß bei Modellunsicherheit und nationalen Divergenzen hinsichtlich der 'wahren' Modellspezifikationen eine internationale kooperative Lösung in der Mehrzahl der Fälle zu einer Verringerung der Wohlfahrt führt; zu ähnlichen Resultaten kommen auch Holtham, G. / Hallett, A. H. (1987); für eine Übersicht weiterer empirischer Ergebnisse von Schätzungen der Wohlfahrtseffekte internationaler Koordination siehe Kösters, W. (1990), S. 56f.

170 Keohane, R. O. (1984), S. 107.

171 Vgl. hierzu Reszat, B. (1992).

eigentlichen Präferenzen der Akteure stehen, können wiederum zu kooperativem Verhalten führen. Darüber hinaus spielen außerökonomische Faktoren, wie beispielsweise persönliche Beziehungen zwischen den verantwortlichen Politikern, eine nicht unwesentliche Rolle in der Qualität zwischenstaatlicher Zusammenarbeit.

Werden diese Überlegungen in die schon ohnehin komplexe Problematik miteinbezogen, wird deutlich, daß der Erfolg einer Politik-Koordination zwischen souveränen Staaten - nicht nur im währungspolitischen Bereich - von einer Vielzahl von Faktoren abhängt und deshalb eine Analyse des Einzelfalls und der Bedingungen, unter denen Geld- und Währungspolitik konkret betrieben wird, notwendig ist.

Dies ist auch das Ziel des weiteren Vorgehens dieser Arbeit. Es sollen anhand des konkreten Falls des Europäischen Währungssystems die Motive der teilnehmenden Länder und die Beschränkungen, denen sie unterworfen sind, deren Entwicklung im Zeitverlauf und die Auswirkungen auf die institutionelle Struktur des Systems untersucht werden. Dabei muß der Tatsache Rechnung getragen werden, daß das EWS nicht isoliert betrachtet werden kann, weil es in den europäischen Integrationsprozeß eingebunden ist. Somit spielen in den währungspolitischen Entscheidungen der Mitgliedstaaten nicht-quantifizierbare Oberziele, wie die Schaffung eines gemeinsamen Binnenmarktes und die Bemühungen zu einer politischen Union, aber auch nationale machtpolitische Strategien eine zusätzliche Rolle und sind neben den schon genannten Gründen verantwortlich für Kompromisse in der geldpolitischen Kooperation, die mit rein monetären Nutzen-Kosten-Überlegungen nicht zu erklären sind.

C. Das EWS als währungspolitischer Handlungsrahmen

I. Die geldpolitischen Institutionen in den EWS-Mitgliedstaaten

1. Kriterien zur Charakterisierung von Zentralbanken

Bevor das EWS vertragstheoretisch untersucht wird sollen zunächst die geldpolitischen Institutionen in den Teilnehmerstaaten einer näheren Betrachtung unterzogen werden, um die Differenzen in den nationalen geldpolitischen Konzeptionen klarer erkennen zu können. Denn die Unterschiede in den Zielsetzungen der Geldpolitiken reflektieren die landesspezifischen, politischen und institutionellen Gegebenheiten in den Mitgliedstaaten, deren Kenntnis für ein tieferes Verständnis des EWS notwendig ist. Aufgrund der Divergenz in den nationalen Politikpräferenzen unterliegen die europäischen Notenbanken in unterschiedlichem Maße rechtlichen, politischen und ökonomischen Grenzen, innerhalb derer sie Geldpolitik betreiben können. Inwieweit die Zentralbanken sich in ihrem Verhalten an den Zielvorstellungen der nationalen Regierungen anpassen müssen bzw. wie stark ihre geldpolitischen Entscheidungen von außen determiniert werden, hängt im wesentlichen von ihrer institutionellen Autonomie ab. Damit ist ein geeigneter Ansatz zur näheren Charakterisierung von Notenbanken gefunden. Die Unabhängigkeit und der Handlungsspielraum der EWS-Zentralbanken kann anhand zweier Kriterien verglichen werden:[1]

Politische Unabhängigkeit

Darunter ist die Fähigkeit der Zentralbank, in der Konzipierung der Geld- und Währungspolitik frei von Staatseinflüssen zu entscheiden, also als alleinige monetäre Autorität zu fungieren, gemeint. Dieser Ermessensspielraum hängt von folgenden Faktoren ab:

- der formalen Verantwortung der Zentralbank in bezug auf ihre geldpolitischen Entscheidungen

  (Ausgestaltung der Notenbankgesetze, gesetzliche Bindung der Zentralbank, ihre Geldpolitik v. a. am Ziel der Geldwertstabilität auszurichten,

---

1 Zur folgenden Einteilung vgl. Grilli, V. / u.a. (1991), Eijffinger, S. / Schaling, E. (1992/1993); in der Literatur finden sich auch alternative Merkmalsgliederungen zur Bestimmung des Autonomiegrades, vgl. Caesar, R. (1981), S. 56f., Hasse, R. H. (1989), S. 113f.

rechtliche Stellung der Währungsbehörde im Konfliktfall mit der Regierung),

- den Berufungsmodalitäten der Zentralbankmitglieder

  (Wahlprozedur, Dauer der Amtsperiode des Präsidenten bzw. Gouverneurs und der übrigen Leitungsorgane der Notenbank, Recht bzw. Verbot deren Abberufung durch die Regierung),

- dem Verhältnis zwischen Regierung und Zentralbank in der Formulierung der geldpolitischen Richtung

  (staatliche Einflußstärke auf den notenbankpolitischen Willensbildungsprozeß bzw. Beteiligungsmöglichkeiten an Zentralbankentscheidungen).

Ökonomische Unabhängigkeit

Ökonomische Autonomie der Zentralbank bedeutet, daß diese in der Lage ist, ihr geldpolitisches Instrumentarium frei auszuwählen und nach eigenem Ermessen effizient einzusetzen. Folgende Faktoren determinieren diesen Handlungsspielraum:

- Einflußstärke der Regierung auf die Höhe der monetären Finanzierung von Budget-Defiziten

  (direkte/indirekte Finanzierung, Ausgestaltung der Kreditfazilitäten, Möglichkeiten und Grenzen der Refinanzierung von Staatspapieren),

- geldpolitische Steuerungs- und Kontrollmöglichkeiten der Notenbank

  (Größe des Gestaltungsspielraumes der geldpolitischen Instrumente, deren Einsatzmöglichkeiten und Ausrichtung).

Zwischen politischer und ökonomischer Komponente der Zentralbankunabhängigkeit bestehen starke Wechselwirkungen, sie bedingen sich quasi gegenseitig und sind in ihrer Ausgestaltung und Kombination verantwortlich für den notenbankpolitischen Handlungsspielraum.

Eine politisch weisungsungebundene Zentralbank mit einer gesetzlichen Verpflichtung zur Geldwertsicherung vermag ihrer Aufgabe nur dann effizient nachzugehen, wenn sie über wirksame geld- und währungspolitische Instrumente zur Kontrolle der Geldmenge verfügt. Dabei muß sie genügend Spielraum besitzen, marktkonforme Geldmarktinstrumente im Rahmen ihrer Offenmarkt- und Refinanzierungspolitik entwickeln und flexibel einsetzen zu können. Ist die Notenbank im Rahmen internationaler Währungsvereinbarungen, wie im Falle des EWS, an Interventionsverpflichtungen vertraglich gebunden, so muß sie zumindest die Freiheit haben, bei sehr großen Stützungsinterventionen, die eine übermäßige, inflatorisch wirkende Geldmengenausdehnung zur

Folge haben, die Interventionen einzuschränken oder gar einzustellen. Wird ihr jedoch das adäquate, marktorientierte Instrumentarium vorenthalten bzw. dessen Effizienz durch administrativ vorgegebenen Einsatz eingeschränkt, so ist die Durchsetzbarkeit einer Stabilitätspolitik nicht oder nur bedingt möglich. Dies ist insbesondere der Fall, wenn die Zentralbank zusätzlich die Funktion des 'debt-management' staatlicher Budgetdefizite zu übernehmen verpflichtet ist, sei es direkt oder indirekt über die Refinanzierung von Staatspapieren. Aber auch administrative Vorgaben im privaten Bankensektor - wie Beschränkungen in der Portfoliostruktur oder spezielle Kreditvergaberegelungen - mit dem Ziel einer höheren Nachfrage nach Staatspapieren erleichtern die Finanzierung der Staatsverschuldung. Die dadurch erschwerte Kontrolle der Geldmengenentwicklung schwächt wiederum die Position der Zentralbank.

Auf der anderen Seite kann eine in der Konzeptionierung der Geldpolitik und personell von der Regierung abhängige Notenbank nur dann eine effiziente Geldpolitik betreiben, wenn eine glaubwürdige Selbstbindung der politisch Verantwortlichen am Ziel der Geldwertsicherung auch im Zeitablauf - über mögliche Regierungswechsel hinaus - bestehen bleibt. Es herrscht jedoch eher die Neigung vor, je nach konjunktureller Situation die Schwerpunkte in den geldpolitischen Zielsetzungen zu verlagern. Ferner besteht aufgrund von wahlbedingten Politikwechseln die Möglichkeit zu Konzeptionsneudefinitionen in der Geldpolitik. Bei hoher politischer Instabilität, verbunden mit einer starken Weisungsgebundenheit der geldpolitischen Instanzen, vermag auch eine in ihrem Instrumenteneinsatz freie Zentralbank keine langfristig ausgerichtete, glaubwürdige Geldpolitik zu betreiben.

Die Gegenüberstellung der politischen und ökonomischen Komponente der Unabhängigkeit der Notenbank weist in der Praxis eine Vielzahl von Kombinationsmöglichkeiten auf. Für einen Vergleich zwischen den nationalen geldpolitischen Instanzen im EWS ist es daher wichtig, beide Aspekte in die Analyse aufzunehmen. Im folgenden soll anhand der Notenbanken von Deutschland, Frankreich und Italien, die die größten und politisch wichtigsten Akteure im EWS darstellen und von Anfang an am Wechselkursmechanismus teilgenommen haben, der Autonomiestatus und die Stellung der Zentralbank näher untersucht werden. Es schließt sich eine zusammenfassende Beurteilung der Unabhängigkeit und der Rolle der geldpolitischen Institutionen in den EWS-Mitgliedsländern an.

2. Die Deutsche Bundesbank

a) Gesetzliche Aufgaben, Organe und Organisation

Die Aufgaben der Deutschen Bundesbank sind in § 3 des Bundesbankgesetzes definiert. Sie soll den Geldumlauf und die Kreditversorgung im Inland sowie die bankmäßige Abwicklung des Zahlungsverkehrs im In- und Ausland regeln. Die Erfüllung dieser Aufgaben dient vorrangig dem obersten Ziel der Währungssicherung. Diese stabilitätspolitische Verantwortung kommt auch in § 12 zum Ausdruck, nach dem die DBBk zwar verpflichtet ist, die allgemeine Wirtschaftspolitik der Bundesregierung zu unterstützen, allerdings unter Wahrung ihrer eigentlichen Aufgabe, über die Währungsstabilität zu wachen. Dabei ist sie von Weisungen der Bundesregierung unabhängig.[2]

Die Organisationsstruktur der Bundesbank ist föderalistisch aufgebaut. Als oberste Organe fungieren der Zentralbankrat und das Direktorium. Desweiteren sind die Landeszentralbanken mit ihren Präsidenten und Vizepräsidenten zu nennen.[3]

Der *Zentralbankrat* setzt sich zusammen aus dem den Vorsitz führenden Präsidenten und seinem stellvertretenden Vizepräsidenten, den weiteren Mitgliedern des Direktoriums sowie den Präsidenten der Landeszentralbanken. Die Verantwortung über die Geldpolitik liegt in den Händen des Zentralbankrates. Er trifft die Grundsatzentscheidungen der Währungs- und Kreditpolitik der DBBk und stellt die Richtlinien für das Bankmanagement auf. Gewöhnlich tagt er alle zwei Wochen und faßt seine Beschlüsse mit einfacher Mehrheit. Im Gegensatz zu den anderen zu untersuchenden Zentralbanken ist die Stellung des Bundesbankpräsidenten im Innenverhältnis deutlich eingeschränkt. Er besitzt wie auch die übrigen Mitglieder des Rates nur eine Stimme.[4]

Das *Direktorium*, als das zentrale Exekutivorgan, ist verantwortlich für die Leitung und Verwaltung der DBBk. Ihm obliegt die Durchführung der Be-

---

2 Das Gesetz über die Deutsche Bundesbank (BBankG) vom 26.7.57 ist in DBBk (1989), S. 113f. abgedruckt, zu den Gesetzesänderungen bezüglich der Neuordnung der DBBk, die am 1.11.92 in Kraft getreten sind, siehe DBBk, MB (August 1992), S. 48-54, zu der jüngsten Novellierung des Bundesbankgesetzes siehe DBBk, MB (Januar 1994), S. 32-44.

3 Für eine ausführlichere Beschreibung der Organisation, Aufgaben und Funktionen der Bundesbank siehe DBBk (1989), S. 6f.; für einen historischen Überblick des deutschen Zentralbankwesens insbesondere unter dem Autonomieaspekt siehe Holtfrerich, C.-L. (1988), S. 107f., mit Schwerpunkt auf den juristischen Verhaltensspielraum der deutschen Währungsbehörde siehe Siebelt, J. (1988), S. 21f.

4 Im Direktorium dagegen ist die Stimme des Bundesbankpräsidenten bei Stimmengleichheit entscheidend, vgl. § 7 BBankG, Absatz 5.

schlüsse des Zentralbankrates. Mitglieder sind wiederum der Präsident, sein Stellvertreter und bis zu acht weitere Personen,[5] die als Einstellungsbedingung besondere fachliche Eignung aufweisen müssen. Präsident und Vizepräsident sowie die weiteren Mitglieder des Direktoriums werden durch den Bundespräsidenten auf Vorschlag der Bundesregierung bestellt. Die Amtsdauer beträgt im Normalfall acht Jahre, mindestens jedoch zwei Jahre. Während der offiziellen Amtszeit können die Bestellten aus politischen Gründen nicht abberufen werden.

Die Leitung der *Landeszentralbanken* übernimmt jeweils ein Vorstand, der im allgemeinen aus einem Präsidenten und seinem Stellvertreter besteht, die gleichzeitig dem Zentralbankrat angehören.[6] Der Landeszentralbankpräsident wird vom Bundesrat auf Vorschlag der entsprechenden Landesregierung berufen, die Stelle des Vizepräsidenten wird vom Präsidenten der Bundesbank auf Vorschlag des Zentralbankrates besetzt.

b) Politische Unabhängigkeit

Die formale Verantwortung der DBBk in bezug auf ihre Entscheidungen

Die gesetzmäßigen Aufgaben der DBBk reflektieren ihre besondere Verantwortung für die Erhaltung der Währungsstabilität. Sie hat zwar die Pflicht die allgemeine Wirtschaftspolitik der Regierung zu unterstützen, jedoch nur solange als das Ziel der Währungssicherung nicht gefährdet ist. Wann die Grenzen der Kooperation erreicht werden, liegt allein im Ermessen der weisungsungebundenen DBBk.[7] Durch diese rechtlich garantierte Unabhängigkeit, die auch von keinen Regelungen für den Konfliktfall zwischen Zentralbank und Regierung eingegrenzt wird, ist eine direkte Einflußnahme der Regierung auf geldpolitische Entscheidungen der DBBk, die ihr im Rahmen des Gesetzes zustehen, ausgeschlossen. Dabei muß jedoch betont werden, daß der Unabhängigkeitsstatus der Bundesbank keinen Verfassungsrang besitzt und durch einfache Mehrheit im Bundestag geändert bzw. aufgehoben werden kann.[8] Auf der Ebene der äußeren Währungspolitik liegt allerdings die Entscheidungsverantwortung in den Händen der Regierung. Dies bezieht sich auf die Wahl des

---

5 Seit dem 1.11.92 ist die Höchstzahl der Direktoriumsmitglieder um 2 auf insgesamt 8 herabgesetzt, vgl. DBBk, MB (August 1992), S. 52.

6 Aus den bisher 11 Landeszentralbanken wurden im Zuge der Neuordnung der Bundesbankstruktur am 1.11.92 mehrere Landeszentralbanken zu insgesamt 9 Hauptverwaltungsbereiche zusammengefaßt, vgl. DBBk, MB (August 1992), S. 50.

7 Vgl. zu diesem DBBk, MB (August 1972), S. 15f.

8 Vgl. DB-Ausschuß (1957), S. 5; zur Diskussion über die 'Verfassungsorganqualität' der DBBk siehe Siebelt, J. (1988), S. 153f.

Wechselkurssystems und im Rahmen des EWS insbesondere auf Paritätsänderungen (vgl. S. 101f.).

Berufungsmodalitäten der Leitungsorgane der DBBk

Im personellen Bereich bestehen indirekte staatliche Einflußmöglichkeiten auf die DBBk, da allein politische Instanzen für die Berufung des politikentscheidenden Zentralbankrates zuständig sind. Die Dominanz des staatlichen Einflusses wird allerdings durch eine Reihe rechtlicher Regelungen abgeschwächt. Hierzu gehört die lange, in der Regel acht Jahre andauernde Amtszeit der Ratsmitglieder; während dieser Zeit können die Amtsinhaber nicht aus politischen Gründen abberufen werden. Weitere Vorschriften sind die Anstellungsbedingungen an die fachliche Qualifikation sowie die Pflicht zur Anhörung des Zentralbankrates vor der Ernennung neuer Mitglieder. Überdies beugen sowohl der Pluralismus der Berufungsinstanzen auf Bundes- und Landesebene, als auch das Kollegialprinzip innerhalb der DBBk einer einseitigen politischen Einflußnahme vor.[9]

Trotz dieser Einschränkungen bleibt jedoch das „Risiko einer gewissen 'Politisierung' der Notenbankpolitik“[10] auf personeller Ebene bestehen. So kann aus den politischen Mehrheitsverhältnissen im Zentralbankrat auf eine staatliche Beeinflussung der parteipolitischen Präferenzen der Notenbankführung geschlossen werden.[11] Auch die Tatsache, daß immer mehr Zentralbanker aus Ministerien und Parlamenten, und immer weniger aus dem Bankwesen kommen,[12] deutet auf eine Politisierung des Zentralbankrates hin. Daß die Notenbankführung je nach politischen Mehrheitsverhältnissen versucht, die Geldpolitik parteipolitischen Zwecken dienstbar zu machen, bleibt jedoch eine Vermutung. Ein systematisches Parteigängertum für den Zentralbankrat der DBBk läßt sich nicht eindeutig nachweisen;[13] zumal die Bundesbankstatuten und die Anstellungsbedingungen der Ratsmitglieder so gestaltet sind, daß sie ihnen kaum Anreize geben, nach parteipolitischen Interessen zu handeln.[14]

---

9 Vgl. Caesar, R. (1981), S. 173f.

10 Caesar, R. (1990), S. 115 (Hervorhebungen im Original).

11 Zu den parteipolitischen Mehrheitsverhältnissen im DBBk-Zentralbankrat von 1950 bis 1990 siehe die Tabelle in Vaubel, R. (1993), S. 54f.

12 Vgl. die Tabelle in Vaubel, R. (1993), S. 73.

13 Vgl. dazu die empirischen Tests in Vaubel , R. (1993), S. 59f. und die Kritik an diesen Tests von M. J. M. Neumann (1993).

14 Ein solcher 'anreizkompatibler' Status, den die DBBk besitzt, wird neben den genannten Anstellungsregelungen durch das hohe Einkommen der Ratsmitglieder, die klare gesetzmäßige Aufgabeneingrenzung und die weitgehende Unabhängigkeit von Weisungen der Regierung erreicht; zu diesem in Bundesbankkreisen (wie z. B. Issing, O. (1992), S. 2) auch als 'Becket-Effekt' umschriebenen Verhalten vgl. Neumann, J. M. J. (1991), S. 103f. (Der Begriff 'Becket-Effekt' geht auf den Kanzler Heinrich des II., Thomas

Verhältnis zwischen der DBBk und der Bundesregierung

Es existieren eine Reihe rechtlicher Bestimmungen über die gemeinsame Willensbildung bei Bundesbank und Bundesregierung. So sind die Mitglieder der Bundesregierung (im allgemeinen der Bundesfinanz- und der -wirtschaftsminister) berechtigt, an den Zentralbanksitzungen teilzunehmen. Desweiteren hat auch der Präsident des Bundesaufsichtsamtes für das Kreditwesen das Recht der Teilnahme an den Sitzungen, soweit Gegenstände seines Aufgabenbereiches behandelt werden. Die externen Teilnehmer können Anträge stellen, haben jedoch kein Stimmrecht, wohl aber ein aufschiebendes Vetorecht. Ferner muß die DBBk die Bundesregierung in Angelegenheiten von wesentlicher währungspolitischer Bedeutung beraten und ihr auf Verlangen Auskunft geben.[15] Aus diesen Bestimmungen können jedoch keine entscheidenden juristischen Handlungsrestriktionen für die DBBk abgeleitet werden.

Andererseits hat die Bundesregierung den Bundesbankpräsidenten hinzuzuziehen, wenn sie über wichtige geldpolitische Fragen berät. Diese Konsultationen sind insbesondere im Rahmen internationaler währungspolitischer Vereinbarungen, wie IMF und EWS, mit weitreichenden Konsequenzen für die Gesamtwirtschaft wichtig, weil die Regierung dort die Politikverantwortung trägt. Somit ist die DBBk in gewisser Weise auch am Entscheidungsprozeß in der allgemeinen Wirtschaftspolitik der Bundesregierung beteiligt.[16]

Dieses mehr kooperative und nicht subordinative Element in der Zusammenarbeit der DBBk mit der Bundesregierung ist im Zeitablauf allerdings nicht nur von Harmonie erfüllt gewesen; es gab vielmehr eine ganze Reihe von Meinungsverschiedenheiten zwischen der DBBk und der Regierung, die teilweise zum offenen Konflikt führten,[17] und die Bundesbank in einigen Fällen so stark unter politischen Druck setzten, daß sie in gewissem Maße ihre Zielprioritäten gegen ihren Willen an diejenigen der Regierung anpassen mußte.[18]

Becket, zurück, der, nachdem er Erzbischof von Canterbury geworden war, sich gegen den König stellte (angemerkt sei, daß Becket jedoch kurze Zeit später einem Mordanschlag zum Opfer fiel)).

15 Vgl. § 13 BBankG, § 7, Gesetz über das Kreditwesen (KWG) Absatz 2 (abgedruckt in DBBk (1987)).

16 Die Berücksichtigung der DBBk ist jedoch eher als 'Kann'-Bestimmung zu verstehen; es existieren keine gesetzlichen Regelungen, die die Abstimmung zwischen Bundesregierung und DBBk in diesem Bereich konkretisieren. Die Entscheidung zur Errichtung des EWS, die Installation des deutsch-französischen Wirtschafts- und Finanzrates (1988) oder die deutsche Währungsunion in 1990 sind Beispiele dafür, daß die Bundesregierung trotz der Bedenken seitens der DBBk an ihren Entscheidungen festhielt; vgl. dazu Michaelis, J. (1994), S. 80.

17 Vgl. hierzu Sturm, R. (1990), S.264f.

18 Als Beispiele können die Jahre 1977/78 und 1985 bis 1987 angeführt werden, in denen die erreichte niedrige Inflationsrate nicht gehalten werden konnte, weil eine angeblich

c) Ökonomische Unabhängigkeit

Monetäre Finanzierung von staatlichen Budget-Defiziten

Die DBBk besitzt eine weitgehende finanzielle Unabhängigkeit. Direkte Zentralbankkredite sind durch betragsmäßig festgelegte Höchstgrenzen eingeschränkt (kurzfristige Kassenkredite für Bund, Länder und einige Sondervermögen).[19] Die indirekte Finanzierung besteht nur in der Gewinnabführung (nach Rücklagenbildung) an den Bund.[20]

Geldpolitische Steuerungs- und Kontrollmöglichkeiten der DBBk

Nach § 15 des Bundesbankgesetzes setzt die DBBk „die für ihre Geschäfte jeweils anzuwendenden Zins- und Diskontsätze fest und bestimmt die Grundsätze für ihr Kredit- und Offenmarktgeschäft." Desweiteren kann sie nach § 16 „verlangen, daß die Kreditinstitute in Höhe eines Vom-Hundert-Satzes ihrer Verbindlichkeiten ... Guthaben auf Girokonto bei ihr unterhalten (Mindestreserve)." Demnach ist ihr instrumentaler Handlungsspielraum sehr groß, auch in bezug auf die eventuelle Entwicklung neuer Instrumente.[21] Sie ist damit in der Lage, flexibel auf veränderte Situationen am Geldmarkt mit Hilfe geeigneter Strategien zu reagieren. Gemäß ihrem gesetzlichen Auftrag, die Währungsstabilität zu erhalten, versucht sie, über die Beeinflussung der Bankenliquidität und der Zinsen die Nachfrage nach Zentralbankgeld so zu steuern, daß das angekündigte jährliche Geldmengenziel erreicht wird. Die Instrumente beschränken sich jedoch auf marktkonforme, indirekte Eingriffsmöglichkeiten, die den Wettbewerb im finanziellen Sektor nicht behindern sollen. So dürfen im Gegensatz zu den anderen zu untersuchenden Zentralbanken weitgehend keine direkt wirkenden Instrumente, wie etwa eine Kreditplafondierung für den pri-

---

harmlose Akzeleration der Geldmengenexpansion später die Inflation wieder anheizte, vgl. Neumann, J. M. J. (1991), S. 100, Vaubel, R. (1993), S. 58 (zum letztgenannten Zeitraum vgl. die Ausführungen in Kap. D. I. 2. b), S. 190f.), für weitere Beispiele siehe Caesar, R. (1981), S. 188f., Holtfrerich, C.-L. (1988), S. 144f.; auch bei der Währungsumstellung im Rahmen der Wiedervereinigung und der derzeit stark zunehmenden Staatsverschuldung zeigen sich die politischen Grenzen einer unabhängigen Geldpolitik für die DBBk.

19 Für den Bund liegt die Grenze bei 6 Mrd. D-Mark, vgl § 20 BBankG; die Höchstgrenzen begründen dabei keinen Anspruch der öffentlichen Hand, es liegt im Ermessen der DBBk die Kreditgewährung an Bedingungen zu knüpfen oder auch zu verweigern; im Zuge des Ende 1993 in Kraft getretenen Vertrages von Maastricht (Verbot des direkten Zentralbankkredits nach Art. 21 der EZB-Satzung) sind auch diese Kassenkredite mit der Novellierung des Bundesbankgesetzes (Streichung des § 20, Abschnitt 1, Nr. 1) ab Januar 1994 nicht mehr erlaubt, vgl. zu diesem DBBk, MB (Januar 1994), S. 32f.

20 Vgl. § 27 BBankG; die Größenordnungen der an den Staat übertragenen Bilanzgewinne sind jedoch nicht unerheblich: seit den achtziger Jahren sind es jährlich circa 10-13 Mrd. DM, siehe die entsprechenden Passagen zum Jahresabschluß in DBBk, GB (1980-93).

21 Zu den währungspolitischen Befugnissen im Detail siehe §§ 14-17 BBankG.

vaten Sektor oder Zinsbindungen auf den Kredit- und Wertpapiermärkten, angewendet werden.[22] An der Bankenaufsicht ist die DBBk mit ihrem global ausgerichteten, geldpolitischen Instrumentarium nur indirekt beteiligt. Die konkrete Bankenkontrolle übt das (dem Bundeswirtschaftsminister unterstellte) Bundesaufsichtsamt für das Kreditwesen aus. Zwischen den beiden Institutionen besteht jedoch eine intensive Zusammenarbeit.[23]

Im Bereich der Wechselkurspolitik ist die DBBk in unterschiedlicher Weise Beschränkungen unterworfen. Soweit es sich um die Währungspolitik außerhalb des EWS handelt, also bei flexiblen Wechselkursen (seit 1973), bestehen grundsätzlich keine Verpflichtungen für die Bundesbank, den D-Mark-Wechselkurs mit Hilfe von Interventionen in politisch gewünschte Richtungen zu manipulieren. Es existieren jedoch internationale währungspolitische Abkommen bzw. Kooperationsvereinbarungen, in die die DBBk involviert ist, und die in gewissen Situationen eine interventionistische, koordinierte Wechselkurspolitik der Teilnehmerländer vorsehen.[24] Obwohl diese Vereinbarungen zwischen den Regierungen getroffen werden, besitzt die DBBk mit Zustimmung der Bundesregierung einen weitreichenden Handlungsspielraum, den sie bisher gemäß ihren geldpolitischen Zielvorstellungen auch genutzt hat.[25]

Dagegen muß die DBBk im Rahmen des EWS ihren Interventionsverpflichtungen nachkommen. Im Fall übermäßiger Stützungsinterventionen, die die interne Stabilität gefährden, besitzt die DBBk zumindest eine Zusicherung der Bundesregierung, ihre EWS-Interventionen einstellen zu können.[26] Bei Grund-

---

22 Für eine nähere Analyse des Instrumentariums der DBBk und dessen Entwicklung seit Anfang der siebziger Jahre siehe Beckh, S. (1990).

23 Vgl. dazu Siebelt, J. (1988), S.205f.; zur deutschen Bankenaufsicht, deren Systematik und Instrumentarium im Detail siehe Münzer, C. (1992), S. 65f.

24 Wie das Abkommen zur Errichtung des IMF, dem Deutschland 1952 beitrat (zur Geschichte, Organisation und den rechtlichen Bestimmungen des IMF siehe DBBk (1988), zur Rolle und den Mitwirkungsrechten der DBBk im IMF bzw. zur Kompetenzaufteilung zwischen Bundesregierung und DBBk vgl. Siebelt, J. (1988), S. 135f.). Darüber hinaus wurden verschiedene informelle Übereinkommen auf währungspolitischer Ebene getroffen. Als Beispiele seien das 'Plaza-Agreement' (1985) und der 'Louvre-Akkord' (1987) genannt, die Ober- und Untergrenzen für die Entwicklung des Wertes v. a. des US-Dollars vorsahen; zu diesen Abkommen siehe DBBk, GB (1985), S. 68f., DBBk, AaP Nr. 15 (1987) (Statement of the Ministers of Finance and Central Bank Governors of Canada, France, Germany, the United Kingdom, and the United States, Paris, Feb. 22, 1987), S. 1f..

25 Die Erfahrung zeigt, daß die Bundesregierung meist in Übereinstimmung mit der DBBk gehandelt hat, letztere besitzt quasi ein Veto-Recht bei internationalen Währungsvereinbarungen, vgl. Michaelis, J. (1994), S. 96; zur Geschichte der 'G7-Agreements' und der Rolle bzw. dem Verhalten der DBBk in den Verhandlungen zur Währungspolitik siehe Bayne, N. / Putnam, R. D. (1987) sowie Funabashi, Y. (1988), insbesondere S. 167f.

26 In einem Brief vom November 1978 sicherte die damalige Bundesregierung der DBBk diese Befugnis zu, vgl. Emminger, O. (1986), S. 361f. Allerdings bedeutet diese infor-

satzentscheidungen zwischen den Teilnehmerstaaten im EWS, insbesondere bei der Neufestsetzung der Leitkurse, besteht nur ein Beratungs- und Anhörungsrecht der Bundesbank.[27]

3. Die Banque de France

a) Gesetzliche Aufgaben, Organe und Organisation

Es sei darauf hingewiesen, daß sich die folgenden Ausführungen auf die Zentralbankstatuten ('Les Statuts de la Banque de France') vom 3. Januar 1973 beziehen,[28] die erst durch das neue, am 1. Januar 1994 in Kraft getretene Zentralbankgesetz abgelöst wurden; auf letzteres wird an entsprechender Stelle noch eingegangen.

Art. 1 und Art. 4 beinhalten die wesentlichen Statuten der Banque de France. In diesen werden die Politikziele bzw. Aufgaben der BdF und deren Beziehungen zur Regierung definiert. Nach Art. 1 ist die BdF eine Institution, der vom Staat im Rahmen der Wirtschafts- und Finanzpolitik die Aufgabe übertragen wird, über das Geld- und Kreditwesen und das Funktionieren des Bankensystems zu wachen. Weiter sagt Art. 4 aus, daß die BdF an der Ausarbeitung der Geldpolitik mitwirkt und sich an deren Durchführung beteiligt. Diese wird von der Regierung unter Mitwirkung des nationalen Kreditrates ('Conseil National du Crédit') im Rahmen seiner Zuständigkeit festgelegt.[29]

Die Struktur des internen Entscheidungsprozesses der BdF läßt sich insgesamt als stark zentralistisch charakterisieren. Diese Struktur hat sich seit der Gründung der BdF trotz mehrerer Reformen bis in jüngster Zeit nur unwesentlich geändert.[30] An der Spitze steht der Gouverneur, der durch zwei Vize-Gouver-

---

melle Abmachung keine rechtliche Bindung für folgenden Regierungen; in Teil D dieser Arbeit wird noch näher das Interventionsverhalten der EWS-Zentralbanken analysiert.

27 Zu den Mitwirkungsrechten der DBBk an Grundsatzentscheidungen im EWS vgl. Siebelt, J. (1988), S. 143f.

28 Die Statuten über die BdF von 1973 sind abgedruckt in BdF (1986a), S. 149f.; das ursprünglich geltende Gesetz vom 2.12.45 (Loi sur La Banque de France) ist (in englischer Sprache) in Aufricht, H. (1967), S. 199f. zu finden.

29 Bis 1984 war die BdF gegenüber dem nationalen Kreditrat weisungsgebunden; seit der Reform von 1984 sind die Aufgaben des Rates auf rechtliche Probleme im Bankenbereich beschränkt und er besitzt überwiegend nur noch beratende Funktionen, vgl. Patat, J.-P. (1987), S. 22.

30 Zur Geschichte der französischen Zentralbank siehe Bouvier, J. (1988), Besnard, D. / Redon, M. (1989), S. 5f.

neure unterstützt wird. Als ein zusätzliches Leitungsorgan fungiert der sogenannte Generalrat ('Conseil Général').[31]

Der *Gouverneur* und seine ihm untergeordneten Stellvertreter werden auf Vorschlag des Wirtschafts- und Finanzministers vom Staatspräsidenten auf unbestimmte Zeit ernannt. Umgekehrt können sie auch jederzeit durch die Regierung ohne Begründung abberufen werden. Während ihrer Amtszeit dürfen sie weder ein Regierungsamt noch eine Position in der Privatwirtschaft innehaben. Die Aufgabenverteilung zwischen den drei Leitungsorganen obliegt dem Gouverneur, der darüber hinaus die alleinige personalpolitische Kompetenz besitzt, Beamte der BdF zu berufen und zu entlassen.[32] Dieser nimmt auch den Vorsitz im Generalrat ein, vertritt die Zentralbank nach außen und ist allein zeichnungsverantwortlich für alle Verträge und Abkommen, in denen die BdF involviert ist. Er trifft die wesentlichen geldpolitischen Entscheidungen in enger Zusammenarbeit mit dem Wirtschafts- und Finanzminister. Diese Verantwortungskonzentration in den Händen des Gouverneurs bzw. dessen starke Position im Innenverhältnis der BdF steht im Kontrast zu seiner eher schwachen Position gegenüber der französischen Regierung.

Der *Generalrat* setzt sich, neben dem Gouverneur und seinen Stellvertretern, aus zehn Mitgliedern ('Conseillers') zusammen. Ein Mitglied wird vom Personal der BdF gewählt, die übrigen werden vom Wirtschafts- und Finanzminister für einen Zeitraum von sechs Jahren ernannt. Obwohl de jure als oberstes Notenbankorgan fungierend, beschränken sich die Aufgaben des Rates in der Praxis zu einem überwiegenden Teil auf beratende und die Arbeit des Gouverneurs unterstützende Tätigkeiten. Selbständige geldpolitische Entscheidungen trifft er praktisch nicht. Er genehmigt bzw. bestätigt vielmehr die zwischen dem Gouverneur und dem Wirtschafts- und Finanzminister vereinbarten Maßnahmen im Bereich der Geldpolitik.[33]

b) Politische Unabhängigkeit

Die formale Verantwortung der BdF in bezug auf ihre Entscheidungen

Art. 1 der Statuten macht deutlich, daß die BdF im wesentlichen der allgemeinen Wirtschaftspolitik der Regierung untergeordnet und kaum als selbständiger Träger der Geldpolitik angesehen werden kann. Art. 4 gibt keine spezielle

31 Für eine detaillierte Darstellung der Organisation, der Aufgaben und Funktionen der BdF siehe BdF (1986a), S. 107f.; einen Kurzüberblick gibt BdF (1986b), S. 13f.

32 Mit Ausnahme der Direktoren der Niederlassungen, die vom Wirtschafts- und Finanzminister auf Vorschlag des Gouverneurs berufen werden.

33 Vgl. Prate, A. (1987), S. 128.

geldpolitische Zielformulierung vor; damit ist die BdF vom Gesetz her auch nicht zu einer Zieleinhaltung verpflichtet. Obwohl kein explizites Weisungsrecht der Regierung gegenüber der Zentralbank existiert, wird ersichtlich, daß die Regierung die geldpolitische Richtung im Einklang mit ihrer allgemeinen Wirtschaftspolitik vorgibt, und die BdF vielmehr als ausführendes Organ des Staates angesehen werden kann.[34] Dies gilt auch für die äußere Währungspolitik, die nach dem Gesetz der Regierung obliegt. Die BdF ist nur Verwalterin der staatlichen Devisenreserven und muß den Anweisungen des Wirtschafts- und Finanzministers Folge leisten.[35]

Berufungsmodalitäten der Leitungsorgane der BdF

Durch ihr alleiniges Recht der Berufung und jederzeitigen Absetzung des Gouverneurs und seiner Stellvertreter ist die französische Regierung in der Lage, die personelle Besetzung der BdF nach ihren Präferenzen zu gestalten bzw. zu verändern.[36] Daß sie von ihrem Abberufungsrecht Gebrauch machte, dokumentiert eine ganze Reihe von Beispielen in der Geschichte der BdF. Meist waren es kritische Situationen, in denen sich die betroffenen Notenbankgouverneure gegen den Kurs der Regierung stellten und kurze Zeit später abberufen wurden.[37] Auch die Zusammensetzung des Generalrates wird von den Regierungsverantwortlichen nahezu vollständig gesteuert. Somit besitzt die Regierung einen sehr starken Einfluß auf die personelle Zusammensetzung der BdF-Leitungsspitze.

Verhältnis zwischen der BdF und der französischen Regierung

Neben dem Recht der Regierung, Verordnungen zu erlassen, die den Wirkungsbereich der BdF und deren Organisation verändern können, existieren weitere, direkte Einflußmöglichkeiten der Politik auf den Entscheidungsprozeß der Notenbank. So nehmen an den Sitzungen des 'Conseil Général' ein Regierungskommissar ('Censeur') und dessen Stellvertreter (beide Beamte des Wirtschafts- und Finanzministeriums) teil. Sie sind zwar nicht stimmberechtigt, überwachen jedoch den Generalrat und haben ein suspensives Vetorecht. Wird davon Gebrauch gemacht, müssen die Beschlüsse erneut auf die Tagesordnung

34 Vgl. Eizenga, W. (1990), S. 2.

35 Siehe Art. 3 der französischen Zentralbankstatuten.

36 Der Regierungseinfluß auf die Besetzung der BdF wird auch ersichtlich, wenn man die früheren Tätigkeiten der Gouverneure betrachtet. Fast ausnahmslos genossen sie eine finanzpolitisch ausgerichtete Ausbildung an staatlichen Eliteschulen und standen lange Zeit im Staatsdienst (meist im Wirtschafts- und Finanzministerium), siehe dazu Eizenga, W. (1990), S. 5f.

37 Vgl. Bouvier, J. (1988), S. 101f., Malinvaud, E. (1991), S. 377f.; die durchschnittliche Amtsdauer des Gouverneurs betrug in den letzten 20 Jahren circa 5 Jahre, vgl. Besnard, D. / Redon, M. (1989), S. 115.

gesetzt werden. Desweiteren bedürfen die jährlichen Budgetentscheidungen der Bank der Genehmigung des Wirtschafts- und Finanzministers. Damit ist die Regierung in der Lage, direkt die interne Verwaltung der Bank und alle anderen administrativen Beschlüsse des Rates zu beeinflussen.[38]

c) Ökonomische Unabhängigkeit

Monetäre Finanzierung von staatlichen Budget-Defiziten

Die direkte Kreditaufnahme des Staates bei der BdF wird zwischen dem Wirtschafts- und Finanzminister und dem Gouverneur vereinbart und bedarf der Zustimmung des Parlaments. Seit Ende 1973 ist der Kreditrahmen gesetzlich auf 20,5 Mrd. Franc, davon unverzinslich 10,5 Mrd. Franc, begrenzt. Dieser Rahmen bedeutet allerdings keine eindeutige Höchstgrenze. Da die BdF zwar formal die Währungsreserven verwaltet, die Verfügungsgewalt über die Reserven jedoch der der Regierung unterstellte, sogenannte Devisenstabilisierungsfonds ('Fonds de Stabilisation des Changes') innehat, kann der Kreditrahmen mit den Gewinnen bzw. mit den Verlusten des Fonds in gewissen Grenzen schwanken.[39]

Die indirekte Finanzierung der öffentlichen Haushalte geschieht durch Offenmarktgeschäfte der BdF. Dabei existieren keine gesetzlichen oder anderweitig festgelegte Obergrenzen, sie liegen vielmehr im Ermessen der BdF. Aufgrund der starken Weisungsabhängigkeit der Notenbank von der Regierung besitzt letztere damit einen relativ freien Zugang auf diese Form der Kreditvergabe und kann den Umfang der indirekten Finanzierung in gewissem Maße selbst wählen.[40] Der Jahresgewinn geht fast vollständig an den Staat (circa 90%), darüber hinaus bestehen spezielle Gewinnverteilungsregelungen bei Diskontsatzerhöhungen.[41]

Geldpolitische Steuerungs- und Kontrollmöglichkeiten der BdF

Die BdF verfügt zwar über ein großes Arsenal von geldpolitischen Instrumenten und kann diese auch selektiv einsetzen, jedoch nur in Abstimmung mit der Regierung. Die administrativ vorgegebene Ausrichtung des Instrumentariums hat sich allerdings im Laufe der achtziger Jahre stark gewandelt. Dieser Wandel lag in der stabilitätsbetonten Neuorientierung der französischen Wirtschaftspolitik begründet, deren Schwerpunkt zuvor auf der Erreichung wachs-

---

38 Vgl. Patat, J.-P. (1987), S. 128f.

39 Siehe hierzuzu BdF (1986a), S. 120.

40 Vgl. Prate, A. (1987), S. 221f.

41 Gewinne, die durch Erhöhung des Diskontsatzes auf mehr als 5% entstehen, gehen zu 25% in eine Reserve und zu 75% an das Schatzamt, vgl. dazu Hasse, R. H. (1989), S. 217.

tums- und beschäftigungspolitischer Ziele lag und diese überwiegend an realen und nicht an monetären Größen ausgerichtet waren. So bestanden bis 1985 massive direkte Kreditkontrollen für den privaten Sektor.[42] Mit der grundlegenden Reform des Finanzsystems in Verbindung mit der Liberalisierung des Kapitalverkehrs verloren die administrativen geldpolitischen Instrumente ihre Wirkung und wurden von eher marktorientierten Steuerungsmaßnahmen, die indirekt auf die Marktverhältnisse Einfluß nehmen, ersetzt. Jedoch bestehen immer noch Möglichkeiten seitens der BdF, direkt auf den Bankensektor einzuwirken.[43] Die Bankenaufsicht liegt zwar in der gemeinsamen Kompetenz dreier Institutionen ('Comité de la Réglementation Bancaire', 'Comité des Etablissements du Credit', 'Commission Bancaire'), diese werden allerdings unter dem Vorsitz des Finanzministers bzw. Notenbankgouverneurs geführt, die letztlich die Regelungen im Bankenbereich festsetzen.[44]

Die politisch vorgegebene Ausrichtung des geldpolitischen Instrumentariums der BdF wird besonders in der äußeren Währungspolitik deutlich. Alle wichtigen Entscheidungen trifft der Wirtschafts- und Finanzminister, während der BdF lediglich die technische Abwicklung obliegt. Diese mehr assistierende Mitwirkung an der Währungspolitik besteht sowohl im EWS als auch bei anderen internationalen Währungsabkommen.[45] Die zur Verfügung stehenden währungspolitischen Instrumente, insbesondere Devisenmarktinterventionen und Beschränkungen im Kapitalverkehr,[46] sind massiv und häufig angewendet worden, um den Fr. Franc vor Abwertungen zu schützen bzw. den Wechselkurs in die von der Regierung präferiert Richtung zu lenken. Während die direkten Kapitalverkehrskontrollen ab Mitte der achtziger Jahre sukzessiv abgebaut wurden, wurden die Devisenmarktoperationen durch die BdF administrativ zunehmend auf ein Ziel hin ausgerichtet, nämlich der nominalen Stabilität des Fr. Franc gegenüber der D-Mark.[47]

---

42 Zu diesem vgl. Barroux, Y. / Dagognet, N. (1990).

43 Zu den Geldmarktinstrumenten im Detail vgl. Patat, J.-P. (1987), S. 309f., einen Überblick gibt Wilson, J. S. G. (1989), S. 192f.; eine Übersicht der Struktur des französischen Kreditsektors findet sich in Breig, H. / Francke, H.-H. (1991), S. 19f., für einen historischen Überblick der Entwicklungen des Finanzsystems in Frankreich siehe Melitz, J. (1985), Patat, J.-P. (1987), S. 221f., zu den neueren Entwicklungen vgl. Boissieu de, C. (1990), Raymond, R. (1992), Viénot, M. (1993).

44 Vgl. hierzu Patat, J.-P. (1987), S. 22f., Malinvaud, E. (1991), S. 378.

45 Die Nebenrolle der BdF in der internationalen Währungspolitik zeigt sich auch darin, daß in der Vergangenheit die Positionen des Gouverneurs und der Exekutivdirektoren im IMF meistens Beamte des Finanzministeriums besetzten, vgl. Caesar, R. (1981), S. 340.

46 Für einen Überblick über die bestandenen Regelungen im Kapitalverkehr siehe Claassen, E.-M. / Wyplosz, C. (1985), S. 245f.

47 Vgl. Eijffinger, S. (1993), S. 179f.; in Teil D wird auf das Interventionsverhalten der EWS-Zentralbanken noch näher eingegangen.

4. Die Banca d'Italia

a) Gesetzliche Aufgaben, Organe und Organisation

In den italienischen Zentralbankstatuten sind es insbesondere Art. 20 und Art. 25, die die wesentlichen Funktionsaufgaben für die Banca d'Italia definieren. Art. 20 weist dem Verwaltungsrat der BdI nur Managementaufgaben zu, geld- und währungspolitische Kompetenz besitzt er nicht. Weiter führt Art. 25 aus, daß der Zentralbankgouverneur geldpolitische Entscheidungen vorbereiten soll, die der formalen Überprüfung des Schatzministers unterliegen. Der Interministerielle Ausschuß für das Kredit- und Sparwesen ('Comitato Interministeriale per il Credito ed il Risparmo'), der die Verantwortung für die Regelung, Koordinierung und Beaufsichtigung des Kreditwesens wahrnimmt, legt im allgemeinen die Zielsetzungen der Geld-, Kredit-, und auch der Devisenpolitik unter beratender Unterstützung der BdI fest.[48]

Ähnlich wie in Frankreich ist die Organisationsstruktur der BdI zentralistisch aufgebaut. Das höchste Exekutivorgan ist der Gouverneur, der durch einen stellvertretenden Generaldirektor und zwei Vize-Generaldirektoren unterstützt wird. Als zweite Institution ist der Zentrale Verwaltungsrat ('Consiglio Superiore') zu nennen. Desweiteren tagt einmal im Jahr die Generalversammlung.[49]

Der *Gouverneur* und seine Stellvertreter werden vom Zentralen Verwaltungsrat auf unbestimmte Zeit ernannt. Letzterer besitzt auch jederzeit das Recht ihrer Abberufung. Der Gouverneur darf, wie auch der Generaldirektor und die Vize-Generaldirektoren, weder Funktionen in der Privatwirtschaft ausüben noch Börsengeschäfte tätigen. Ihm wird im allgemeinen die Durchführung der Geldpolitik und die Verantwortung in allen Währungs- und Geldangelegenheiten zuerkannt. Auch obliegt ihm die Leitung der BdI gemäß den Richtlinien für die Kredit- und Währungspolitik des Interministeriellen Ausschusses.[50]

---

48 Die Statuten der BdI ('Statuto della Banca d'Italia) von 1936 und spätere Zusätze (1948/1963) sowie die Gesetze bzw. Verordnungen, die direkt den Zentralbankstatus der BdI berühren (Art. 47 der italienischen Verfassung ('La Costituzione della Repubblica Italiana'), das Bankengesetz ('Legge Bancaria') insb. Art. 3 und 20-24, das Gesetz über den Interministeriellen Ausschuß ('Istituzione di un Comitato Interministeriale per il Credito ed il Risparmio')) sind in Aufricht, H. (1967), S. 421-455 (in englischer Sprache) abgedruckt. Auf die jüngsten Gesetzesänderungen wird an entsprechender Stelle noch eingegangen.

49 Zu Organisation, Aufgaben und Funktionen der BdI vgl. Caesar, R. (1981), S. 403f.; Goodman, J. B. (1992), S. 54f.; zur Geschichte der BdI siehe Nardozzi, G. (1988), Sannucci, V. (1989).

50 Vgl. Goodman, J. B. (1992), S. 55.

Der *Zentrale Verwaltungsrat* besteht, neben dem Gouverneur, der den Vorsitz führt, aus dreizehn Direktoren, die von lokalen Aktionärsversammlungen der (dreizehn) Hauptniederlassungen der BdI für drei Jahre berufen werden. Der Generaldirektor der BdI und ein Beauftragter des Schatzministeriums wohnen den Sitzungen lediglich als Beobachter bei. Als Sekretär des Verwaltungsrates fungiert der Vize-Generaldirektor. Neben der Wahl bzw. Entlassung der Leitungsorgane der BdI hat der Rat die Aufgabe, den Gouverneur zu beraten, ansonsten besitzt er keine weiterreichenden Funktionen und Befugnisse.[51]

Die *Generalversammlung* der Aktionäre[52] bildet de jure das oberste Organ der BdI, hat jedoch keinen Einfluß auf die Zentralbankpolitik. Vorsitzender der Versammlung ist der Gouverneur, Beisitzer ein Beauftragter des Schatzministers. Ihre Aufgaben beschränken sich auf den Beschluß der Jahresbilanz und die Wahl der Revisoren.

b) Politische Unabhängigkeit

Die formale Verantwortung der BdI in bezug auf ihre Entscheidungen

Eine konkrete Bestimmung der Ziele der Zentralbankpolitik fehlt in den italienischen Notenbankgesetzen gänzlich, es werden allein die technischen Funktionsaufgaben der BdI umrissen. Nach der italienischen Verfassung besitzt die Regierung die alleinige Autorität über die Spar- und Kreditpolitik.[53] Die Ausübung dieser Befugnis ist dem Interministeriellen Ausschuß, der sich aus dem den Vorsitz führenden Schatzminister und acht weiteren Ministern zusammensetzt, übertragen worden. Er soll die Grundzüge der Geld-, Kredit- und Devisenpolitik bestimmen. Deshalb beziehen sich die entsprechenden BdI-Statuten hauptsächlich auf die Weisungsgebundenheit der BdI gegenüber dem Interministeriellen Ausschuß. Die BdI ist verpflichtet, die Richtlinien und Beschlüsse des Ausschusses durchzuführen. Der Gouverneur hat dabei kein Stimmrecht, sondern nimmt an den Sitzungen des Ausschusses nur beratend teil.[54]

Berufungsmodalitäten der Leitungsorgane der BdI

Im personellen Bereich ist der Einfluß der Regierung auf den ersten Blick eingeschränkt, weil allein der Zentrale Verwaltungsrat das Recht hat, den Gouverneur und seine Stellvertreter zu ernennen sowie abzuberufen. Allerdings bedürfen die Beschlüsse über personelle Fragen der offiziellen Bestätigung der

51 Vgl. dazu Hasse, R. H. (1989), S. 219.

52 Aktionäre der BdI dürfen neben dem Staat nur öffentlich-rechtliche Körperschaften sein, siehe Art. 3 der BdI-Statuten.

53 Siehe Art. 47 der italienischen Verfassung, vgl. weiter Nardozzi, G. (1988), S. 164.

54 Siehe Art. 1-5 des Gesetzes über den Interministeriellen Ausschuß.

Regierung.[55] Desweiteren stehen die Ernennungsinstanzen des Verwaltungsrates wiederum in enger Verbindung zur Regierung.[56] Diese Nebenbedingungen für die Be- und Abberufung zeigen, daß auch in der personellen Besetzung der BdI der Regierungseinfluß dominiert.

In der Praxis dagegen ist das Abberufungsrecht bisher nicht angewendet worden, und es gab in der Vergangenheit wenig personelle Veränderungen in der Leitungsspitze der BdI.[57] Auch sind der Gouverneur und seine Stellvertreter traditionell eher aufgrund ihrer fachlichen Qualifikation und weniger wegen ihrer politischen Zugehörigkeit ernannt worden.[58]

Verhältnis zwischen der BdI und der Regierung

Die BdI fungiert nach dem Gesetz als 'technischer Agent' des Interministeriellen Ausschusses.[59] Trotz seiner formalen Autorität spielt dieser jedoch in der Praxis - ähnlich dem nationalen Kreditrat in Frankreich - keine bedeutende Rolle, vielmehr werden die wesentlichen Entscheidungen auf geldpolitischer Ebene direkt vom Schatzminister unter beratender Mitwirkung der BdI getroffen.[60] Dies drückt sich auch in den weiteren staatlichen Aufsichtsinstanzen der BdI aus, die unter Federführung des Schatzministers die Kontrolle über die Notenbank ausüben.[61]

c) Ökonomische Unabhängigkeit

Monetäre Finanzierung von staatlichen Budget-Defiziten

Der italienische Staat ist gesetzlich berechtigt, pro Jahr direkte Überziehungskredite von bis zu 14 % der laufenden Haushaltsausgaben von der BdI in An-

---

55 Ernennung und Abberufung geschehen durch Erlaß des Präsidenten der Republik auf Vorschlag des Ministerpräsidenten und im Einvernehmen mit dem Schatzminister nach Anhörung des Ministerrates, vgl. Art. 19 der BdI-Statuten.

56 Vgl. Caesar, R. (1981), S. 408f.

57 Im Zeitraum von 1979 bis Frühjahr 1993 war C. A. Ciampi als Gouverneur und L. Dini als Generaldirektor im Amt, auch die beiden anderen Stellverteter haben in dieser Zeit nur zweimal gewechselt (seit 1985 A. Fazio und T. Padoa-Schioppa), siehe BdI, JB (Administration of the Bank of Italy) (1979-93); davor (1948-79) haben insgesamt nur vier Notenbankgouverneure amtiert, vgl. Caesar, R. (1981), S. 436.

58 Siehe dazu Caesar, R. (1981), S. 422f.

59 Vgl. Art. 41 des italienischen Bankengesetzes.

60 Vgl. Goodman, J. B. (1992), S. 54f.

61 Neben der Revisionsabteilung des Schatzministeriums ist als weiteres Aufsichtsorgan die ständige Kommission, die sich aus dem den Vorsitz führenden Schatzminister, Regierungsmitgliedern und Parlamentariern zusammensetzt, zu nennen, vgl. Caesar, R. (1981), S. 405.

spruch zu nehmen.[62] Bei Überschreitung des Plafonds ist die BdI verpflichtet, nach Ablauf von zwanzig Tagen die Zahlungen solange einzustellen, bis der Kreditsaldo die Grenze wieder unterschreitet. Außerordentliche und befristete Darlehen können mit Zustimmung des Parlaments dem Schatzamt gewährt werden.

Bei der indirekten Finanzierung über Staatspapierankauf liegt die Entscheidung über das Ausmaß der Ankäufe seit 1981 allein in den Händen der BdI.[63] Die Grenzen dieser Freiheit werden allerdings im immanenten Regierungseinfluß auf den Entscheidungsprozeß innerhalb der BdI deutlich. Dagegen ist eine indirekte Finanzierung über das Italienische Devisenamt ('Ufficio Italiano dei Cambio') ohne weiteres möglich.[64] Das Schatzamt kann auf Devisenkredite zur Finanzierung staatlicher Einfuhren zurückgreifen. Auch wird mit der 1973 eingeführten sogenannten Portefeuillebindung die indirekte Kreditfinanzierung insofern erleichtert, als die privaten Kreditinstitute verpflichtet sind, einen bestimmtem Teil ihrer Einlagen in Schuldverschreibungen staatlicher Unternehmen anzulegen, diese werden allerdings auf das Mindestreserve-Soll angerechnet.[65] Der jährliche Zentralbankgewinn wird nach Rücklagenbildung an das Schatzministerium abgeführt.[66]

Geldpolitische Steuerungs- und Kontrollmöglichkeiten der BdI

Der Handlungsspielraum der BdI in bezug auf den Einsatz ihres zur Verfügung stehenden geldpolitischen Instrumentariums ist gegenüber den anderen EWS-Notenbanken am stärksten eingeschränkt. Sie hat zwar das Recht, innerhalb der gesetzten Vorschriften die jeweils geeigneten geldpolitischen Instrumente zu bestimmen, die Auslegung der Richtlinien und die technische Auswahl der Mittel sowie deren zeitlicher Einsatz liegen also im Ermessen der BdI. Allerdings bedarf dieser Einsatz der vorherigen Genehmigung des Schatzministers bzw. der zuvor erwähnten Kontrollinstanzen. Diskont- und Lombardsatzänderungen werden direkt vom Schatzminister auf Vorschlag des Zentralbankgouverneurs per Dekret erlassen. Mindestreserve- und Zinspolitik, Banken-

---

62 Seit der Gesetzesänderung im Dezember 1964, im ursprünglichen Gesetz von Mai 1948 war ein Prozentsatz 15% festgelegt, vgl. Goodman, J. B. (1992), S. 56.

63 Vor der Reform im Juli 1981 war die BdI verpflichtet, alle Staatspapiere, die nicht vom Markt aufgenommen wurden, aufzukaufen; zu dieser sogenannten 'Scheidung'von BdI und Schatzamt siehe Salvemini, M. T. (1983).

64 Dieses Amt ist zwar rechtlich von der BdI getrennt, kann jedoch als eine BdI-Institution angesehen werden, weil es unter dem Vorsitz des Zentralbankgouverneurs geführt wird, vgl. Caesar, R. (1981), S. 406f.

65 Vgl. hierzu Bruni, F. / u. a. (1989), S. 204f.

66 Art. 54 der BdI-Statuten regelt die Gewinnverteilung.

aufsicht und Emissionskontrolle liegen in der gemeinsamen Kompetenz des Interministeriellen Ausschusses und der BdI.[67]

In bezug auf den Instrumenteneinsatz im Bereich der Wechselkurspolitik ist die BdI über das italienische Devisenamt zwar für die technische Seite der Währungspolitik zuständig, die gesetzliche Entscheidungsbefugnis über die Wechselkurspolitik - wie Paritätsänderungen im EWS, oder die Einführung und Abschaffung von Kapitalverkehrsbeschränkungen - besitzt jedoch der Interministerielle Ausschuß bzw. die Regierung.[68] Bei internationalen Währungsvereinbarungen wirkt die BdI an den Verhandlungen und Beschlüssen zwischen den Regierungen beratend mit.

Trotz des an sich breitgefächerten Instrumentariums, auf das die BdI zurückgreifen kann, und der Möglichkeit des selektiven Einsatzes der verschiedenen Instrumente ist deren Ausrichtung administrativ stark auf das Kredit- und Finanzsystem gerichtet. Dies dokumentieren u. a. die umfassenden Kontrollbefugnisse der BdI über die Geschäftstätigkeit der italienischen Kreditinstitute, die bis hin zu Regulierungsmöglichkeiten der Auslandsposition der Banken reichen.[69] Auch die massiven Kapitalverkehrskontrollen[70] und Interventionen zeugen von einer administrativ vorgegebenen Wechselkurspolitik, die bis in jüngster Zeit vornehmlich auf die Abwehr einer Lira-Abwertung im EWS gerichtet gewesen ist.[71] Somit zeigt das Verhältnis zwischen Zentralbank und Regierung zusammen mit den spezifischen Merkmalen des italienischen Finanzsystems, daß die Überwachung des Finanzsystems, insbesondere des Kapitalmarktes, im Zeitverlauf meist eine größere Rolle spielte als die Geldmengenpolitik oder die Kontrolle anderer geldpolitischer Aggregate zur Erhaltung bzw. Erreichung der Preisniveaustabilität.[72]

---

67 Vgl. dazu Art. 32 des italienischen Bankengesetzes.

68 Vgl. Art 1 des Gesetzes über den Interministeriellen Ausschuß.

69 Zu den Aufsichtsregelungen im einzelnen vgl. Morsiani, G. S. (1990), S. 199f.; eine Übersicht über die Struktur des italienischen Bankensystems findet sich in Berlanda, P./ Masera, R. (1993), Table 1-6, S. 85f., einen Überblick über dessen Entwicklungen von 1948 bis Ende der 70er Jahre gibt Nardozzi. G. (1988), S. 167f., für die 80er Jahre siehe Hester, D. D. / Sdogati, F. (1989), Dini, L. (1990).

70 Zu den Kontrollregelungen, die überwiegend bis 1990 bestanden, vgl. die Übersicht in Bruni, F. (1988), S. 226-227.

71 Das Interventionsverhalten der Zentralbanken im EWS wird in Teil D noch eingehend behandelt.

72 Vgl. Caranza, C. / Fazio, A. (1985), S. 70, Nardozzi, G. (1988), S. 164.

5. Der institutionelle Rahmen und die Rolle der Geldpolitik in den EWS-Mitgliedstaaten

Die Gegenüberstellung der drei Zentralbanken von Deutschland, Frankreich und Italien macht die unterschiedliche Rolle der Geldpolitik in diesen Ländern deutlich. Während die DBBk eine von der Regierung weitgehend unabhängige Geldpolitik mit dem eindeutigen gesetzlichen Auftrag, die Währungsstabilität zu erhalten, betreiben kann, sind die beiden anderen Zentralbanken mehr oder weniger nur ausführende Organe der jeweiligen Regierungen und müssen deren Weisungen Folge leisten. Diese institutionellen Differenzen lassen sich aus den speziellen nationalen Gegebenheiten und den daraus resultierenden grundsätzlichen Unterschieden im wirtschaftspolitischen Verständnis der jeweiligen Länder erklären.

Die gesetzliche Unabhängigkeit und der große Handlungsspielraum der DBBk liegen letztendlich in der - sowohl in der Wissenschaft als auch in der Meinung der Öffentlichkeit - vorherrschenden Ansicht begründet, daß die Verantwortung über die Geldpolitik in den Händen einer autonomen Notenbank liegen und diese v. a. dem Ziel Preisniveaustabilität verpflichtet sein müsse. Diese Überzeugung beruht zum Teil auf den historischen Erfahrungen Deutschlands mit zwei großen Inflationen während bzw. nach den beiden Weltkriegen, die ein tiefes Mißtrauen gegenüber der Wirtschaftspolitik der politischen Instanzen als Hauptverantwortliche für die vergangenen Inflationen erzeugt haben.[73] Sie hat sich im Zeitablauf auch deshalb fast uneingeschränkt gehalten, weil die DBBk den in sie gesetzten Erwartungen in hohem Maße entsprochen hat. Die konservative Geldpolitik der Bundesbank mit ihrer schwerpunktmäßigen Ausrichtung auf das Ziel Preisniveaustabilität, das einen besonderen Stellenwert in Deutschland genießt, begründet das außerordentliche Vertrauen, das die Öffentlichkeit ihr entgegen bringt, und schützt sie so weitgehend vor politischer Einflußnahme. Festzuhalten bleibt jedoch, daß die DBBk währungspolitische Grundentscheidungen, insbesondere auf europäischer Ebene, die in den Verantwortungsbereich der Regierung fallen, in ihrem geldpolitischen Handeln mitberücksichtigen muß.

Die deutsche Auffassung der Geldpolitik quasi als 'volonté générale' ist den gesellschaftlichen und politökonomischen Strukturen in Frankreich bis in jüngster Zeit völlig wesensfremd gewesen. Der für Frankreich kennzeichnende hohe Grad an Zentralisierung im politischen Entscheidungsprozeß[74] zusammen mit der Tradition zentralstaatlicher Wirtschaftslenkung, die sich in der

73 Vgl. dazu Caesar, R. (1981), S. 201f.

74 Zur zentralistischen Organisation des französischen Staatswesens siehe Große, E. U. / Lüger, H.-H. (1989), S. 1f.

Politik der 'planification'[75] und in der öffentlichen Kontrolle eines beachtlichen Teils der französischen Wirtschaft äußert,[76] standen bisher im völligem Widerspruch zu einer Geldpolitik mit hohem eigenen Stellenwert. Sie wird vielmehr als Instrument der Regierung verstanden, die im Rahmen der 'Planification' eine einheitliche Wirtschaftspolitik anstrebt. Dazu ist eine institutionelle Unterordnung der Notenbank Voraussetzung. Die Dominanz der französischen Regierung in Fragen der Geldpolitik spiegelt sich auch in der öffentlichen Meinung wider, die Geldpolitik nicht mit der BdF bzw. deren Gouverneur gleichsetzt, sondern vielmehr mit dem Finanz- und Wirtschaftsminister, der im allgemeinen für öffentliche Verlautbarungen über die französische Geldpolitik zuständig ist.[77]

So sind es die Zielprioritäten der Regierung, die bisher die geldpolitische Richtung in Frankreich bestimmten. Diese haben sich während der letzten beiden Jahrzehnte mehrmals und teilweise in entgegengesetzter Richtung geändert. Seit 1983 hat sich jedoch - wie schon angesprochen - ein kontinuierlicher Wandel in der wirtschaftspolitischen Ausrichtung vollzogen. Während vorher das Beschäftigungs- und Wachstumsziel an erster Stelle stand, wird seither dem Ziel der Preisniveaustabilität bzw. der Inflationsreduzierung eine höhere Priorität eingeräumt. Diese Umorientierung führte zu einer stärkeren Rolle der Geldpolitik im Wirtschaftsprogramm der französischen Regierung; die Einhaltung der Geldmengenziele, die zuvor stets stark überschritten wurden, dokumentiert die zunehmende Bedeutung der Notenbankpolitik.[78]

---

75 Die 1946 eingeführte 'Planification' war anfangs eine globale staatliche Wirtschaftsplanung, später hat sie sich zunehmend in ein Instrument der mittelfristigen Vorausschau und Rahmenplanung umgewandelt; zur Struktur und Methode der staatlichen Wirtschaftsplanung in Frankreich siehe Machin, H. (1989).

76 Nach der letzten Verstaatlichungswelle unter Staatspräsident François Mitterand, die den Bankenbereich und die Schlüsselindustrien betraf, war der Anteil staatlicher Unternehmen auf 8% des BIP gestiegen, 90% aller Bankeinlagen wurden von staatlichen Kreditinstituten gehalten, vgl. Sachs, J. / Wyplosz, C. (1986), S. 273. Trotz späterer Reprivatisierungen (die bis heute noch andauern) ist immer noch ein erheblicher Anteil der französischen Wirtschaft unter staatlicher Kontrolle, vgl. Uterwedde, H. (1989), S. 130; für eine nähere Analyse der französischen Wirtschaftsstruktur und des Staatseinflusses auf deren Entwicklung von Ende des 2. Weltkrieges bis in die 80er Jahre siehe Adams, W. J. (1989), insbesondere Kap. 3, S. 43f. und Kap. 5, S. 206f.

77 Vgl. Eizenga, W. (1990), S. 6; zum anderen war es bislang der BdF de facto untersagt, öffentlich Kritik an der Wirtschaftspolitik der Regierung zu äußern, vgl. hierzu Prate (1987), S. 218.

78 Die BdF hat erstmals für 1977 ein Geldmengenziel öffentlich verkündet; zur Geldmengenentwicklung in Frankreich vgl. Wyplosz, C. (1988), S. 57f., Eijffinger, S.(1993), S. 174f.; für eine detaillierte Analyse der Geldmengenpolitik der BdF bis 1986 siehe Bordes, C. / Strauss-Kahn, M. O. (1987); zur neueren französischen Geldpolitik siehe Melitz, J. (1993), S. 351f., Blanchard, O. J. / Muet, P. A. (1993); auf mögliche Erklärungsgründe

Die Erfolge dieser Stabilitätsbemühungen haben, in Verbindung mit den Vereinbarungen im Maastrichter Vertrag über die Europäische Union,[79] Frankreich zu einer tiefgreifenden Veränderung in seinen Zentralbankstatuten veranlaßt. Das neue Gesetz, seit dem 1. Januar 1994 in Kraft, verleiht der BdF formal einen auf den ersten Blick ähnlichen Status wie im Fall der DBBk. Nach Art. 1 hat die BdF die Aufgabe, „die Geldpolitik festzulegen und umzusetzen mit dem Ziel, die Preisstabilität zu sichern." Hierbei darf sie „keinerlei Weisungen der Regierung oder einer anderen Person einholen oder entgegennehmen." Auffallend dabei ist, daß die Begriffe 'Unabhängigkeit' oder 'Autonomie' im Gesetzestext nirgends explizit genannt werden. Zudem ist die BdF - im Gegensatz zur DBBk - verpflichtet, ihren stabilitätspolitischen Auftrag „im Rahmen der allgemeinen Wirtschaftspolitik der Regierung" zu erfüllen.[80] Diese vage Umschreibung, aus der nicht ersichtlich wird, wann das Ziel der Währungssicherung zugunsten einer Unterstützung der Regierungspolitik aufgegeben werden muß, trägt dem Umstand Rechnung, daß Art. 20 der französischen Verfassung allein der Regierung die Verantwortung über die nationale Wirtschaftspolitik zuweist. Damit bleibt eine gewisse Abhängigkeit in der Position der BdF gegenüber der Regierung bestehen. Ob in einem Land wie Frankreich, mit seinem traditionell verwurzelten Staatsinterventionismus, die Notenbank im Konfliktfall genügend Autorität und öffentliche Unterstützung mobilisieren kann, um sich politischer Einflußnahme erfolgreich zu widersetzen bzw. ihre Politik vor potentiellen Forderungen nach diskretionären geldpolitischen Maßnahmen zu verteidigen, wird sich allerdings noch herausstellen müssen.

Die Geldpolitik in Italien muß im Lichte der speziellen gesellschaftlichen und politischen Gegebenheiten gesehen werden. Italien im allgemeinen und die italienische Wirtschaftspolitik im besonderen sind mit einer Vielzahl von Gegensätzen konfrontiert, die einer konsistenten Politik entgegenstehen. Zu erwähnen sind v. a. der geographische Gegensatz zwischen dem reichen Norden

---

und dahinter stehende Strategien dieses Wandels hinsichtlich der Mitgliedschaft im EWS wird in Teil D der Arbeit noch näher eingegangen.

79 Nach Art. 108 des Vertrages müssen die Teilnehmerstaaten bis spätestens zum Zeitpunkt der Errichtung der Europäischen Zentralbank ihre nationalen Zentralbanksatzungen an die der (nach Art. 107 unabhängigen) EZB angeglichen haben; der Vertragstext vom 7. Februar 1992 ist abgedruckt in BPA, Bulletin (1992a).

80 Art. 1 im Originalwortlaut: „La Banque de France définit et met en œuvre la politique monetaire dans le but d'assurer la stabilité des prix. Elle accomplit sa mission dans le cadre de la politique économique générale du gouvernement. Dans l'exercice de ces attributions, la Banque de France...ne peut ni solliciter ni accepter d'instructions du Gouvernement ou de toute personne." (Die im Text verwendete deutsche Übersetzung ist die von französischer Seite offiziell genehmigte). Zu den weiteren Artikeln des neuen Gesetzes siehe Journal Officiel (1993/94).

und dem relativ armen Süden ('Mezzogiorno'), der hohe staatliche Transfers nach sich zieht,[81] die sozialen Unterschiede zwischen dem traditionellen Wirtschaftssektor und dem modernen Industriesektor, die gerade in Italien sehr ausgeprägt sind, und die ideologischen Gegensätze in der Parteienlandschaft, die zur immanenten politischen Instabilität Italiens mitbeigetragen haben.[82] Diese Instabilität zeigt sich in den häufigen Wechseln der politischen Führung und in der Vielzahl der an den verschiedenen Koalitionen beteiligten Gruppierungen. Jedes Koalitionsmitglied versucht eine Erhöhung öffentlicher Leistungen zu seinen Gunsten oder zugunsten seines Klientels durchzusetzen. Dieses Verhalten führt neben den regelmäßigen Regierungswechseln „...to a bias towards deficit financing to pay for the fiscal privileges of special interest groups."[83]

Die persistente Zunahme der öffentlichen Ausgaben seit Anfang der siebziger Jahre, die zum größten Teil auf gestiegene Transferzahlungen und Sozialleistungen zurückzuführen ist, reflektiert die überzogenen Forderungen an den Staat und ist hauptverantwortlich für die hohen öffentlichen Finanzierungsdefizite.[84] Angesichts dieses politischen Umfeldes, in das die BdI involviert ist, stellt die Finanzpolitik das entscheidende Hemmnis für die Effizienz der Geldpolitik dar. Trotz des hohen Ansehens, das die BdI durch ihre repräsentierenden, fachlich hoch qualifizierten Gouverneure im In- und Ausland genießt,[85] und den weitreichenden Kontrollbefugnissen über das Finanzsystem, wird die Koordinierung und Wirksamkeit der geldpolitischen Instrumente zur Steuerung der monetären Entwicklung durch die Verpflichtung der BdI zum 'debtmanagement' der hohen Staatsverschuldung erheblich erschwert.

Während in den sechziger Jahren die Geldpolitik eher als ablaufpolitisches Mittel betrachtet wurde, das zur Erreichung der beschäftigungspolitischen

---

81 Im Durchschnitt der letzten beiden Jahrzehnte ist ein Drittel bis ein Viertel des Inlandsproduktes der südlichen Regionen auf Transfers zurückzuführen, vgl. De Nardis, S. / Micossi, S. (1991), S. 182; für eine nähere Untersuchung der Wirtschaftsstruktur des 'Mezzogiorno' und der staatlichen Unterstützungen an den Süden siehe Padoa Schioppa Kostoris, F. (1993), S. 74f.

82 Zur Charakterisierung des politischen Systems und des politischen Willensbildungsprozesses in Italien siehe Fraenkel, G. (1991), Kap. II/III (S. 32f.) und S. 263f.

83 Pagano, M. (1991), S. 381; Dies äußert sich auch in den überdurchschnittlich hohen Lohnzuwächsen im öffentlichen Sektor, die meist mit einer jährlichen automatischen Indexierung versehen sind (z. B. sind 1990 im Gesamtdurchschnitt die Bruttolöhne bei einer Inflationsrate von 6,5% um 9,6 % gestiegen, davon die Gehälter der Bediensteten der öffentlichen Hand um 15,7 % gegenüber einem Lohnzuwachs in der Industrie von 6,%), vgl. dazu Haan de, J. / u. a. (1992), S. 117.

84 Vgl. Mauro, G. (1990) S. 164f., Haan de, J. / u. a. (1992), S. 117f., Seidel, B. (1994), S.98f.; für eine Übersicht über Struktur, Formen und institutionelle Merkmale der öffentlichen Verschuldung in Italien siehe Ponzi, D. / Safford, J. (1994).

85 Vgl. Caesar, R. (1981), S. 440f., Goodman, J. B. (1992), S. 143.

Ziele der als sozialistisch zu bezeichnenden Wirtschaftspolitik eingesetzt wurde, ging es in den siebziger Jahren v. a. darum, die zunehmende Staatsverschuldung zu finanzieren; die Rolle der Staatsfinanzierung fiel in wesentlichem Maße der BdI zu, und zwar um so mehr, je höher der Finanzbedarf des Staates war.[86] Angesichts der offensichtlichen Überforderung des Staates und seiner Finanzpolitik, die immer mehr ins Kreuzfeuer der Kritik geraten ist, kam es Anfang der achtziger Jahre zu einem Umdenken hin zu liberaleren, mehr marktwirtschaftlichen Vorstellungen. Im Rahmen der Geldpolitik wurde - wie bereits erwähnt - 1981 die BdI von der Verpflichtung des automatischen Ankaufs der nicht am Markt abgesetzten Staatstitel befreit und gewann mehr Handlungsspielraum in der Bekämpfung der hohen Inflation. Eine weitere institutionelle Veränderung wurde 1983 durchgeführt, die die administrativen Kreditkontrollen durch eher indirekte Methoden zur Steuerung der monetären Aggregate ersetzte.[87] In jüngster Zeit ist neben der Abschaffung der Kapitalverkehrskontrollen in 1990 und der Gesetzesänderung im Januar 1992, nach der die Diskontsatzfestlegung jetzt in der alleinigen Entscheidungsbefugnis der BdI liegt, die Reform des Bankengesetzes in Angriff genommen worden.[88] Als jüngste einschneidende Maßnahme ist infolge des Maastrichter Vertrages das Verbot jeglicher Form der Finanzierung von Staatsdefiziten durch die BdI vom Parlament beschlossen worden.[89] Trotz dieser Entwicklungen bleibt es jedoch fraglich, ob der enorme Schuldenberg des Staates bei der Notenbank in absehbarer Zeit zu konsolidieren ist.[90]

---

86 Einen Überblick über die italienische Geldpolitik der 60er und 70er Jahre gibt Fraenkel, G. (1991), S. 194f.

87 Vgl. dazu Tabellini, G. (1988b), S. 98; diese direkten Kontrollinstrumente wurden allerdings temporär immer wieder eingeführt (z. B. Januar 1986 und September 1987), vgl. Vaciago, G. (1990), S. 203; ab 1984 orientierte sich die BdI verstärkt an M2 als neue Geldmengenzielgröße und ging auf Offenmarkt- und Refinanzierungsoperationen zur Geldmengenkontrolle über, vgl. Spinelli, F. / Tirelli, P. (1993), S. 397.

88 Der Reformprozeß, der mit dem 'Amato'-Gesetz 1990 seinen Anfang nahm (vgl. Berlanda, P. / Masera, R. (1993), S. 72f.), ist mit dem neuen Bankengesetz, seit dem 1. Januar 1994 in Kraft, abgeschlossen worden. Dieses löst das alte Bankengesetz von 1936 ab und hat neben der Abschaffung des seit rund 60 Jahren bestehenden Trennbankensystem und der Neuordnung der Bankenstruktur die Veränderung der Bankenaufsicht zum Gegenstand; der BdI werden hierbei mehr Kompetenzen zugesprochen, vgl. BdI, EB Nr.17 (Oktober 1993), S. 81f. und EB Nr. 18 (Februar 1994), S.78f. (der vollständige Originalgesetzestext ist abgedruckt in Gazzetta Uffiziale Nr. 230, Rom, den 30.09.93).

89 Die neuen Gesetzesänderungen (abgedruckt in Gazzetta Uffiziale Nr. 282, Rom, den 1.12. 93), die auch den zuvor starken Einfluß der Regierung auf die Mindestreservepolitik der BdI unterbinden, sind seit dem 1. Januar 1994 in Kraft, vgl. dazu BdI, EB Nr. 18 (Februar 1994), S. 48.

90 Ende 1992 beliefen sich die Staatsschulden bei der BdI auf 81000 Mrd. Lira, vgl. DBBk, AaP Nr. 40 (1993) ('Roms Notenbank soll letzte Fesseln sprengen'), S. 19.

Ein Gesamtvergleich der Zentralbankautonomie im EWS

Die unterschiedlichen Vorstellungen über die Rolle der Geldpolitik, die sich in der Art der institutionellen Implementation der Notenbank im Staatssystem niederschlagen, sind auch bei den übrigen EWS-Staaten festzustellen.[91] Die politische und ökonomische Unabhängigkeit der EWS-Zentralbanken sind in Abb. 6 zusammenfassend dargestellt. Zu den Indizes muß einschränkend bemerkt werden, daß sie ausschließlich die gesetzlichen Regelungen umfassen. Die Einbeziehung des faktischen Handlungsspielraums der Zentralbank bzw. des tatsächlichen Verhaltens der beteiligten Instanzen, wie in der vorherigen detaillierten Analyse geschehen, fehlt deshalb, weil es einerseits schwierig ist, diese Elemente mit Indizes entsprechend zu gewichten,[92] andererseits soll beim Vergleich zwischen den Notenbanken eine konsistente Klassifizierung erreicht werden.[93] Um keine Verzerrungen im Ländervergleich zu erhalten, werden desweiteren die Reformen der Zentralbankgesetze in den einzelnen europäischen Mitgliedstaaten, die in jüngster Zeit in Kraft getreten sind, nicht mitberücksichtigt.[94] Trotz dieser Einschränkungen gibt die Grafik einen Einblick in das breite Spektrum der Ausgestaltung nationaler Zentralbankautonomie im EWS.

---

91 Einen Kurzüberblick über Aufgaben, Organisation und Autonomiestatus der übrigen EWS-Zentralbanken geben Hasse, R. H. (1989), S. 130f. und 209f., Grilli, V. / u. a. (1991), S. 384f., Eijffinger, S. / Schaling, E. (1993), S. 264f.; für eine detailliertere Analyse der Bank of England siehe Caesar, R. (1981), S. 353f., Cairncross, A. (1988), Paprotzki, M. (1991), S. 64f., für die Zentralbank der Niederlande (Nederlandsche Bank) vgl. Eizenga, W. (1987), S. 12f.

92 So auch A. Cukierman (1993, S. 369): „Actual, as opposed to formal, CB [Central Bank] independence depends on the degree of independence conferred on the bank by law but also on a myriad of other less structured factors... It is obviously hard to quantify such features in an impartial manner." Für einen Ansatz, auch solche Elemente zu quantifizieren, siehe ebenda S. 383f.

93 Im Falle Italiens fällt dabei die politische Unabhängigkeit etwas zu hoch aus, denn obwohl die Berufungsinstanzen rechtlich zwar unabhängig sind, ist der Regierungseinfluß in der Praxis sehr stark; ein zweites Beispiel ist die de jure bestehende Weisungsabhängigkeit der belgischen Zentralbank, die jedoch durch Kompetenzsplitting und eingebaute informelle Konfliktregeln zu relativieren ist, so daß diese faktisch unabhängig in der Geldpolitik agieren kann (vgl. Hasse, R. H. (1989), S. 131). Dies ist jedoch kein Beweis dafür, daß die Regelungen für die Regierung auch jederzeit bindend sind; letztlich ist wohl davonauszugehen, daß gerade im Konfliktfall eine de jure abhängige Zentralbank kaum eine von den Regierungsvorgaben stark abweichende Politik betreiben würde; zur Berechnung der einzelnen Indizes siehe Grilli, V. / u. a. (1991), S. 368f.

94 Neben den schon erwähnten Gesetzesänderungen in Frankreich und Italien sind die Novellierungen der Zentralbankgesetze in Portugal (in 1990) und Belgien (in 1991) zu nennen; in jüngster Zeit sind in den meisten EG-Ländern Bestrebungen im Gange, gemäß dem Maastrichter Unionsvertrag ab 1994 sofort oder schrittweise den geforderten Autonomiestatus ihrer Zentralbank zu realisieren, vgl. hierzu EG-Kommission, EW Nr. 55 (1993), S. 83f.

Abb. 6: Grad der Unabhängigkeit der Zentralbanken im EWS

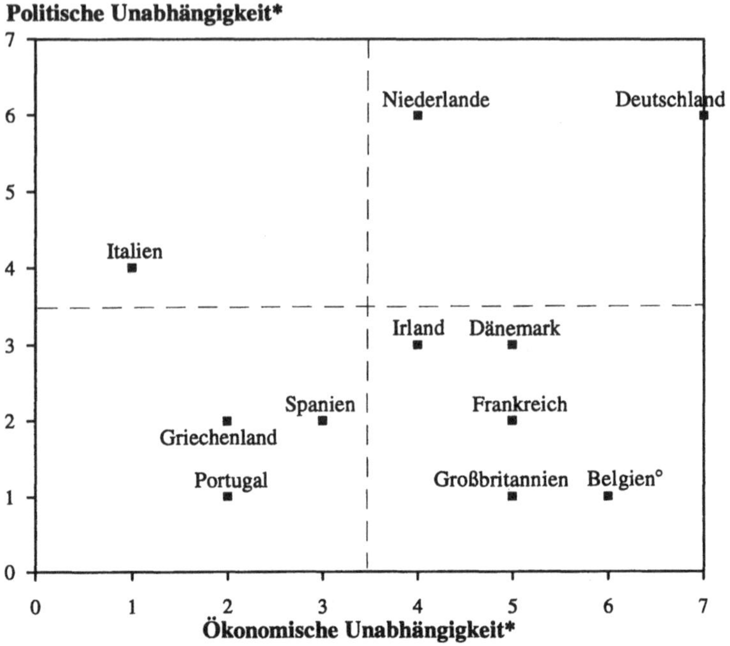

* Mit aufsteigendem Index zunehmende Unabhängigkeit.

° Belgien und Luxemburg bilden seit Ende 1921 eine Währungsunion, in der die Banque Nationale de Belgique bislang allein die Zentralbankfunktionen ausübt; zur belgisch-luxemburgischen Währungsunion vgl. Oberesch, D. (1983), S. 18f., EG-Kommission, CS Nr. 10 (März 1993), S. 23f.

Quelle: Grilli, V. / u. a. (1991), S. 371.

Vier grundsätzliche Gruppen lassen sich unterscheiden: Die Zentralbanken von Deutschland und den Niederlanden in der ersten Gruppe im oberen rechten Quadranten besitzen den höchsten Grad an Unabhängigkeit; im Falle der DBBk sowohl politisch als auch ökonomisch. In der unteren linken Ecke sind es Portugal, Griechenland und Spanien, in denen die Notenbank die geringste Autonomie aufweist. Die verbleibenden Notenbanken sind auf die beiden anderen Quadranten verteilt, in denen in nur einer Dimension eine gewisse Autonomie zu verzeichnen ist. Was auffällt ist einmal die besondere Stellung der DBBk und in einigem Abstand die der Zentralbank der Niederlande, die von allen anderen erheblich abweicht, und zweitens die Konzentration im unteren rechten Bereich, in dem zwar die ökonomische Unabhängigkeit relativ groß ist, jedoch die politische einen geringeren Grad erreicht.

Weitere Aufschlüsse liefert die Betrachtung des Gesamtindexes der Zentralbankunabhängigkeit im Vergleich mit der Inflationsrate in den einzelnen Ländern. Den Zusammenhang zwischen Zentralbankautonomie und Inflation in den EWS-Staaten zeigt Abb. 7. Hier ist deutlich die negative Korrelation zwi-

Abb. 7: Unabhängigkeit der Zentralbanken und Inflation in den EWS-Mitgliedstaaten

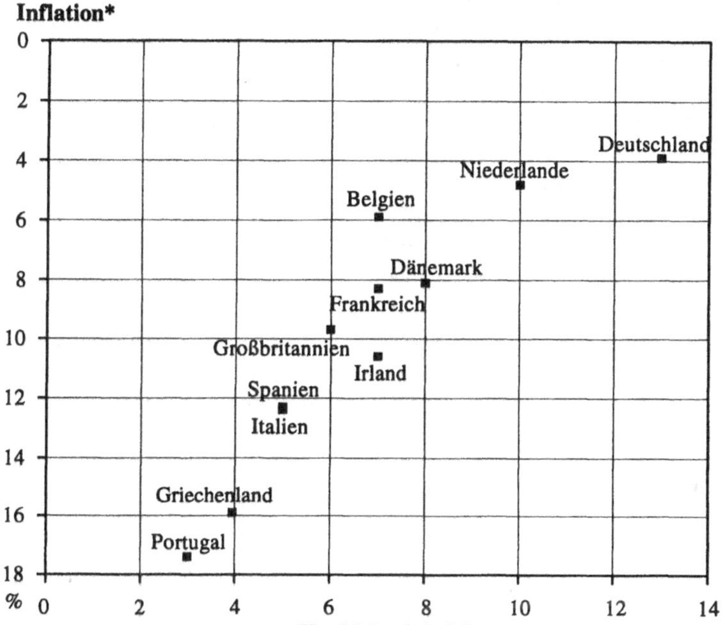

* Inflationsrate: jahresdurchschnittliche Veränderung des Konsumentenpreisindexes gegenüber Vorjahr in %; arithmetischer Durchschnitt der Jahre 1971-1990.

° Summe der Indizes der politischen und ökonomischen Unabhängigkeit der Zentralbank des jeweiligen Staates (vgl. Abb. 6).

Quellen: Grilli, V. / u.a. (1991), S. 368f.; EG-Kommission, EW Nr. 54 (1993), S. 221.

schen den beiden Variablen zu erkennen. Die Staaten mit einer autonomen Zentralbank, gekoppelt mit dem gesetzlich vorgegebenen Ziel der Preisniveaustabilität, verzeichnen im untersuchten Zeitraum überwiegend eine niedrigere durchschnittliche Inflationsrate als diejenigen Länder, in denen die Zentralbank abhängig von Weisungen der jeweiligen Regierung ist.[95] Dieser empi-

95 Eine auffallende Ausnahme ist im Falle Belgiens festzustellen. Es ist mit seiner relativ hohen politischen Zentralbankabhängigkeit und einer gegenüber den meisten anderen

rische Zusammenhang, der auch von anderen Untersuchungen für unterschiedliche Ländergruppen und mit leicht differierendem Unabhängigkeitsranking weitgehend bestätigt wird,[96] unterstützt die Argumentation der theoretischen Analyse über Zentralbankverhalten und Inflation in Teil B.

Darüber hinaus zeigt die in Abb. 8 dargestellte Gegenüberstellung von Inflation und Arbeitslosigkeit, daß die Staaten mit niedriger Durchschnittsinflation meist zu geringeren durchschnittlichen Arbeitslosenquoten tendieren, während die Länder mit relativ hohen Preissteigerungsraten eher höhere Quoten aufweisen. Diese empirische Beobachtung fällt zwar weit weniger eindeutig als der Zusammenhang zwischen Inflation und Zentralbankunabhängigkeit, sie kann dennoch in Einklang mit der theoretischen Hypothese gesehen werden, nach der eine Stimulierung der Beschäftigung durch Inflationierung längerfristig nicht zu den gewünschten Beschäftigungserhöhungen führt. Daß dies nicht bei allen untersuchten Ländern der Fall ist, liegt auch daran, daß die Differenzen in den Arbeitslosenquoten der einzelnen Staaten natürlich noch eine ganze Reihe anderer landesspezifischer Faktoren reflektieren, insbesondere die Unterschiede in den Strukturmerkmalen der nationalen Arbeitsmärkte, die durch die Geldpolitik kaum beeinflußbar sind.[97] Trotzdem kann insgesamt gesagt werden, daß die mittelfristig positive Korrelation zwischen Inflationsrate und Arbeitslosenquote eine empirische Unterstützung für den Erfolg einer Strategie der Inflationsbekämpfung in Richtung Preisniveaustabilität liefert. Dabei spielt die Unabhängigkeit der Zentralbank eine wesentliche Rolle in der Glaubwürdigkeit einer solch ausgerichteten Geldpolitik, deren Effizienz jedoch von der

---

Staaten geringeren Inflationsrate ein Beispiel dafür, daß auch eine weisungsgebundene Notenbank bei entsprechendem geldpolitischem Kurs der Regierung eine in der Inflationsbekämpfung erfolgreiche Geldpolitik betreiben kann. Allerdings muß diese Feststellung relativiert werden, wenn der große politische Handlungsspielraum der 'Banque Nationale de Belgique' mitberücksichtigt wird (vgl. Fußnote 93 auf S. 117). Weiter kann daraus geschlossen werden, daß der Grad der ökonomischen Unabhängigkeit in bezug auf die Inflationshöhe eine relativ größere Rolle spielt als der der politischen; vgl. zu diesem die Ergebnisse der Schätzung in Grilli, V. / u. a. (1991, S. 373), die diese Schlußfolgerung insbesondere im Hinblick auf das Merkmal der Defizitfinanzierung unterstützen, siehe dazu auch Cukierman, A. (1993), S. 441f.

96 Neben den genannten Quellen in der Fußnote 105 in Teil B auf S. 62 siehe noch Banaian, K. / u.a. (1986).

97 Ein markantes Beispiel liefert Portugal; dessen niedrige Durchschnittsarbeitslosenquote verdeckt allerdings die tatsächliche hohe Unterbeschäftigung in Teilbereichen der portugiesischen Wirtschaft, die insgesamt gekennzeichnet ist von niedrigen Löhnen (der staatlich festgelegte Mindestlohn liegt derzeit bei monatlich umgerechnet 490 D-Mark), einem Beschäftigungsanteil von circa 20% in der gering produktiven Landwirtschaft und einem aufgeblähten Personalbestand im öffentlichen Sektor auf niedrigem Effizienzniveau, vgl. EG-Kommission, CS Nr. 2 (Februar 1991), S. 5; ähnliches gilt auch für den griechischen Arbeitsmarkt, siehe hierzu EG-Kommission, CS Nr. 9 (Juli 1992), S. 37f.

Abb. 8: Inflation und Arbeitslosigkeit in den EWS-Mitgliedstaaten

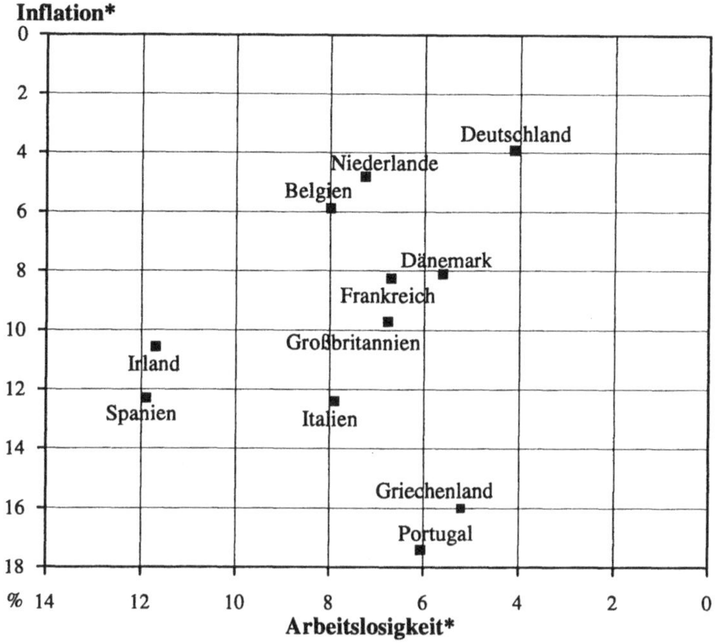

* Arithmetischer Durchschnitt der Jahre 1971-1990; Inflationsrate als jahresdurchschnittliche Veränderung des Konsumentenpreisindexes gegenüber Vorjahr in %, Arbeitslosenquote in % der zivilen Erwerbsbevölkerung.

Quelle: EG-Kommission, EW Nr. 54 (1993), S. 200 und 221.

Qualität der Koordination mit der Fiskalpolitik und auch der Lohnpolitik abhängt, die die Stabilitätsbemühungen der Notenbank nicht konterkarieren dürfen.[98]

Es bestehen also weitreichende Differenzen in der institutionellen Ausgestaltung der EWS-Zentralbanken. Gerade in den drei näher untersuchten Staaten sind erhebliche Unterschiede in den nationalen wirtschaftspolitischen Präferenzen und Vorstellungen über die Rolle der Geldpolitik festzustellen. Wie diese teilweise gegensätzlichen Positionen im Vertragsdesign des EWS ihren Niederschlag gefunden haben, soll im nächsten Kapitel analysiert werden.

98 An dieser Stelle sei angemerkt, daß diese Durchschnittsbetrachtung der nationalen Inflationsraten bzw. Arbeitslosenquoten natürlich nicht die Entwicklungen abbilden kann, die in dem für die weitere Analyse relevanten Zeitraum stattgefunden haben. Die Veränderungen in der nationalen wirtschaftspolitischen Ausrichtung, deren Auswirkungen auf das EWS bzw. dessen Einfluß auf erstere in Verbindung mit den dahinterstehenden Interessen der beteiligten Länder werden an entsprechender Stelle noch eingehend behandelt.

II. Das Vertragswerk

1. Entstehung und Zielsetzung des Systems

a) Zur Vorgeschichte des EWS

Seit der Gründung der Europäischen Gemeinschaften sind immer wieder Vorschläge in die Diskussion um die geldpolitische Koordination in Europa eingebracht worden.[99] Der EWG-Gründungsvertrag von 1957 enthielt schon in diese Richtung gehende, allerdings ziemlich vage formulierte Grundsätze für eine stärkere europäische Zusammenarbeit auf dem Gebiet der Währungspolitik. Ausgehend von Art. 103 EWGV, nach dem die kurzfristige Wirtschaftspolitik im gemeinsamen Interesse und Gegenstand gegenseitiger Konsultationen sein sollte, legte Art. 104 die gemeinsamen, grundsätzlichen Ziele außenwirtschaftliches Gleichgewicht, Preisstabilität, hoher Beschäftigungsstand und (indirekt) äußere Währungsstabilität fest.[100] Letzteres Ziel kam durch Art. 107 zum Ausdruck, nach dem die Wechselkurspolitik als eine Angelegenheit von gemeinsamen Interesse betrachtet wurde. Weiter sollte ein beratender Währungsausschuß die Koordinierung der Währungspolitik fördern (Art. 105), und es war ein gegenseitiger Beistand bei ernsten Zahlungsbilanzschwierigkeiten vorgesehen (Art. 108).

Diese rudimentär angelegten Bestimmungen zur wirtschafts- und währungspolitischen Zusammenarbeit, die mehr den Charakter allgemeiner Empfehlungen aufwiesen, wurden in den Folgejahren mit der Einsetzung weiterer Koordinationsinstanzen institutionalisiert. Neben dem schon geschaffenen Währungsausschuß sind die Ausschüsse für Konjunkturpolitik (1960), für mittelfristige Wirtschaftspolitik und für Haushaltspolitik (1964), und auf dem Gebiet der Währungspolitik die Einsetzung des Ausschusses der Präsidenten der Zentralbanken (1964) zu nennen. Letzterer sollte zusammen mit der Vereinbarung eines Systems vorheriger Konsultationen bei allen wichtigen währungspolitischen Entscheidungen, insbesondere bei Paritätsänderungen gegenüber dem US-Dollar im damaligen Bretton-Woods-System, zu einer engeren Koordinierung der Währungspolitik innerhalb der Gemeinschaft beitragen.[101]

---

99 Zur Geschichte dieser Diskussion bis Mitte der 70er Jahre siehe die umfassende Publikation von Tsoukalis, L. (1977, Part II S. 51f.), einen zusammenfassenden Überblick bieten Ypersele v., J. / Koeune, J.-C. (1984), S. 34f.

100 Es wird in Art. 104 EWGV von dem Erhalt des Vertrauens in den Wert der Landeswährung eines jeden Mitgliedstaates gesprochen.

101 Vgl. Ypersele v., J. / Koeune, J.-C. (1984), S. 36.

Die Entwicklung der Zusammenarbeit im monetären Bereich hatte jedoch während der sechziger Jahre kaum Fortschritte gemacht. Es wurde zwar viel über regionale Kooperation gesprochen, konkrete Schritte sind allerdings nicht unternommen worden. Es bestand anfangs auch keine Notwendigkeit der Installation eines europäischen Währungsblocks, weil das Bretton-Woods-System den internationalen währungspolitischen Rahmen lieferte und der US-Dollar als Währungsstandard unumstrittene Geltung besaß. Erst die zunehmende Instabilität des internationalen Festkurssystems, hervorgerufen durch die expansive Geldpolitik des Leitwährungslandes Vereinigte Staaten und der damit verbundenen obligatorischen Stützungsinterventionen der übrigen Teilnehmerländer, bereitete den Boden für eine eigene, europäische Kooperation im währungspolitischen Bereich.

Die ausgeprägte Abneigung der EG-Staaten gegen Wechselkursschwankungen läßt sich v. a. auf die gemeinsame Agrarpolitik mit dem Prinzip der Einheitlichkeit der Agrarpreise zurückführen. Die Einigung im Dezember 1964 über die Festsetzung gemeinsamer Getreidepreise hatte zur Folge, daß nun die Agrarpreise, in inländischen Währungseinheiten ausgedrückt, mit einer Auf- bzw. Abwertung der jeweiligen Währung entsprechend angepaßt werden mußten. Während im abwertenden Land die Agrarpreise in Höhe der Abwertung stiegen und inflationäre Tendenzen verstärkten, führte der Einkommensrückgang aufgrund der Preissenkung im Aufwertungsland zu politisch ungewollten Auseinandersetzungen mit den inländischen Landwirten.[102] Vor dem Hintergrund der Gefahren einer größeren Wechselkursflexibilität für den Gemeinsamen Markt, zusammen mit der Erkenntnis, daß durch die wachsende Handelsverflechtung - als Resultat der Zolliberalisierung[103]- eine autonome Wirtschaftspolitik in ihrer Wirksamkeit stark eingeschränkt und eine nationale Abschottung vor internationalen Währungsturbulenzen kaum möglich war, wurden gegen Ende der sechziger Jahre konkrete Pläne zur engeren wirtschafts- und währungspolitischen Kooperation zwischen den EG-Staaten entwickelt.

Ausgehend von der Gipfelkonferenz in Den Haag im Dezember 1969, auf der zum ersten Mal die Verwirklichung einer Wirtschafts- und Währungsunion als offizielle Zielrichtung beschlossen wurde, ist aus der Fülle der Vorschläge der sogenannte 'Werner-Plan' hervorzuheben, der eine stufenweise Verwirklichung der Wirtschafts- und Währungsunion in der EG beinhaltete und Grund-

102 Vgl. Tsoukalis, L. (1977), S. 59f.; eine detailliertere Erörterung der Wirkungen von Wechselkursänderungen auf den EG- Agrarmarkt und des 1969 eingeführten System der Währungsausgleichsbeträge siehe Demekas, D. G. / u. a. (1988), Giavazzi, F. / Giovannini, A. (1989), S. 12f.

103 Die Zollunion zwischen den damaligen EG-Mitgliedstaaten wurde 1968 verwirklicht.

lage der nachfolgenden politischen Entscheidungen anfangs der siebziger Jahre bildete.[104]

In den Verhandlungen, die sich bis zur Ratsentschließung über einen Stufenplan zur Wirtschafts- und Währungsunion Anfang 1971 hinzogen, wurden die unterschiedlichen Prioritäten und Strategien der einzelnen Mitgliedsländer deutlich. Während der Wunsch nach einer stärkeren geldpolitische Koordination und Wechselkursstabilität bei allen Staaten existierte, war man sich uneinig, auf welchem Weg dieses gemeinsame Ziel zu erreichen sei. Zwei gegensätzliche Hauptpositionen kristallisierten sich heraus: Die sogenannten 'Monetaristen' (hier im Sinne von 'Institutionalisten' zu verstehen), repräsentiert v. a. durch Frankreich, ferner Belgien und Luxemburg, stellten die währungspolitischen Maßnahmen vor die wirtschaftspolitische Integration. Die Fixierung der Wechselkurse würde die einzelnen Staaten zu einer Anpassung ihrer Politiken zwingen, und somit zu einer zunehmenden wirtschaftlichen und politischen Konvergenz und Integration in der Gemeinschaft führen. Dagegen waren die 'Ökonomisten', hauptsächlich Deutschland und die Niederlande,[105] der Meinung, daß eine Währungsunion erst als Resultat und Krönung einer bereits vollzogenen wirtschaftlichen und politischen Integration stehen dürfe.[106]

Hinter diesen gegensätzlichen Vorstellungen standen jedoch weniger theoretische Überlegungen über die geeignete Integrationsmethode als vielmehr handfeste nationale Interessen. Die Vertreter der institutionellen Integration, insbesondere Frankreich, das in dieser Zeit mit hohen Außenhandelsdefiziten zu kämpfen hatte, waren bestrebt, mit der Forderung nach einer sofortigen, vollständigen Wechselkursfixierung in Verbindung mit einem System gegenseitiger Kredithilfe einen möglichst großen Teil der Anpassungskosten auf die Überschußländer abwälzen zu können. Mit der Strategie, die Frage offen zu lassen, wer sich wem anzugleichen hat, wurde die Möglichkeit nicht ausgeschlossen, daß sich die Niedriginflationsländer an eine höhere Gemeinschafts-

---

104 Das Abschlußkommuniqué der Konferenz in Den Haag und der Werner-Bericht (benannt nach dem damaligen Vorsitzenden der vom Rat beauftragten Expertengruppe zur Ausarbeitung eines Stufenplans, dem luxemburgischen Ministerpräsidenten Pierre Werner) sowie die amtlichen Bekanntmachungen und Entscheidungen zur Währungspolitik der Gemeinschaft, die im weiteren Text zitiert werden, sind in Form einer Dokumentensammlung in Ausschuß der Zentralbankpräsidenten (1985) und Krägenau, H. / Wetter, W. (1993), S. 97f. zu finden.

105 Die italienische Regierung war auch gegen eine frühzeitige Wechselkursfixierung, jedoch mit weniger Nachdruck (im Gegensatz zur stärker ökonomistischen Haltung der BdI, vgl. Hasse, R. H. (1989), S. 56); das eigentliche Interesse Italiens lag in den geplanten Maßnahmen im Bereich der Struktur- und Regionalpolitik der Gemeinschaft, von denen es am meisten profitieren würde, vgl. Tsoukalis, L. (1977), S. 109.

106 Für eine nähere Diskussion beider Positionen siehe Tsoukalis, L. (1977), S. 90f.

inflationsrate anpassen bzw. die Finanzierung der Zahlungsbilanzdefizite der Hochinflationsländer als Folge permanenter Inflationsunterschiede übernehmen. Die Befürworter einer funktionellen Integration dagegen befürchteten gerade in das Dilemma zu geraten, entweder die Defizite der anderen Staaten zu tragen oder eine höhere Inflationsrate in Kauf zu nehmen. Nach ihrer Vorstellung sollten die Hochinflationsländer vor einer endgültigen Wechselkursfixierung zunächst ihre Politik in Richtung Preisniveaustabilität ändern; damit hätten diese allein die Anpassungslasten zu tragen. Die ganze Debatte um die Wirtschafts- und Währungsunion konzentrierte sich somit mehr auf die Verteilung der Anpassungskosten einer gemeinsamen Geldpolitik auf die beteiligten Staaten als auf die potentiellen positiven Effekte der Kooperation für die weitere Entwicklung der Gemeinschaft.[107]

Die endgültig angenommene Fassung (Entschließung vom März 1971) basierte dann auch auf einem Kompromiß zwischen den beiden 'Lagern' über die Zwischenstufen der Verwirklichung der Wirtschafts- und Währungsunion.[108] Es bestand Konsens eigentlich nur über die erste Stufe, die zwei Jahre laufen sollte und u. a. die Installation eines Beistandssystems und die Verringerung der Wechselkursbandbreiten beinhaltete.[109] Denn gerade auf Druck von seiten Deutschlands wurde eine Klausel eingefügt, nach der die weitere Geltung der währungspolitischen Bestimmungen von einer Einigung über den Übergang zur zweiten Stufe (mit der Übertragung nationaler Kompetenzen an Gemeinschaftsinstitutionen) abhing.[110]

Die praktische Umsetzung des Stufenplans wurde jedoch durch die internationale Währungskrise im Frühsommer 1971 vorerst zunichte gemacht. Hierbei zeigte sich wiederum deutlich die Unfähigkeit der EG-Länder, angesichts der Währungsturbulenzen sich auf eine gemeinsame Geldpolitik zu einigen. Während Frankreich und Italien sich weigerten, den Vorschlag eines gemeinsamen Floatens gegenüber dem US-Dollar anzunehmen, entschieden sich Deutschland und die Niederlande für völlig flexible Wechselkurse. Im August 1971 einigten sich Belgien, Luxemburg und die Niederlande zu einem Blockfloaten, D-Mark und It. Lira schwankten frei, während Frankreich mit Hilfe von mas-

107 Tsoukalis, L. (1993, S. 179) bezeichnet diese Debatte deshalb auch als „an ideological cloak for different short-term interests of individual countries."

108 Der scheinbare Kompromiß der beiden Positionen kommt in dem vage formulierten Passus (Abschnitt II, 2. Absatz der Ratsentschließung vom 22.3.1971) zum Ausdruck: „...die Schaffung der Währungsunion wird sich insbesondere auf parallele Fortschritte in der Konvergenz und später der Vereinheitlichung der Wirtschaftspolitiken stützen müssen."

109 Eine schematische Übersicht über die 3 Stufen des auf 10 Jahre ausgelegten Plans gibt Wegner, M. (1973), S. 74/75.

110 Abschnitt III (9. Absatz) der Ratsentschließung vom 22.3.1971.

siven restriktiven Kapitalverkehrskontrollen die US-Dollar-Parität zu verteidigen versuchte.[111]

Im Zuge des 'Smithsonian Agreement' vom Dezember 1971,[112] das die kurzzeitige Illusion einer neuen internationalen Währungsordnung erzeugte, wurde ein erneuter Anlauf genommen, ein regionales Währungssystem in Europa auf Basis des Washingtoner Abkommens zu etablieren. Der Europäische Wechselkursverbund, im März 1972 eingeführt, begrenzte die Wechselkursbandbreiten gegenüber der internationalen Vereinbarung (±4,5% zwischen den Nicht-US-Dollarwährungen) weiter auf ±2,25% zwischen den damals sechs Mitgliedswährungen. Die zur Einhaltung der Bandbreiten notwendigen obligatorischen Interventionen sollten im allgemeinen in Gemeinschaftswährungen durchgeführt werden, um eine Anhäufung übermäßiger Dollarbestände durch die Interventionspflichten zu vermeiden. Zur gegenseitigen Hilfe bei gemeinsamen Interventionen wurde von den Zentralbanken der Mitgliedstaaten ein System der sehr kurzfristigen Finanzierung vereinbart und in der Folgezeit eine koordinierende Gemeinschaftsinstitution, der EWFZ (April 1973) geschaffen.

Dieser Versuch blieb jedoch ohne Erfolg. Angesichts der zunehmenden Instabilität der Devisenmärkte, dem rapiden Dollarverfall und einer beschleunigten Inflation geriet der gemeinsame 'Europäische' Währungsverbund immer mehr zu einer Farce. Großbritannien, Irland und Dänemark, die Anfang 1972 die EG-Beitrittsverträge[113] unterschrieben hatten und im Mai 1972 sich der Schlange anschlossen, verließen den Verbund schon im Juni, die Dänische Krone kehrte im Oktober wieder zurück. Italien scherte im Februar 1973 aus, gefolgt vom Fr. Franc ein knappes Jahr später. Zudem gab es in der Zeit von 1972 bis 1978 insgesamt neun Wechselkursanpassungen.[114] Abgesehen von der kurzen Periode zwischen Juli 1975 und März 1976, in der Frankreich erneut teilnahm, blieben seit Januar 1974 nur noch fünf EG-Länder übrig.[115] Für die Beneluxländer und Dänemark lag der Grund für ihr Verbleiben v. a. in der Wichtigkeit fester Wechselkurse für ihre kleinen offenen Volkswirtschaften und in dem relativen Gewicht ihrer Handelsbeziehungen mit Deutschland. Damit reduzierte sich der Verbund auf einem „D-Mark-Block" und konnte kaum

111 Zu den unterschiedlichen Positionen siehe Tsoukalis, L. (1977), S. 117f.

112 Zu diesem Abkommen vgl. Emminger, O. (1986), S. 195f.

113 Die drei genannten Staaten sind zum 1. Januar 1973 der EG beigetreten.

114 Für eine Übersicht der Paritätsänderungen siehe Hasse, R. H. (1989), S. 63.

115 Die Nicht-EG-Länder Norwegen und Schweden schlossen sich im März 1973 dem Verbund an; die Schwedische Krone scherte im August 1977, die Norwegische Krone im Dezember 1978 aus.

als ein Gemeinschaftssystem angesehen werden.[116] Die vereinbarten, weitergehenden Maßnahmen der ersten und zweiten Stufe wurden in keiner Weise verwirklicht;[117] zu groß waren die Divergenzen in den nationalen Politikstrategien und infolge die Diskrepanzen in den Auffassungen der Mitgliedsländer und zu gering die Durchsetzungskraft und damit Bindungswirkung der Vereinbarungen, so daß der gesamte Plan zur Errichtung einer Wirtschafts- und Währungsunion schon früh zum Scheitern verurteilt war.

Trotz dieser Rückschläge war das Interesse an einer EWU nicht verschwunden. Während der ganzen Zeit wurden verschiedene offizielle Vorschläge vorgebracht, die zunehmende Desintegration aufzuhalten.[118] Sie zielten auf ein 'flexibleres' Wechselkurssystem ab, das allen Mitgliedstaaten ermöglichen soll, an diesem teilzunehmen. Schließlich ist als wichtiger Impuls für die Diskussion über die währungspolitische Kooperation die 'Jenkins-Initiative' (1977/78) zu werten.[119] Zudem war durch das internationale politische Umfeld der Zeitpunkt günstig für eine engere europäische Währungskooperation. Die schwindende Führungsrolle der Vereinigten Staaten, die sich in der starken Dollarschwäche widerspiegelte, vergrößerte den Handlungsspielraum der europäischen Länder für eigene Wege im währungspolitischen Bereich. So kam es auf Initiative des damaligen deutschen Bundeskanzlers Helmut Schmidt und des damaligen französischen Präsidenten Valéry Giscard d'Estaing zur Errichtung des EWS, das am 13. März 1979 inkraftgetreten ist.

b) Offizielle Zielsetzung des EWS und nationale Interessen

Im Gegensatz zu der 1971 noch angestrebten Wirtschafts- und Währungsunion wird in der Einleitung der Entschließung zum EWS lediglich von einem „System für eine engere währungspolitische Zusammenarbeit" gesprochen,

---

116 Ironischerweise verblieben die Hauptvertreter des Ökonomisten-Lagers im Wechselkursverbund, während Frankreich als der heftigste Verfechter der institutionellen Integration ausscherte.

117 Zur Diskrepanz zwischen den offiziell proklamierten Zielen und dem damaligen tatsächlichen Integrationsstand vgl. Cezanne, W. / Möller, H. (1979), S. 44f.

118 Zu den einzelnen Vorschlägen siehe Ypersele v., J. / Koeune, J.-C. (1984), S. 44f.; daneben herrschte in der Wissenschaft eine rege Diskussion über das Aussehen einer zukünftigen Europäische Währungsordnung, die sich v. a. auf die Schaffung und Entwicklung einer europäischen Parallelwährung konzentrierte, siehe hierzu Magnificio, G. (1977) und die verschiedenen Beiträge in Fratianni, M. / Peeters, T. (Hrsg.) (1978).

119 Benannt nach dem damaligen Kommissionspräsidenten Roy Jenkins, der versuchte, die Mitgliedstaaten für eine neue Währungsinitiative zu gewinnen, vgl. hierzu Hellmann, R. (1979), S. 16f., Ludlow, P. (1982), S. 37f.

„die zu einer stabilen Währungszone in Europa“ [120] führen soll. In den Schlußfolgerungen des Vorsitzes des Europäischen Rates wird die Zielsetzung des EWS folgendermaßen formuliert:

> „Das Europäische Währungssystem hat zum Ziel, ein höheres Maß an Währungsstabilität in der Gemeinschaft herbeizuführen. Es ist als grundlegendes Element einer umfassenderen Strategie anzusehen, die auf ein nachhaltiges Wachstum in Stabilität, eine schrittweise Rückkehr zur Vollbeschäftigung, die Angleichung des Lebensstandards und die Verringerung der regionalen Disparitäten in der Gemeinschaft abzielt. Das Währungssystem wird die Konvergenz der wirtschaftlichen Entwicklung erleichtern und dem Prozeß der Europäischen Union neue Impulse verleihen. Der Rat erwartet, daß das Europäische Währungssystem eine stabilisierende Wirkung auf die internationalen Wirtschafts- und Währungsbeziehungen ausüben wird. Es wird somit zweifellos in gleicher Weise im Interesse der Industrieländer und der Entwicklungsländer sein.“ [121]

Demnach ist das EWS weniger als ein „Währungssystem“ zu verstehen, sondern als ein Wechselkurssystem, das als Instrument zur Erfüllung des konkreten Hauptziels, durch Fixierung der Wechselkursrelationen eine stabile Währungszone zu erreichen, dienen sollte. Alle anderen Nebenaspekte dieser globalen und recht unverbindlich gehaltenen Zielsetzung lassen viel Raum für Interpretationen der weiteren Ziele des EWS und deren Gewichtung. Diese vorsichtige Formulierung war auch im Sinne der Teilnehmerstaaten, da dem Ziel einer engeren währungspolitischen Zusammenarbeit alle ohne großes Risiko eines nationalen Souveränitätsverzichts zustimmen konnten. Deshalb beteiligten sich alle damaligen EG-Länder formell am EWS; lediglich Großbritannien nahm am Wechselkursmechanismus des EWS nicht teil, wie auch zunächst Griechenland, Spanien und Portugal, die im Zuge der Süderweiterung der EG auf 12 Staaten EWS-Mitglieder wurden.[122]

Das gemeinschaftliche Interesse an einem europäischen Festkurssystem ist v. a. in folgenden Aspekten zu sehen:

- Es wurde in nächster Zeit keine Reform des internationalen Währungssystems bzw. eine Rückkehr zur weltweiten Wechselkursstabilität erwartet. Aufgrund der schlechten Erfahrungen mit flexiblen Wechselkursen mit

120 Entschließung des Europäischen Rates über die Errichtung des Europäischen Währungssystems (EWS) und damit zusammenhängende Fragen, Brüssel, den 5. 12. 1978.

121 Auszug aus den Schlußfolgerungen des Vorsitzes des Europäischen Rates, Brüssel, den 4. und 5. 12. 1978, abgedruckt in Ausschuß der Zentralbankpräsidenten (1985), S. 11.

122 Spanien beteiligte sich ab Juni 1989, Großbritannien ab Oktober 1990, Portugal ab April 1992 am Wechselkursmechanismus (alle mit weiter Bandbreite von ± 6 %); das Britische Pfund schied im September 1992 wieder aus; die Griechische Drachme hat bisher noch nicht am Mechanismus teilgenommen (vgl. Tab. 2 auf S. 143).

starken Kurssprüngen durch spekulative Kapitalbewegungen, die mit den realen ökonomischen Gegebenheiten oft nicht korrespondierten, erhoffte man sich von einem regionalen Festkurssystem eine Stabilisierung der Erwartungen und damit einen Rückgang der destabilisierenden Kapitalbewegungen.

- Stabile Wechselkursrelationen sollten den gemeinsamen Markt fördern und wurden als notwendig betrachtet, insbesondere das System der einheitlichen Agrarpreise in der EG sicherzustellen.
- Darüber hinaus sollte das EWS als europäischer Währungsblock gegenüber dem US-Dollar und der amerikanischen Politik des 'benign neglect' fungieren. Desweiteren erwartete man angesichts des politischen Vakuums in den Vereinigten Staaten unter der damaligen Carter-Regierung von der engeren Kooperation eine Stärkung der ökonomischen und politischen Stellung der EG.[123]

Neben diesen gemeinsamen Interessen (mit unterschiedlicher Gewichtung bei den einzelnen Mitgliedstaaten) gab es noch eine ganze Reihe anderer landesspezifischer Motivationsgründe zur Teilnahme am EWS und - damit verbunden - divergierende nationale Positionen und Auffassungen sowohl über den Kooperationsgrad und die zukünftige Entwicklung der währungspolitischen Zusammenarbeit in Europa als auch über die optimale Handhabung des Wechselkurssystems.[124]

Für *Deutschland* lag das Interesse an festen Wechselkursrelationen v. a. in der Verbesserung seiner Wettbewerbsposition mit den europäischen Handelspartnern. Die ausgeprägte Schwäche des US-Dollars gerade gegenüber der deutschen Währung, in der sich die stärker werdende Rolle der D-Mark als internationale Reservewährung widerspiegelte, hatte hohe Kapitalimporte zur Folge. Die starke Aufwertung der D-Mark unterminierte die Wettbewerbsfähigkeit der deutschen Wirtschaft im Handel nicht nur mit den Vereinigten Staaten, sondern vielmehr mit den übrigen EG-Ländern, die die Haupthandelspartner Deutschlands darstellten. Denn die Stärke der D-Mark gegenüber dem US-Dollar übertrug sich auf die meisten europäischen Währungen.[125] Deshalb be-

---

123 Vgl. Tsoukalis, L. (1993), S. 184.

124 Zu den Verhandlungen im Vorfeld der Errichtung des EWS siehe die detaillierte Arbeit von Ludlow, P. (1982), auf die selbst einer der damaligen Hauptprotagonisten, Ex-Bundeskanzler Helmut Schmidt (1990, S. 221) empfehlend verweist und auf die sich die folgenden Ausführungen hauptsächlich stützen.

125 Gerade in dieser Zeit zeigte sich neben der D-Mark/US-Dollar-Polarität, daß alle anderen europäischen Währungen gegenüber der D-Mark dann unter Abwertungsdruck (allerdings in unterschiedlichem Maße) standen, wenn der D-Mark/US-Dollar-Kurs fiel, siehe dazu Giavazzi, F. / Giovannini, A. (1989), S. 134f.

stand ein starker Anreiz seitens der deutschen Regierung für die Etablierung eines Systems auf monetärer Ebene, das die negativen Auswirkungen der Schwankungen des US-Dollar-Kurses auf die Wechselkursrelationen der europäischen Währungen gegenüber der D-Mark verringern sollte.

Verbunden damit ist ein weiteres Argument zu nennen, das aus der machtpolitischen Situation zwischen der Regierung und der DBBk abzu- leiten ist. Der damalige Bundeskanzler Helmut Schmidt präferierte eine mehr keynesianische Nachfragestimulierung zur Bekämpfung der Arbeitslosigkeit, die jedoch durch die restriktive Geldmengenpolitik der Bundesbank konterkariert wurde. Er sah sich vor die Alternativen gestellt, die ausgeprägte Stärke der D-Mark mit ihren negativen Folgen für die stark exportorientierte deutsche Wirtschaft und damit für die Beschäftigung hinzunehmen, oder die Bundesbank dazu zu bringen, mit hohen Interventionen den D-Mark/US-Dollar-Kurs in die gewünschte Richtung zu manipulieren. Letzteres wäre jedoch an der DBBk gescheitert, die dieses Vorgehen mit den Hinweis auf die inflationären Folgen des erhöhten Geldangebots abgelehnt hätte. Hinter seinen Bemühungen, die Gründung eines Europäisches Währungssystems voranzutreiben, stand damit auch sein persönliches Interesse, mehr Einfluß auf die inländische Geldpolitik zu gewinnen, um sich somit vom „Diktat" der Bundesbank in gewisser Weise zu befreien.[126]

Darüber hinaus war es für Deutschland eine gute Gelegenheit, durch die maßgebliche Beteiligung an einer so gewichtigen Initiative in Europa seine politische Stellung innerhalb der EG zu stärken und auszubauen.[127]

Frankreich erhoffte sich vom EWS v. a. eine stabilisierungswirksame Unterstützung des laufenden antiinflations- und modernisierungspolitischen Programms unter Premierminister Raymond Barre. Denn die Erfahrungen, die Frankreich mit seiner bisher eher an kurzfristiger Sicherung der Beschäftigungslage orientierten Politik mit flexiblen Wechselkursen gemacht hatte, zeigten, daß diese Expansionspolitik zu einer übermäßigen Abwertung führte, die die einheimische Inflation beschleunigte mit der Folge erneuter Abwertung. Diese Abwertungs-Preiserhöhungen konnten sich viel deutlicher und schneller durchsetzen als die erhofften Exportstimuli durch die Abwertung.

Ein weiterer Faktor, der in den Verhandlungen zunächst eine geringere Rolle spielte, ist mit dem Prinzip der Einheitlichkeit der Agrarpreise verbunden.

126 Vgl. Francke, H.-H. (1993), S. 16f.; dieses Argument wird auch in der Informationspolitik H. Schmidts gegenüber der DBBk deutlich. Die Bundesbank wurde erst spät in die Planungen zum EWS einbezogen, um deren Widerstand so klein wie möglich zu halten, vgl. Schmidt, H. (1990), S. 223f.

127 Ludlow, P. (1982, S. 290) spricht in diesem Zusammenhang von „the first act of German leadership in the history of the European Community."

Frankreich mit seinem im Gegensatz zu Deutschland dominanten exportorientierten Agrarbereich war verpflichtet, seine Agrarexportpreise an das höhere europäische Preisniveau anzugleichen; damit mußte es bei US-Dollar-Abwertungen Außenhandelsverluste hinnehmen, obwohl der Fr. Franc gegenüber den EG-Partnerwährungen (meist zusätzlich ohne zeitgleiche bzw. adäquate Änderung der 'grünen' Wechselkursrelationen zur Bestimmung der Agrarpreise in Landeswährung) selbst an Wert verlor. Frankreich erhoffte sich deshalb vom EWS mit festen Paritäten zwischen den EG-Währungen mehr als nur eine Vereinfachung der Abrechnungsmethode im gemeinsamen Agrarmarkt, nämlich die Abschaffung der 'grünen' Paritäten zusammen mit einem Auslaufen der Währungsausgleichsbeträge, die vom französischen Agrarsektor als belastende „Exportsteuern" empfunden wurden.[128]

Das französische Hauptinteresse lag jedoch in der konkreten Ausgestaltung des EWS als ein symmetrisch ausgelegtes Wechselkurssystem; dabei sollten insbesondere die Kursstützungsverpflichtungen der anderen Mitgliedsländer und die Kreditbeistandsregelungen dazu dienen, das ehrgeizige wirtschaftspolitische Programm, das v. a. auf die Wiederherstellung der Stabilität der französischen Währung abzielte, mit geringeren Kosten durchzuführen.[129] Auch hoffte man, daß die Dominanz der D-Mark durch die Stützungsinterventionen, zu denen die Bundesbank verpflichtet war, zugunsten des Fr. Franc abgeschwächt würde.[130]

Dahinter stand letztlich die längerfristige Strategie Frankreichs, mit der Angleichung seiner wirtschaftlichen Stellung an die Deutschlands den wachsenden Einfluß der Deutschen innerhalb der EG zurückzudrängen bzw. selbst wieder die politische Führerschaft im europäischen Entwicklungsprozeß zu übernehmen.[131]

---

128 Vgl. Loriaux, M. (1991), S. 255f. (zum EG-Agrarmarkt vgl. die in Fußnote 102 auf S. 123 genannten Quellen); die Auseinandersetzungen über die Handhabung der gemeinsamen Agrarpreise im EWS (Ziffer 6.1.c) der Ratsentschließung vom 5.12.1978) kamen erst im Dezember 1978 auf, sind jedoch u. a. aufgrund des Widerstands insbesondere der Deutschen gegen einen von Frankreich geforderten 'automatischen' Abbau der Ausgleichsbeträge ohne konkretes Ergebnis beigelegt worden; sie waren auch der Grund für das verzögerte Inkrafttreten des EWS (geplant war der 1.1.79) um fast 3 Monate, zu diesem Disput siehe Ludlow, P. (1982), S. 279f., Hellmann, R. (1979), S. 89f.

129 Vgl. hierzu Loriaux, M. (1991), S. 252f., Besnard, D. / Redon, M. (1989), S. 177f.; für eine nähere Charakterisierung und Bewertung des 'Plan Barre' im Kontext der Geschichte der französischen Wirtschaftspolitik siehe Lerch, W. (1983). Die technischen Details des EWS werden im nächsten Punkt noch näher betrachtet.

130 Vgl. Francke, H.-H. (1993), S. 17.

131 Diese Einschätzung kommt in der folgenden Feststellung des damaligen französischen Präsidenten Valéry Giscard D'Estaing deutlich zum Ausdruck: „Why do I talk so much about Germany? Because it would not be a good idea for Europe to be dominated by

Italiens originäre Interessen am EWS sind etwas schwieriger zu lokalisieren; in der damaligen politischen Debatte im Inland kamen die Argumente für einen Beitritt zum EWS nicht klar zum Ausdruck.[132] Italien war zwar mit einer ausgeprägten Schwäche seiner Währung gegenüber den meisten EG-Staaten konfrontiert. Diese Schwäche wurde jedoch bewußt in Kauf genommen bzw. war Folge der Währungsstrategie des „close to the wind", konnte doch somit die italienische Wirtschaft in den letzten Jahren ihre Exporte in die Nord-EG-Staaten stark erhöhen.[133] Diese wirtschaftspolitisch gewünschte Outputstimulierung wurde von hohen Preissteigerungen begleitet, die jedoch nicht als so bedrohlich angesehen wurden oder es fehlte der politische Konsens, mit einem restriktiven Kurs insbesondere in der Finanzpolitik die einheimische Inflation zu bekämpfen. Die Teilnahme Italiens an einem europäischen Festkurssystem wurde u. a. auch deshalb von Teilen der italienischen Wirtschaft als ökonomisch nicht unbedingt vorteilhaft bzw. notwendig gesehen.[134]

So waren es v. a. politische Faktoren, die die inländische Diskussion beherrschten. Die damalige politische Situation in Italien war wie so oft geprägt vom Machtkampf zwischen den an der Regierung beteiligten fünf Parteien, von denen keine eine klare Stellung bezüglich der EWS-Teilnahme bezog. Die Befürchtung, daß Italien durch eine Nichtbeteiligung am EWS sich selbst in eine unbedeutende europäische Randlage bringen und dies für seine Wirtschaft und damit für seinen Wohlstand, aber auch für seinen politischen Einfluß innerhalb der EG fatale Folgen haben würde, war wohl ausschlaggebend für die Beitrittsentscheidung. Auf der anderen Seite sah man die potentielle Überforderung der italienischen Wirtschaftspolitik, den Bedingungen für eine erfolgversprechende Teilnahme am EWS gerecht zu werden.[135] Aus den Erfahrungen mit der Währungsschlange kannte man die Gefahr, daß die It. Lira durch ihre permanente Schwäche in Krisenzeiten zum Spekulationsobjekt werden könnte mit der Folge schwindender nationaler Devisenreserven.[136]

---

one country. What I want France to achieve is to make sure that there are in Europe at least two countries of comparable influence...Germany and France", Auszug aus einem Fernsehinterview im Herbst 1978, zitiert nach Ludlow, P. (1980), S. 21, vgl. dazu auch Ludlow, P. (1982), S. 31f.

132 Für einen näheren Einblick in die damalige inländische Diskussion und in die Verhandlungen der italienischen Regierung mit den anderen Staaten siehe Spaventa, L. (1980).

133 Vgl. De Cecco, M. (1989), S. 90.

134 Vgl. hierzu Hellmann, R. (1979), S. 34.

135 Das Dilemma, dem sich Italien gegenüber sah, brachte der ehemalige italienische Schatzminister F. M. Pandolfi auf den Punkt: „If Italy is too weak to participate in the EMS, it is also true that she is too weak not to participate", Auszug aus einer Rede vom November 1978, zitiert nach Ludlow, P. (1982), S. 210.

136 Auch aus diesem Grund stellte man anfangs die Vollteilnahme Großbritanniens am EWS als Bedingung für den eigenen Beitritt, weil man u. a. glaubte, daß das Pfund Ster-

Deshalb konzentrierten sich die italienischen Bemühungen in den Verhandlungen auf die technischen Details des Systems. Das Interesse lag in einer flexibleren Handhabung des Wechselkurssystems verbunden mit substantiellen Ressourcentransfers von den reicheren Ländern an die finanziell schwächeren, das Italien es erleichtern würde, sich am Wechselkursmechanismus zu beteiligen. Den Italienern wurden am Ende eine größere Bandbreite und zinsverbilligte Kredite zugestanden, nicht zuletzt weil die Regierung unter Ministerpräsident Giulio Andreotti ihre Bemühungen um die Sanierung der italienischen Wirtschaft durch Beschluß eines Dreijahresplans zum Ausdruck brachte.[137]

Großbritannien spielte in den Verhandlungen eine Ausnahmerolle, weil es sich von Anfang an sehr skeptisch gegenüber der Einführung eines regionalen Festkurssystems verhalten hatte. Dies ist hauptsächlich auf die politischen Richtungskämpfe in der damaligen Regierungspartei unter Premierminister James Callaghan zurückzuführen. Sowohl die Basis der Labour Partei, als auch eine Reihe von Kabinettsmitgliedern, die die britische Mitgliedschaft in der EG noch immer nicht akzeptiert hatten, widersetzten sich vehement der Zustimmung zum EWS-Beitritt. Der Premierminister mußte diese ausgeprägte antieuropäische Haltung in den eigenen Reihen insbesondere wegen den bevorstehenden Parlamentswahlen in den Verhandlungen mitberücksichtigen; denn auch die allgemeine Stimmung in der britischen Öffentlichkeit war alles andere als von einer Europabegeisterung gekennzeichnet.[138]

Ein weiteres Argument gegen eine Teilnahme am EWS ist in der engen Währungsanbindung Großbritanniens an die Vereinigten Staaten zu sehen. Zwar ist die parallele Kurssteuerung des Pfund Sterling zum US-Dollar Ende 1977 aufgegeben worden; dennoch spielte der Dollarkurs aufgrund des gegenüber den anderen EG-Staaten größeren britischen Handelsvolumens im Dollarraum eine wichtige Rolle in der Wirtschaftspolitik Großbritanniens. Man war der Meinung, daß ein stabiler Dollar Voraussetzung für ein erfolgreiches Funktionieren des EWS sei, und befürchtete deshalb auch, daß aufgrund der D-Mark/US-Dollar-Polarität eine potentielle Flucht in die deutsche Währung die zukünftige Wechselkursstruktur bald vor eine Zerreißprobe stellen würde - mit äußerst negativen Konsequenzen für das Britische Pfund.[139] Auf der anderen Seite

---

ling als erwarteter zweiter Abwertungskandidat einen potentiellen Spekulationsdruck von der It. Lira abmildern würde, vgl. Spaventa, L. (1980), S. 68 und 70.

137 Es sollten mit diesem Programm insbesondere die Hauptfaktoren der Instabilität der italienischen Volkswirtschaft, die hohe Staatsverschuldung und die stark gestiegenen Lohnkosten, eingedämmt werden, vgl. zu diesem Ludlow, P. (1982), S. 149.

138 Zu den politischen Auseinandersetzungen innerhalb der Labour Partei siehe Ludlow, P. (1982), S. 217f.

139 Vgl. Vries de, T. (1980), S. 13.

hielt sich die Auffassung, daß die britische Wirtschaft stark genug und auf die Hilfe der EG nicht unbedingt angewiesen sei und damit auch eine Teilnahme der britischen Währung am EWS nicht angestrebt werden müßte.[140] Obwohl Großbritannien eine der höchsten Inflationsraten in der EG aufwies, wurde dieser Glaube durch die Verbesserung des Außenwertes des Pfund Sterling (als Folge der eigenen Erdölproduktion in der Nordsee) bestärkt.[141]

Die politische Situation in Großbritannien war letztlich ausschlaggebend für dessen Nichtteilnahme am Wechselkursmechanismus. Auch eine weitere Bandbreite wie für Italien kam nicht in Frage, weil dies als eine Diskriminierung des Britischen Pfunds als zweitrangige Währung empfunden wurde; lediglich zur Aufnahme des Pfund Sterling in den Währungskorb (mit fiktiven Leitkurs), die v. a. dem Zweck der grundsätzlichen 'gemeinsamen' Zustimmung zum System diente, konnten die Briten bewegt werden. Um den Einfluß nicht ganz zu verlieren, handelte die britische Regierung zumindest ein Mitspracherecht in Währungsangelegenheiten aus, ohne selbst bindende Verpflichtungen im währungspolitischen Bereich eingehen zu müssen.

Für die *übrigen EG-Staaten* bedeutete die EWS-Teilnahme schon wegen ihres geringen wirtschaftlichen Gewichtes und ihrer Handelsbeziehungen mit den großen Ländern in der EG eine wichtige Stütze für ihre kleinen offenen Volkswirtschaften. Während sich die Beneluxländer und Dänemark schon vorher an der Währungsschlange beteiligt hatten, war es für Irland von Wichtigkeit, sich mit der Einbindung seiner Währung in das Europäische Währungssystem von der Abhängigkeit vom Britischen Pfund lösen zu können.[142] Für alle, insbesondere für Irland, spielten natürlich auch die ausgehandelten „Maßnahmen zur Stärkung der Wirtschaft der weniger wohlhabenden Mitgliedstaaten des EWS“[143] eine zusätzliche Rolle in ihren Beitrittsentscheidungen.

Die Analyse der Interessenstrukturen in der Verhandlungsphase macht deutlich, daß das gemeinsame Ziel fester Wechselkurse von einer Vielzahl von divergierenden Partikularinteressen, nationalen Egoismen und machtpolitischen Ränkeleien durchsetzt war. Trotz der Entwicklungen in der EG, wie die bevorstehende erste Direktwahl des Europäischen Parlamentes und die erwartete Erweiterung der Gemeinschaft durch Griechenland, Spanien und Portugal,

---

140 Zu diesem Standpunkt, der in weiten Teilen der britischen Öffentlichkeit verbreitet war, vgl. Ludlow, P. (1982), S. 185f.

141 Für eine nähere Analyse der Auswirkungen der Erdölproduktion auf den Wechselkurs des Pfund Sterling und auf andere makroökonomische Variablen der britischen Volkswirtschaft siehe Bean, C. (1987).

142 Zur Position Irlands siehe Ludlow, P. (1982), S. 153f.

143 Teil B der Entschließung des Europäischen Rates zum EWS vom 5.12.1978; darauf wird im folgenden Punkt noch näher eingegangen.

konnte bei den beteiligten Staaten kaum ein Funken „proeuropäischen Altruismus“ entdeckt werden,[144] der das supranationale Politikziel eines vereinten Europa ernsthaft unterstützt hätte. Das nationale Eigeninteresse bestimmte die Verhandlungen bezüglich der konkreten Ausgestaltung und der technischen Details des EWS, die im folgenden näher betrachtet werden sollen.

2. Funktion und Bedeutung der EWS-Vertragselemente

a) Die Europäische Währungseinheit (ECU)

Als wichtige Neuerung wurde die Einführung der Europäischen Währungseinheit proklamiert, die nach dem Willen des Europäischen Rates als Hauptelement im Zentrum des EWS stehen sollte.[145] Die ECU ist als ein Währungskorb konstruiert, der sich aus festen absoluten Beträgen der EG-Währungen zusammensetzt. Die Währungsbeträge sind entsprechend der wirtschaftlichen Bedeutung jedes EG-Mitgliedslandes festgelegt worden. Als Bezugsgrößen wurden der Anteil am EG-Bruttosozialprodukt, die Beteiligung am innergemeinschaftlichen Handel sowie der Anteil an den EG-Beistandsregelungen zugrundegelegt.[146]

Die absoluten Währungsbeträge und die relativen Gewichtsanteile der Mitgliedswährungen im ECU-Währungskorb sind in der folgenden Tabelle 1 dargestellt. Die Gewichtsanteile der einzelnen Währungen an der ECU hängen dabei nicht nur von der Zahl der Einheiten jeder Währung im Korb ab, sondern auch von den jeweiligen absoluten Werten dieser Währungen, die sich bei einer Neufestsetzung der Wechselkursrelationen ändern.[147] Um potentielle Verzerrungen der durch Realignments entstehenden Gewichtsverschiebungen korrigieren zu können, ist deshalb eine Überprüfung der Gewichte alle fünf Jahre

144 Vgl. De Cecco, M. (1989), S. 85f.

145 „Zentraler Punkt des EWS ist eine europäische Währungseinheit (ECU)“, Abschnitt 2.1. der Ratsentschließung vom 5.12.1978.

146 Die Festsetzung der ECU-Gewichtung war jedoch von einer heftigen politischen Debatte gekennzeichnet; in den verschiedenen nationalen Vorschlägen strebten die einzelnen Länder jeweils ein größeres Gewicht der eigenen Währung an der ECU an, zu dieser Debatte siehe Ludlow, P. (1982), S. 163f. und 188f.

147 Der Wert der ECU, ausgedrückt in einer bestimmten Mitgliedswährung i, basiert auf den festen Währungsbeträgen q der teilnehmenden Währungen j und den Wechselkursen dieser Währungen e_{ij}, ausgedrückt in Währung i (vgl. Fuchs, H. (1989), S. 46): $ECU_i = \sum_{j=1}^{n} q_j e_{ij}$. Die relativen Gewichte ω der Mitgliedswährungen j sind somit definiert als $\omega_j = q_j e_{ij} / ECU_i$.

Tab. 1: Zusammensetzung des ECU-Währungskorbes

Mitglieds-währung	*Währungsbeträge*			*Prozentuale Anteile*			
	13.03.79	17.09.84	21.09.89	13.03.79	17.09.84	21.09.89	fiktiv[2]
D-Mark	0,828	0,719	0,6242	33,0	32,1	30,1	39,4
Fr. Franc	1,15	1,31	1,332	19,8	19,1	19,0	16,2
Pfund Sterling	0,0885	0,0878	0,08784	13,3	15,1	13,0	12,9
It. Lira	109,0	140,0	151,8	9,5	10,2	10,15	7,2
Niederl. Gulden	0,286	0,256	0,2198	10,5	10,1	9,4	12,1
Belg./Lux. Franc[1]	3,80	3,85	3.431	9,6	8,2	7,9	8,6
Dänische Krone	0,217	0,219	0,1976	3,1	2,7	2,45	2,7
Irisches Pfund	0,00759	0,00871	0,008552	1,2	1,2	1,1	1,0
Griech. Drachme	-	1,15	1,440	-	1,3	0,8	-
Spanische Peseta	-	-	6,885	-	-	5,3	-
Portug. Escudo	-	-	1,393	-	-	0,8	-

1 Der Belgische und Luxemburgische Franc sind deshalb zusammengefaßt, weil Belgien und Luxemburg eine Währungsunion bilden (vgl. Abb. 6 auf S. 118).
2 Fiktive Anteile der Währungen am 21.09.89 nach der ursprünglichen ECU-Definition vom 13.03.79 (ohne Korbgewichtsrevisionen von 1984 und 1989).

Quellen: DBBk, MB (März 1979), S. 12, Beihefte (November 1989) und Issing, O. (1990), S. 19.

vorgesehen,[148] die bisher mit zwei Revisionen auch durchgeführt wurde. Diese Änderungen hatten v. a. den Zweck, daß die ECU eine 'gemeinschaftliche' Korbwährung bleibt und nicht von den starken Währungen dominiert wird. Dies wird in der letzten Spalte der Tabelle deutlich. Die Währungsgewichte der D-Mark und des Niederländischen Guldens wären ohne die beiden vorgenommenen Revisionen, bei denen auch die Griechische Drachme (1984), die Spanische Peseta und der Portugiesische Escudo (1989) in den Korb aufgenommen wurden, wesentlich größer.[149]

---

148 Daneben besteht die Möglichkeit, eine Revision zu beantragen, wenn sich das Gewicht einer Währung um mehr als 25 % geändert hat. Korbneufestsetzungen bedürfen generell allseitiger Zustimmung.

149 Zur letzten Revision des ECU-Währungskorbes mit der Aufnahme der Spanischen Peseta und des Portugiesischen Escudo siehe DBBk, MB (Juli 1989), S. 13f.

Gemäß der Entschließung des Europäischen Rates soll die ECU Verwendung finden als[150]

- Bezugsgröße (numéraire) für die Festsetzung der Leitkurse im Wechselkursmechanismus,
- Rechengröße (denominator) für Operationen sowohl im Interventions- als auch im Kreditmechanismus,
- Grundlage für die Konstruktion und das Funktionieren des Abweichungsindikators,
- Instrument für den Saldenausgleich zwischen den nationalen Zentralbanken im EWS.

Die Bedeutung der ECU für die Funktionsweise des Wechselkursverbundes ist bis heute jedoch weit geringer als ursprünglich erwartet wurde. Als Bezugsgröße für die Festsetzung der Leitkurse, die zwar in ECU ausgedrückt werden, spielt sie in der Praxis so gut wie keine Rolle; bei den Realignments wurden stets zunächst die bilateralen Leitkursanpassungen ausgehandelt und dann daraus die ECU-Leitkurse errechnet.[151] Die obligatorischen Interventionskurse werden nach dem Abkommen der EWS-Zentralbanken „im Verhältnis zu den bilateralen Leitkursen festgesetzt"[152] und nicht die ECU-Leitkurse als Rechengröße genommen. Offizielle ECU's können nicht direkt für Interventionen benutzt werden, ihr Gebrauch beschränkt sich auf die Begleichung der aus Interventionen in Gemeinschaftswährungen entstandenen Schulden; die Gläubigerzentralbank ist jedoch nur verpflichtet, Schuldentilgungen bis zu 50 % in ECU zu akzeptieren. Damit hat die ECU als Ausgleichs- und auch als Reservemedium bisher keine große Bedeutung erlangt,[153] obwohl verschiedene Maßnahmen zur Verbesserung der offiziellen Verwendbarkeit der ECU im Zeitablauf beschlossen wurden.[154] Allein auf dem privaten Markt ist ihre Verwendung zeitweise stark gewachsen.[155]

---

150 Vgl. Abschnitt 2.2. der Ratsentschließung vom 5.12.1978; für eine ausführlichere Beschreibung der offiziellen Verwendungsfunktionen der ECU im Rahmen des EWS siehe Fuchs, H. (1989), S. 52f.

151 Vgl. DBBk, MB (November 1989), S. 33.

152 Art. 2 des Zentralbankabkommens vom 13.3.1979 über die Funktionsweise des EWS.

153 Nach Art. 17 des Abkommens der EWS-Zentralbanken vom 13.3.1979 müssen die EWS-Zentralbanken immer mindestens 20 % ihrer Gold- und Dollarreserven in Form revolvierender Dreimonats-Swapgeschäfte beim EFWZ hinterlegt haben. Dieser stellt im Gegenzug entsprechende ECU-Guthaben zur Verfügung. Zu den Regeln der Schaffung und Verwendung der ECU siehe Ypersele v., J. / Koeune, J.-C. (1984), S. 62f., Kleinheyer, N. (1987), S. 52f.; zur Entwicklung der ECU-Schaffung durch Swap-Geschäfte vgl. die Tabelle in Ungerer, H. / u. a. (1990), S. 63.

154 U. a. konnte nun die ECU-Annahmequote der Zentralbanken zum Ausgleich offener Forderungen im Rahmen der sehr kurzfristigen Finanzierung bis zu 100 % betragen; die

Insgesamt gesehen ist die offizielle ECU, die manche als „Keimzelle einer gemeinsamen Währung der EG-Staaten“[156] schon zu Anfang gesehen haben wollen, ihrer zugedachten Schlüsselrolle als supranationale Währungs*einheit* bis heute nicht gerecht geworden. Schon das Prinzip ihrer Konstruktion als Standardwährungskorb mit Revisionsklausel verhindert, daß sie den Charakter einer Währung, deren Wert sich am Markt frei bildet, anzunehmen vermag. Als Währungsdurchschnitt bleibt sie notwendigerweise hinter mindestens einer nationalen Währung zurück und ist deshalb von sich aus nicht in der Lage, diese zu verdrängen.[157]

Die ECU darf jedoch nicht nur in ihrer nüchternen Funktion als Recheneinheit im EWS interpretiert und bewertet werden; sie diente bei ihrer Einführung auch als politisches Symbol einer neuen und tiefergehenden Währungskooperation in Europa, die sich deutlich erkennbar vom bisherigen Wechselkursverbund unterscheiden sollte, obwohl die ECU mit der schon seit 1975 existierenden Europäischen Recheneinheit inhaltlich identisch war und somit keine echte Innovation darstellte. Insbesondere für Frankreich war es wichtig, der Öffentlichkeit klarzumachen, daß das EWS nicht eine bloße Weiterführung der von der D-Mark dominierten Schlange bedeutete, aus der der Fr. Franc schon zweimal ausgeschieden war.[158]

Zustimmung der jeweiligen Zentralbank ist jedoch an die Bedingung geknüpft, daß „dies nicht zu einer unausgewogenen Zusammensetzung ihrer Reserven und zur Bildung übermäßiger ECU-Schuldner- und -Gläubigerpositionen führt.“ (Pressemitteilung des Ausschusses der Zentralbankpräsidenten vom 18.09.87). Zu den übrigen Änderungen in bezug auf die offizielle ECU-Verwendbarkeit siehe den Beschluß des Verwaltungsrats des EFWZ vom 13.03.79 in geänderter Fassung (Nr. 17/85) vom 10.05.85 und die Pressemitteilung des Ausschusses der Zentralbankpräsidenten vom 10.05.85.

155 Zur Entwicklung des privaten ECU-Marktes vgl. die entsprechenden Passagen in den Jahresberichten der BIZ. Für eine detaillierte Analyse der privaten ECU-Verwendung siehe Levich, R. M. / Sommariva, A. (1987), Fuchs, H. (1989), Kap. IV (S. 108f.) sowie die Beiträge in Johnson, C. (Hrsg.) (1991).

156 Schmidt, H. (1985), S. 225, zitiert nach Issing, O. (1990), S. 18; zur (politischen) Diskussion um eine gemeinsame europäische Währung vgl. die verschiedenen Beiträge in Franz, O. (Hrsg.) (1988).

157 Vgl. Issing, O. (1990), S. 18. Die geringe Bedeutung der ECU im EWS steht auch im Zusammenhang mit dem auf der ECU basierenden Abweichungsindikator, auf den im nächsten Punkt (S. 141f.) noch eingegangen wird.

158 Von den Bemühungen der französischen Regierung, die Akzeptanz des EWS in der Bevölkerung zu erhöhen, zeugt auch die Diskussion um die Schreibweise der Währungseinheit, die sowohl die englische Abkürzung für *die* ‘*E*uropean *C*urrency *U*nit’ beinhaltet als auch von einer, aus dem 13. Jahrhundert stammenden, französischen Goldmünze, *dem Ecu*, abgeleitet werden kann; letztere Bezeichnung mußte in allen französischen Vertragsfassungen und entsprechenden Verlautbarungen benutzt werden, vgl. hierzu Hellmann, R. (1979), S. 44f.

b) Der Interventions- und Wechselkursmechanismus

Das eigentliche Kernstück des EWS bildet das Interventionssystem zur Einhaltung der bilateralen Paritäten bzw. Leitkurse zwischen den Mitgliedswährungen. Innerhalb des Paritätengitters werden um die jeweiligen bilateralen Mittelkurse obligatorische Interventionslimitkurse festgelegt, durch die die maximal zulässige Schwankungsbreite von ± 2,25 % (für die It. Lira ± 6 %) definiert ist.[159] Eine unbegrenzte Interventionspflicht tritt ein, sobald die obligatorischen Interventionskurse in nationaler Währung über- oder unterschritten werden. Erreicht also eine Währung ihren Limitkurs im Verhältnis zu einer anderen Währung, müssen die Notenbanken dieser beiden Währungen auf ihren jeweiligen Devisenmärkten solange intervenieren bis die zulässigen Schwankungsmargen wieder erfüllt sind; dabei sind die Interventionen grundsätzlich in Gemeinschaftswährungen vorzunehmen,[160] in der Weise, daß die Zentralbank der starken Währung auf ihrem Devisenmarkt die schwache Währung kauft, während die Notenbank der Weichwährung die starke Währung verkauft. Damit sollte erreicht werden, daß die Interventionslasten gleichzeitig von Hart- und Weichwährungsländern getragen werden.

Darüber hinaus besteht die Möglichkeit, auch innerhalb der Bandbreiten zu intervenieren. Mit Hilfe dieser sogenannten intramarginalen Interventionen soll unerwünschten Kursentwicklungen einer Währung vorzeitig gegengesteuert werden können, um den Einsatz höherer Devisenbeträge, die sonst bei den obligatorischen Interventionen zur Bandbreitenverteidigung benötigt würden, zu vermeiden. Diese Interventionen sind jedoch freiwillig und bedeuten keine Verpflichtung der Partnerzentralbank, auch zu intervenieren, wie es bei den obligatorischen Interventionen der Fall ist. Auch wurden intramarginale Interventionen anfangs hauptsächlich in US-Dollar vorgenommen, weil die ausdrückliche Zustimmung der jeweiligen Partnerzentralbank zur Verwendung ihrer Währung für Interventionen innerhalb der Bandbreiten erforderlich ist.[161]

---

159 Die erweiterte Bandbreite galt für die It. Lira bis zum Januar 1990, für das Pfund Sterling von Oktober 1990 bis zu seinem vorläufigen Ausscheiden zusammen mit der It. Lira im September 1992; die Spanische Peseta und der Portugiesische Escudo nehmen die 12 %-ige Bandbreite seit ihrer Teilnahme am Wechselkursmechanismus in Anspruch. Seit August 1993 gilt für alle Teilnehmerwährungen am Wechselkursmechanismus eine Bandbreite von ± 15 %. Die bilateralen Leit-, Höchst- und Niedrigstkurse, die sich mit jeden Realignment geändert haben, sind in DBBk, Beihefte an entsprechender Stelle zu finden; zur Gitterkonstruktion vgl. Kleinheyer, N. (1987), S. 56f.

160 Siehe Abschnitt 3.3. und 3.4. der Ratsentschließung vom 5.12.1978 und Art. 2 (2. Absatz) des Abkommens der EWS-Zentralbanken vom 13.3.1979.

161 Vgl. Ypersele v., J. / Koeune, J.-C. (1984), S. 55; der Einsatz intramarginaler Interventionen sollte jedoch eher Ausnahme als Regel sein.

Bei US-Dollar-Interventionen durften zuerst die Kredithilfen im Rahmen des EFWZ überhaupt nicht in Anspruch genommen werden. Durch den Beschluß der Zentralbankpräsidenten in 1985 ist es den Notenbanken mit einem Bedarf an Interventionswährung nun erlaubt, ihre Nettogläubigerposition in ECU sowie einen gewissen Teil ihrer eingebrachten Reserven in US-Dollar zu mobilisieren und mit Zustimmung der betreffenden Zentralbank in EWS-Währungen zu tauschen.[162] Damit ist es möglich geworden, auch intramarginale Interventionen über die Beeinflussung des US-Dollarkurses aus Mitteln des EFWZ zu finanzieren. Das Basel/Nyborg-Abkommen (September 1987) vergrößerte den Finanzierungsspielraum intramarginaler Interventionen noch weiter, indem auch solche Interventionen in die sehr kurzfristige Finanzierung über den EFWZ in gewissem Umfang einbezogen werden konnten.[163]

Daneben sind intramarginale Interventionen im Rahmen des Abweichungsindikators vorgesehen. Dieses Instrument stellt ein „Indikator für die Feststellung von Abweichungen zwischen Gemeinschaftswährungen" dar, der das Erreichen gewisser „Abweichungsschwellen" anzeigt.[164] Die Berechnung des Divergenzindikators erfolgt über den Vergleich der tatsächlichen Abweichung zwischen ECU-Tageswert und entsprechendem ECU-Leitkurs einer Währung mit der maximal möglichen Abweichung.[165] Wird die Abweichungsschwelle, die 75 % der maximalen Abweichung beträgt, erreicht, so ist dies als Signal zu sehen, daß eine Währung systematisch von allen anderen Währungen abweicht, und es sollen dann folgende Maßnahmen in Betracht gezogen werden:

- diversifizierte Interventionen in Gemeinschaftswährungen und in enger Koordination mit den beteiligten Zentralbanken,
- interne währungspolitische Maßnahmen mit Hilfe des national zur Verfügung stehenden geldpolitischen Instrumentariums,

162 Zu den Regelungen im einzelnen siehe die Pressemitteilung des Ausschusses der Zentralbankpräsidenten vom 10.6.1985, vgl. dazu weiter Micossi, S. (1985), S. 339f., Ungerer, H. / u. a. (1986), S. 8f.

163 Der kumulative Betrag der Finanzierung intramarginaler Interventionen darf das Doppelte der Schuldnerquote der entsprechenden Zentralbank im kurzfristigen Währungsbeistand nicht überschreiten und es bedarf der Zustimmung der Zentralbank, die die Interventionswährung ausgibt, vgl. die Pressemitteilung des Ausschusses der Zentralbankpräsidenten vom 18.9.1987. Die EWS-Kreditregelungen sind Gegenstand des nächsten Punktes. Auf die Bedeutung bzw. den politischen Hintergrund dieser institutionellen Veränderungen im Kontext der Entwicklungen im EWS wird in Teil D noch näher eingegangen.

164 Abschnitt 3.5. der Ratsentschließung vom 5.12.1978.

165 Die maximale Abweichungsspanne ergibt sich, wenn sich eine Währung gegenüber allen anderen Währungen bezüglich des oberen oder unteren Interventionskurses in Opposition befindet, vgl. Art. 3 (1. Absatz) des Zentralbankabkommens vom 13.3.1979; zur Berechnungsmethode siehe Kleinheyer, N. (1987), S. 62f.

- Änderung der Leitkurse mit Zustimmung aller beteiligter Staaten,
- andere wirtschaftspolitische Maßnahmen, wie z. B. haushalts- oder einkommenspolitische Maßnahmen.

Diese Regelungen sind allerdings nicht verbindlich bzw. verpflichtend; wenn das betreffende Land keine Korrekturmaßnahmen durchführt, muß es den anderen Staaten lediglich Gründe hierfür mitteilen. Es kann nicht zu bestimmten Maßnahmen gezwungen werden.

Der Unverbindlichkeitscharakter und die damit vorprogrammierte geringe Bedeutung des Abweichungsindikators für die Funktionsweise des EWS läßt sich aus den unterschiedlichen Positionen und Verhandlungstaktiken der teilnehmenden Staaten erklären.[166] Die Länder, die an der Währungsschlange teilnahmen, insbesondere Deutschland, waren bestrebt, das EWS so zu gestalten, daß es wie die Schlange ein striktes, auf einem engen Band beruhendes Paritätengitter-System darstellt, das nach der stärksten Währung ausgerichtet ist. Dagegen präferierten die aus dem Wechselkursverbund ausgeschiedenen Länder, v. a. Frankreich, ein Währungskorb-System auf Basis der ECU, in der Weise, daß sobald eine Währung stärker nach oben oder nach unten von dem ECU-Durchschnitt abweicht, Interventionspflicht für die betreffende Zentralbank besteht. Somit wäre sichergestellt, daß das zukünftige System gerade nicht von der stärksten Währung bestimmt würde.[167]

Die DBBk und auch Vertreterorganisationen der deutschen Wirtschaft befürchteten, daß ein solches System hohe einseitige Interventionsverpflichtungen für die D-Mark nach sich ziehen und zu deren Aufweichung beitragen würde. Denn als stärkste europäische Währung würde sie auch ständig stark vom Durchschnitt abweichen. Die erforderlichen hohen Interventionen würden zu einer Ausweitung der Geldmenge und damit zu einer Erhöhung der Inflationsrate in Deutschland führen. Auf Druck gerade von der Bundesbank mit Unterstützung der Niederländer und Dänen wurde ein Kompromiß ausgehandelt, wonach das Paritätengitter als einziger Auslöser von obligatorischen Interventionsverpflichtungen dient und die ECU nur als sekundärer Indikator fungieren soll, der auch nicht zwingend Interventionen vorschreibt, sondern vielmehr Konsultationen über mögliche Kurskorrekturen auslösen kann. Der Preis für die Zustimmung von seiten Frankreichs war eine starke Aufstockung der Kre-

---

166 Neben der noch zu erklärenden politischen Funktion des Indikators bei der Etablierung des EWS, wurde dessen Aussagefähigkeit trotz rechnerischer Bereinigung durch die erheblichen Schwankungen des Pfund Sterling, das mit relativ starkem Gewicht im ECU-Korb enthalten ist, jedoch bis Oktober 1990 nicht am Wechselkursmechanismus teilgenommen hat, stark beeinträchtigt.

167 Zur politischen Debatte um Währungskorb oder Paritätengitter als Standard im EWS vgl. Ludlow, P. (1982), Kap. V (S. 134f.), Hellmann, P. (1979), S. 49f.

dithilfen, für Italien die erweiterte Bandbreite und - mit Irland zusammen - die weitergehenden Hilfen zur Stärkung der Wirtschaft der schwächeren Mitgliedsländer. Großbritannien verweigerte seine Zustimmung und blieb dem Wechselkursmechanismus fern.[168]

Ein essentieller Parameter des Interventions- und Wechselkursmechanismus liegt in der Möglichkeit von Leitkursanpassungen. Damit stellt das EWS ein System fester aber anpassungsfähiger Wechselkurse dar, das grundsätzlich gewährleistet, bei unterschiedlichen wirtschaftlichen Entwicklungen in den Mitgliedsländern den Wechselkurs als Anpassungsinstrument fallweise in Anspruch nehmen zu können. Allerdings bedürfen Realignments der Zustimmung aller am Wechselkursmechanismus teilnehmenden Staaten. Die folgende Tabelle 2 zeigt, daß die Möglichkeit von Leitkursneufestsetzungen gerade in den Anfangsjahren und im Zuge der jüngsten Spannungen im EWS oft in Anspruch genommen wurde. Bis zur Quasi-Aufhebung der Bandbreiten (± 15 %) im August 1993 sind insgesamt achtzehn mehr oder weniger starke Realignments durchgeführt worden. Damit kann das EWS nicht als ein reines Festkurssystem angesehen werden; die Anpassungen sind zeitweise in kurzen Abständen und zum Teil in starkem Ausmaß vorgenommen worden. In fast allen Fällen lag eine Aufwertung der D-Mark vor, die gegenüber der It. Lira kumulativ (letzte Zeile der Tabelle) mehr als 100 % ausmacht.[169]

---

168 Dies war auch ganz im Interesse der DBBk: „Das Fernbleiben einer oder mehrerer schwacher Währungen vermindert eher die Risiken für die interne und externe Stabilität“, Auszug aus einem Zeitungsinterview mit dem damaligen Vizepräsidenten der Bundesbank K.-O. Pöhl am 10.12.78, zitiert nach Marsh, D. (1992), S. 434.

169 Auf diesen Punkt wird in Teil D noch näher eingegangen.

Tab. 2: Auf- und Abwertungen durch Realignments im EWS

Währung	D-Mark	Fran. Franc		Ital. Lira[2]		Bel./Lux. Franc		Dänische Krone		Niederl. Gulden		Irisches Pfund		Span. Peseta[3]		Pfund Sterling[4]		Portug. Escudo[5]		Griech. Drachme[6]	
Datum	Leitk.*	Leitk.*	FF/DM°	Leitk.*	Lit/DM°	Leitk.*	bfr/DM°	Leitk.*	dkr/DM°	Leitk.*	hfl/DM°	Leitk.*	Ir£/DM°	Leitk.*	Pta/DM°	Leitk.*	£/DM°	Leitk.*	Esc/DM°	Leitk.*	Dr./DM°
24.09.79	+1,01	- 0,97	+2,0	- 0,97	+2,0	- 0,97	+2,0	- 3,80	+5,0	- 0,97	+2,0	- 0,97	+2,0	-	-	+2,07	- 1,0	-	-	-	-
30.11.79	+0,14	+0,14	x	+0,14	x	+0,14	x	- 4,63	+5,0	+0,14	x	+0,14	x	-	-	+0,14	x	-	-	-	-
23.03.81	- 2,47	- 2,47	x	- 8,32	+6,4	- 2,47	x	- 2,47	x	- 2,47	x	- 2,47	x	-	-	+19,70	- 18,5	-	-	-	-
05.10.81	+5,61	- 2,90	+8,8	- 2,90	+8,8	+0,10	+5,5	+0,10	+5,5	+5,61	x	+0,10	+5,5	-	-	- 9,80	+17,1	-	-	-	-
22.02.82	- 0,34	- 0,34	x	- 0,34	x	- 8,81	+9,3	- 3,33	+3,1	- 0,34	x	- 0,34	x	-	-	+7,90	- 7,6	-	-	-	-
14.06.82	+3,61	- 6,32	+10,6	- 3,34	+7,2	- 0,61	+4,3	- 0,61	+4,3	+3,61	x	- 0,61	+4,3	-	-	- 0,61	+4,3	-	-	-	-
21.03.83	+5,36	-2,63	+8,2	- 2,63	+8,2	+1,36	+3,9	+2,36	+2,9	+3,36	+1,9	- 3,63	+9,3	-	-	- 11,02	+18,4	-	-	-	-
22.07.85	+0,15	+0,15	x	- 7,70	+8,5	+0,15	x	+0,15	x	+0,15	x	+0,15	x	-	-	+5,52	- 5,1	-	-	- 13,14	+15,3
07.04.86	+4,68	-1,42	+6,2	+1,63	+3,0	+2,65	+2,0	+2,65	+2,0	+4,68	x	+1,63	+3,0	-	-	- 11,90	+18,8	-	-	- 25,76	+41,0
04.08.86	+1,30	+1,30	x	+1,30	x	+1,30	x	+1,30	x	+1,30	x	- 6,80	+8,7	-	-	- 7,20	+9,2	-	-	- 1,01	+2,3
12.01.87	+2,54	- 0,45	+3,0	- 0,45	+3,0	+1,54	+1,0	- 0,45	+3,0	+2,54	x	- 0,45	+3,0	-	-	- 8,16	+11,7	-	-	- 9,11	+12,8
08.01.90	+0,69	- 0,69	x	- 3,01	+3,8	+0,69	x	+0,69	x	+0,69	x	+0,69	x	+0,69	x	x	+0,7	- 3,18	+4,0	-19,76	+25,5
08.10.90	- 0,55	- 0,55	x	- 0,56	x	- 0,55	x	- 0,55	x	- 0,55	x	- 0,55	x	- 0,56	x	+4,55	- 4,9	- 0,56	x	- 8,46	+8,6
14.09.92	+0,81	+0,81	x	- 6,01	+7,3	+0,81	x	+0,81	x	+0,81	x	+0,81	x	+0,81	x	+0,81	x	+0,81	x	- 18,27	+23,3
17.09.92	+0,26	+0,26	x	+0,26	x	+0,26	x	+0,26	x	+0,26	x	+0,26	x	- 4,75	+5,3	+0,26	x	+0,26	x	+0,26	x
23.11.92	+3,26	+3,26	x	- 3,45	+7,0	+3,26	x	+3,26	x	+3,26	x	+3,26	x	- 2,94	+6,4	- 14,42	+20,7	- 2,94	+6,4	- 1,46	+4,8
01.02.93	+0,87	+0,87	x	- 5,87	+7,2	+0,87	x	+0,87	x	+0,87	x	- 9,22	+11,1	+0,87	x	- 0,33	+1,2	+0,87	x	- 1,95	+2,9
14.05.93	+0,17	+0,17	x	+0,17	x	+0,17	x	+0,17	x	+0,17	x	+0,17	x	- 7,84	+8,7	+2,76	- 2,5	- 6,34	+7,0	- 1,97	+2,2
Kummuliert[1]			**+45,2**		**+101,1**		**+31,2**		**+35,2**		**+4,0**		**+57,1**		**+21,7**		**+52,8**		**+18,3**		**+247,7**

x = keine Veränderung

* Aufwertungen (+) bzw. Abwertungen (-) der ECU-Leitkurse (ECU/1Währungseinheit) in %.

° Bilaterale Auf- (+) bzw. Abwertung (-) der D-Mark gegenüber den anderen EWS-Währungen in %.

1 Kumulierte bilaterale Aufwertung der D-Mark gegenüber den anderen Währungen seit dem Start des EWS am 13.3.79 bzw. seit Aufnahme in den Währungskorb in %.

2 Italien nimmt ab 17.9.92 'vorübergehend' nicht am Wechselkursmechanismus teil; seit dieser Zeit bestehen fiktive Leitkurse.

3 Spanien nimmt ab 19.6.89 mit einen Leitkurs von 0,007474 ECU/Pta am Wechselkursmechanismus teil; die Aufnahme in den Währungskorb erfolgte erst am 21.9.89.

4 Großbritannien nahm ab 8.10.90 mit einen Leitkurs von 1,435 ECU/£ am Wechselkursmechanismus teil; bis dahin bestanden fiktive Leitkurse; ab 17.9.92 'vorübergehende' Nichtteilnahme und wieder fiktive Leitkurse.

5 Aufnahme des Portugiesischen Escudo in den Währungskorb am 21.9.89; ab 6.4.92 nimmt Portugal mit einen Leitkurs von 0,005811 ECU/Esc am Wechselkursmechanismus teil; bis dahin bestanden fiktive Leitkurse.

6 Aufnahme der Griechischen Drachme in den Währungskorb am 17.9.84 mit einem fiktiven Leitkurs von 0,011431ECU/Dr.; bisher keine Teilnahme am Wechselkursmechanismus.

Quelle: DBBk, Beihefte (Devisenkursstatistik), November 1993.

c) Die Kredit- und Beistandsregelungen

Das umfangreiche Beistandssystem umfaßt drei Hauptgruppen, von denen die sehr kurzfristige Finanzierung die wichtigste und auch am stärksten in Anspruch genommene Kreditvereinbarung darstellt.[170] Da sich die am Wechselkursmechanismus beteiligten Zentralbanken verpflichtet haben, Guthaben in Partnerwährungen nur innerhalb festgelegter Grenzen zu unterhalten,[171] stellt die sehr kurzfristige Finanzierung sicher, daß eine Zentralbank die zur Intervention erforderlichen Währungsbeträge von der jeweiligen Gläubigernotenbank auf Kredit erhält. Wie die Interventionspflicht bei obligatorischen Interventionen, so ist auch die sehr kurzfristige Finanzierung dieser Interventionen betragsmäßig unbegrenzt, jedoch ist die Rückzahlung zeitlich auf 45 Tage nach Ablauf des Interventionsmonats befristet. Allerdings kann die Erstfälligkeit automatisch um drei Monate verschoben werden, sofern die Gesamtverschuldung eine Grenze, die der Schuldnerquote der betreffenden Zentralbank im kurzfristigen Währungsbeistand entspricht, nicht übersteigt. Das Basel/Nyborg-Abkommen im Herbst 1987 verlängerte die Laufzeit auf dreieinhalb Monate und die Obergrenze für die automatische Prolongation wurde auf das Doppelte der Schuldnerquote erhöht.[172] Mit Zustimmung des Gläubigers können die Höchstgrenze und die Laufzeit darüber hinaus noch erhöht bzw. verlängert werden. Die gesamte Abwicklung geschieht über ECU-Konten beim EFWZ.

Der kurzfristige Währungsbeistand stellt eine Kreditfazilität zur Deckung des Finanzierungsbedarfs dar, der sich aus kurzfristigen und vorübergehenden Zahlungsbilanzdefiziten ergibt. Die Kredithöhe hängt von den Schuldner- und Gläubigerquoten ab, die für jede teilnehmende Zentralbank ihren Anspruch, Währungsbeistand zu erhalten und ihre Verpflichtung, Währungsbeistand zu gewähren, bestimmen. Der Kredit läuft grundsätzlich drei Monate und kann zweimal verlängert werden. Eine Erhöhung der Finanzierung ist im Rahmen der Rallongen möglich.

Beim mittelfristigen finanziellen Beistand handelt es sich um einen Beistand, den der EG-Ministerrat gewährt, wenn ein EG-Mitgliedsstaat von Zahlungsbilanzschwierigkeiten betroffen oder ernstlich bedroht ist. Die Kreditgewährung ist in Höhe der Bereitstellungsplafonds für jedes Mitgliedsland begrenzt. Ein einzelnes Land kann nicht mehr als 50 % des Gesamtplafondsbetrages in Anspruch nehmen. Der Beistand ist allerdings an wirtschafts- und währungspoli-

---

170 Zu den Kredit- und Beistandsmechanismen im Detail vgl. neben den offiziellen Vertragstexten Ypersele v., J. / Koeune, J.-C. (1984), S. 64f., Kleinheyer, N. (1987), S. 81f.

171 Vgl. Art. 15 des Abkommens der EWS-Zentralbanken vom 13.3.1979.

172 Siehe hierzu die Pressemitteilung des Ausschusses der EWS-Zentralbankpräsidenten vom 18.9.1987.

tische Auflagen gebunden und ist binnen zwei bis fünf Jahren zurückzuzahlen.[173] Die Quoten des kurzfristigen Währungsbeistands und die Bereitstellungsplafonds des mittelfristigen finanziellen Beistands sind in folgender Tabelle zusammengefaßt:

Tab. 3: Kurz- und mittelfristige Kreditfazilitäten im EWS

Kreditmechanismen	*Kurzfristiger Währungsbeistand zwischen den Notenbanken*			*Mittelfristiger finanzieller Beistand*	
Position[1] / Notenbank (Land)	Schuldnerquoten Mio. ECU	Gläubigerquoten Mio. ECU	Anteil %	Bereitstellungsplafonds (Land) Mio. ECU	%
Deutsche Bundesbank	1740	3480	19,51	3105	19,50
Banque de France	1740	3480	19,51	3105	19,50
Bank of England	1740	3480	19,51	3105	19,50
Banca d'Italia	1160	2320	13,00	2070	13,00
Banco España	725	1450	8,13	1295	8,13
Nederlandsche Bank	580	1160	6,50	1035	6,50
Banque Nationale de Belgique (Luxemburg)	580	1160	6,50	1000 35	6,28 0,22
Danmarks Nationalbank	260	520	2,91	465	2,92
Bank of Greece	150	300	1,68	270	1,69
Banco de Portugal	145	290	1,63	260	1,63
Centralbank of Ireland	100	200	1,12	180	1,13
Summe der Quoten	8920	17840	100,00	15925	100,00
Rallongen[2]	8800	8800	-	-	-
Insgesamt	17720	26640	-	15925	100,00

1 Die Quoten und Plafonds sind im Zeitablauf mehrmals angepaßt worden.
2 Für Länder, die nicht am Wechselkursmechanismus teilnehmen, betragen die Rallongen 3600 Mio. ECU, davon kann eine einzelne Zentralbank grundsätzlich bis zu 50 % (1800 Mio. ECU) in Anspruch nehmen.

Quelle: DBBk (1986), S. 275f.

Darüber hinaus sind als langfristiges Kreditinstrumentarium die Gemeinschaftsdarlehen zu nennen, die im Zuge der Errichtung des EWS beschlossen wurden. Neben den allgemeinen EG-Gemeinschaftsdarlehen[174] werden gemäß Teil B der Ratsentschließung vom 5.12.1978 Darlehen zu Sonderbedingungen den weniger wohlhabenden Mitgliedstaaten zur Stärkung ihres Wirtschaftspotentials gewährt; dabei gilt die Bedingung, daß die Empfängerländer voll am Wechselkursmechanismus teilnehmen müssen. Die Darlehen können sich bis

173 Einschränkend muß jedoch bemerkt werden, daß die Möglichkeit der Gemeinschaft, die Einhaltung der mit der Gewährung verbundenen Auflagen zu erzwingen, eher gering ist.

174 Im Juni 1988 sind der mittelfristige finanzielle Beistand und die Gemeinschaftsdarlehen (Plafondsgesamtbetrag der Darlehen: 14 Mrd. ECU) in ein einheitliches System des mittelfristigen Beistands zur Stützung der Zahlungsbilanzen der Mitgliedstaaten zusammengefaßt worden, so daß nun die Möglichkeit besteht, über den Spielraum des mittelfristigen Beistands hinaus Gemeinschaftsdarlehen bis zur Höhe bestimmter Plafonds in Anspruch zu nehmen, siehe dazu die Ratsverordnung (EWG) Nr. 1969/88.

zu einem Zeitraum von fünf Jahren auf insgesamt eine Mrd. ECU pro Jahr belaufen. Dabei werden Zinssubventionen in Höhe von 3 % des Darlehensbetrages, insgesamt höchstens 200 Mio. ECU pro Jahr, gewährt. Die bereitgestellten Mittel sollen zweckgebunden zur Finanzierung von bestimmten Infrastrukturvorhaben verwendet werden.

Im Gegensatz zu der sehr kurzfristigen Finanzierung sind die Kreditfazilitäten des kurzfristigen Währungsbeistands und des mittelfristigen finanziellen Beistands bislang kaum in Anspruch genommen worden. Dies liegt v. a. daran, daß durch die Möglichkeit einer uneingeschränkten Verschuldung auf den internationalen Finanzmärkten der Rückgriff auf die bedingten Kreditmechanismen des EWS, insbesondere die mit Auflagen versehenen Kredite des mittelfristigen Beistands, vermieden werden konnte. So waren die Defizitländer in der Lage, den mit den EWS-Kreditfazilitäten verbundenen Disziplinierungszwang zu umgehen und gleichzeitig, aufgrund des potentiellen Anspruchs auf Beistandskredite, eine höhere Bonität auf und damit einen erleichterten Zugang zu den Euromärkten zu erreichen.[175] Dagegen ist die Möglichkeit, auf die bereitgestellten zinsvergünstigten Darlehen zurückzugreifen, von den dazu berechtigten Mitgliedstaaten (v. a. Italien und Irland) gerade in den Anfangsjahren voll in Anspruch genommen worden.[176]

3. Vertragstheoretische Beurteilung des EWS

a) Rechtliche Grundlagen des EWS

Das Vertragswerk des EWS stellt keine formaljuristische Einheit dar, sondern ist eine Mixtur aus unverbindlichen Absichtserklärungen, Gemeinschaftsrecht und einseitig kündbaren Abkommen, zum Teil unter Einbeziehung früher bestehender Verträge und Abmachungen. Die Zuständigkeiten teilen sich dabei verschiedene europäische Institutionen: der Europäische Rat, der Rat und die Kommission der EG, die Zentralbanken der Mitgliedstaaten und der Verwaltungsrat des EFWZ. Die wichtigsten originären Rechtsquellen dieses Vertragsnetzes sind im einzelnen:

- die Entschließung des Europäischen Rates vom 5. Dezember 1978 über die Errichtung des Europäischen Währungssystems (EWS) und damit zusammenhängender Fragen, bei der es sich allerdings nur um eine unverbind-

175 Vgl. hierzu EG-Kommission (1984), S. 5.

176 Zur Inanspruchnahme der Darlehen siehe die Tabelle in Ypersele v., J. / Koeune, J.-K. (1984), S. 67.

liche Absichtserklärung handelt und in der die generelle Grundkonzeption des EWS zusammengefaßt ist;

- die drei Rechtsverordnungen des Rates,[177] in denen die Schaffung des EFWZ, die Zusammensetzung der ECU und die Ermächtigung zur Ausgabe und Verwendung der ECU geregelt werden;
- die Entscheidung des Rates vom 21. Dezember 1978, die die Ratsentscheidung über die Einführung eines Mechanismus für den mittelfristigen finanziellen Beistand von 1971 gemäß der Entschließung ergänzt bzw. anpaßt;
- das Abkommen der Zentralbanken der Mitgliedstaaten über die Funktionsweise des Europäischen Währungssystems vom 13. März 1979, in dem die technische Handhabung des EWS geregelt wird;
- die von den Zentralbanken der Mitgliedsländer angenommene Akte über den kurzfristigen Währungsbeistand vom 13. März 1979, in der das Abkommen der EG-Zentralbanken zur Errichtung eines Systems des kurzfristigen Währungsbeistands vom 9. Februar 1970 ergänzt bzw. an den Erfordernissen des EWS angepaßt wird;
- die beiden Beschlüsse des Verwaltungsrats des EFWZ vom 13. März 1979, in denen die wesentlichen Bestimmungen des Zentralbankabkommens als Regeln für die Verwaltungstätigkeit des EFWZ (Beschluß Nr. 12/79) sowie die Änderung des kurzfristigen Währungsbeistands ins Gemeinschaftsrecht übernommen werden (Beschluß Nr. 13/79).[178]

Von all diesen Beschlüssen und Entscheidungen stellt das Zentralbankabkommen in Verbindung mit dem Abkommen über den kurzfristigen Währungsbeistand das materielle und formale Herzstück des EWS dar. Die meisten Regelungen des EWS sind in diesem Abkommen niedergelegt, während sich in den Rechtsakten des Gemeinschaftsgesetzgebers entweder nur allgemeine Prinzipien oder Nebenaspekte des EWS finden. Jedoch ergeben sich Rechte und Pflichten aus dem EWS-Abkommen nur insoweit, als ein Land am Wechselkursmechanismus teilnimmt. Ferner bestehen keine verbindlichen Teilnahmevorschriften für alle im Abkommen angesprochenen Bereiche (Wechselkurs-

177 Verordnung (EWG) Nr. 907/73 vom 3.4.1973 (Schaffung und Funktionen des EFWZ), Verordnung (EWG) Nr. 3180/78 vom 18.12.1978 (Schaffung und Definition der ECU sowie verbindliche Verwendungspflicht der ECU im Rahmen der Transaktionen des EFWZ), Verordnung (EWG) Nr. 3181/78 vom 18.12.78 (Ermächtigung des EFWZ zur Entgegennahme von Währungsreserven und zur Ausgabe von ECU, Ermächtigung des EFWZ und der Währungsbehörden zur Verwendung von ECU für bestimmte Zwecke, Ermächtigung des Verwaltungsrates des EFWZ, erforderliche Verwaltungsmaßnahmen zu treffen).

178 Zur Kommentierung der Rechtsquellen des EWS siehe Burgard, H. (1980), S. 46f., wie schon erwähnt sind die Vertragstexte in Ausschuß der Zentralbankpräsidenten (1985) und in Krägenau, H. / Wetter, W. (1993), S. 97f. an entsprechender Stelle zu finden.

mechanismus, sehr kurzfristige Finanzierung, Schaffung, Verwendung und Verzinsung der ECU). Von rechtlicher Seite aus ist das Abkommen auch jederzeit kündbar.[179] Wegen dieser einseitigen Kündbarkeit und der Möglichkeit einer partiellen Nichtteilnahme an den verschiedenen Mechanismen des Abkommens sind auch die Beschlüsse des EFWZ-Verwaltungsrates, die zwar von der Form her abgeleitetes verbindliches Gemeinschaftsrecht darstellen, juristisch gesehen unverbindlich.[180]

Der Unverbindlichkeitscharakter des vertraglichen Rechtsrahmens wurde auch durch die am 1. Juli 1987 in Kraft getretene Einheitliche Europäische Akte so gut wie nicht verändert. In dem neuen Art. 102a fanden zwar das EWS und die ECU erstmals Erwähnung im EWGV und es wurde das ehrgeizige Ziel der Wirtschafts- und Währungsunion als Kapitelüberschrift dieses Artikels im Vertragswerk festgeschrieben, gemeinschaftsrechtlich verbindliche Regelungen bezüglich der währungspolitischen Zusammenarbeit wurden jedoch nicht getroffen. Es war lediglich vorgesehen, daß die Mitgliedstaaten, „um die für die Weiterentwicklung der Gemeinschaft erforderliche Konvergenz der Wirtschafts- und Währungspolitiken zu sichern", gemäß den Zielen des schon bestehenden Art. 104 EWGV zusammenarbeiten und sich in ihren Konvergenzbemühungen auf die Erfahrungen, die im Rahmen des EWS gesammelt worden sind, stützen.[181] Rechtlich verbindliche Regelungen, die dann auch Sanktionsmöglichkeiten bzw. Klagebefugnis beim Europäischen Gerichtshof beinhalten würden, waren ausgeschlossen, um die nationale währungspolitische Souveränität zu bewahren.[182]

---

179 Es war ursprünglich auch eine explizite 'opting out'-Klausel für ein zeitweiliges Ausscheren aus dem Wechselkursmechanismus im Vertrag vorgesehen; diese Klausel wurde jedoch wegen des befürchteten Glaubwürdigkeitsverlustes für das ganze System wieder fallengelassen, vgl. Hellmann, R. (1979), S. 78. Das Beispiel von Großbritannien und Italien, die seit September 1992 'vorübergehend' nicht am Wechselkursmechanismus teilnehmen, zeigt jedoch, daß nichts die Zentralbanken daran hindert, in einer besonderen Lage dem zeitweiligen Ausscheiden eines oder mehrerer Mitglieder zuzustimmen.

180 Vgl. dazu Burgard, H. (1980), S. 48.

181 Siehe Art.102a EWGV Ziffer 1, zu Art. 104 EWGV vgl. S. 122.

182 Vgl. hierzu Hellmann, R. (1990), S. 204. Eine entscheidende Regelung, die die nationale währungspolitische Verantwortlichkeit einschränkte, konnte allerdings im Zuge bzw. als Folge dieser Akte durchgesetzt werden. Mit dem beschlossenen Ziel der Vollendung des Binnenmarktes bis zum 31.12.1992 wurde als eine Vorbedingung die vollständige Freizügigkeit des Kapitalverkehrs gefordert; diese Liberalisierung wurde mit der EG-Richtlinie, die im Juni 1988 verabschiedet und bis zum 1.7.1990 in allen Ländern bis auf Irland, Spanien (Übergangsfrist bis Ende 1992), Griechenland und Portugal (Übergangsfrist bis Ende 1995) in nationales Recht umgesetzt wurde, erreicht; allerdings wurden umfangreiche Schutzklauseln einzelnen Ländern gewährt, die während den Währungskrisen 1992 und 1993 von Spanien und Portugal auch angewendet wurden (aber auch (verdeckt) von Frankreich, vgl. dazu den Artikel 'A funny thing happened'

Erst mit der Annahme des Dreistufenplans zur Errichtung einer Europäischen Wirtschafts- und Währungsunion,[183] dessen erste Stufe am 1. Juli 1990 begann und mit der Unterzeichnung des Maastrichter Vertrages zur Europäischen Union am 7. Februar 1992, der mit der Ratifizierung aller EG-Staaten am 1. November 1993 in Kraft getreten ist und neben der Politischen Union als längerfristiges Hauptziel die Errichtung einer Europäischen Wirtschafts- und Währungsunion auf Grundlage des Stufenplans festlegt, ist eine grundlegende rechtliche Veränderung des früheren EWG-Vertrages in bezug auf die währungspolitische Zusammenarbeit in Europa erreicht worden.[184]

Die erste und die seit 1. Januar 1994 wirksame zweite Stufe haben jedoch an den eigentlichen Regelungen des EWS bislang nichts Grundlegendes verändert. Es sind lediglich eine Verbesserung der währungs- und wirtschaftspolitischen Koordination und die Förderung der wirtschaftlichen Konvergenz der Mitgliedstaaten in den beiden ersten Stufen vorgesehen.[185] Die Erreichung eines bestimmten Konvergenzgrades in der wirtschaftlichen Entwicklung und in den Wirtschaftspolitiken der EG-Länder - gemessen an festgelegten Konvergenzkriterien - gilt als Voraussetzung für das Anlaufen der dritten und letzten Stufe, die spätestens Anfang 1999 in Kraft treten soll und in der dann erst die Wechselkurse unwiderruflich fixiert und anschließend durch eine gemeinsame Währung ersetzt werden sollen.

Das EWS stellt somit bis dato ein relativ unverbindliches Vertragswerk dar, das im wesentlichen auf einer Vereinbarung zwischen den Zentralbanken der

---

im Londoner Wirtschaftsmagazin 'The Economist' Vol. 325 Nr. 7780 (Oktober 1992), S. 83). Zur Liberalisierung des Kapitalverkehrs in der EG siehe EG-Kommission, EW Nr. 36 (1988), Fröhlich, H.-P. (1990). Auf die Konsequenzen des Wegfalls der Kapitalverkehrsbeschränkungen für die Entwicklung des EWS wird in Teil D noch näher eingegangen.

183 Siehe Delors-Bericht (1989), insbesondere S. 31f.; der Dreistufenplan wurde auf der Regierungkonferenz in Madrid im Juni 1989 angenommen.

184 Der Maastrichter Vertragstext über die Europäische Union vom 7.2.1992 ist abgedruckt in BPA, Bulletin (1992a).

185 Die beiden Beschlüsse, die im März 1990 vom Ministerrat verabschiedet wurden, beinhalten eine Erweiterung der Aufgaben und Kompetenzen des Ausschusses der Zentralbankpräsidenten und die 'Überwachung' (ohne Sanktionsgewalt) der wirtschaftlichen Entwicklung und der Wirtschaftspolitiken in der EG durch den Rat der Wirtschafts- und Finanzminister der EG (ECOFIN). In der zweiten Stufe soll die Konvergenz weiter gefördert und durch rechtliche und institutionelle Veränderungen die organisatorische Grundlage für die letzte Stufe geschaffen werden. Die Installation des Europäischen Währungsinstituts als Vorläufer der EZB, das den Zentralbankpräsidentenausschuß ablöst und die Aufgaben des EFWZ übernimmt, und die schrittweise Realisierung der geforderten Notenbankautonomie in den EG-Staaten sind dabei die wichtigsten Veränderungen im institutionellen Bereich, vgl. hierzu DBBk, MB (Juli 1990), S. 30f. und MB (Januar 1994), S. 25f.

Teilnehmerstaaten beruht, die durch gemeinschaftsrechtliche Regelungen kaum einschränkt wird.[186]

b) Relationaler Charakter des EWS

Wie in Kap. B.IV.3.a) für Festkursarrangements im allgemeinen schon dargelegt, können die Merkmale relationaler Vertragsverhältnisse in gleicher Weise auf das EWS übertragen werden. Den Bemühungen, das gemeinsame Ziel stabiler Wechselkursrelationen mit vertraglich fixierten Koordinationsregelungen zu erreichen, standen unterschiedliche nationale Interessen bezüglich der konkreten Gestaltung des Vertrages entgegen; die für eine Einigung notwendige Berücksichtigung dieser divergierenden Positionen war mitverantwortlich für den Kompromißcharakter des Vertragswerkes, das deshalb auch keine rechtlich zwingenden Regelungen beinhaltete. Aufgrund der bei allen Mitgliedstaaten ausgeprägten Priorität, an ihrer nationalen geldpolitischen Autonomie festzuhalten, zusammen mit der langfristigen Ausrichtung der Kooperation und der Unsicherheit in bezug auf zukünftige politische und ökonomische Entwicklungen wurden bewußt keine umfassenden Verfahrensregeln implementiert; das Vertragswerk sollte in seiner Anpassungsfähigkeit so flexibel wie möglich gehalten werden, nicht zuletzt auch um die Möglichkeit für Großbritannien und für die zukünftigen EG-Länder offen zu halten, dem Wechselkursmechanismus zu einem späteren Zeitpunkt beizutreten, bzw. um den Fall des eigenen Austritts nicht ausschließen zu müssen.[187] Es wurde zudem keine konkrete externe Sanktionsinstanz ('court ordering') installiert, auf die die beteiligten Staaten bzw. Notenbanken in Konfliktfällen zurückgreifen könnten. Das Zentralbankabkommen ist deshalb durch eine mehr implizite Politikkoordination zwischen den Notenbanken gekennzeichnet und nicht durch explizite formale Abstimmungsprozeduren, die in einigen Bereichen der wirtschaftlichen Zusammenarbeit auf EG-Ebene schon damals praktiziert wurden.[188]

---

186 Der Ausschuß der Zentralbankpräsidenten ist neben den allgemein gehaltenen, wirtschaftspolitischen Leitlinien nur an die vom Rat erlassenen Richtlinien, insbesondere an die Entscheidungen über Realignments gebunden, vgl. Art. 2 der EFWZ-Satzung.

187 Die Formulierung in der Ratsentschließung vom 5.12.78 zur zukünftigen Entwicklung des EWS (Abschnitt 1.4.): „Wir sind nach wie vor fest entschlossen, die hiermit eingeführten Bestimmungen und Verfahren spätestens zwei Jahre nach der Einführung dieses Systems in ein endgültiges System einzubringen" und der darauffolgende Beschluß in 1980, daß dieser Übergang zur institutionellen Phase des EWS „im geeigneten Augenblick" vorgenommen werden sollte (Ypersele v., J. / Koeune, J.-C. (1984), S. 103) machen die 'Flexibilität' auch in der Handhabung von Ratsentschließungen deutlich.

188 Die geplante Übertragung nationaler Geldpolitiken auf die zukünftige EZB kann in diesem Zusammenhang als Überführung der bisher praktizierten, impliziten Politikkoordination in ein explizites Koordinationsverfahren angesehen werden.

Dafür konnte man sich schon zu Beginn auf eine vorhandene 'governance structure' für die interne Koordinierung der Geldpolitik auf europäischer Ebene stützen. Der institutionelle Rahmen der geld- und währungspolitischen Zusammenarbeit besteht aus dem Ausschuß der Zentralbankpräsidenten, der schon seit 1964 existiert, dem die Verwaltung der sehr kurzfristigen Finanzierung und des kurzfristigen Währungsbeistands obliegenden EFWZ (gegründet 1973) und dem beratenden Währungsausschuß (1958 eingesetzt).[189] Während in ersteren Gremien ausschließlich die Zentralbanken vertreten sind, arbeiten im Währungsausschuß Regierungen und Notenbanken auf Gemeinschaftsebene zusammen.[190] Obwohl diese Gremien, insbesondere der Währungsausschuß, mit nur wenig Kompetenz ausgestattet wurden, waren und sind sie dennoch von Bedeutung für die geldpolitische Kooperation in Europa. Durch den ständigen Kontakt zwischen den Notenbanken und zwischen den Mitgliedsregierungen fand ein regelmäßiger Informationsaustausch statt, der zur Klärung von Interessenskonflikten bzw. zur frühzeitigen Abstimmung von Maßnahmen bei nicht erwünschten Entwicklungen im EWS beitragen konnte; darüber hinaus dienten die Gremien als wichtige Kommunikationskanäle, wenn über Anpassungen bzw. Weiterentwicklungen des institutionellen Rahmens der währungspolitischen Kooperation verhandelt wurde.[191]

Es bestanden also schon ex ante institutionell implementierte Koordinationsmechanismen, die der Gestaltung und Entwicklung des internen Rahmens der geldpolitischen Kooperation zwischen den EG-Staaten dienten. Damit wurde zwar dem durch die vorhandenen Vertragslücken zwangsläufigen Bedarf an impliziten Verfahren zur Lösung potentieller Konflikte, die auch notwendige Vertragsanpassungen an sich verändernde Bedingungen regeln sollen, von institutioneller Seite Rechnung getragen; eine eindeutige Spezifizierung der Verfahren bzw. Verhaltensregeln konnte jedoch in den Verhandlungen nicht oder nur zum Teil erreicht werden. Dies lag zum einen an den unterschiedlichen

189 Wie schon erwähnt, wird der Ausschuß der Zentralbankpräsidenten durch das im Laufe des Jahres 1994 die Arbeit aufnehmende Europäische Währungsinstitut, das auch die Aufgaben des EFWZ übernimmt, institutionell ersetzt. Zur Zusammenarbeit der Notenbanken in den genannten Gremien vor Inkrafttreten des EWS vgl. Gleske, L. (1980).

190 Dem Währungsausschuß gehören je ein hoher Regierungsbeamter und ein hoher Zentralbankvertreter aus jedem Mitgliedstaat sowie 2 Vertreter der Kommission an.

191 Vgl. dazu Bofinger, P. (1991), S. 366. Daß den Gremien in der Praxis ein größerer Einfluß als formal zugestanden wird, zeigt das Beispiel des Währungsausschusses, der nach der Satzung eigentlich nur beratende Funktion besitzt, sich jedoch im Zeitablauf zu einem Konsultationsorgan entwickelte und insbesondere bei der Vorbereitung von Leitkursanpassungen eine bedeutende Rolle spielte, vgl. Kees, A. (1987), S. 164f. Diesem Ausschuß wurde mit der ersten Phase des Stufenplans (1990) neben dem Ausschuß der Zentralbankpräsidenten auch offiziell mehr Einfluß zugesprochen, vgl. Herz, B. / Nürk, B. (1990), S. 315.

Vorstellungen über die Höhe des Kooperationsgrades in den einzelnen Bereichen der geldpolitischen Zusammenarbeit, zum anderen an der Unmöglichkeit, ex ante alle Maßnahmen, die zukünftige Entwicklungen erforderlich machen können, genau festzulegen. Es schien, daß sich die Mitgliedsländer bzw. deren Notenbanken möglichst große Freiheitsräume erhalten wollten und auf den Kooperationswillen der anderen Zentralbanken bzw. auf ihr eigenes Verhandlungsgeschick in Konfliktfällen setzten.

c) Opportunismusschutz und Vertragskosten

Neben dem Hauptziel, eine stabile Währungszone zu erreichen, wird nach der Formulierung des Europäischen Rates die Geldwertstabilität in den einzelnen Mitgliedsländern als weiteres Ziel bzw. als Mittel zur Förderung der Wechselkursstabilität genannt.[192] Wenn man davon ausgeht, daß mit dem System die Sicherung der externen und internen Stabilität gleichrangig angestebt werden soll, dann muß opportunistisches Verhalten darin gesehen werden, daß ein bzw. mehrere Mitgliedsländer eine mit den gemeinsamen Zielen unvereinbare inflatorische Geldpolitik betreiben, die negative Auswirkungen auch auf die übrigen Mitgliedsländer mit sich bringt. Der Frage, inwiefern das EWS von seiner Ausgestaltung her in der Lage ist, solch ein Verhalten zu unterbinden bzw. einzuschränken, soll im folgenden nachgegangen werden.

Die Interventionsregeln im EWS sind so gestaltet, daß bei Erreichen der oberen bzw. unteren Interventionspunkte im bilateralen Paritätengitter die betreffenden Zentralbanken zu unbegrenzten obligatorischen Interventionen verpflichtet sind. Diese formale Symmetrie der Interventionsverpflichtungen sollte gewährleisten, daß die Anpassungslasten gleichmäßig auf die Mitgliedsländer verteilt werden. Werden die Interventionspunkte durch unterschiedliche Expansionsraten des Geldangebots in beiden Ländern ausgelöst, so findet die Anpassung durch Veränderungen der Geldmengenwachstumsraten statt. Der Kauf der eigenen Währung auf den Devisenmärkten mit Hilfe der Partnerwährung, die der Zentralbank der schwachen Währung über den EFWZ unbegrenzt als Kredit zur Verfügung gestellt wird, führt im Schwachwährungsland zu einer Kontraktion der Geldmenge, während im Starkwährungsland durch die Bereitstellung der eigenen Währung als Interventionswährung die Geldmenge erhöht wird. In beiden Ländern kommen diese Liquiditätswirkungen, die zu einem neuen Gleichgewicht auf dem Devisenmarkt führen, grundsätzlich zum

192 In Abschnitt 1.3. der Ratsentschließung vom 5.12.1978 heißt es: „Wir sind fest entschlossen, den dauerhaften Erfolg des EWS durch eine auf größere innere und äußere Stabilität gerichtete Politik sowohl für Defizit- als auch für Überschußländer zu gewährleisten.“

Tragen. Allerdings sagen die Regeln nichts darüber aus, ob die Auswirkungen auf die einheimische Liquidität durch entsprechende geldpolitische Operationen (wie z. B. Offenmarktpolitik mit Wertpapierpensionsgeschäften) neutralisiert werden dürfen oder nicht. Beide beteiligten Länder können im Prinzip die Geldmengenänderungen sterilisieren und somit die Anpassungseffekte der Interventionen aufheben.

Neutralisierungsoperationen sind jedoch nicht unbegrenzt möglich, denn den Liquiditätsänderungen und den potentiellen Sterilisationspolitiken stehen die asymmetrischen Wirkungen auf die jeweiligen nationalen Devisenreservebestände entgegen. Aufgund der Saldenausgleichsregeln, die das gegenseitige Halten von umfangreichen EWS-Währungsbeständen grundsätzlich nicht zulassen, muß die Schuldnerzentralbank im vorgesehenen Zeitraum die Interventionswährungsbestände zurückgeben. Dies hat zur Folge, daß deren Währungsreserven schrumpfen, während die Notenbank der Starkwährung mit einer Zunahme ihrer Währungsreserven konfrontiert ist. Die Effekte der Reserveveränderungen implizieren jedoch nur für die Zentralbank der Schwachwährung Handlungsbedarf; denn aufgrund ihres begrenzten Fremdwährungsbestandes ist diese früher oder später gezwungen, ihre Politik entsprechend anzupassen bzw. eine mehr restriktive Geldpolitik zu betreiben, um eine weitere Reserveabnahme aufhalten zu können. Demgegenüber ist die Notenbank der Starkwährung durch den Reservenzugang nicht zu einem Kurswechsel in ihrer Geldpolitik genötigt.[193]

Infolge dieses asymmetrischen Reserveeffektes ist auch das Sterilisationspotential des Schwachwährungslandes schnell erschöpft. Darüber hinaus kann es durch seine Sterilisationspolitik einen erneuten Abwertungsdruck auf seine Währung erzeugen, der wiederum weitere Interventionen und Reserveverluste nach sich zieht. Dieser Abwertungsdruck kann deshalb entstehen, weil der zu einem Devisenmarktgleichgewicht führende Anpassungsmechanismus über den Zins gerade durch die Neutralisierungsmaßnahmen gestört wird.[194] Das Starkwährungsland dagegen stößt in seinem Sterilisationspotential erst dann an

---

193 Für eine nähere Analyse der kurzfristigen Liquiditätseffekte und der mittelfristig wirkenden Reserveänderungen von Interventionen im EWS siehe Bofinger, P. (1988) und (1991), S. 108f. und S. 350f., Herz, B. (1994), S. 47f.; zu dieser 'eingebauten' Asymmetrie von Festkurssystemen in Form eines stärkeren Anpassungsdrucks auf seiten der Weichwährungsländer vgl. auch Wyplosz, C. (1989).

194 Der Anpassungsprozeß läuft in der Weise ab, daß die von Devisenmarktinterventionen ausgehenden Liquiditätswirkungen zu einem Anstieg der Zinsen für die schwache Währung und zu einer Abnahme der Verzinsung der Starkwährung führen. Eine Anlage in der schwachen Währung wird lukrativer, es steigt damit die Nachfrage nach dieser Währung und führt somit zu einem neuen Gleichgewicht auf dem Devisenmarkt. Eine Sterilisationspolitik würde dieser Zinsdifferenzänderung entgegenwirken.

seine (hypothetischen) Grenzen, wenn das ganze Zentralbankgeld auf der Basis von Währungsreserven geschaffen wurde. Da jedoch die Notenbank der Hartwährung bestrebt ist, ihr Geldmengenziel einzuhalten, sind die tatsächlichen Grenzen einer solchen Kompensationspolitik enger gesetzt, zumal die Gefahr besteht, mit einer weiteren Sterilisierung der Geldmengenexpansion mittels restriktiver Geldpolitik unerwünschte Wachstumseinbußen zu erzeugen. Insgesamt gesehen sind die Sterilisationskosten für das Schwachwährungsland größer als für das Starkwährungsland, weil das Land mit schwacher Währung durch den Währungsreservenrückgang gezwungen ist, entweder eine restriktive Geldpolitik zu betreiben, sich also dem Partnerland anzupassen, oder abzuwerten. Das Land mit der starken Währung hat durch die Zunahme der Reserven relativ geringe Kosten zu tragen, zumal wenn die Reserveaktiva entsprechend verzinst werden.[195] Je nach Größe des Sterilisationspotentials der Zentralbanken kann es jedoch auch im Gläubigerland zu einem Nettoinflationseffekt kommen, wenn die geldpolitischen Kompensationsmaßnahmen nicht oder nur unzureichend greifen.[196]

Die beschriebenen Liquiditäts- und Anpassungseffekte treffen auch auf intramarginale Interventionen zu, sind jedoch nur für das Schwachwährungsland von Bedeutung. Durch die Möglichkeit von Interventionen innerhalb der Bandbreiten besteht bei den Schwachwährungsländern ein Anreiz, mit Hilfe dieser Interventionen ein Abgleiten ihrer Währung bzw. das Erreichen der obligatorischen Interventionspunkte zu verhindern. Diese einseitig vorgenommenen Interventionen, bei denen auch Drittwährungen eingesetzt werden dürfen, führen allerdings auch zu einer Verringerung der Geldmenge und zu einer Abnahme der Währungsreserven des Schwachwährungslandes. Damit kommt es bei intramarginalen Interventionen - unter der Bedingung, daß das Hartwährungsland sich nicht beteiligt und eine Finanzierung über den EFWZ nicht möglich ist - stets zu einer Reduktion der monetären Basis und des Reservebestandes im Weichwährungsland. Die Reserven des Partnerlandes bleiben dagegen unverändert und es ist nur dann mit einer Erhöhung seiner Geldmenge konfrontiert, wenn das Schwachwährungsland Interventionswährungsbestände, die es direkt bei der Zentralbank des Starkwährungslandes angelegt hat, verwendet. Im Fall des Einsatzes von Drittwährungen bleibt auch die Geldmenge des Hartwährungslandes unberührt und es kommt damit zu asymmetrischen

---

195 Vgl. Bofinger, P. (1991), S. 79f. Für eine formale Analyse des Sterilisationsverhaltens von Zentralbanken in Festkurssystemen siehe z. B. Obstfeld, M. (1983), S. 162f.; für einen ausgezeichneten Überblick über die wissenschaftliche Diskussion der Wirkungen von Zentralbankinterventionen und deren Sterilisierung siehe Edison, H. J. (1993).

196 Siehe dazu Hasse, R. H. (1989), S. 70.

Liquiditäts- und Reserveeffekten, die das Weichwährungsland allein zu tragen hat.[197]

Somit steht der formalen Symmetrie der Interventionsregeln eine Asymmetrie in den Anpassungsverpflichtungen entgegen. Überwiegt letztere so führt dies im Prinzip zu einem stabilitätskonformen Verhalten des Weichwährungslandes; der Anpassungsdruck wird darüber hinaus bei entsprechendem Sterilisationsverhalten des Starkwährungslandes noch verstärkt. Dieser Disziplinierungszwang kann jedoch durch eine Reihe von Faktoren relativiert werden:

- Der Reserveeffekt wird in seiner Bedeutung insofern abgeschwächt als die Möglichkeit für die Mitgliedstaaten gegeben ist, sich neben den EWS-Beistandskrediten Währungsreserven bzw. Devisenkredite beim IMF oder auf den internationalen Finanzmärkten zu beschaffen und sich ohne große Schwierigkeiten auch längerfristig zu refinanzieren.[198] Dabei spielt die hohe Bonität, die die EWS-Länder auch wegen des potentiellen Zugriffs auf die Währungsbeistände des Systems besitzen, eine wichtige Rolle. Desweiteren erfolgt die Rückzahlung der eingegangen Interventionskredite meist unmittelbar nach durchgeführten Realignments, weil zu diesem Zeitpunkt die D-Mark als die am häufigsten benutzte Interventionswährung im EWS wegen der dann voll wirksamen Zinsdifferenzen im Band überwiegend schwach notiert.[199] So können die Kosten der Interventionen relativ gering gehalten werden, was wiederum ein Festhalten an den neuen Leitkursen, auch wenn sie mit der Zeit nicht mehr den ökonomisch notwendigen Relationen entsprechen, erleichtert.
- Der gezielte Einsatz von Kapitalverkehrskontrollen, die gerade in den Schwachwährungsländern in der Vergangenheit oft und massiv angewendet wurden, vermag den Anpassungsdruck zumindest auf kurze Frist und insbesondere vor einem erwarteten Realignment abzumildern. Denn mit der

---

197 Hinter EWS-Interventionen in Drittwährungen, überwiegend US-Dollars, steht die Motivation der Weichwährungsländer, durch Dollar-Käufe die dominierende Hartwährung und internationale Reservewährung, die D-Mark, zu schwächen und damit indirekt ihre Währungen gegenüber der D-Mark zu stützen; denn die Schwäche der D-Mark gegenüber dem Dollar überträgt sich meist auch auf das EWS, vgl. hierzu Giavazzi, F. / Giovannini, A. (1989), S. 133f. Auf diesen Punkt wird in Teil D bei der Analyse des Interventionsverhaltens im EWS noch näher eingegangen. Für eine schematische Darstellung der Geldmengen- und Reserveeffekte alternativer Interventionsformen am Beispiel eines Abwertungsdruckes auf den Fr. Franc gegenüber der D-Mark siehe Herz, B. (1994), S.45.

198 Zu einer noch weitergehenden Relativierung des Reserven-Arguments in diesem Zusammenhang siehe Hasse, R. H. (1989), S. 76.

199 In Abb. 14 und Abb. 15 (S. 175/176) ist die Schwäche der D-Mark gegenüber dem Fr. Franc und der It. Lira unmittelbar nach Realignments, die eine Aufwertung der D-Mark zur Folge hatten, deutlich zu erkennen.

Verhinderung des Kapitalabflusses wird eine Zinserhöhung, die normalerweise als Folge des Anpassungsprozesses eintreten würde, vermieden. Notwendige Politikanpassungen können zeitlich hinausgeschoben werden. Somit sind gerade die Schwachwährungsländer in der Lage, mit Hilfe von gezielt eingesetzten Kapitalverkehrsbeschränkungen den Spielraum einer expansiven Geldpolitik in gewissem Umfang zu erweitern.[200]

- Aufgrund fehlender expliziter Sanktionsmechanismen ist es grundsätzlich möglich, durch Ausnutzung des Auslegungsspielraums der teilweise nur ungenau definierten Regelungen die Stärke des Disziplinierungszwanges zu verringern. Ein Beispiel hierfür ist die doch recht großzügige Handhabung der vereinbarten Begrenzung der Höchstmenge an Gemeinschaftswährungen, die eine einzelne Zentralbank als Arbeitsguthaben besitzen darf. Insbesondere Frankreich hielt zeitweise über die 'working balances' hinaus umfangreiche D-Mark-Bestände als Währungsreserve.[201] Auch die große Anhäufung von D-Mark-Guthaben ausländischer Zentralbanken bei der DBBk legt die Vermutung nahe, daß die anderen EWS-Zentralbanken Schwächephasen der D-Mark gegenüber dem US-Dollar ausgenutzt haben und im Zuge intramarginaler Interventionen ihre D-Mark-Bestände aufstockten, um genügend 'Munition' für die Verteidigung der Wechselkursrelationen zu haben.[202] Damit konnten die Anpassungsverpflichtungen im Falle eines Abwertungsdrucks auf die eigene Währung abgemildert bzw. rechtzeitige Leitkursanpassungen verhindert werden.

Ein möglicher Schwachpunkt im Opportunismusschutz des EWS liegt auch in der Festlegungsprozedur von Leitkursanpassungen. Es wurden keine spezifischen Regeln für potentielle Konfliktfälle zwischen den Beteiligten vereinbart, die Realignments sollten lediglich in gegenseitigem Einvernehmen aller Mitgliedsländer vorgenommen werden. Aufgrund des Fehlens jeglicher makroökonomischer Bezugskriterien für eine Leitkursänderung und für deren Ausmaß ist die Möglichkeit gegeben, daß aus ökonomischer Sicht notwendige Auf- bzw. Abwertungen nicht oder nur in unzureichendem Maße vorgenommen werden. Teilnehmerstaaten mit hohen Inflationsraten könnten somit eine eigentlich notwendige Abwertung ihrer Währungen verhindern bzw. verzögern,

200 Siehe dazu Weniger, L. (1988), S. 67f.

201 Eine nähere Analyse der Währungsreservenentwicklung der EWS-Zentralbanken folgt in Teil D, S. 187f.

202 Vgl. hierzu Filc, W. (1989), S. 519. Die Frage, ob das Halten umfangreicher D-Mark-Guthaben der anderen EWS-Zentralbanken (1988 insgesamt 65 Mrd. D-Mark) freiwillig von der DBBk geduldet wurde, kann jedoch nicht eindeutig beantwortet werden. Die Zustimmung der DBBk wurde jedenfalls nach den Worten des Mitglieds des Bundesbankdirektoriums Gleske, L. (1988, S. 24) „eher zurückhaltend und mit anfänglichen Bedenken" erteilt.

um den Stabilitätsimport aus den Niedriginflationsländern und damit die Glaubwürdigkeit ihrer Politik nicht zu verlieren. Damit besteht die Gefahr für die Starkwährungsländer, v. a. für Deutschland, daß ihr Stabilitätsvorsprung durch einen Inflationsimport geschmälert wird. Aufgrund der anhaltenden kreditfinanzierten Interventionen zur Stützung der unter Abwertungsdruck stehenden Währungen und der damit einhergehenden Anreicherung der inländischen Bankenliquidität können die notwendigen Sterilisationsmaßnahmen zu einer Effizienzabschwächung des geldpolitischen Instrumentariums der Starkwährungszentralbank führen. Die Kontrolle über die Geldmengenentwicklung würde erschwert. Insbesondere bei langanhaltenden und übermäßigen Interventionsverpflichtungen infolge einer verzögerten Wechselkursanpassung erhöht sich die Wahrscheinlichkeit eines Nettoinflationseffektes im Gläubigerland.[203] Die Spannungen, die die verzerrten Wechselkursrelationen hervorrufen, bleiben bestehen und behindern die geldpolitische Koordinationseffizienz. Neben den hohen Verhandlungs- und Durchsetzungskosten bergen somit nicht rechtzeitig durchgeführte bzw. in ihrem Ausmaß unzureichende Realignments nicht zu unterschätzende Fehlanpassungskosten.[204]

Insgesamt gesehen begrenzt der grundsätzlich disziplinierende Reserveeffekt zwar die Gefahr, daß das System stark inflationserzeugend wirkt, gewährleistet aber nicht unbedingt einen sicheren Opportunismusschutz gegen die Auswirkungen einer inflatorischen Geldpolitik einzelner Mitgliedsländer. Dies gilt jedoch auch für den entgegengesetzten Fall einer deflationär eingestellten Geldpolitik. Opportunistisches Verhalten ist dann in einer überzogenen nationalen Stabilisierungspolitik mit deflatorischen Zügen zu sehen, die die anderen Mitgliedsländer in ihren Anpassungsverpflichtungen überfordert und damit die geldpolitische Koordination erschwert. Die Spielräume für eine solches Ver-

---

203 Dieser potentiellen festkursbedingten Inflationskomponente mit einer Verschärfung der restriktiven Geldpolitik zu begegnen wäre mit einem zusätzlichen Druck auf Produktion und Beschäftigung verbunden, der politisch wohl nicht erwünscht wäre.

204 Wie letztlich die internen Verhandlungen bei Realignmentenentscheidungen von statten gehen, läßt sich natürlich nicht feststellen. Das jeweilige nationale Interesse bestimmte wohl die Verhandlungen und weniger die Suche nach marktgerechten Kursen. Daß die Zustimmungs- und Konsultationspflicht bei Realignments auch verletzt werden kann, ohne daß irgendwelche Sanktionsmechanismen in Kraft treten, zeigt das Beispiel Italiens, das im Alleingang die Realignments vom 13.3.1981 und vom 22.7.1985, die v. a. eine Abwertung der It. Lira gegenüber der D-Mark beinhalteten, vorwegnahm und den anderen Mitgliedsländern nur die nachträgliche Zustimmung übrig blieb, nachdem das Ausmaß der Abwertung der It. Lira schon bekannt war, vgl. Thygesen, N. (1984), S. 268, Kleinheyer, N. (1987), S. 119. Somit konnte sich Italien dem Anpassungsdruck entziehen und gleichzeitig das politisch gewünschte Ausmaß der Abwertung, das sonst vielleicht stärker ausgefallen wäre, selbst bestimmen. Andere Beispiele für nationale Alleingänge sind die Abwertung der Dänischen Krone am 30.11.1979 und des Irischen Pfunds am 4.8.1986, vgl. Gros, D. / Thygesen, N. (1988), S. 22.

halten sind aufgrund des Sterilisationspotentials und des Fehlens eines ausgleichenden Reserveeffektes prinzipiell gegeben.[205] Für die Stärke des Opportunismusschutzes im EWS kommt es also letztlich darauf an, wie die vorhandenen Freiheitsgrade des Systems von den beteiligten Staaten gemäß ihren individuellen Präferenzen genutzt werden bzw. ausgenutzt werden können.

III. Zusammenfassung

Die Analyse des Handlungsspielraumes der EWS-Zentralbanken macht die unterschiedlichen politischen Präferenzen bzw. Vorstellungen der EWS-Mitgliedstaaten über die Rolle der Geldpolitik deutlich. Diese Divergenzen spiegeln sich in der institutionellen Implementation der geldpolitischen Instanzen in den nationalen wirtschaftspolitischen Entscheidungsapparat wider. Der Autonomiegrad gegenüber den nationalen Regierungsorganen ist dabei ausschlaggebend für die Größe des Gestaltungsspielraumes und für die geldpolitische Ausrichtung der Notenbanken.

In den Fällen Frankreichs und Italiens sind die Zentralbanken bis in jüngster Zeit mehr oder weniger ausführende Organe der jeweiligen Regierungen gewesen, die eine eher diskretionäre und auf Stimulierung des Outputs und Beschäftigung hin ausgerichtete Geldpolitik präferierten. Für die neuesten Veränderungen, v. a. in Frankreich, muß erst der Beweis erbracht werden, ob die zugestandene 'ungewohnte' Unabhängigkeit auch de facto genutzt wird, um eine langfristig ausgerichtete, stabilitätsorientierte Geldpolitik auch gegen den Willen der Regierungsparteien zu betreiben. Dies gilt genauso für die Notenbanken der anderen Mitgliedstaaten, deren Statuten gemäß den Maastrichter Vereinbarungen schon angepaßt worden sind bzw. in nächster Zukunft noch geändert werden.

Dagegen ist die DBBk mit ihrer antiinflationär eingestellten Geldpolitik in ihrer Autonomie weitgehend vor Regierungseinflüssen gesetzlich geschützt. Diese rechtlich gesicherte Unabhängigkeit, die aus den spezifischen Erfahrungen Deutschlands mit der Vergangenheit zu erklären ist, bedeutet jedoch nicht, daß die Bundesbank in einem völlig politikfreien Raum agieren kann. Die Grenzen zeigen sich in vielfältiger Weise und es können genügend Beispiele angeführt werden, die die 'Unantastbarkeit' der DBBk relativieren. Insbeson-

205 Darüber hinaus kann bei Realignmentverhandlungen für ein Mitgliedsland der Anreiz bestehen, sich einer Aufwertung seiner Währung zu widersetzen, um die Wettbewerbsvorteile der realen Unterbewertung nicht zu verlieren. Diese Unterbewertungsstrategie bei gleichzeitiger Wahrung der Währungsstärke wird in der Literatur phasenweise für die DBBk vermutet, vgl. Spahn, H.-P. (1990), S. 160f.

dere auf währungspolitische Entscheidungen, die in den Verantwortungsbereich der Regierung fallen und Auswirkungen auf die inländische Geldpolitik haben, kann die Bundesbank nur beratend einwirken. Gerade das Beispiel der Einführung des EWS, das trotz der anfänglich starken Opposition der deutschen Währungsbehörde durchgesetzt worden ist, macht die politischen Zwänge, denen die DBBk ausgesetzt ist, deutlich.[206] Trotz dieser Grenzen hat es die Bundesbank bisher verstanden, ihre Unabhängigkeit bzw. ihren Handlungsspielraum zu bewahren und an einer stabilitätsorientierten Geldpolitik festzuhalten, indem sie bei den Gratwanderungen zwischen offenem Konflikt mit der Bundesregierung und politischem Anpassungszwang geschickt ihre Möglichkeiten nutzte.[207]

Der Erfolg dieses strategischen Taktierens der DBBk wurde in den Verhandlungsergebnissen bezüglich der konkreten Ausgestaltung und Konstruktion des EWS ersichtlich. Denn der ursprüngliche und von Frankreich, Italien und Großbritannien gewünschte Korbwährungsstandard, in dem sich alle Währungen dem Gemeinschaftsdurchschnitt, der Korbwährung ECU, hätten anpassen müssen, wodurch sich eine gemeinsame Inflationsrate eingestellt hätte, die höchstwahrscheinlich höher ausgefallen wäre, wurde erfolgreich verhindert. Dies war allerdings nur möglich, weil die DBBk neben den Niederlanden und Dänemark die Öffentlichkeit und große Teile der Wissenschaft[208] im Inland auf ihrer Seite hatte und somit ihre Verhandlungsposition auch gegenüber der Bundesregierung relativ stark war. Die im Vertragswerk eingebaute Stabilitätskomponente, die einen einseitigen Disziplinierungsdruck auf die Geldpolitik der Weichwährungsländer erzeugte, ging also überwiegend auf das Konto der Bundesbank.[209]

---

206 Um die Zustimmung zum EWS zu erhalten, drohte der damalige Bundeskanzler H. Schmidt bei seiner Teilnahme an der Sitzung des Zentralbankrates im November 1978 indirekt sogar mit einer Einschränkung der Autonomie der DBBk durch Änderung des Bundesbankgesetzes: „Ich ließ sie wissen, daß sie ihre Unabhängigkeit nicht überstrapazieren sollten", und weiter: „Zwischen den Zeilen ließ ich sie wissen, daß ich mich an den Bundestag wenden könnte", Auszüge aus einem Interview im Juni 1991, zitiert nach Marsh, D. (1992), S. 258/427. Fraglich ist wiederum, ob die Drohung letztlich wahrgemacht worden wäre und eine Gesetzesänderung im Bundestag auch durchgesetzt hätte werden können.

207 Diese Strategie kommt indirekt in dem Satz des ehemaligen Bundesbankpräsidenten H. Schlesinger zum Ausdruck: „Unsere Unabhängigkeit beruht darauf, daß wir unsere Grenzen nicht überschreiten", Auszug aus einer Pressekonferenz in Frankfurt am 7.2.1992, zitiert nach Marsh, D. (1992), S. 339.

208 Zur pessimistischen Sichtweise des EWS als 'Inflationsgemeinschaft' von seiten deutscher Wirtschaftswissenschaftler siehe u. a. Jarchow, H.-J. (1978), Vaubel (1979), Caesar, R. / Dickertmann, D. (1979).

209 In den Worten des damaligen DBBk-Präsidenten Pöhl, K.-O. (1991, S. 9): „Die Bundesbank hat damals das ursprüngliche Konzept [für das EWS] quasi vom Kopf auf die

Dieser Disziplinierungszwang wurde erstaunlicherweise von den Weichwährungsländern akzeptiert, anscheinend auch deshalb, weil sie dessen potentielle Auswirkungen als nicht so gravierend einschätzten.[210] Sie hielten an einer Teilnahme fest, weil sie einerseits hofften, daß Deutschland bzw. die Bundesbank zu einer ihnen genehmen Politik gebracht werden könnte, wenn es einmal in den vertraglichen Kooperationsrahmen eingebunden sei; andererseits glaubte man, daß die beiderseitigen Interventionsverpflichtungen, die Funktion des Abweichungsindikators und die durchgesetzten umfangreichen Beistandsregelungen genügend Freiräume für die eigenen Politikinteressen lassen würden und dabei gleichzeitig der deutsche Handlungsspielraum einschränkt werden könnte. Nur Großbritannien verweigerte die Teilnahme am Wechselkursmechanismus gerade wegen der Befürchtung, daß die D-Mark zum Standard des Systems werden könnte, war jedoch bestrebt, die Tür politischer Einflußnahme auf die geldpolitische Kooperation in Europa offen zu halten.

Überhaupt waren die Auffassungen v. a. der großen Mitgliedsstaaten über die Aufgaben bzw. über das 'gemeinsame' Ziel des Wechselkurssystems von sehr heterogener Natur. Dies drückte sich schon in der offiziellen Zielsetzung des EWS aus, die in ihrer recht ungenauen Abgrenzung Interpretationsspielräume zuließ. In dem Ziel einer institutionellen Verankerung der innergemeinschaftlichen Währungsstabilität sah v. a. Frankreich zuerst den Erhalt der Wechselkursstabilität zwischen den EG-Ländern, während insbesondere Deutschland bzw. die DBBk mit diesem Ziel vorrangig die Aufgabe des Erreichens bzw. Bewahrens der Geldwertstabilität in den einzelnen Mitgliedsländern verband.

Daß trotz dieser unterschiedlichen Interessen und Vorstellungen über die gemeinsame geldpolitische Kooperation das EWS durchgesetzt werden konnte, lag neben dem persönliche Engagement des französischen Präsidenten und des deutschen Bundeskanzlers auch im Glauben der großen EG-Länder begründet, durch das EWS nationale Politikziele besser zu erreichen und innerhalb der politischen Machtkonstellationen in der Gemeinschaft ihre eigene Position stärken zu können.

Füße gestellt und dafür gesorgt, daß nicht der Inflationsdurchschnitt in der EG, sondern die stärkste Währung zum Standard des Systems gemacht wurde".

210 In Italien wurde die De-facto-Asymmetrie in den Anpassungsverpflichtungen schon als großes Problem für die Schwachwährungsländer gesehen (vgl. die Ausführungen des damaligen Zentralbankgouverneurs Paolo Baffi (1987, S. 265f.) vor dem Interministeriellen Ausschuß im Oktober 1978). Durch den Vorschlag größerer bilateraler Bandbreiten kombiniert mit engeren Wechselkursrelationen zur ECU und einer eindeutigeren Definition des Alarmsystems, insbesondere in bezug auf die Maßnahmen bei Auslösung des Abweichungsindikators, versuchte man eine größere Symmetrie im Wechselkursmechanismus durchzusetzen. Aber „Italy tried again and again, but without success, to have this part of the plan accepted as a general feature of the new system", Spaventa, L. (1980), S.75.

Somit stellte das EWS eine Kompromißlösung dar, die geprägt war von einer Interessenstruktur mit divergierenden nationalen, teilweise nur mit der Existenz kognitiver Beschränkungen zu erklärenden Vorstellungen und Erwartungen.[211] Die darauf aufbauenden Strategien beinhalteten in ihrer Heterogenität Komponenten, die mit der eigentlichen währungspolitischen Zusammenarbeit kaum etwas tun hatten, jedoch die Einführung, Konstruktion und - wie noch gezeigt werden soll - die Entwicklung des Systems entscheidend beeinflußten.

Der relationale Charakter des EWS, angefangen von der rechtlichen Unverbindlichkeit des Vertragswerkes bis hin zum Fehlen externer Kontroll- und Sanktionsinstanzen, war von allen Vertragsparteien auch so gewollt, um möglichst viele Freiheitsgrade zu erhalten.[212] Wie in Teil B erörtert, erfordern solche Vertragsverhältnisse jedoch eine 'governance structure' im Sinne einer effizienten impliziten Politikkoordination zwischen den beteiligten Staaten, die die Einhaltung der Regeln gewährleistet, aber auch Konfliktlösungsmechanismen bereithält. Die Effektivität der ausgehandelten Regelungen, die an der Stärke des Opportunismusschutzes gemessen werden kann, ist im Fall des EWS jedoch nur teilweise als 'self-enforcing' zu verstehen; denn der eingebaute Disziplinierungsmechanismus im Sinne eines Stabilitätsdrucks auf die nationalen Politiken kann von den größeren Mitgliedsländern aufgrund ihrer hohen Währungsreserven, des umfangreichen Beistandssystems, der Möglichkeit der Verschuldung auf den internationalen Finanzmärkten sowie durch den Einsatz von Kapitalverkehrskontrollen abgeschwächt werden. Darüber hinaus bestehen Spielräume, die relativ offen gestalteten Vereinbarungen auch zu unterlaufen bzw. zum eigenen Vorteil auszunutzen. Dagegen kann jedoch von einer starken (politischen) Bindungswirkung des Systems insofern ausgegangen werden als ein Austritt gerade für Frankreich und Italien, die in den siebziger Jahren die Währungsschlange früh bzw. mehrmals verlassen hatten, prohibitiv hohe Kosten verursachen würde; Kosten in Form eines erheblichen Glaubwürdigkeitsverlustes der politischen Instanzen nicht nur gegenüber den übrigen Teilnehmerstaaten, sondern auch gegenüber den Märkten.[213]

---

211 Diese 'bounded rationality' (Simon, H.) gilt natürlich für den ganzen Prozeß der europäischen Integration. De Cecco, M. (1989, S. 86) spricht in diesem Zusammenhang sogar von teilweise „mistaken perceptions of national interests" in den Handlungsstrategien einiger Mitgliedsländer.

212 Gerade die DBBk war daran interessiert, einen größtmöglichen Einfluß im EWS geltend zu machen, ohne durch zwingende gemeinschaftsrechtliche Regelungen in ihrer Geldpolitik stark eingeschränkt zu werden. Dies ist mit der rechtlichen Konstruktion des EWS, in dem das Zentralbankabkommen das Herzstück des Vertragswerkes bildet, auch weitgehend gelungen.

213 Zu diesem potentiellen Reputationsverlust vgl. Bofinger, P. (1991), S. 343. Dieses Argument wird jedoch im Kontext der jüngeren Ereignisse im EWS durch den Austritt Italiens und Großbritanniens aus dem Wechselkursmechanismus im September 1992

Angesichts dieser Anreizstruktur ist letzten Endes die Handhabung des Systems durch die Mitgliedsländer ausschlaggebend für dessen Erfolg oder Mißerfolg. Wie noch zu zeigen ist, spielt dabei die Glaubwürdigkeit der Kooperation gegenüber den privaten Märkten eine entscheidende Rolle. Damit wird übergeleitet zum letzten Teil der Arbeit, in dem die Entwicklungen und instutionellen Veränderungen des EWS, die dahinterstehenden Interessen und Strategien der beteiligten Staaten und deren Konsequenzen für die geldpolitische Kooperation in Europa näher untersucht werden sollen.

---

und die Quasi-Aufhebung der Wechselkursbandbreiten ein knappes Jahr später relativiert. Dennoch kann über die Zeit gesehen von der Existenz einer hohen Bindungswirkung des EWS ausgegangen werden, die mit dazu beigetragen hat, daß die Teilnehmerländer ihre Mitgliedschaft nicht aufkündigten.

D. Die Performance des Europäischen Währungssystems - Nationale Interessen und institutioneller Wandel

I. Makroökonomische Entwicklung und nationale Strategien

1. Zur wirtschaftlichen Entwicklung der Mitgliedstaaten

a) Ein Überblick nationaler ökonomischer Entwicklungen im EWS

Der nun folgende Überblick über die Entwicklung wichtiger ökonomischer Größen im EWS soll dazu dienen, wirtschaftliche und wirtschaftspolitische Divergenzen zwischen den Mitgliedstaaten aufzuzeigen; denn diese Diskrepanzen reflektieren letztlich die Unterschiede in den nationalen Interessen. Dazu werden zuerst auch die EG-Staaten (formell sind alle EG-Staaten EWS-Mitglieder) einbezogen, die nicht bzw. erst seit kurzem am Wechselkursmechanismus teilnehmen, um das ganze Spektrum der Gemeinschaft vergleichend zu erfassen. In der folgenden Tabelle 4 ist die Entwicklung ausgewählter makroökonomischer Variablen der Volkswirtschaften der Gemeinschaft in vier Jahreszeiträumen zusammengefaßt.[1] Der Vergleich zeigt einerseits eine im Zeitablauf gewisse Konvergenz bei einigen Variablen, andererseits sind noch große Unterschiede zwischen den einzelnen Mitgliedstaaten zu verzeichnen.

Bei der Verbraucherpreisentwicklung verlangsamte sich der Anstieg im Verlauf der achtziger Jahre zunächst deutlich und der Abstand zwischen der jeweils höchsten und niedrigsten Inflationsrate der Mitgliedstaaten ging zurück. Die durchschnittliche Teuerungsrate fiel von über 12 % Anfang der achtziger Jahre auf gut 3 % im Jahr 1986. Danach war jedoch wieder eine Beschleunigung der Inflation in mehreren Ländern zu verzeichnen. Bis heute existieren immer noch erhebliche Inflationsunterschiede. Innerhalb des EWS- Wechselkursmechanismus liegt die Differenz zwischen der niedrigsten und höchsten Rate im Durchschnitt der letzten Jahre immerhin bei circa 9 %.

---

1 Für eine detaillierteren Vergleich der Entwicklung der wirtschaftlichen Schlüsselgrößen in den Mitgliedstaaten siehe neben den entsprechenden Passagen in den Jahreswirtschaftsberichten (EW) der EG-Kommisson (für die ökonomische Entwicklung insbesondere ab 1990 vgl. EW Nr. 55 (1993), 49f.) z. B. Ungerer, H. / u. a. (1986) und (1990), Collignon, S. (1994), S. 42f.

Tab. 4: Ausgewählte Indikatoren zur wirtschaftlichen Entwicklung der EWS-Mitgliedstaaten*

Zeitraum	Deutschland [1]	Frankreich	Italien	Belgien	Dänemark	Niederlande	Irland	Spanien	Großbritannien	Portugal	Griechenland
(Jahre)	*Verbraucherpreise (Preisdeflator des privaten Verbrauchs)*										
74-78	4,8	11,1	17,3	8,9	10,1	7,8	15,1	18,5	16,1	21,2	14,9
79-83	5,0	11,9	17,0	6,8	10,0	5,1	15,4	14,8	11,0	22,6	20,0
84-88	1,3	4,6	7,8	3,2	4,4	0,9	4,5	7,9	4,8	16,3	17,7
89-92°	3,5	3,1	6,2	3,0	2,8	2,5	2,8	6,4	5,8	11,6	17,1
	Geldmengenwachstum [2]										
74-78	9,5	14,5	20,9	12,8	12,6	11,2	20,0	19,4	12,7	17,9	24,7
79-83	5,9	12,0	14,8	7,0	13,1	7,0	14,5	17,2	15,4	25,0	25,4
84-88	5,8	8,7	9,7	8,8	9,9	7,5	9,4	14,6	15,3	23,4	24,5
89-91	5,4	7,0	9,0	7,7	7,3	8,9	7,8	13,6	12,1	13,6	17,3
	Lohnstückkosten (Gesamtwirtschaft) [3]										
74-78	4,7	12,7	17,7	10,6	11,3	8,2	14,1	19,4	16,1	23,7	18,2
79-83	3,5	11,2	17,4	4,8	8,1	3,4	14,6	12,9	10,8	18,7	22,2
84-88	1,6	3,1	7,1	2,3	4,8	0,2	3,0	6,0	4,8	15,1	15,6
89-91	3,3	2,7	6,9	3,9	1,8	1,9	0,9	6,3	7,9	13,4	15,0
	Langfristige Zinsen [4]										
74-78	7,7	10,7	12,6	8,8	15,3	9,1	13,8	-	13,8	--	9,9
79-83	8,6	13,8	17,9	12,2	17,9	10,3	15,7	15,6	13,4	--	15,9
84-88	6,5	10,0	12,9	9,2	11,7	7,0	11,8	13,2	10,0	18,8 [5]	16,8
89-92°	8,1	9,1	13,3	9,2	10,3	8,3	9,4	13,3	19,9	16,0	--
	Leistungsbilanzsaldo in % des BIP (Defizit: -) [6]										
74-78	1,4	-0,1	-0,5	0,1	-3,1	1,5	-5,6	-2,3	-1,1	-5,6	-4,4
79-83	-0,3	-0,7	-0,8	-2,9	-3,5	0,9	-11,4	-1,7	-1,3	-6,4	-5,4
84-88	3,4	-0,2	-0,4	1,5	-3,5	2,9	-2,0	0,7	-0,5	0,7	-4,5
89-92°	2,5	-0,4	-1,7	1,5	0,8	3,7	3,1	-3,7	-3,4	-2,1	-5,2
	Wachstumsrate des Bruttoinlandsproduktes (BIP) zu konstanten Marktpreisen [7]										
74-78	2,0	2,7	3,3	2,3	1,6	2,8	5,4	2,6	1,2	2,4	3,8
79-83	1,2	1,8	2,4	1,5	1,5	0,5	2,3	0,8	1,0	2,7	1,3
84-88	2,4	2,4	3,1	2,3	2,8	2,2	3,4	3,6	3,8	2,8	2,2
89-92°	3,4	2,1	1,8	2,4	1,2	3,1	5,2	2,9	-0,1	3,2	1,6

* Arithmetische Durchschnitte; bei den verwendeten Daten handelt es sich um jahresdurchschnittliche Veränderungen (Geldmenge: Stand am Jahresende) gegenüber Vorjahr in %.

° Die in diesem Zeitraum enthaltenen Zahlen für 1992 sind zum Teil vorläufige Angaben.

1 1990-92: Daten für West-Deutschland (soweit nicht anderes angegeben).

2 Abgrenzung der Geldmenge: Belgien (einschl. Luxemburg), Deutschland (ab 1991 einschließlich neue Bundesländer), Frankreich, Irland, Griechenland: M3; Dänemark, Italien, Niederlande: M2; Portugal: L (liquide Passiva der Banken und kurzfristige Staatstitel in der Hand privater Nichtbanken); Spanien: ALP (liquide Mittel in der Hand privater Nichtbanken); Großbritannien: M4.

3 Einkommen aus unselbständiger Arbeit pro Kopf dividiert durch die Arbeitsproduktivität, die definiert ist als reales BIP dividiert durch die Zahl der Erwerbstätigen; Berechnung aus Indexzahlen auf Basis der nationalen Währungen.

4 Die Abgrenzung der Fristigkeit weist in den einzelnen Mitgliedländern einige Unterschiede auf; zu den nationalen Abgrenzungen siehe EG-Kommission, EW Nr. 54 (1993), S. 163.

5 Durchschnitt der Jahre 1985-88.

6 Aggregation unter Verwendung der jeweiligen Wechselkurse; Belgien einschließlich Luxemburg.

7 Preise von 1985, Berechnung auf Basis der nationalen Währungen.

Tab. 4 Fortsetzung

Zeitraum (Jahre)	Deutschland[1]	Frankreich	Italien	Belgien	Dänemark	Niederlande	Irland	Spanien	Großbritannien	Portugal	Griechenland
	Arbeitslosenquote (in % der zivilen Erwerbsbevölkerung)										
74-78	2,9	4,2	6,0	5,0	4,9	5,0	8,4	5,0	4,0	5,5	2,0
79-83	4,3	7,1	7,8	9,5	7,3	9,6	10,9	13,8	8,1	7,6	4,5
84-88	6,7	10,1	10,1	11,5	6,7	10,5	17,7	20,6	10,5	7,7	7,6
89-92°	4,8	9,5	10,2	8,0	8,5	7,4	16,0	16,8	8,5	4,6	7,5
	Finanzierungssaldo des Gesamtstaates in % des BIP (Defizit: -)										
74-78	-3,0	-1,1	-8,1	-5,6	0,1	-2,1	-9,3	-0,6	-4,2	-4,6	--
79-83	-3,0	-1,7	-10,5	-10,7	-5,6	-5,3	-12,6	-3,7	-3,0	-8,7[2]	-8,8[3]
84-88	-1,7	-2,4	-11,5	-8,4	0,0	-5,5	-9,1	-4,9	-2,3	-8,3	-12,2
89-92°	-2,0	-2,2	-10,1	-6,5	-1,7	-3,9	-2,3	-4,1	-2,4	-5,2	-16,6
	Brutto-Verschuldung des Gesamtstaates in % des BIP										
74-83	31,0	39,1	59,5	75,6	32,9	46,0	73,2	18,1	58,3	37,6	29,7
84-88	43,0	45,8	85,3	123,8	71,6	73,0	114,3	44,2	56,5	70,2	66,7
89-92°	44,8	48,2	100,4	129,6	69,7	78,9	102,4	45,5	42,5	68,8	96,9
	Zinszahlungen des Gesamtstaates in % des BIP										
74-83	1,9	1,5	5,1	5,8	3,5	3,7	6,3	0,7	4,5	--	2,1
84-88	3,0	2,8	8,1	10,7	8,9	6,2	9,6	3,2	4,5	8,0	6,1
89-92°	2,8	3,0	10,1	10,8	7,3	6,1	7,9	3,8	3,3	8,2	11,9

° Die in diesem Zeitraum enthaltenen Zahlen für 1992 sind zum Teil vorläufige Angaben.
1 1990-92: Daten für West-Deutschland.
2 Durchschnitt der Jahre 1979 und 1981-83.
3 Durchschnitt der Jahre 1981-83.
Quelle: EG-Kommission, EW Nr. 54 (1993) und EW-Beiheft A, verschiedene Jahrgänge und Ausgaben.

Die Entwicklung der Verbraucherpreise deckt sich weitgehend mit der Geldmengenentwicklung.[2] Nach einer teilweise starken Geldmengenausweitung Ende der siebziger und Anfang der achtziger Jahre reduzierten sich die Zuwachsraten, die monetäre Expansion weist aber immer noch starke nationale Unterschiede auf.

Die unterschiedlichen Preissteigerungen spiegeln sich auch in der Veränderung der nominalen Lohnstückkosten wider; die Lohnanstiegsdifferenzen fallen jedoch von Land zu Land noch stärker aus als die Verbraucherpreisänderungen.

Auch beim langfristigen Zinsniveau ist eine ähnliche Entwicklung wie bei den Inflationsraten zu verzeichnen. Trotz der bisher erreichten Konvergenz bestehen nach wie vor substantielle Zinsdifferenzen. Darüber hinaus ist die An-

2 Hinsichtlich der Qualität der verwendeten Daten muß neben der Verschiedenheit der nationalen Finanzmärkte berücksichtigt werden, daß in der Abgrenzung der Geldmengendefinition nationale Unterschiede bestehen, die die Aussagekraft des Datenvergleiches in gewissem Maße einschränken.

gleichung durch den Anstieg der langfristigen Zinsen in Deutschland und in den anderen Ländern mit niedrigen Zinsniveau und nicht aufgrund eines Rückgangs in den Ländern mit relativ hohen Zinsen erreicht worden.

Das wirtschaftliche Wachstumstempo in der Gemeinschaft verlangsamte sich nach einem moderaten Anstieg in den achtziger Jahren ab 1990. Die Entwicklung des Bruttoinlandsproduktes ging dabei mit erheblichen nationalen konjunkturellen Differenzen einher. Gerade in den letzten Jahren sind diese Divergenzen deutlich zu erkennen. Dabei muß als Sonderbedingung berücksichtigt werden, daß Deutschland einen aus der deutschen Wiedervereinigung resultierenden Wachstumsschub erlebte, der in den meisten Ländern als Kompensation der allgemeinen Konjunkturabschwächung fehlte.

Neben diesen Konjunkturdifferenzen sind auch hohe nationale Unterschiede im Niveau der Arbeitslosigkeit festzustellen. Außer dem allgemein zu beobachtenden Anstieg der Arbeitslosenquoten verstärkten sich im Zeitablauf die Differenzen zwischen den nationalen Entwicklungen. Dabei fällt auf, daß in der Regel die Länder mit den größten stabilitätspolitischen Defiziten (hohe Inflation und Staatsverschuldung) auch die höchsten Arbeitslosenquoten aufweisen.

Die außenwirtschaftliche Entwicklung der Mitgliedstaaten verlief recht unterschiedlich. Eine Tendenz ist jedoch darin zu erkennen, daß im EWS die Länder mit relativ stabilen Preisen überwiegend Überschüsse im Zeitablauf aufwiesen, während die Leistungsbilanzen der Länder mit höheren Preissteigerungen meist defizitär ausfielen. Diese Entwicklung ist Ausdruck dafür, daß bei weitgehend stabil gehaltenen nominalen Wechselkursen die Wettbewerbsfähigkeit der einzelnen EWS-Länder neben den unterschiedlichen Inflationsraten durch die Differenzen in der Dynamik der Lohnstückkostenentwicklung sich verschob, wenngleich berücksichtigt werden muß, daß auch andere Faktoren auf die Leistungsbilanz einwirkten. Aber auch bei Ländern, die bisher nicht bzw. erst seit einiger Zeit am Wechselkursmechanismus teilnehmen, kann festgestellt werden, daß trotz flexibler Wechselkurse die Leistungsbilanz in den vier Zeiträumen meist ein Defizit aufweist. Gerade im Fall Griechenlands liegt die Vermutung nahe, daß der Einfluß der hohen Inflationsraten und des starken Lohnkostenanstiegs auf die Leistungsbilanz durch die erfolgten Währungsabwertungen nicht kompensiert werden konnte.[3]

Die wirtschaftspolitischen Diskrepanzen werden im finanzpolitischen Bereich am deutlichsten. So sind die Defizite der öffentlichen Haushalte in einigen

3 Die kumulative Abwertung der griechischen Drachme gegenüber der D-Mark von 1985 bis 1993 liegt immerhin bei 248 %, vgl. Tab. 2 auf S. 143.

Ländern gestiegen und die Unterschiede zwischen den Mitgliedstaaten sind zeitweise größer geworden. Gerade die EWS-Länder mit traditionellen Staatsdefiziten konnten ihre Verschuldung kaum abbauen. In Italien erreichte die Bruttoverschuldung im Durchschnitt der Jahre 1989-92 über 100 % des Bruttoinlandsproduktes, im Fall Belgiens sogar 130 %.

b) Eine nähere Analyse der drei EWS-Kernländer Deutschland, Frankreich und Italien

In der nun folgenden detaillierten Analyse werden die Entwicklungen in Deutschland, Frankreich und Italien gegenübergestellt. Die Begrenzung auf die drei großen EWS-Kernländer wird - wie schon auch in Teil C - deshalb gewählt, weil diese Länder einen entscheidenden Einfluß auf die Einführung und Konstruktion des Systems gehabt haben und das größte politische Gewicht im EWS besitzen, von Anfang an am Wechselkursmechanismus teilgenommen haben und ungefähr in ihrer wirtschaftlichen Größe gleich sind. Zudem können verschiedene Aspekte der Entwicklungen in diesen Ländern auf die übrigen Staaten übertragen werden.

Abb. 9 und Abb. 10 zeigen die Entwicklung der Preissteigerungsraten bzw. der Inflationsdifferenzen über den gesamten Zeitraum seit der Einführung des EWS. Die ersten drei Jahre waren insgesamt von hohen Raten gekennzeichnet mit massiven Differenzen der französischen und italienischen Preissteigerungen gegenüber der deutschen; das Gefälle zwischen Italien und Deutschland lag zeitweise über 16 %. In der Folgezeit reduzierten sich die Inflationsraten Frankreichs und Italiens im Gleichschritt mit Deutschland und ab Mitte der achtziger Jahre verringerten sich auch die Inflationsdifferenzen zwischen den drei Ländern. Ab 1987 ist wieder ein allgemeiner Preisauftrieb zu erkennen. Die über die Zeit zu beobachtende Inflationsrangfolge Deutschland, Frankreich, Italien wurde ab Mitte 1991 in der Weise durchbrochen, daß der Preisauftrieb in Frankreich erstmals unter dem Deutschlands lag; der starke Anstieg der deutschen Preissteigerung ist mit dem inflationären Druck der Wiedervereinigung zu erklären. Betrachtet man die kumulierten Inflationsdifferenzen, so wird das aufgelaufene hohe Inflationsgefälle gegenüber Deutschland gerade im Fall Italiens mit über 100 % deutlich. Der Vergleich der kumulierten Inflationsdifferenzen in 1993 mit den kumulierten Abwertungen des Fr. Franc und der It. Lira (Tab. 2 auf S. 143) zeigt eine annähernde Übereinstimmung der Prozentzahlen; die aufgelaufenen Differenzen in den Kaufkraftparitäten wurden durch die Gesamthöhe der Abwertungen weitgehend kompensiert. Im Fall Italiens glich allein der starke Wertverlust der It. Lira im September 1992 die hohe Inflation in den vorangegangen fünf Jahren nominaler Wechselkursstabilität aus.

Abb. 9: Inflationsraten*

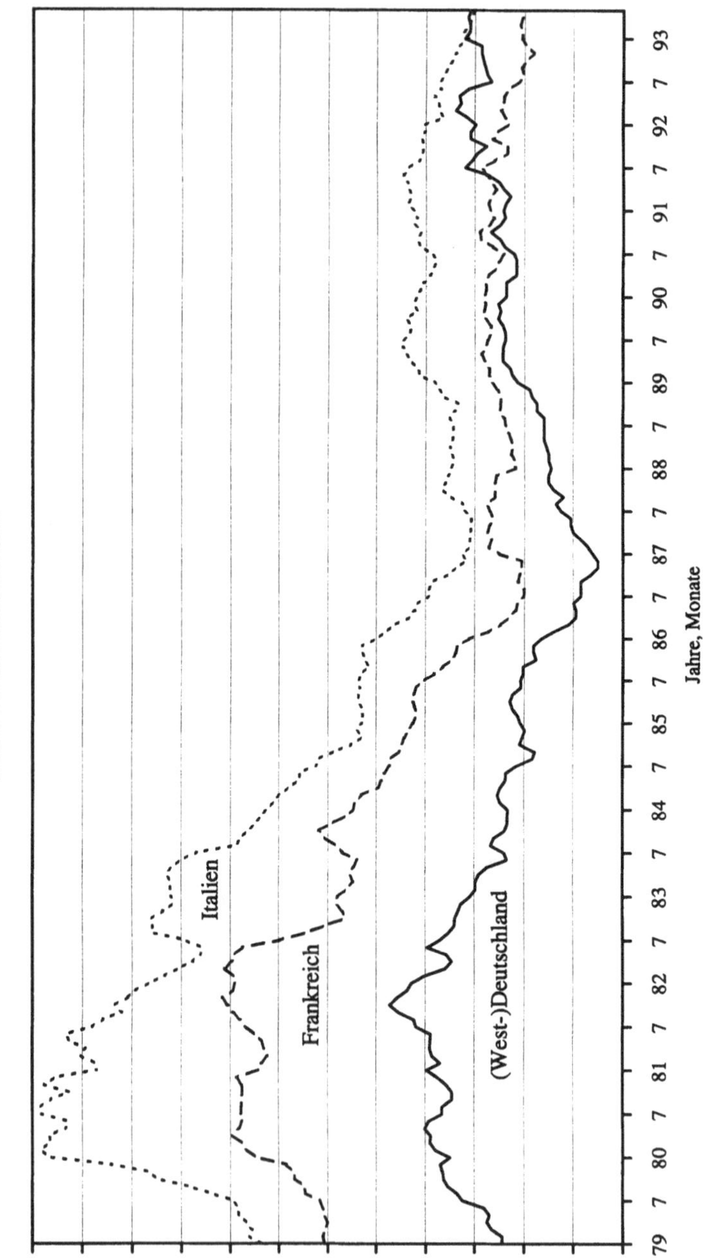

* Verbraucherpreisindex für die Lebenshaltung der privaten Haushalte (CPI), monatliche Veränderung gegenüber Vorjahr in %.
Quellen: BdI, EB; BdF, BT; DBBk, MB; verschiedene Jahrgänge und Ausgaben.

Abb. 10: Inflationsdifferenzen Frankreich, Italien zu Deutschland*

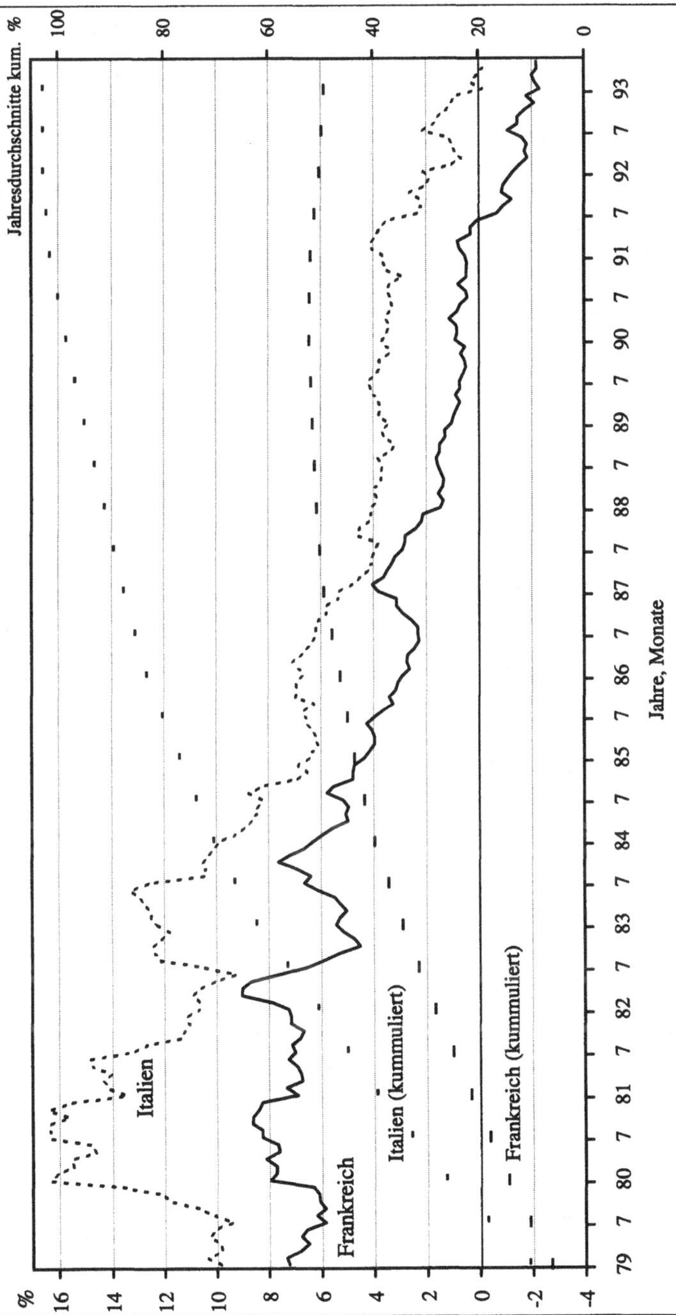

* Inflationsrate (CPI, monatliche Veränderung gegenüber Vorjahr in %) von Frankreich bzw. Italien minus der von (West-)Deutschland.
Quellen: siehe Abb. 9.

Abb. 11 zeigt die Entwicklung der kurzfristigen Zinsen. Die ersten vier Jahre waren gekennzeichnet von hohen Zinssätzen, einer hohen Variabilität und starken Zinsdifferenzen zwischen den drei Ländern. In den folgenden vier Jahren ist eine kontinuierliche Reduktion in den Zinssätzen und in ihrer Variabilität zu erkennen; die Zinsdifferenzen haben sich leicht vermindert, sind jedoch noch hoch. In der dritten Periode stiegen die Zinsen wieder und es ist eine leicht zunehmende Variabilität bei gleichzeitiger Konvergenz festzustellen. Ab Mitte 1992 verstärkten sich im Zuge der Turbulenzen im EWS die Ausschläge der französischen und italienischen Zinssätze teilweise in extremen Maße, allgemein zeigt sich jedoch wieder eine sinkende Tendenz in der Entwicklung der kurzfristigen Zinsen.

Der zeitliche Verlauf der langfristigen Zinsen (Abb. 12) folgt zwar tendenziell dem der kurzfristigen, weist jedoch insbesondere ab 1987 eine höhere Konvergenz (v. a. zwischen Deutschland und Frankreich ab Ende 1989) mit geringeren Schwankungen zwischen den nationalen Zinsen auf. Dabei muß natürlich berücksichtigt werden, daß die kurzfristigen Zinsen normalerweise stärkeren Ausschlägen unterliegen als die langfristigen Zinssätze. Letztere werden zudem außer von den in- und ausländischen kurzfristigen Zinsen noch von weiteren Faktoren, wie Outputentwicklung, Leistungsbilanz, Inflationserwartungen, Geldmengenwachstum und Staatsverschuldung, beeinflußt.

Die Wechselkursentwicklung stand im Zeichen einer überwiegend starken D-Mark und eines schwachen Fr. Franc bzw. einer noch schwächeren It. Lira. Abb. 13 zeigt die Wechselkursentwicklung der beiden letzteren Währungen gegenüber der D-Mark. Die Sprünge der bilateralen Bandbreiten markieren die erfolgten Leitkursanpassungen. An der Ordinate sind die jeweiligen bilateralen Leitkurse bzw. Mittelkurse abgetragen.

Die beiden Grafiken zeigen deutlich den Abwertungstrend der beiden Währungen gegenüber der D-Mark, insbesondere in den ersten Jahren; beim Fr. Franc mit größeren Sprüngen und mit im Zeitablauf weniger Realignments als im Fall der It. Lira, die ständig unter Abwertungsdruck stand, mit der Folge vieler, relativ kurz aufeinanderfolgender Leitkursanpassungen. Ab 1987 ist ein Abwertungstrend der beiden Währungen kaum mehr zu erkennen, Realignments wurden in dieser Zeit so gut wie nicht durchgeführt.[4] Erst in 1992 kam

4 Ausgenommen die Realignments im Januar und Oktober 1990, die jedoch andere Gründe als Spannungen im EWS hatten. Im Zuge der ersteren Anpassung wurde gleichzeitig mit der Abwertung der It. Lira auch deren Bandbreiten von ± 6 % auf ± 2,25 % verengt. In Abb. 13 ist deutlich zu sehen, daß der Leitkurs dabei so angepaßt wurde, daß der oberer Interventionspunkt nicht geändert werden mußte. Im Oktober 1990 ist das Britische Pfund mit einem (auf Wunsch Großbritanniens) gegenüber allen anderen Währungen aufgewerteten Leitkurs in den Wechselkursmechanismus eingetreten; dabei wurde der fiktive Leitkurs der Griechischen Drachme stärker nach unten angepaßt (vgl. Tab. 2 auf S. 143).

Abb. 11: Kurzfristige inländische Zinsen*

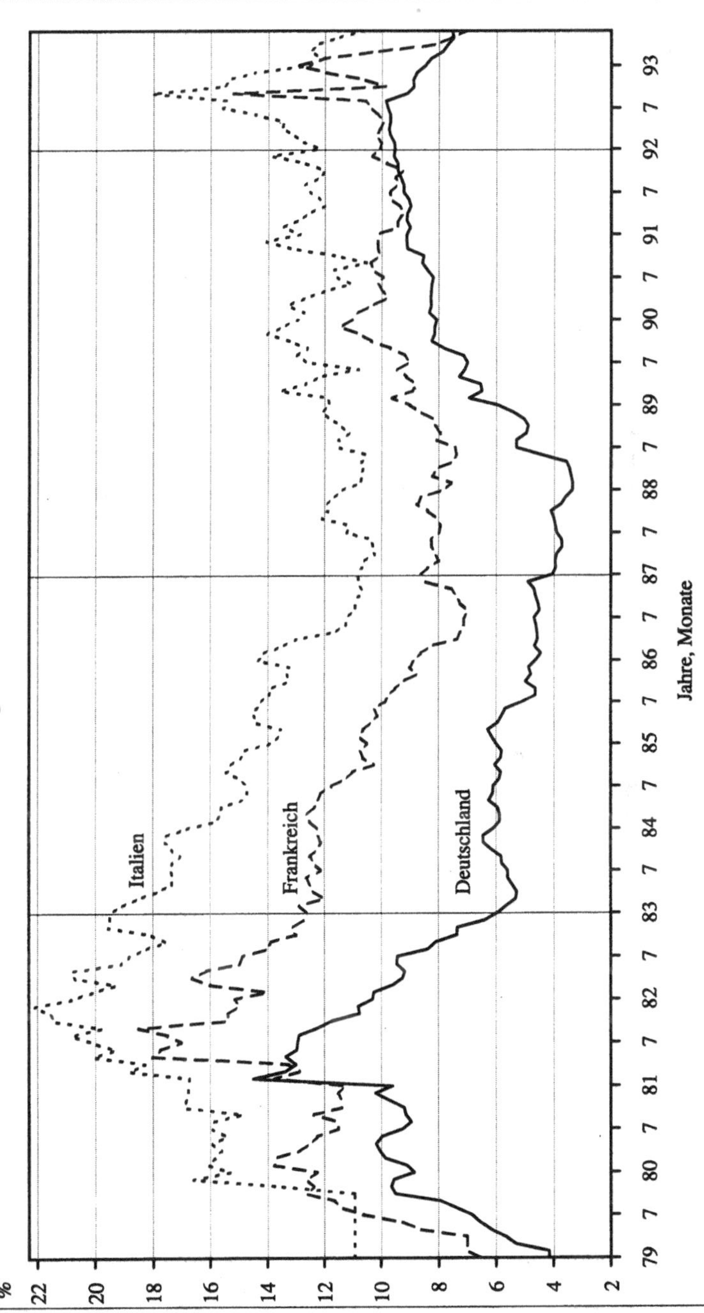

* Dreimonats-Interbankensätze (Deutschland: 3-Monats-FIBOR, Frankreich: 3-Monats-PIBOR, Italien: 3-Monats-Schatzwechsel).
Quellen: BdI, EB; BdF, BT; DBBk, MB; verschiedene Jahrgänge und Ausgaben.

Abb. 12: Langfristige inländische Zinsen*

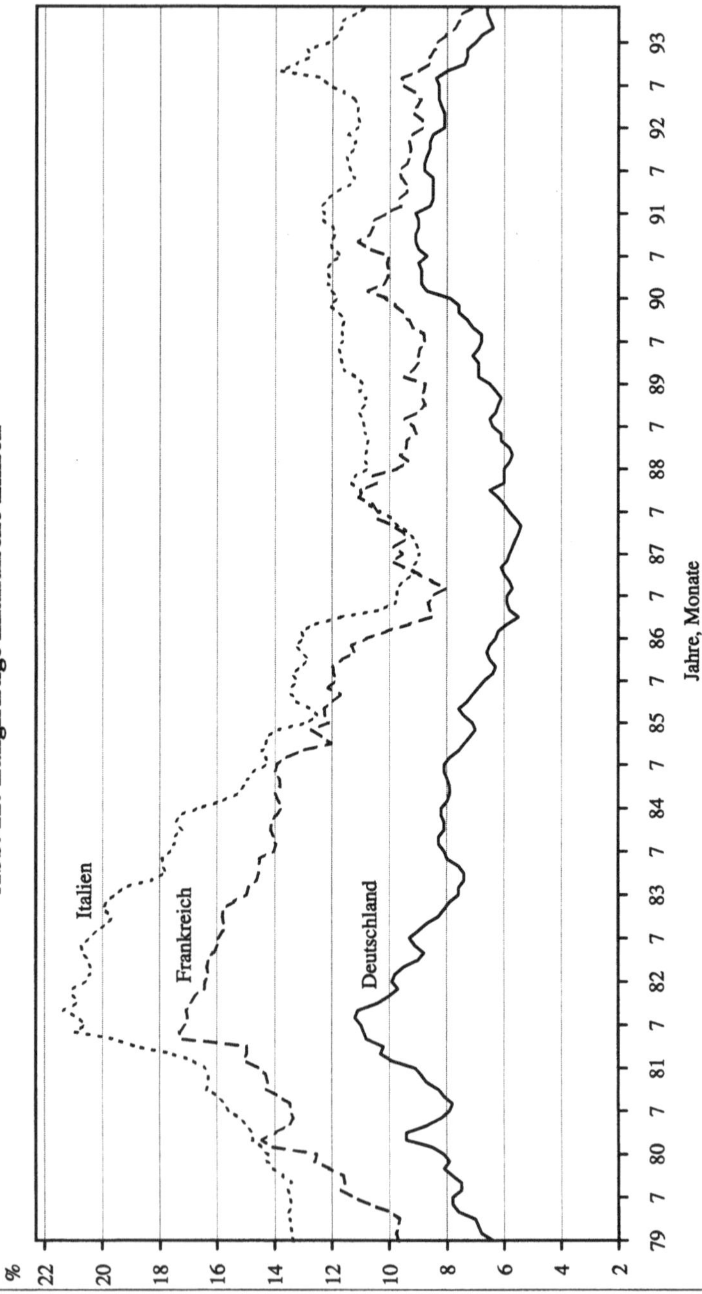

* Umlaufrenditen langfristiger öffentlicher Anleihen.
Quellen: siehe Abb. 11.

Abb. 13: Fr. Franc und It. Lira gegenüber der D-Mark im Wechselkursband*

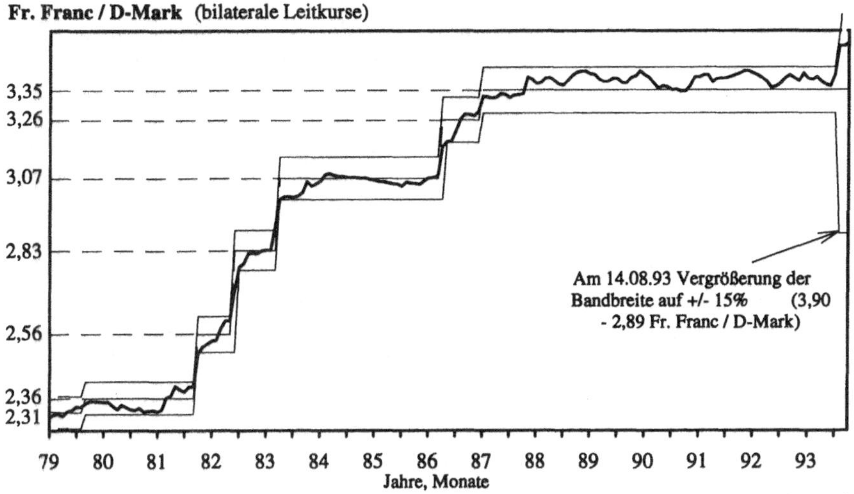

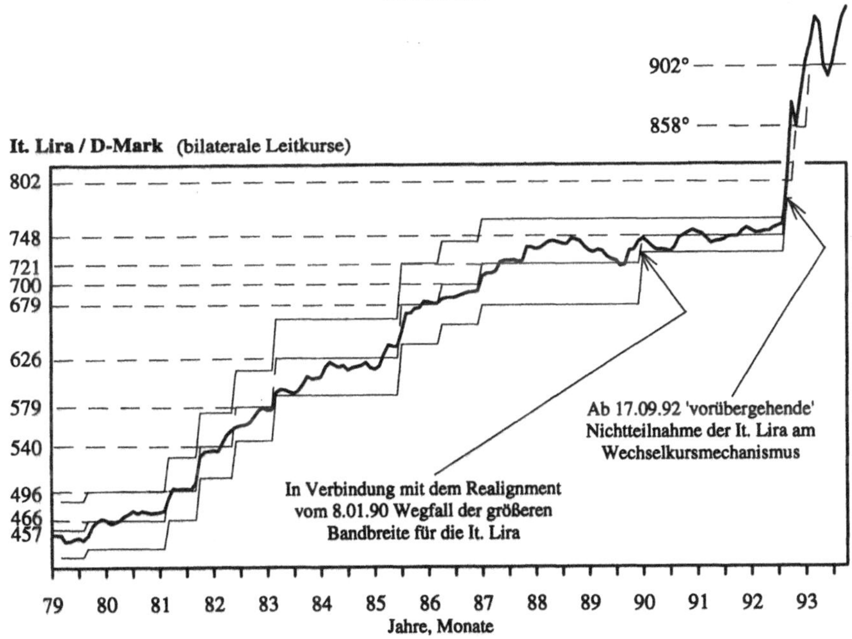

* Monatsdurchschnitte der Devisenkurse (Kassa-Mittelkurse).

° Fiktive, bilaterale Leitkurse.

Quelle: DBBk, Beihefte; verschiedene Jahrgänge und Ausgaben.

es zu Spannungen, mit der Folge, daß die It. Lira zusammen mit dem Pfund Sterling im September 1992 aus dem Wechselkursmechanismus ausschied. Der Lira/D-Mark-Wechselkurs schnellte danach explosionsartig nach oben. Die Spannungen hielten im EWS weiter an, auch der Fr. Franc geriet dabei unter massiven Abwertungsdruck. Als Konsequenz wurden im August 1993 generell die Bandbreiten im EWS auf ± 15 % erweitert.

Ein differenzierteres Bild der Wechselkursentwicklungen geben Abb. 14 und 15, in denen die relative Position der drei Währungen innerhalb der Bandbreiten dargestellt ist. Deutlich zu erkennen ist die anpassungsbedingte Schwäche der D-Mark kurz nach einem Realignment, die dann aber meist wieder nach oben hin tendierte, während bei den beiden anderen Währungen, insbesondere bei der It. Lira, oft das Gegenteil zutraf. Während in den ersten zwei Jahren die D-Mark phasenweise relativ schwach war, konnte sich der Fr. Franc gut behaupten. Ab 1981 verstärkte sich der Abwertungsdruck auch auf die französische Währung und führte zu mehreren starken Kursanpassungen. Danach folgte eine ruhigere Periode, die gekennzeichnet war von einem ähnlichen Verlauf der zur Schwäche tendierenden D-Mark und des Fr. Franc; die It. Lira steuerte von einer anfänglichen ausgeprägten Stärke kontinuierlich ihrer unteren Bandgrenze entgegen. Die darauffolgenden großen Realignments waren Ausdruck für die aufgelaufenen Verzerrungen in den EWS-Wechselkursrelationen. In der Folgezeit, ab 1987, gab es keine Realignments und die Währungen berührten kaum noch ihre Interventionslimits, jedoch ist deutlich zu erkennen, daß der Fr. Franc in diesem Zeitraum meist schwach notierte, die It. Lira dagegen ab Mitte 1988 an Stärke zunahm und 1990 sogar am oberen Rand lag. Ab Mitte 1991 ist jedoch eine zunehmende Schwäche der It. Lira zu erkennen, die in den Austritt aus dem Wechselkursmechanismus im September 1992 mündete. Die D-Mark behielt vorerst ihre starke Position bei bzw. baute sie noch aus. Infolge der deutschen Wiedervereinigung ist allerdings in 1990 eine Schwächeperiode zu verzeichnen, die bis zu den ersten Währungsturbulenzen von einer Phase einer insgesamt relativ starken D-Mark, allerdings mit Auschlägen nach unten, abgelöst wurde.

Abb. 14: Bandbreitenposition D-Mark, Fr. Franc im EWS-Wechselkursband*

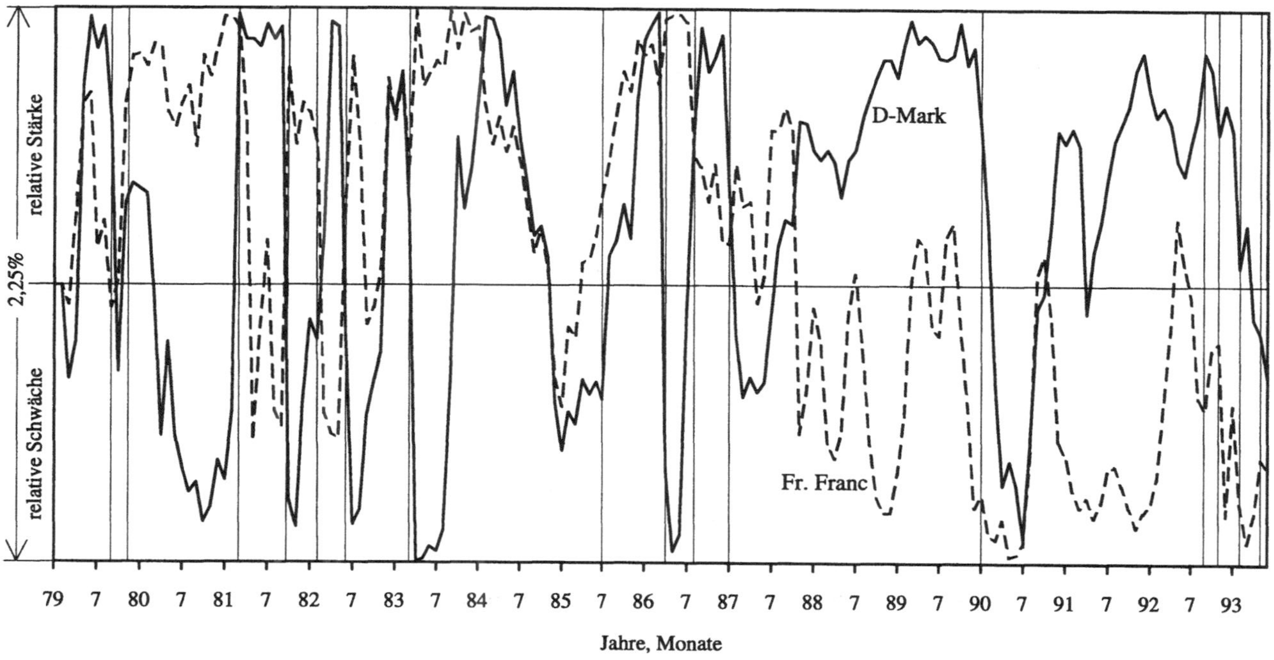

* Monatsdurchschnitte der Abweichungen der Währungen (Kassakurse) von ihren bilateralen Leitkursen in %; senkrechte Linien: Monate, in denen Realignments erfolgten. Quellen: BdI, EB; DBBk, Beihefte; verschiedene Jahrgänge und Ausgaben.

Abb. 15: Bandbreitenposition D-Mark, It. Lira im EWS-Wechselkursband*

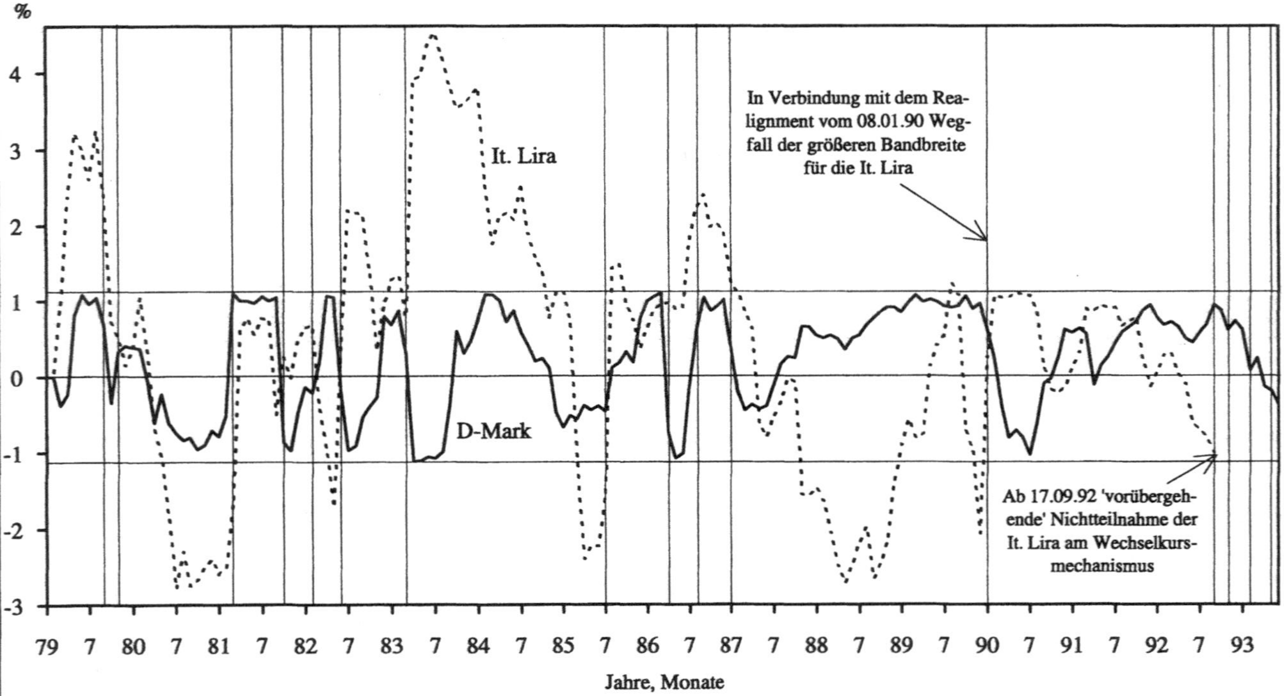

* Monatsdurchschnitte der Abweichungen der Währungen (Kassakurse) von ihren bilateralen Leitkursen in %; senkrechte Linien: Monate, in denen Realignments erfolgten. Quellen: siehe Abb. 14.

Die Entwicklung der realen effektiven Wechselkurse (Abb. 16), in denen die nationalen Wettbewerbspositionen im EWS zum Ausdruck kommen, zeigt bei beiden verwendeten Basen ein im Trend ähnliches Bild.[5] Nimmt man die Verbraucherpreise als Basis, so fällt auf, daß Frankreich ab Mitte der achtziger Jahre einen stark korrelierenden Verlauf mit Deutschland aufweist, während Italien bis 1992 mit einem annähernd ständigen und teilweise starken Ansteigen seines realen Wechselkurses im Vergleich zu den beiden anderen Ländern konfrontiert war. In der Entwicklung des deutschen und französischen Wechselkurses auf Lohnkostenbasis ist ab Mitte 1986 ein Auseinanderdriften festzustellen. Der Aufwärtstendenz des realen Wechselkurses Deutschlands steht ein Abwärtstrend des französischen Wechselkurses entgegen. Im Fall Italiens sind die auf Verbraucherpreise und auf Lohnkosten basierenden Wechselkursverläufe annähernd gleich, also ein permanenter Anstieg bis zum starken Kursverfall in 1992, der auch zu einer massiven realen Abwertung führte. Der ab 1991 zu beobachtende Anstieg des deutschen realen Wechselkurses wurde von einer im Zuge der Wiedervereinigung beträchtlich gestiegenen Importnachfrage begleitet; der Leistungsbilanzsaldo sprang von einem relativ hohen Überschuß in ein erhebliches Defizit um. Frankreich konnte aufgrund der vergleichsweise niedrigen Inflationsrate und der moderaten Lohnkostenentwicklung in den letzten Jahren seine Position gegenüber den anderen EWS-Ländern insgesamt behaupten.

Abb. 17, in der die realen Wechselkurse Frankreichs und Italiens im Verhältnis zu dem Deutschlands auf Basis der relativen Lohnkosten dargestellt sind, zeigt das Maß der Wettbewerbsfähigkeit Frankreichs und Italiens relativ zu Deutschland.[6] Die französische Wettbewerbsfähigkeit gegenüber Deutschland fiel in den ersten drei Jahren. Eine Umkehr setzte mit den darauffolgenden Realignments ein. In der Periode zwischen Mitte 1983 und Juli 1985 kam es wieder zu einer Verschlechterung der Wettbewerbssituation. Nach den Leitkursanpassungen im April 1986 und Januar 1987, bei denen der Fr. Franc um über 6 % bzw. 3 % gegenüber der D-Mark abwertete, ist im Trend eine weitere leichte Zunahme der Wettbewerbsfähigkeit Frankreichs relativ zu Deutschland bei no-

---

5 Zu den Indizes der realen gewogenen Wechselkurse sei angemerkt, daß sie nicht als Maße für die jeweiligen Niveaus zu verstehen sind, sondern nur Aussagen über Veränderungen bzw. Entwicklungen gegenüber dem Basisjahr erlauben. Die Kurven sind in der Weise zu interpretieren, daß ein Ansteigen des Indexes bzw. eine reale Aufwertung die internationale Wettbewerbsposition schwächt, während eine Indexverringerung bzw. eine reale Abwertung zu einer Verbesserung der Wettbewerbsfähigkeit führt.

6 Es werden beim bilateralen Vergleich üblicherweise die Lohnstückkosten herangezogen, weil sie die zugrundeliegenden nationalen Differenzen in der Wettbewerbsfähigkeit stärker zum Ausdruck bringen, da sie sich aus Lohn und Produktivität zusammensetzen; zudem ergeben sich aus der Messung mittels Verbraucherpreise im Trend keine substantiellen Unterschiede.

Abb. 16: Reale effektive Wechselkurse*

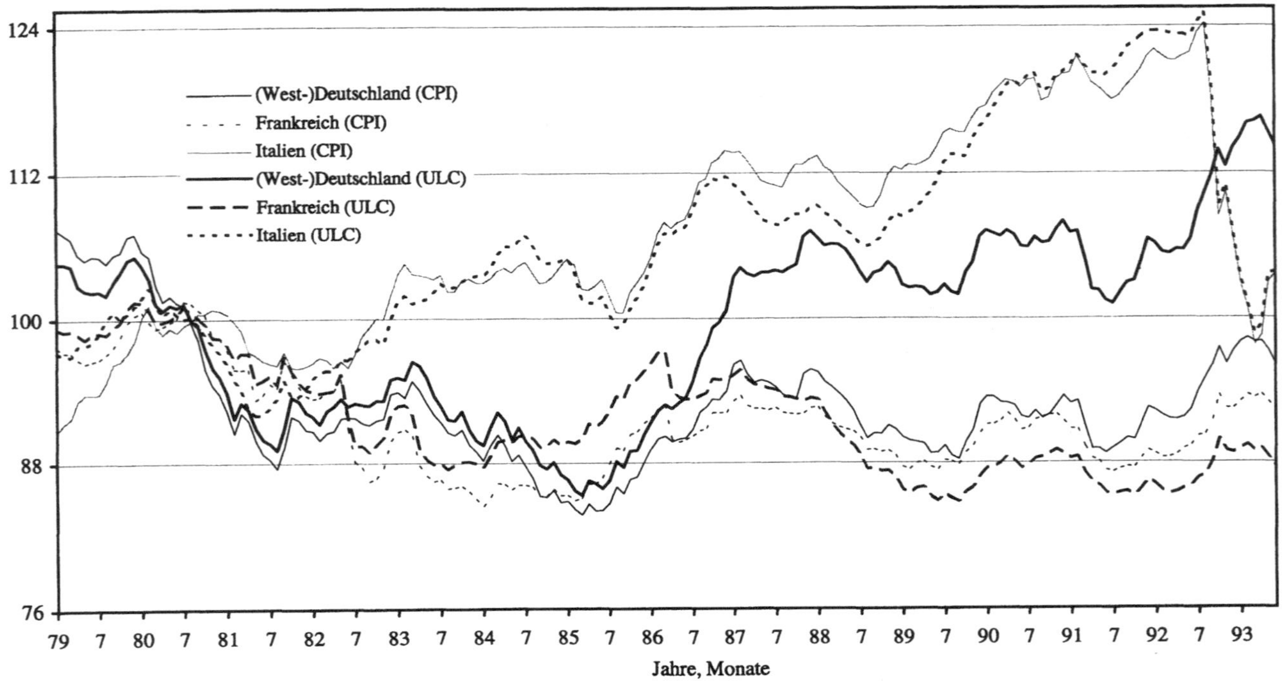

* Reale, mit Import- und Exportgewichten gewogene Wechselkurse auf Basis der Verbraucherpreisindizes (CPI) bzw. der relativen Lohnstückkosten im verarbeitenden Gewerbe (ULC); Basisjahr (= 100): 1980. Quelle: BIZ.

Abb. 17: Realer Wechselkurs und Wettbewerbsfähigkeit*

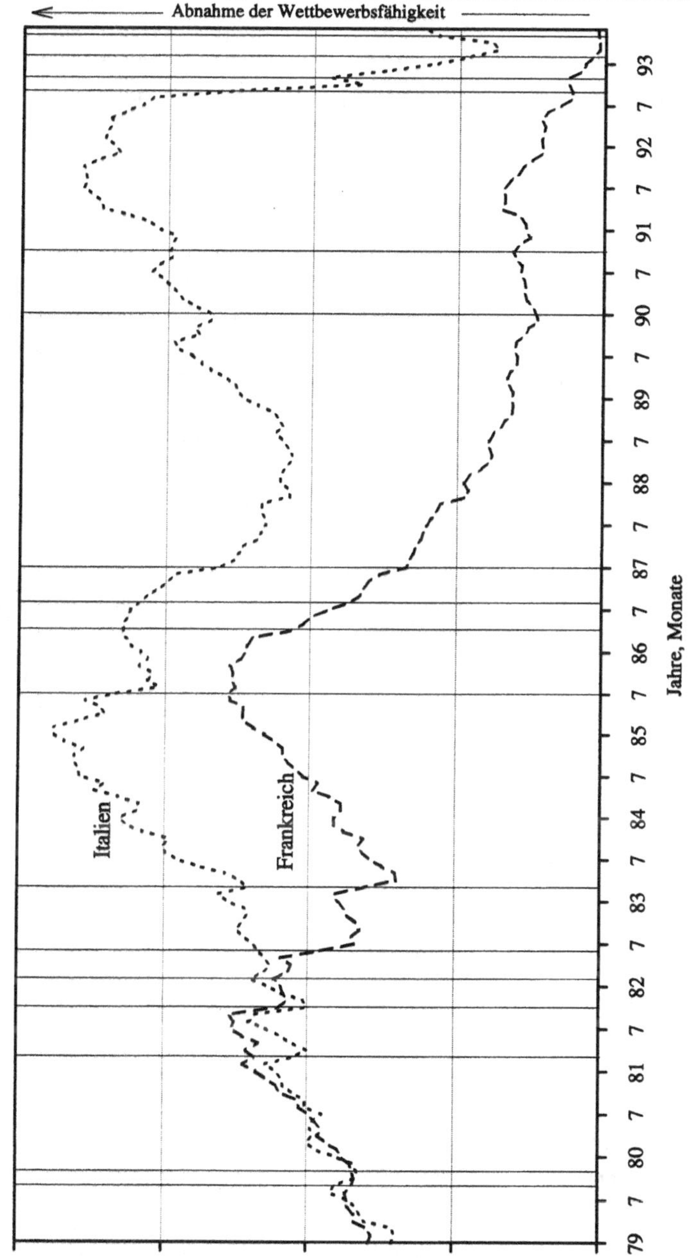

* Verhältnis der realen gewogenen Wechselkurse Frankreichs und Italiens zu dem (West-)Deutschlands auf Basis der relativen Lohnstückkosten im verarbeitenden Gewerbe (vgl. Abb. 16); senkrechte Linien: Monate, in denen Realignments erfolgten. Quelle: BIZ.

minaler Wechselkursstabilität festzustellen. Allerdings muß diese Zunahme mit Einschränkungen gesehen werden, denn die verbesserte Wettbewerbsfähigkeit wirkte sich kaum auf die Leistungsbilanz Frankreichs aus. Das Defizit blieb über die Jahre bestehen, erst 1992 konnte ein leichtes Plus erreicht werden.[7] Die italienische Kursentwicklung war in der Anfangszeit bis 1982 nahezu identisch mit der Frankreichs. Danach folgte im Gegensatz zu Frankreich eine kontinuierliche Verschlechterung der Wettbewerbsfähigkeit trotz der starken Lira-Abwertungen gegenüber der D-Mark infolge der Kursanpassungen in 1982 und 1983, die wohl in ihrem Ausmaß nicht ausreichten, die Preis- und Kostendifferentiale zu kompensieren und damit die reale Aufwertung aufzuhalten. Die darauffolgende weitere Abnahme der Wettbewerbsposition fiel stärker aus als im Fall Frankreichs. Auch die anfängliche Wettbewerbsverbesserung infolge der Leitkursneufestsetzungen ab 1986 hielt nur bis Anfang 1988 und wurde von einer starken permanenten Aufwertung des realen Wechselkurses gegenüber Deutschland abgelöst, die sich auch negativ auf die Leistungsbilanz in Form hoher Defizite auswirkte. Erst durch den Kursverfall der It. Lira im September 1992 schlug die Aufwertung schlagartig ins Gegenteil um.

Die Analyse der drei EWS-Kernländer zeigt einerseits erhebliche Unterschiede in den Entwicklungen, andererseits ist im Fall Frankreichs die wirtschaftspolitische Umorientierung in den achtziger Jahren in den ökonomischen Entwicklungen deutlich zu erkennen; damit ist auch eine Annäherung an Deutschland, das im Zeitablauf stets einen stabilitätsorientierten Kurs verfolgt hat, erreicht worden. Dagegen vermochte Italien seine Wirtschaftspolitik, insbesondere seine Finanzpolitik mit einer hohen Staatsverschuldung, nicht in Richtung Stabilität umzustellen. Gerade die Misere der Staatsfinanzen bewirkte den starken Inflations- und Zinsanstieg und infolge eine - trotz der erfolgten Leitkursände-

---

7 Daß im Fall Frankreichs die Zunahme der Wettbewerbsfähigkeit nicht mit einer Abnahme des Leistungsbilanzdefizits einhergeht, liegt neben anderen Faktoren auch an den statistischen und methodologischen Schwierigkeiten bei der Messung der effektiven realen Wechselkurse. Je nach Export/Importgewichtung der einzelnen Länder und je nach Lohnkostenabgrenzung (verarbeitendes Gewerbe oder gesamter Unternehmenssektor) können beim bilateralen Vergleich Verzerrungen entstehen, die zu unterschiedlichen Kurvenverläufen führen. Nimmt man die Kalkulation der realen Wechselkurse auf Basis bilateraler relativer Lohnkosten, die Eichengreen, B. / Wyplosz, C. (1993, S. 64f.) verwenden, so ist im Gegensatz zu Abb. 17 eine Abnahme der Wettbewerbsfähigkeit Frankreichs relativ zu Deutschland im Zeitraum von 1988-1991 zu verzeichnen; erst danach kommt es zu einer Zunahme. Dies korrespondiert dann auch mit der Leistungsbilanzentwicklung. Sonst jedoch ist der Kurvenverlauf (für Italien der gesamte Verlauf) annähernd gleich dem in Abb. 17. Zur Diskussion der Eignung alternativer Basismeßkonzepte für die internationale Wettbewerbsposition am Beispiel der Entwicklung des Außenwertes der D-Mark siehe DBBk, MB (Mai 1994) (Reale Wechselkurse als Indikatoren der internationalen Wettbewerbsfähigkeit), S. 47-60.

rungen - permanente reale Aufwertung, die zu erheblichen Wettbewerbsnachteilen für die italienische Wirtschaft führte.

Insgesamt gesehen spiegeln sich in den ökonomischen Entwicklungen im EWS die wirtschaftlichen und wirtschaftspolitischen Divergenzen zwischen den Mitgliedstaaten wider, die trotz einer im Zeitablauf zu beobachtenden gewissen Konvergenz bei einigen Variablen bis heute noch bestehen. Die Erfahrungen, die die europäischen Staaten mit dem EWS gemacht haben, sind demgemäß auch sehr unterschiedlich ausgefallen. Der Teilnehmerkreis läßt sich grob in zwei große Gruppen einteilen. Auf der einen Seite stehen die Hartwährungsländer angeführt von Deutschland, während die Weichwährungsländer mit Frankreich (bis in die zweite Hälfte der achtziger Jahre) und Italien als Hauptvertreter die zweite Gruppe darstellen. Die Währungsstärke bzw. -schwäche ist Ausdruck der unterschiedlichen nationalen wirtschaftspolitischen Ausrichtung, die schon in Teil C bei der Beurteilung der Geldpolitik in den einzelnen Staaten festgestellt werden konnte.

Desweiteren sind in den Entwicklungstendenzen seit 1979 deutlich vier Phasen zu erkennen.[8] Die ersten vier Jahre sind gekennzeichnet von hohen und stark divergierenden Inflationsraten, die Ausdruck der sehr unterschiedlichen Wirtschaftspolitiken waren. Innerhalb dieses Zeitraums gab es nicht weniger als sieben Realignments. Nach der bis dahin umfassendsten Leitkursneufestsetzung im März 1983 verliefen die nächsten Jahre deutlich ruhiger verbunden mit einer Angleichungstendenz in den ökonomischen Entwicklungen der Teilnehmerstaaten. Die drei Realignments zwischen Mitte 1985 und Anfang 1987 läuteten eine Zeit nomineller Wechselkursstabilität ein, die über fünf Jahre lang andauerte. Diese dritte Phase endete abrupt im September 1992, als die It. Lira und das Britische Pfund aus dem Wechselkursmechanismus ausschieden. Die Spannungen hielten weiter an und als Folge wurde ein knappes Jahr später die enge Bandbreitenfixierung der Wechselkursrelationen zwischen den Mitgliedstaaten so gut wie aufgehoben und ist bislang nicht wieder eingeführt worden.

Nach diesem Überblick über die ökonomischen Entwicklungen im EWS soll im folgenden der Frage, welche währungspolitischen Strategien die Mitgliedsländer im EWS verfolgten, mittels einer Analyse des Interventionsverhaltens der beteiligten Staaten nachgegangen werden.

---

8 Diese vier Phasen sind zur Verdeutlichung in Abb. 11 (S. 171) eingezeichnet.

2. Währungspolitische Strategien im EWS

a) Das Interventionsverhalten im Wechselkursmechanismus

In den folgenden Abbildungen sind die Interventionen der am Wechselkursmechanismus beteiligten Staaten aus unterschiedlicher Sicht dargestellt.[9] Abb. 18 zeigt den Anteil der verschiedenen Interventionsarten an den Gesamtinterventionen. Dabei fällt auf, daß die obligatorischen Interventionen außer in den er-

Abb. 18: Interventionen der EWS-Zentralbanken*

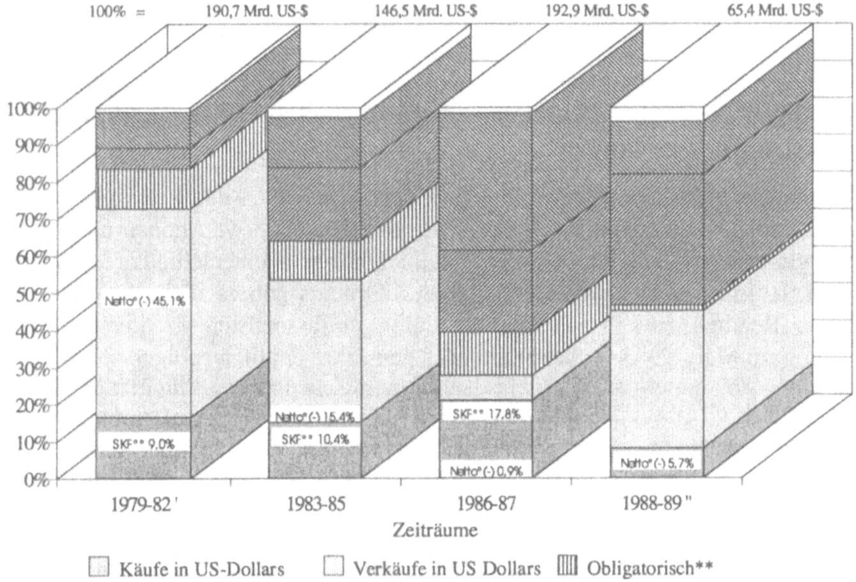

* Prozentualer Anteil der Interventionsarten an den Gesamt-(Brutto-)Interventionen im EWS.
° Anteil der Netto-Interventionen (Saldo der Käufe und Verkäufe) an den Gesamt-(Brutto-) Interventionen (in allen vier Zeiträumen Netto-Verkäufe (-)).
°° Anteil der Interventionen an den Gesamt-(Brutto-)Interventionen, die mit Kreditfazilitäten im Rahmen der sehr kurzfristigen Finanzierung (SKF) (1988-89: 0%) vorgenommen wurden.
' Für 1979: Von März bis Dezember.
" Für 1989: Von Januar bis Juni.
** Bei den obligatorischen, in Gemeinschaftswährungen vorgenommenen Interventionen sowie bei den Interventionen in sonstigen Währungen handelt es sich um Brutto-Beträge.

Quelle: Bini Smaghi, L. / Micossi, S. (1989), S. 399.

---

9 Zu den Abbildungen sei angemerkt, daß detailliertere Daten von offizieller Seite nicht offengelegt werden und der Zugriff sich deshalb auf das in den Veröffentlichungen der Zentralbanken und in der Literatur ausgewiesene Datenmaterial beschränkt.

Abb. 19: Interventionen der einzelnen EWS-Zentralbanken in ausgewählten Zeiträumen

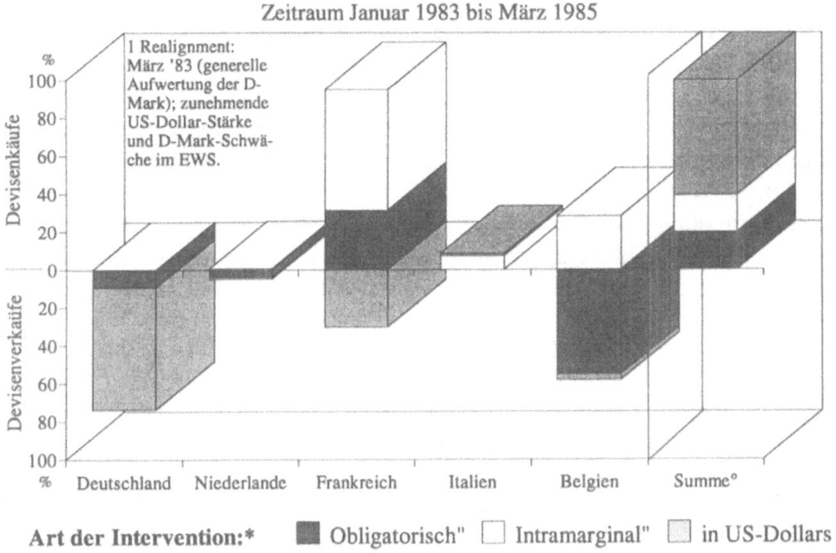

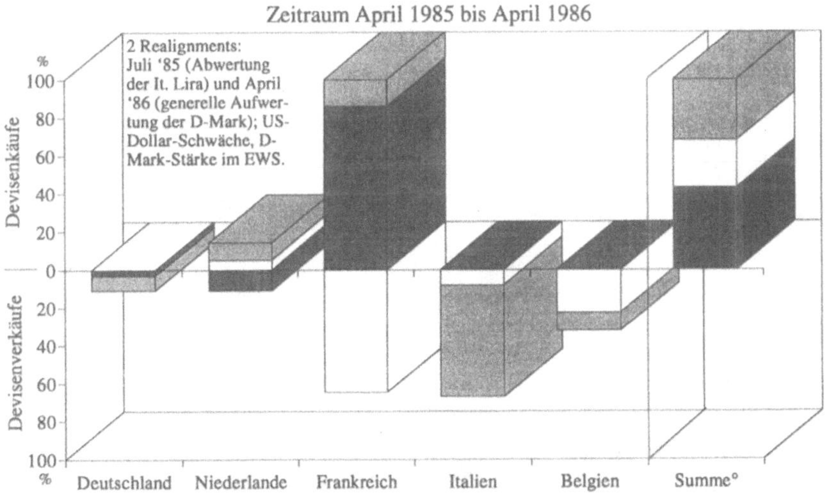

* Prozentualer Anteil der Interventionen (Devisenverkäufe oder -käufe) des betreffenden Landes an den Gesamt-(Brutto-)Interventionen der jeweiligen Interventionsart;

° Summe: Prozentualer Anteil der einzelnen Interventionsarten (Devisenverkäufe und -käufe) an den Gesamt-(Brutto-)Interventionen im jeweiligen Zeitraum.

" In EWS-Währungen.

Quelle: Giavazzi, F. / Giovannini, A. (1989), S. 65.

sten Jahren im Verhältnis zu den intramarginalen sehr gering ausfallen; letztere dagegen verzeichnen eine starke Zunahme im Zeitablauf. Der anfangs dominierende Anteil der US-Dollar-Interventionen weist eine abnehmende Tendenz bis 1987 auf, um dann wieder stärker zu werden. In Abb. 19 ist der Anteil der Interventionsarten an den Gesamtinterventionen nach Teilnehmerländern gegliedert. In beiden Perioden kann festgestellt werden, daß Deutschland intramarginale Interventionen überhaupt nicht tätigte, während die anderen Länder, insbesondere Frankreich, relativ stark innerhalb der Bandbreiten intervenierten. Abb. 20 zeigt die jährlichen Netto-Interventionen in D-Mark seit 1979, aufgeteilt in obligatorische und intramarginale Interventionen. Deutlich zu sehen ist die Zunahme der intramarginalen Interventionen insbesondere ab Mitte der achtziger Jahre, die ihre Spitzen in den Jahren 1992 und 1993 hatten.

Abb. 20: D-Mark-Interventionen im EWS

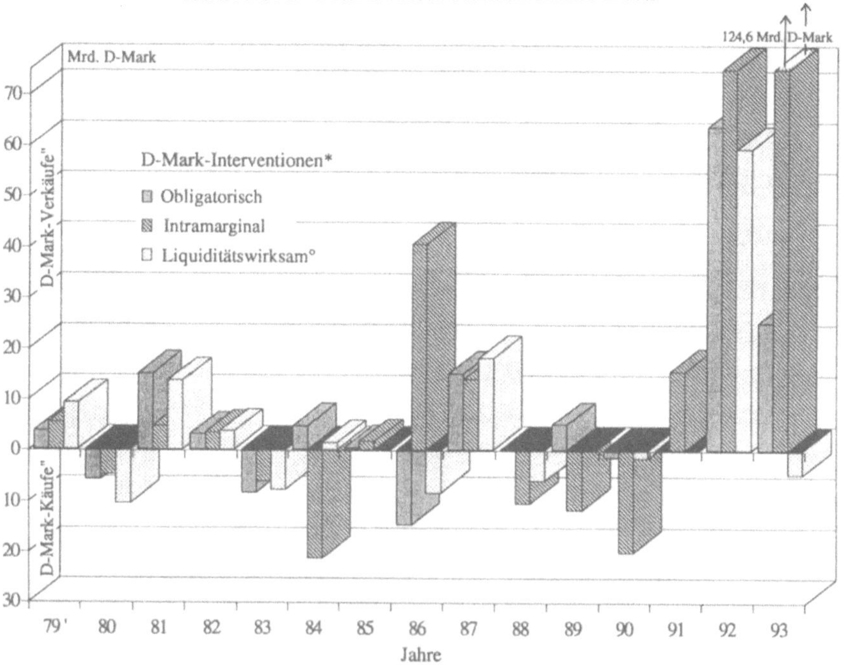

* D-Mark-Interventionen anderer am Wechselkursverbund beteiligter Notenbanken und EWS-Interventionen der DBBk; Nettobeträge (Saldo der Käufe und Verkäufe).

° Gibt an, in welchem Umfang D-Mark-Interventionen im EWS und die Regulierung von Gläubiger- und Schuldnerpositionen (D-Mark-Rückzahlung von EWS-Partnerstaaten an DBBk) im EFWZ die Netto-Auslandsposition der Deutschen Bundesbank und damit die Zentralbankgeldversorgung der Banken beeinflußten.

" D-Mark-Verkäufe (+) bzw. expansiver Liquiditätseffekt, D-Mark-Käufe (-) bzw. kontraktiver Liquiditätseffekt in Deutschland.

' Ab dem 13. März 1979.

Quelle: DBBk, GB; verschiedene Jahrgänge.

Dieser Anstieg der intramarginalen und auch obligatorischen Interventionsbeträge dokumentiert eindrucksvoll den letztlich erfolglosen Versuch, die bestehenden Bandbreiten zu verteidigen. Aus diesen drei Grafiken können zusammenfassend mehrere Schlußfolgerungen zum Interventionsverhalten der Mitgliedstaaten gezogen werden:

Das erste auffallende Verhaltensmuster liegt in der Zunahme der intramarginalen Interventionen. Entgegen den Normalregeln des EWS und dem Grundsatz, daß Interventionen in Gemeinschaftswährungen vorzunehmen sind, dominieren gerade der Anteil der in Gemeinschaftswährungen durchgeführten intramarginalen und der Anteil der US-Dollar-Interventionen und nehmen darüber hinaus im Zeitablauf zu. Während in den ersten Jahren die obligatorischen Interventionen einen substantiellen Anteil an den Gesamtinterventionen ausmachten, wurde von den Weichwährungsländern dann immer mehr die Strategie gefahren, durch intramarginale Interventionen die Wechselkurse innerhalb der Bandbreiten zu halten und deren Veränderungen gegenüber den Hartwährungen, v. a. der D-Mark, zu minimieren. Dagegen versuchten Deutschland und auch die Niederlande nicht bzw. kaum ihre Position innerhalb der Bandbreiten mittels Interventionen zu manipulieren.[10] In Abb. 18 ist desweiteren zu erkennen, daß im Zeitraum 1986-87 die Inanspruchnahme der kurzfristigen Finanzierung über das Ausmaß der obligatorischen Interventionsbeträge hinausging; dies ist ein Zeichendafür, daß die neuen Regelungen des Basel/Nyborg-Abkommens zur Finanzierung intramarginaler Interventionen über den EWFZ genutzt wurden. Die Gesamtinterventionen in dieser Zeit, die die bis dahin höchsten Beträge aufwiesen, waren auch Ausdruck für die zunehmende Finanzmarktliberalisierung in den Ländern, die bisher Kapitalverkehrsbeschränkungen einsetzten, und für die Konsequenzen in Form größerer spekulativer Druckmöglichkeiten auf die Wechselkursrelationen gerade gegenüber der deutschen Währung.[11] Darüber hinaus wurden intramarginale Interventionen meistens in D-Mark vorgenommen;[12] dabei überwogen auf die ganze Zeit gesehen die D-Mark-Verkäufe, die zudem betragsmäßig größere Spitzen auf-

10 Die Bundesbank beteiligte sich erstmalig an intramarginalen Interventionen zugunsten des Fr. Franc im Zuge der Turbulenzen im Herbst 1992, vgl. DBBk, MB (Oktober 1992), S. 15, Herz, B. (1993), S. 248. Ein weiteres Indiz, daß die DBBk bis dahin keine intramarginalen Interventionen durchgeführt hat, ist indirekt an den Liquiditätseffekten in Abb. 20 abzulesen. Liquiditätsänderungen sind fast nur bei obligatorischen Interventionen aufgetreten. Dies unterstützt die Argumentation, daß intramarginale Interventionen einseitig von den Weichwährungsländern vorgenommen wurden und diese die Liquiditäts- und Reserveänderungen allein zu tragen hatten (vgl. S. 154, Absatz 2).

11 Im Zeitraum von 1986 bis 1990 waren die DM-Interventionen im EWS mit insgesamt 380 Mrd. D-Mark circa 70% umfangreicher als in den fünf Jahren zuvor, vgl. DBBk, MB (Mai 1991), S. 23, siehe Abb. 20.

12 Vgl. DBBk, MB (Januar 1993), S. 23.

wiesen; 1986 betrugen die Nettobeträge ca. 45 Mrd. D-Mark, in den Krisenjahren 1992 und 1993 sogar 75 bzw. 125 Mrd. D-Mark (Abb. 20).

Die zweite grundlegende Tendenz ist in Verbindung mit der schon vorher angesprochenen D-Mark/US-Dollar-Polarität zu sehen, die im Interventionsverhalten eine große Rolle spielt. Aus Abb. 19 in Verbindung mit Abb. 20 (siehe dazu auch Abb. 14/15) ist dies deutlich herauszulesen. Während der Dollar-Stärke zwischen 1983 und 1985 begleitet von einer relativ schwachen D-Mark im EWS intervenierten alle anderen Zentralbanken und kauften D-Mark gegen Dollar. Ab April 1985 begann der Dollar zu fallen, die D-Mark gewann an Stärke im EWS und die übrigen Notenbanken (außer Niederlande) verkauften D-Mark.[13] Diesem Verhalten lag, wie auch bei den intramarginalen Interventionen in Gemeinschaftswährungen, die Strategie zugrunde, seine eigene Währung gegenüber der D-Mark zu stützen. War der US-Dollar schwach, so versuchten die Weichwährungsländer ihre Währung mit D-Mark-Verkäufen gegen Dollar im EWS zu stärken, bzw. die Dollar-Abwertung aufzuhalten, die mitverantwortlich war für die Schwäche ihrer Währung gegenüber der D-Mark. Bei Dollar-Stärke war es gerade umgekehrt; in den D-Mark-Käufen lag dann die Intention der intervenierenden Länder, ihre D-Mark-Reserven aufzustokken, um für zukünftige Stützungsinterventionen besser gerüstet zu sein.[14] Ein weiterer Grund der D-Mark-Stabilisierung in Schwächephasen lag in dem Bestreben der Weichwährungsländer, eine noch restriktivere Ausrichtung der Geldpolitik der DBBk zu verhindern, die bei obligatorischen Stützungsinterventionen zugunsten der D-Mark (bei Erreichen ihres unteren Interventionspunktes) die Folge gewesen wäre. Dies läßt sich auch für die Periode mit einem erneuten Anstieg des D-Mark/US-Dollar-Kurses (1988-89) feststellen. Den Dollar-Verkäufen, die die DBBk selbst im Zeitraum 1983-85 vornahm, lag das Bestreben zugrunde, die weitere Aufwertungsbewegung des Dollars aufzuhalten.[15] Für eine aktive Wechselkurspolitik, um potentielle Spannungen im EWS abzuschwächen, war sie nicht bereit; die in dieser Zeit durchgeführte und in ihrem Ausmaß bisher größte Leitkursanpassung mit einer generellen Aufwertung der D-Mark gegenüber allen anderen EWS-Ländern dokumentiert eindrucksvoll diese Haltung.

---

13 Italien spielt in diesem Zeitraum insofern eine Ausnahme als die BdI EWS-Währungen *und* größere Beträge an US-Dollars verkaufte.

14 Dieser Aufbau von D-Mark-Reserven der anderen Notenbanken im EWS war gerade im Zeitraum 1984 bis Anfang 1985, der von einer ausgeprägten Dollar-Stärke gegenüber der D-Mark gekennzeichnet war, durchaus im Interesse der Bundesbank. Denn dadurch konnte die DBBk das Ausmaß ihrer eigenen liquiditätsverändernden Devisenmarktinterventionen zur Glättung der D-Mark/US-Dollar-Kursentwicklung verringern, vgl. Pöhl, K.-O. (1987), S. 2, Ungerer, H. / u. a. (1986), S. 5.

15 Vgl. DBBk, GB (1984), S. 35.

Die hohen Interventionsbeträge innerhalb der Bandbreiten sind auch ein Indiz dafür, daß die Beschränkung des Haltens von Gemeinschaftswährungen auf abgesprochene 'Arbeitsguthaben' sehr flexibel ausgelegt wurde. So stiegen gerade ab 1983 die offiziellen Netto-Reserven der EWS-Länder, die am Wechselkursmechanismus teilnahmen, in nicht unerheblichem Maße (von 4,4 Mrd. US-Dollar Ende 1982 auf über 17 Mrd. US-Dollar im Juni 1985).[16] Ein stärkeres Halten von Gemeinschaftswährungen läßt sich insbesondere für Frankreich vermuten, dessen Brutto-Währungsreserven in diesem Zeitraum einen Anstieg verzeichneten, wie die folgende Abb. 21 zeigt. Dieser Trend hielt im Zeitablauf an. So lauteten Mitte 1992, kurz vor der Währungskrise, circa 40 % der Devisenreserven der EWS-Notenbanken auf Gemeinschaftswährungen;[17] die Vermutung liegt nahe, daß es sich dabei größtenteils um D-Mark-Reserven handelte.[18] Es können aus letztgenannter Abbildung noch weitere Aspekte herausgelesen werden, die die vorherige Argumentation stützen.

Einmal ist ein gegensätzlicher Trend der Entwicklung der Währungsreserven und des D-Mark/US-Dollar-Kurses im Fall Deutschlands zu erkennen. Dies unterstützt die Vermutung, daß die Bundesbank bisher weitgehend eine 'leaning-against-the-wind'-Strategie fuhr, indem sie versuchte, mit gegengerichteten Interventionen auf den Kursverlauf 'korrigierend' einzuwirken.[19]

Zweitens drückt sich die besondere Rolle der D-Mark/US-Dollar-Relation für das EWS darin aus, daß sich Spannungen im D-Mark/Dollar-Devisenmarkt auch auf die Wechselkursrelationen im EWS übertrugen und letztlich Realignments nach sich zogen. Diese wurden immer dann durchgeführt, wenn der US-Dollar gegenüber der D-Mark an Wert verlor; allerdings war dabei die Höhe des D-Mark/Dollar-Kurses weniger ausschlaggebend für die Leitkursanpassungen. Betrachtet man die Kurven genauer, so wird ersichtlich, daß auch in der Periode einer im Trend anhaltenden US-Dollar-Aufwertung (1981-85) die erfolgten Realignments in kurzen Phasen der D-Mark-Stärke vorgenommen wurden. Auffallend ist die schwindende Bedeutung dieser Relation für das EWS ab 1987. Trotz der permanenten D-Mark-Stärke gegenüber dem Dollar[20]

---

16 Siehe die Tabelle in Micossi, S. (1985), S. 334.

17 Vgl. Issing, O. (1993), S. 396.

18 Genauere Angaben über die Reservenaufteilung werden von den Zentralbanken nicht bekannt gegeben.

19 Vgl. die Abbildung in Hagen v., J. (1989, S. 57), in der die Entwicklung der US-Dollar-Reserven der DBBk isoliert dargestellt ist; siehe auch DBBk, MB (Januar 1993), S. 21.

20 Eine Ausnahme bildet der Zeitraum 1988 bis Mitte 1989, in dem ein D-Mark/US-Dollar-Kursanstieg zu verzeichnen war; die Bundesbank intervenierte gegen den Kursanstieg was zu einer Abnahme der Währungsreserven der DBBk führte, vgl. dazu näher DBBk, MB (November 1988), S.32 f., Filc, W. (1989), S. 516. Dies gilt auch abgeschwächt für die erste Hälfte des Jahres 1991.

Abb. 21: D-Mark/US-Dollar-Kurs, Währungsreserven und Realignments*

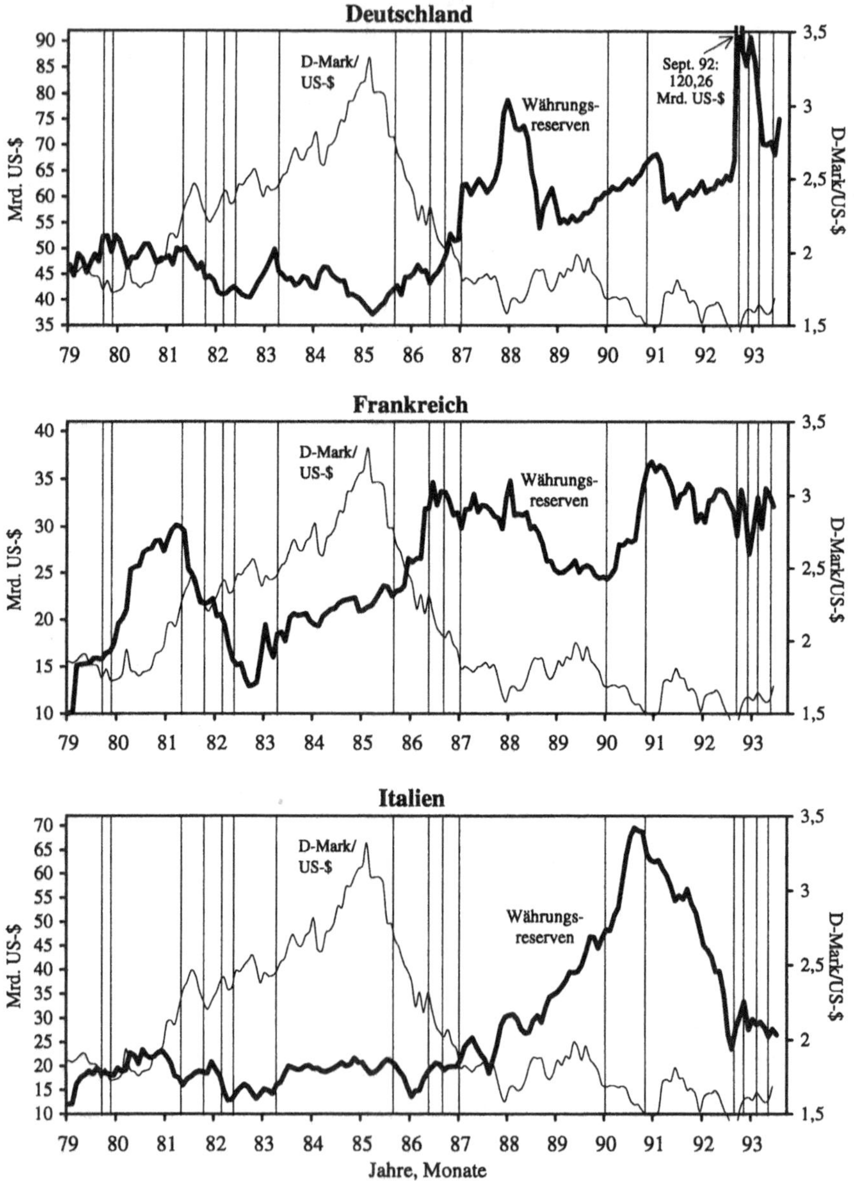

* Brutto-Währungsreserven ohne Goldbestände in Mrd. US-Dollar; die senkrechten Linien geben die Monate an, in denen Realignments stattgefunden haben.

Quellen: IMF, IFS; DBBk, Beihefte; verschiedene Jahrgänge und Ausgaben.

kam es kaum zu größeren Spannungen im EWS-Wechselkursgefüge. Dies kann u. a. auch damit zusammenhängen, daß zuvor aufgrund der Existenz von Kapitalverkehrskontrollen in Frankreich und Italien deren Währungen weniger attraktiv für internationale private Investoren waren und nun diese Währungen im Zuge der Kapitalmarktliberalisierung ihre Anlageattraktivität in Konkurrenz zur D-Mark in gewissem Maße erhöhen konnten.[21] Was die Ereignisse ab 1992 anbetrifft, waren jedoch andere Gründe als die D-Mark/US-Dollar-Polarität verantwortlich für die bisher größten Spannungen im EWS, die letztlich zur Quasi-Freigabe der Wechselkurse im August 1993 führten.

Es läßt sich an den Änderungen der Devisenreserven weiter feststellen, daß es in den meisten Fällen kurz vor Realignments aufgrund der Interventionen zu gegensätzlichen Reservebewegungen gekommen ist. Während Deutschland, dessen Währung fast immer aufgewertet wurde, meist einen Reserveanstieg zu verzeichnen hatte, sanken fast immer die Reserven in Frankreich und Italien. Dies ist im Fall Frankreichs in den Jahren 1981-83, in der der Fr. Franc stark abgewertet wurde, deutlich zu sehen. Auch Italien, dessen Währung stets einen Wertverlust erfuhr, mußte teilweise große Fremdwährungsbeträge abgeben.

Auffallend ist die Entwicklung ab 1987, die von starken Ausschlägen bei den deutschen und französischen Währungsreservebewegungen und einem kontinuierlichen Anstieg des italienischen Fremdwährungsbestandes gekennzeichnet war. Dieser Anstieg kehrte sich ab Ende 1990 in einen steilen Reserverückgang um. Die Bewegungen waren Ausdruck für die ab 1991 zunehmenden Spannungen und infolge erhöhten Interventionsaktivitäten im EWS, die ihre Höhepunkte 1992 und 1993 hatten. Während Deutschland einen übermäßigen Anstieg seiner Währungsreserven erfuhr, verlor insbesondere Italien einen großen Teil seiner Devisenbestände infolge der hohen Stützungsinterventionen. Erst mit der Freigabe des Wechselkurses der It. Lira im September 1992 wurde der Reserveverlust gestoppt. Deutlich zu erkennen ist die Devisenbestandsabnahme Frankreichs, die Ausdruck dafür ist, daß in dieser Zeit bis zur Wechselkursfreigabe im August 1993 auch der Fr. Franc phasenweise in einen Abwertungsdruck gegenüber der D-Mark geraten war und gestützt werden mußte, obwohl die ökonomischen Grunddaten Frankreichs Änderungen der bestehenden bilateralen Leitkurse nicht rechtfertigten. Die Reduktion der Währungsreserven Deutschlands Anfang 1993 läßt sich mit den Rückzahlungen der D-Mark-Bestände, die die DBBk im Rahmen der kurzfristigen Finanzierung der umfangreichen obligatorischen Interventionen in 1992 bereitgestellt hatte, bzw. mit der Rückgabe der im Rahmen dieser Interventionen mit D-Mark erworbenen Weichwährungsbeträge erklären.

21 Vgl. Gros, D. / Thygesen, N. (1992), S. 137f.

b) Das Sterilisationsverhalten der Mitgliedstaaten

Aus den Unterschieden im Interventionsverhalten der EWS-Länder lassen sich allein noch keine Aussagen machen, inwieweit diese Interventionen Auswirkungen auf die nationale Geldpolitik haben. Verschiedene empirische Studien über das Sterilisationsverhalten im EWS der achtziger Jahre kommen insgesamt zum Ergebnis, daß die Bundesbank in der Lage war, die Geldmengenausweitung infolge der Devisenmarktoperatinen weitgehend zu sterilisieren, während Frankreich und Italien nur teilweise die Auswirkungen ihrer Interventionen neutralisieren konnten.[22]

Dennoch vermochte die DBBk nicht immer einen Einfluß auf die monetären Aggregate zu verhindern. In Abb. 20 (S. 184) ist als dritter Balken in der Grafik das Ausmaß der Liquiditätseffekte in Deutschland durch Interventionen im EWS dargestellt. Es ist deutlich zu sehen, daß fast nur die obligatorischen Interventionen, bei denen die DBBk beteiligt war, zu Liquiditätsänderungen führten. Nach einer Untersuchung von J. von Hagen (1989) beeinflußten die Devisenmarktinterventionen gerade in der zweiten Hälfte der achtziger Jahre, in der die D-Mark sowohl gegenüber dem US-Dollar als auch im EWS überwiegend stark war, signifikant die deutsche Geldmenge. In diesen Jahren überschritt das tatsächliche Geldmengenwachstum in Deutschland auch stets die Zielvorgabe.[23] Diese Zielüberschreitungen waren Folge v. a. der zunehmenden Beteiligung der DBBk an koordinierten Dollarinterventionen, die im internationalen Plaza-Abkommen 1985 und in dem 1987 folgenden Louvre-Akkord vereinbart worden waren, um den Fall der US-Dollars aufzuhalten;[24] aber auch

---

22 Nach Mastropasqua, C. / u.a. (1988, S. 274f.) hat Deutschland im Zeitraum 1979-87 im Durchschnitt zwischen 60 % und 80 % der Interventionen sterilisiert, während Frankreich und Italien nur 30 % bzw. 40 % ihrer Interventionen neutralisieren konnten. Es muß dabei jedoch bemerkt werden, daß nicht zwischen EWS- und US-Dollar-Interventionen unterschieden wird, und deshalb nicht eindeutig abgeleitet werden kann, ob die deutschen Geldmengenveränderungen von EWS-Interventionen oder von der Dollar-Politik der DBBk herrührte. Diese Ergebnisse unterscheiden sich nur wenig von denen in Bofinger, P. (1988, S. 322f.). Auch Caesar, R. (1987/1988) kommt zu dem Ergebnis, daß trotz eines kurzfristigen Einflusses der EWS-Interventionen auf die deutsche Geldmenge die DBBk dadurch kaum gezwungen war, ihren langfristigen geldpolitischen Kurs zu ändern. Zum Sterilisationsverhalten vgl. die Ausführungen in Kap.C.II.3.c), S. 153f.

23 Vgl. dazu auch Bini Smaghi, L. / Micossi, S. (1989), S. 408f.; dies gilt auch für die letzten Jahre, wobei die Überschreitung v. a. auf den Sondereinfluß der deutschen Wiedervereinigung und die zunehmende Parallelwährungsfunktion der D-Mark in den mittel- und osteuropäischen Ländern zurückzuführen ist; zur deutschen Geldmengenentwicklung der letzten Jahre vgl. die entsprechenden Passagen in den Geschäftsberichten der DBBk.

24 Zu den beiden Vereinbarungen siehe Funabashi, Y. (1988), für eine nähere Analyse der koordinierten Interventionen zur Stützung des US-Dollars 1985-87 siehe Gaiotti, E. / u. a. (1989), zur Interventionspolitik der DBBk vgl. Dudler, H.-J. (1991), S. 307f.

die 1987 vereinbarten Maßnahmen (Basel/Nyborg-Abkommen) zur 'Stärkung des EWS' spielten dabei eine Rolle. Die stärkere Einbindung Deutschlands in die internationale Politikkoordination und damit stärkere Ausrichtung auf die Wechselkurspolitik brachte die Bundesbank zunehmend in den „Konflikt zwischen binnen- und außenwirtschaftlicher Stabilisierung",[25] dessen Kosten sich in der seit 1987 wieder ansteigenden Inflationsrate in Deutschland zeigten. In der letzten Zeit bis zur Wechselkursfreigabe im Sommer 1993 orientierte sich die DBBk in ihrer Politik im EWS stärker am Wechselkurs als an den bisher im Vordergrund stehenden binnenwirtschaftlichen Erfordernissen aufgrund der deutschen Wiedervereinigung. Insbesondere in 1992 blähten die hohen Devisenzuflüsse infolge der obligatorischen und auch der intramarginalen Interventionen, an denen sich die DBBk erstmals beteiligte, die Bankenliquidität auf und dürften zu dem Anstieg der deutschen Geldmenge mit beigetragen haben.[26]

Obwohl Frankreich und Italien in ihren Sterilisationsmöglichkeiten aufgrund des asymmetrischen Reserveeffektes offensichtlich eingeschränkt waren, wurden diese Möglichkeiten voll ausgeschöpft. Frankreich z. B. setzte zur Stabilisierung des Fr. Franc in der Anfangszeit neben den Kapitalverkehrskontrollen sterilisierte Devisenmarktinterventionen in Form staatlich gelenkter Kreditaufnahmen im Ausland ein. Diese Auslandskredite ('emprunts autorisés'), die v. a. von verstaatlichten Unternehmen aufgenommen werden mußten und dann in Inlandswährung umgetauscht wurden, bewirkten keine Veränderung der inländischen Geldmenge.[27] So konnten Kapitalimporte des Staates für Interventionszwecke finanziert werden ohne Liquiditätseffekte hervorzurufen. Diese Art der Sterilisation wurde bis ins Jahr 1983 in zunehmenden Maße angewendet.[28] Auch Italien versuchte mit ähnlichen Mitteln die restriktiven Auswirkungen der EWS-Interventionen auf die einheimische Geldmenge zu neutralisieren.

---

25 DBBk, MB (Dezember 1987), S. 10, vgl. dazu auch DBBk, GB (1986), S. 36, GB (1987), S. 40.

26 Von Ende August bis Ende September 1992 betrugen die Devisenzuflüsse ca. 92 Mrd. D-Mark, deren Auswirkungen auf die einheimische Geldmenge die DBBk mit verschiedenen Maßnahmen zur Absorbierung der Liquidität zu begegnen versuchte, vgl. DBBk, MB (Oktober 1992), S. 16. Hier zeigte sich das enorme Sterilisationspotential der DBBk, mit dem auch solche hohen Interventionsbeträge zumindest so neutralisiert werden konnten, daß sich das Geldmengenwachstum nicht noch stärker beschleunigte, vgl. dazu ausführlicher DBBk MB (Januar 1993), (Einfluß von Auslandstransaktionen auf Bankenliquidität, Geldmenge und Bankkredite) S. 19-34. Der kontraktive Liquiditätseffekt in 1993 ist wiederum auf die Rückzahlungen der hohen D-Mark-Interventionsbeträge im Rahmen des Saldierungsmechanismus zurückzuführen.

27 Es stellt sich der gleiche Nettoeffekt ein, wenn die Reduktion der Geldmenge infolge von Stützungsinterventionen durch Kauf inländischer Wertpapiere wieder rückgängig gemacht wird, zu den 'emprunts autorisés' vgl. Herz, B. (1994), S. 144f.

28 Die Kreditaufnahmen stiegen von 11,5 Mrd. Fr. Franc in 1979 auf 89,2 Fr. Franc im Jahr 1983, siehe dazu die Tabelle in Herz, B. (1994), S. 140; die Zunahme der französischen

In den Bemühungen, die restriktiven Auswirkungen auf die inländische Geldpolitik abzuschwächen, spielten die Kapitalverkehrskontrollen, die beide Länder bis Mitte bzw. Ende der achtziger Jahre massiv angewendet hatten, zumindest in Zeiten hohen spekulativen Drucks auf die Wechselkursrelationen eine große Rolle. In der folgenden Abbildung 22 ist deutlich zu erkennen, daß die Eurozinssätze Italiens und Frankreichs gerade kurz vor Realignments im Ge-

Abb. 22: Euro(Offshore)-Zinssätze*

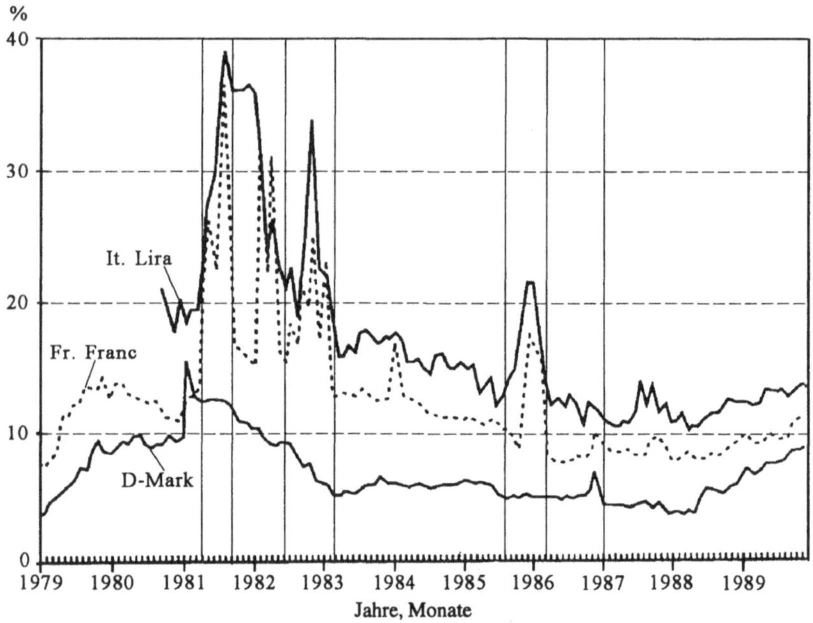

* Ein-Monats-Offshore-Zinssätze (von Euro-Einlagen auf die jeweilige Währung lautend) auf dem Londoner Interbankenmarkt; die senkrechten Linien geben die Realignments an, die eine Abwertung des französischen Franc und/oder der italienischen Lira gegenüber der D-Mark zur Folge hatten.

Quelle: Burda, M. C. / Wyplosz, C. (1993), S. 414.

gensatz zu den deutschen Zinsen starke Auschläge nach oben aufweisen. Der Anstieg der französischen und italienischen Offshore-Zinsen war Ausdruck für die Realignmenterwartungen der privaten Marktteilnehmer in Richtung Währungsabwertung.[29] Die Kapitalverkehrsbeschränkungen verhinderten zumin-

Devisenreserven ab März 1983 (vgl. Abb. 21 auf S. 188) wurde v. a. mittels dieses staatlich gelenkten Kapitalimports realisiert, vgl. derselbe, S. 146.

29 Die Zinsausschläge nach oben sind einmal Ausdruck für die gestiegene Kreditnachfrage aufgrund des erwarteten Abwertungsgewinnes bei zurückgehendem Kreditangebot. Desweiteren spiegeln sich auf den Terminmärkten die Realignmenterwartungen in der 'for-

dest temporär, daß sich der Zinsanstieg mit seinen unerwünschten restriktiven Auswirkungen auch auf die inländischen Zinsen übertrug.[30] Ab 1986 verschwanden bei den französischen, ab 1988 auch bei den italienischen Euro-Zinssätzen die starken Ausschläge, und es ist eine gewisse Konvergenz mit der deutschen Zinsentwicklung festzustellen, die mit dem sukzessiven Abbau der Kapitalverkehrskontrollen in Frankreich und Italien bei stabilen Wechselkursrelationen einherging.

Zusammenfassend läßt sich feststellen, daß aufgrund der asymmetrisch ausgelegten Interventionsregeln im EWS Länder, deren Währungen gegen eine Abwertung gestützt werden müssen, über ein geringeres Sterilisationspotential verfügen, als Staaten, die gegen eine Aufwertung ihrer Währung zu intervenieren verpflichtet sind. Allerdings ist dem Diziplinierungsdruck von seiten der Weichwährungsländer im Zeitablauf unterschiedlich begegnet worden. Während Frankreich in den frühen Perioden eine systematische Sterilisationspolitik betrieb, um die monetären Konsequenzen der Interventionen zu verhindern, akzeptierte es seit 1986 den restriktiven Druck der Devisenmarktinterventionen auf die französische Geld- und Währungspolitik, die ihre Hauptaufgabe nun darin sah, den Franc-Kurs v. a. gegenüber der D-Mark zu stabilisieren. Italien stemmte sich auch gegen die kontraktiven Auswirkungen der Interventionen auf die einheimische Geldmenge, mußte jedoch trotzdem öfter als Frankreich dem zu starken Druck auf seine Währung ausweichen und Abwertungen hinnehmen. Die Deutsche Bundesbank war in der Lage, in den ersten Perioden eine wirksame Sterilisationspolitik zu betreiben, intervenierte jedoch ab Mitte der achtziger Jahre zunehmend zugunsten des US-Dollars und betrieb eine mehr auf den Wechselkurs ausgerichtete Geld- und Währungspolitik, die eine Beeinflußung der inländischen Liquidität in Kauf nahm; letzteres jedoch nur, weil anfangs die deutsche Inflationsrate auf sehr niedrigem Niveau lag (1986/87 lag sie im Durchschnitt bei nahe null) und sich deshalb die DBBk nicht wegen potentieller geldmengeninduzierter Preissteigerungen in ihrem Stabilitätskurs beeinträchtigt sah. Diese Politikausrichtung Deutschlands war den Weichwährungsländern insofern recht, als sie zumindest in den ersten Folgejahren den Aufbau potentieller Spannungen im EWS und deren Konsequenzen in Form von Leitkursanpassungen in gewissem Maße entgegenwirkte. Ab Mitte 1992 bis zur Wechselkursfreigabe im August 1993 war eine stärkere Rück-

---

ward premium rate', die in Form einer Zinsaufschlagsprämie bei Währungsterminkontrakten bzw. bei 'hedge'-Geschäften als Kompensation der erwarteten Abwertung gefordert wird; je höher diese Prämie, desto stärker sind die Erwartungen einer Abwertung, und desto höher ist - unter der Annahme wirksamer Kapitalverkehrskontrollen - das Differential zwischen den Zinsen auf dem Euro-Markt und den inländischen Zinsen, siehe dazu näher De Grauwe, P. (1989), S. 3f.

30 Vgl. hierzu Gros, D. (1987).

sichtnahme der DBBk auf die Wechselkursentwicklungen im EWS, insbesondere auf den Fr. Franc, zu beobachten, die in der erstmaligen Beteiligung an intramarginalen Interventionen, aber auch in Zinssenkungen[31] und Beistandserklärungen[32] während der Währungskrise 1992 zum Ausdruck kam. Erst mit der Quasi-Aufgabe der Wechselkursbandbreiten gewann die Bundesbank ihren Handlungsspielraum für eine binnenorientierte Stabilitätspolitik wieder zurück.

3. Asymmetrie versus Symmetrie im EWS

In den verschiedenen empirischen Untersuchungen in der Literatur über die Struktur und Funktionsweise des EWS kommt die Kontroverse über den Grad der Asymmetrie und damit über die Rolle Deutschlands im EWS zum Ausdruck.[33] In den einzelnen ökonometrischen Tests, die verschiedene Indikatoren (wie Inflationsraten, Wechselkurse, Interventionen, Sterilisationskoeffizienten, Zinssätze, Geldmengen) zur Messung des Asymmetriegrades bzw. der Dominanzstärke Deutschlands im EWS verwenden, differieren die Ergebnisse je nach verwendetem Indikator und Schätzmethode erheblich voneinander. Das Spektrum reicht von der Position einer sehr starken Dominanz Deutschlands, welches die Währungspolitik im EWS bestimmt, während die übrigen Länder die deutsche Führungsrolle akzeptieren und ihre geldpolitische Autonomie aufgeben, bis hin zur gegensätzlichen Position, die das EWS als eine währungspolitische Kooperation zwischen gleichrangigen Partnerländern charakterisiert.

---

31 Die Zinssenkungen zwischen Herbst 1992 und Frühjahr 1993 wurden nicht mit binnenwirtschaftlichen Erfordernissen, sondern v. a. wechselkurspolitisch mit der außenwirtschaftlichen Entwicklung begründet, vgl. DBBk, MB (Oktober 1992), S. 15, DBBk, GB (1992), S. 56f.

32 Am 23.9.1992, nach dem Ausscheiden der It. Lira und des Pfund Sterling aus dem Wechselkursverbund und erneuten Interventionen zur Stützung des Fr. Franc, beteiligte sich die DBBk an einer Erklärung der Regierungen Deutschlands und Frankreichs, in der betont wurde, daß die geltenden bilateralen Leitkurse zwischen der D-Mark und dem Fr. Franc die wirtschaftlichen Grunddaten der beiden Volkswirtschaften richtig widerspiegeln und eine Leitkursänderung nicht gerechtfertigt sei, vgl. DBBk, GB (1992), S. 50.

33 Die Diskussion um die Dominanz Deutschlands im EWS kam in der zweiten Hälfte der achtziger Jahre mit dem Beitrag von Giavazzi, F. / Giovannini, A. (1987) auf (vgl. Fußnote 126 in Teil B auf S. 71, siehe auch Giavazzi, F. / Giovannini, A. (1989), 4. Kap. S. 63f.); diese Arbeit bildete den Ausgangspunkt für die meisten nachfolgenden empirischen Untersuchungen, die seitdem veröffentlicht worden sind. Zu diesen zählen neben der schon genannten Untersuchung von Mastropasqua, C. / u. a. (1988), u. a. Artis, M. J./ Taylor, M. P. (1988), Cohen, D. / Wyplosz, C. (1989), S. 14f., De Grauwe, P. (1989), Artis, M. J./ Nachane, D. (1989), Fratianni, M. / Hagen v., J. (1990a/b), Karfakis, C. J. / Mochos, D. S. (1990), Smeets, H.-D. (1990), Weber, A. (1990), Gudin de Vallerin, P. / u. a. (1991), Herz, B. / Röger, W. (1991), MacDonald, R. / Taylor, M. P. (1991), Kirchgässner, G. / Wolters, J. (1991), Kutan, A. M. (1991), Herz, B. (1994), S. 98f.

In den Differenzen der Untersuchungsergebnisse, insbesondere im ökonometrischen Bereich formeller Schätzverfahren, spiegeln sich die Probleme bei der Erfassung und Auswahl der Daten, der Wahl der ökonometrischen Methode und nicht zuletzt in der Interpretation der Resultate wider. Keine der Untersuchungen kann sich einer Kritik entziehen, und es können für jeden Test Vorbehalte geltend gemacht werden; es wird dabei teilweise der Eindruck gewonnen, daß mehr Zweifel über die Tests der Hypothese bestehen und weniger über die Hypothese selbst.

Die unterschiedliche Formulierung der Dominanzhypothese Deutschlands im EWS ist ein weiterer Grund für die differierenden Testergebnisse; in einigen Schätzungen wird die Hypothese als extreme Asymmetrie definiert, in der die deutsche Geldpolitik völlig unabhängig von Entwicklungen im EWS ist, während die Politik der anderen EWS-Länder vollständig von Deutschland beeinflußt wird.[34] Die obige Analyse hat jedoch gezeigt, daß die beiden Aspekte dieser Hypothese getrennt gesehen werden müssen; darüber hinaus muß auch der Zeitfaktor in Form sich voneinander unterscheidender EWS-Phasen mit wechselnder Asymmetriestärke berücksichtigt werden. Die Asymmetrie in der strengen Formulierung des rein passiven Akkommodierens der deutschen Geldpolitik seitens der anderen Staaten erfährt allein schon durch die offiziellen 'Flexibilitätskomponenten' des EWS eine Abschwächung. Aufgrund der bis in die neunziger Jahre erlaubten Anwendung von Kapitalverkehrsbeschränkungen war eine geldpolitische Unabhängigkeit zumindest auf kurze Frist gegeben. Desweiteren hat jedes EWS-Mitglied grundsätzlich die Möglichkeit, über Leitkursanpassungen seinen präferierten langfristigen geldpolitischen Kurs zu wählen. Auf der anderen Seite kann auch nicht davon ausgegangen werden, daß die deutsche Geldpolitik stets völlig unabhängig von den Entwicklungen im EWS agieren konnte. Werden diese Aspekte bei der Analyse mitberücksichtigt, so ist das EWS nicht als ein total asymmetrisches Währungssystem anzusehen, in dem Deutschland als dominierendes Land in der Lage war, seine Politik stets frei von EWS-Einflüssen durchzusetzen. Es läßt sich demnach eher charakterisieren als ein „interactive web of monetary policies, where Germany is an important player, but not the dominating one“;[35] dies um so mehr, wenn auch die politischen Faktoren miteinbezogen werden.

Dem steht auf der anderen Seite die Beobachtung entgegen, daß die anderen Länder insgesamt stärker ihre Politik nach der der Bundesbank ausrichteten,

---

34 Dies liegt u. a. in der angewendeten Schätzmethode des 'Granger-Kausalität-Tests', der zudem nur die Messung, welche Einflußrichtung in den Beziehungen zwischen den Geldpolitiken dominiert, zuläßt; über die Stärke des Einflusses können jedoch keine genaueren Aussagen gemacht werden, vgl. Gros, D. / Thygesen, N. (1992), S. 144 und 149.

35 Fratianni, M. / Hagen v., J. (1990b), S. 373.

als umgekehrt. Dies ist auch Ausdruck dafür, daß die Weichwährungsländer zunehmend die währungspolitische Strategie, via Wechselkursfixierung eine stabilitätsorientierte Geldpolitik im eigenen Land durchzusetzen, zu verfolgen versuchten. Wie diverse Untersuchungen belegen, nahm die Glaubwürdigkeit dieses Wechselkurs-'commitment' in Form stabiler Wechselkurs- und Inflationserwartungen in der zweiten Hälfte der achtziger Jahre zu.[36] Allerdings zeigte die Währungskrise im September 1992 gerade im Fall Italiens, daß diese Glaubwürdigkeit schnell wieder verloren geht, wenn die nationalen Politiken sich nicht den binnenwirtschaftlichen Konsequenzen dieser Wechselkursverpflichtung stellen bzw. sich gegen den Anpassungsdruck richten. Der wachsende Glaubwürdigkeitsverlust der gesamten währungspolitischen Koordination führte letztlich zur Quasi-Freigabe der Wechselkurse in der Gemeinschaft im August 1993.[37]

Insgesamt kann resümiert werden, daß die besondere Rolle Deutschlands bzw. seiner Währung im EWS nicht von der Hand zu weisen ist; sie läßt sich aus den Regeln des Systems, der strikten Stabilitätsorientierung der DBBk und dem damit verbundenen Aufbau eines weltweit starken Vertrauens in die D-Mark als europäische und internationale Reservewährung erklären.[38] Die Stärke der Dominanz erfuhr jedoch im Zeitablauf in ihren beiden Aspekten, Disziplinierungszwang auf die anderen EWS-Länder und deutsche Unabhängigkeit im EWS, gewisse Veränderungen. Während in den ersten vier Jahren ein hoher Unabhängigkeitsgrad der DBBk und eine geringe Asymmetrie im EWS aufgrund der installierten umfangreichen Kapitalverkehrskontrollen und der vielen Realignments zu verzeichnen waren, war die darauffolgende Periode von einer ausgeprägteren Asymmetrie gekennzeichnet, die eine mehr oder weniger starke Abschwächung im Verlauf der zweiten Hälfte der achtziger Jahre erfuhr und von einem zunehmenden EWS-Einfluß auf die Bundesbankpolitik begleitet wurde. Dies impliziert, daß die DBBk in ihren geldpolitischen Entscheidungen die Entwicklungen in den übrigen EWS-Staaten zumindest kurzfristig in stärkerem Maße berücksichtigte. Einmal läßt sich der zugenommene Einfluß der EWS-Partnerländer auf die Geldpolitik der Bundesbank mit der stärkeren Einbindung Deutschlands in die internationale Politikkoordination begründen; denn auch das außereuropäische Ausland forderte mehr Verantwortung von der deutschen Wirtschaftspolitik in dem Bemühen, globalen Ungleichgewichten mit koordinierten Maßnahmen zu begegnen. Als zweiter Grund kann neben

---

36 Vgl. Giavazzi, F. / Giovannini, A. (1989), S. 111f., Giavazzi, F. / Spaventa, L. (1990), Weber, A. (1991), speziell für Irland siehe Kremers, J .J. M. (1990), für Dänemark siehe Christensen, M. (1987 und 1990), Andersen, T. / Risager, O. (1988).

37 Auf diesen Punkt wird im nächsten Kapitel noch näher eingegangen.

38 Zur internationalen Reservewährungsrolle der D-Mark vgl. Tavlas, G. S. (1991).

dem Zusammenwachsen der europäischen Gütermärkte und dem ansteigenden Grad der Finanzmarktintegration in Europa, die die Binnenorientierung der Bundesbankpolitik zunehmend erschwerten, die generelle Umorientierung der Wirtschaftspolitiken im EWS in Richtung der Deutschlands angeführt werden. Indem die Weichwährungsländer den Disziplinierungscharakter des Systems grundsätzlich akzeptierten und über die freiwillige einseitige Stabilisierung des Wechselkurses ihrer Währungen mit der D-Mark die währungspolitische Koordination intensivierten, konnten sie ihrer Forderung an die DBBk, in ihrer Geldpolitik die 'europapolitische Dimension' stärker zu berücksichtigen, mehr Nachdruck verleihen. Die Stärke dieses Druckes auf Deutschland zeigte sich in der wachsenden Ausrichtung der Bundesbankpolitik an der Wechselkursentwicklung im EWS, insbesondere während der Währungskrisen 1992/93. Desweiteren konnten sie bei der Durchsetzung ihrer Interessen gerade für Veränderungen auf institutioneller Ebene eher die Unterstützung Deutschlands erhalten bzw. weniger Widerstand von seiten der Bundesbank erwarten.

Während in den währungspolitischen Strategien der Weichwährungsländer das Ziel der Stabilisierung der Wechselkursrelationen ihrer Währungen gegenüber der D-Mark zum Ausdruck kommt, ist die von denselben Staaten forcierte Entwicklung zu einer mehr symmetrischen Ausrichtung des Währungssystems mit dem Ziel einer Umverteilung der Anpassungslasten im unterschiedlichen nationalen Vorgehen auf bilateraler und supranationaler Politikebene zu suchen, welches die entscheidende Rolle bei den durchgeführten und geplanten institutionellen Veränderungen der Europäischen Währungsordnung spielte. Deshalb soll in der nun folgenden Schlußbetrachtung vor dem Hintergrund der bisher gewonnenen Erkenntnisse gerade die Rolle der politischen Faktoren bzw. des strategischen Verhaltens der beteiligten Staaten in der institutionellen Performance der währungspolitischen Kooperation in Europa näher untersucht werden. Dabei wird die chronologisch aufgebaute Analyse den Phasen folgen, die schon bei der Betrachtung der makroökonomischen Entwicklungen im EWS festgestellt worden sind.

II. Eine Phasenanalyse der Politikkoordination im EWS

1. Die ersten Jahre der Orientierung - Experimentierphase im Zeichen nationaler Politikdivergenzen

Die erste Phase des EWS war gekennzeichnet von einer starken Zunahme der Preissteigerungsraten infolge der inflationären Impulse der zweiten Erdölkrise. Im Zuge der Ölpreisverteuerungen setzte eine rezessive Entwicklung in Europa ein mit einer Verschlechterung der Leistungsbilanzsituation, einer stark ansteigenden Arbeitslosigkeit bei stagnierendem Wirtschaftswachstum und einer teilweise übermäßigen Ausweitung der Staatsverschuldung in den meisten europäischen Ländern. Zu der aufkommenden Rezession kam zusätzlich die konzeptionelle Umstellung der Geldpolitik der US-amerikanischen Notenbank im Herbst 1979 hinzu, die nun eine restriktive geldmengenorientierte Desinflationspolitik begleitet von sehr hohen Zinssätzen verfolgte. Angesichts dieser Situation fielen die nationalen Politikreaktionen in Europa sehr unterschiedlich aus. Die Divergenzen in den Wirtschaftspolitiken, die sich v. a. in dem Auseinanderdriften der Preisentwicklungen in den Mitgliedstaaten widerspiegelten, erzeugten zunehmend Spannungen im EWS, die zu vielen und teilweise umfangreichen Wechselkursanpassungen führten.[39]

Die Bundesbank entschied sich schon im Laufe des Jahres 1979 für einen restriktiveren geldpolitischen Kurs mit verschiedenen Maßnahmen zur Einschränkung der Bankenliquidität, um die wieder zunehmende Inflation zu bekämpfen.[40] Angesichts der anhaltenden Leistungsbilanzdefizite verbunden mit einer ausgeprägten Schwäche der D-Mark sowohl gegenüber dem US-Dollar als auch im EWS - insbesondere gegenüber dem Fr. Franc - und einer expansiven Fiskalpolitik der Regierung verschärfte sie Anfang 1981 in drastischer Weise ihren geldpolitischen Kurs.[41] In der Folge wirkte sich dies stabilisierend auf den D-Mark-Kurs im EWS aus und sorgte auch für eine Stärkung der D-Mark gegenüber dem US-Dollar. Im weiteren Verlauf setzte allmählich wieder ein wirtschaftlicher Aufschwung in Deutschland ein; die Leistungsbilanzsituation verbesserte sich. Infolge des währungspolitischen Stabilisierungsprogramms der DBBk und der nach dem Regierungswechsel im März 1982 verfolgten restriktiveren Fiskalpolitik konnte auch die Inflationsrate in Deutschland wieder gesenkt werden.

Frankreich ging den entgegengesetzten Weg und versuchte mit einer expansiven nachfrageorientierten Fiskalpolitik und akkommodierenden Geldpolitik das Wirtschaftswachstum wieder anzukurbeln und die Arbeitslosigkeit zu bekämpfen.[42] Die dirigistischen Maßnahmen der neuen französischen Regierung unter Staatspräsident François Mitterand waren Ausdruck für ihr Verständnis

---

39 Zu den Leitkursanpassungen im Detail siehe Masera, R. S. (1981), Thygesen, N. (1984).

40 Für eine nähere Beschreibung der restriktiven Geldpolitik der DBBk zwischen 1979 und 1982 siehe Spahn, H.-P. (1988), S. 95f.

41 Nach Ersetzung des Lombardkredites durch einen um 3% verteuerten Sonderlombard von 12% wurde dieser sogar für einige Zeit eingestellt, vgl. Spahn, H.-P. (1988), S. 105; in Abb. 11 auf S. 171 ist dieser starke Zinsanstieg (Januar 1981) deutlich zu erkennen.

42 Für eine detaillierte Analyse der französischen Wirtschaftspolitik der sozialistischen Regierung, die im Mai 1981 die Macht übernahm, siehe Sachs, J. / Wyplosz, C. (1986), Muet, P.-A. / Fonteneau, A. (1990), S. 66f., sowie Herz, B. (1994), S. 127f.

der Rolle des Staates, wonach der Staat eine größere ordnungspolitische Verantwortung für den wirtschaftlichen Prozeß, insbesondere für die Entwicklungen auf dem Arbeitsmarkt, übernehmen sollte.[43] Das expansive Wirtschaftsprogramm konnte allerdings die folgende unbefriedigende Wirtschaftsentwicklung Frankreichs nicht verhindern, es wirkte teilweise sogar eher kontraproduktiv. Als Folge der expansiven Fiskalpolitik verlangsamte sich zwar der Anstieg der Arbeitslosigkeit, sie konnte jedoch nicht abgebaut werden.[44] Dies lag auch an den beschäftigungs- und sozialpolitischen Maßnahmen,[45] die den Arbeitseinsatz verteuerten und zu einem starken Anstieg der Lohnkosten führten, der sich wiederum negativ auf die Wettbewerbsfähigkeit der französischen Wirtschaft auswirkte. Infolgedessen hatte sich 1982 das Leistungsbilanzdefizit trotz der durchgeführten Abwertungen des Fr. Franc gegenüber dem Vorjahr fast verdreifacht bei einer Inflationsrate, die kumuliert über die Jahre 1981/82 circa 24 % betrug.

Während die französische Regierung noch auf die Abwertung des Fr. Franc im Oktober 1981 mit verstärkten dirigistischen Maßnahmen und Kontrollen reagierte, die zu noch mehr Skepsis auf den Devisenmärkten in bezug auf den Kurs der französischen Wirtschaftspolitik führten,[46] erfolgten erst nach der wiederholten starken Abwertung im Juni 1982 angesichts der beträchtlichen Devisenverluste, der zunehmenden Auslandsverschuldung und dramatischen Leistungsbilanzverschlechterung die ersten Stabilisierungsmaßnahmen.[47] Diese waren jedoch in ihrem Ausmaß und in ihrer Wirkung auf das gesunkene Vertrauen in die französische Wirtschaftspolitik zu gering, um den Druck auf den Fr. Franc und dessen weitere Abwertung im März 1983 zu verhindern. Es schien, daß Frankreich sich in dieser Zeit weniger an der Stabilität des Franc-Kurses im EWS orientierte und die Paritätenanpassungen akzeptierte, um sich den Interventionsverpflichtungen und weitergehenden restriktiven wirtschaftspolitischen Maßnahmen zu entziehen.[48]

---

43 Zur wirtschaftspolitischen Konzeption der sozialistischen Partei in Frankreich vgl. Nauschütz, M. (1992), S. 42f.

44 Trotz des im Vergleich zu den anderen europäischen Ländern stärkeren Wirtschaftswachstums stieg die Arbeitslosenquote 1982 auf 8,1%, vgl. Sachs, J. / Wyplosz, C. (1986), S. 264.

45 Wie die Erhöhung des Mindestlohns um insgesamt 38% (zwischen 1981 und 1982), die Verkürzung der Arbeitszeit, sowie verschiedene einkommens- und familienpolitische Maßnahmen, vgl. dazu Muet, P.-A. / Fonteneau, A. (1990), S. 75f.

46 Vgl. Sachs, J. / Wyplosz, C. (1986), S. 270.

47 Wie temporäre Lohn- und Preisstops und die Erhöhung verschiedener Steuern und Beiträge, zu den Maßnahmen im Detail siehe Muet, P.-A. / Fonteneau, A. (1990), S. 154f.

48 Dies wohl auch, weil mit dem Rückgang der Devisenreserven die Interventionsmöglichkeiten geringer wurden und die angewendeten massiven Kapitalverkehrskontrollen ihre Wirkungsgrenze erreicht hatten. Nach Herz, B. (1994, S. 148) nahm Frankreich „in dieser Zeit nur noch formal, nicht aber mehr faktisch am Festkursverbund EWS teil."

Italien mit den höchsten Inflationsraten im EWS war schon aufgrund der spezifischen Merkmale der italienischen Wirtschaftspolitik, die sich insbesondere in der übermäßigen von der Notenbank finanzierten Staatsverschuldung widerspiegelten, kaum in der Lage, ein wirksames Stabilitätsprogramm durchzusetzen.[49] Dies zeigte sich in den insgesamt vier Abwertungen der It. Lira in ersten drei Jahren, die keine entsprechenden flankierenden Maßnahmen von seiten der Fiskalpolitik zur Reduzierung des Anstiegs der Budgetdefizite nach sich zogen.[50] Die italienische Regierung versuchte dagegen, den ökonomischen Konsequenzen ihrer Fiskalpolitik neben dem vollen Ausnutzen der erweiterten Bandbreite mit dem Einsatz massiver Kapitalverkehrskontrollen zu begegnen, um Kapitalabflüsse zu unterbinden und die inländischen Zinssätze abzuschotten.[51] Obwohl Italien mit einem bewußt unterbewerteten Leitkurs der It. Lira in den Wechselkursmechanismus aufgenommen wurde, waren die folgenden Abwertungen in ihrem Ausmaß dennoch zu gering, um den inflationsbedingten Verlust an Wettbewerbsfähigkeit der italienischen Wirtschaft bei anhaltend hohen Preissteigerungen zu kompensieren.

Auch die anderen EWS-Staaten haben anfangs eine mehr oder weniger expansive Wirtschaftspolitik betrieben, um die aufkommende Rezession zu bekämpfen. Von den Ländern, die sich schon zuvor in der Währungsschlange stark am D-Mark-Wechselkurs und damit an der deutschen Geldpolitik orientierten, schloß sich nur die Niederlande gleich dem restriktiven Kurs der DBBk an, indem es trotz Wirtschaftsschwäche und temporärem Abwertungsdruck seine Politik auf die Stabilität des Gulden/ D-Mark-Kurses ausrichtete.[52] Dänemark ergriff erst nach den beiden Realignments in 1979, die eine starke Abwertung der Dänischen Krone beinhalteten, wirtschaftspolitische Maßnahmen zur Bekämpfung der zunehmenden Inflation.[53] Dagegen fuhr Belgien - ähnlich wie Frankreich - einen expansiven Kurs, insbesondere in der Fiskalpolitik. Trotz der schwierigen Wirtschaftssituation und des zunehmenden Ab-

49 Obwohl Anfang der achtziger Jahre schon eine gewisse Neuausrichtung im Konzept der Wirtschaftspolitik Italiens zu beobachten war, die allerdings bislang nur in einigen Bereichen zum Durchbruch gekommen ist, vgl. Fraenkel, G. (1991), S. 245f.

50 Nach dem Realignments im März 1981 und Juni 1982 wurden zwar offiziell Pläne zur Verringerung der Staatsverschuldung aufgestellt, diese blieben jedoch angesichts steigender Finanzierungsdefizite ohne Wirkung, vgl. Fraenkel, G. (1991), S. 251f.

51 So wurde z. B. im Mai 1981 ein Bardepot auf Devisenkäufe eingeführt. Dies veranlaßte die EG-Kommission (EW, Nr. 12 (1982), S. 37) an Italien eine eindeutige Warnung zu richten, daß diese Maßnahmen protektionistische Kettenreaktionen auslösen könnten und notwendige Anpassungen nur verzögern würden.

52 So wurden begleitende Maßnahmen v. a. zur Reduzierung der Staatsdefizite durchgeführt; zur damaligen niederländischen Wirtschaftspolitik vgl. OECD (1988), S. 93f.

53 Es wurden verschiedene Maßnahmen, insbesondere in der Lohn- und Steuerpolitik getroffen, vgl. hierzu Ungerer, H. / u. a. (1983), S. 7 und S. 27 (Tab. 6).

wertungsdrucks hielt die Regierung bis zum Frühjahr 1982 im wesentlichen an den Leitkursen fest, ohne daß es zu einem wirtschaftspolitischen Kurswechsel kam.[54] Irland mit ähnlich hohen Inflationsraten wie in Italien konnte auch wegen des im Vergleich zu den anderen EWS-Ländern stärkeren inflationären Einflusses der Ölpreisverteuerungen und den Konsequenzen des Loslösens vom Britischen Pfund auf seine Wettbewerbssituation zunächst nicht eine stabilitätsorientierte Politik durchsetzen.[55]

Die unterschiedlichen Wirtschaftspolitiken, die in den Divergenzen der ökonomischen Daten der Mitgliedsländer zum Ausdruck kamen, zusammen mit der allmählichen Stabilisierung der D-Mark im Verhältnis zum US-Dollar führten zu einem Aufstauen des Anpassungsbedarfs, der auf die Wechselkursrelationen starken Druck ausübte und trotz massiven Einsatzes von Kapitalverkehrskontrollen in den Weichwährungsländern Leitkursneufestsetzungen mit zunehmendem Ausmaß zur Folge hatte.

Insgesamt zeigte sich, daß das EWS bei den Teilnehmerstaaten nicht die politische Priorität hatte, die ihm anfangs zugesprochen wurde. Der Konflikt zwischen dem gemeinsamen Ziel, mit dem EWS interne und externe Stabilität in der Gemeinschaft zu erlangen, und nationalen politischen Präferenzen kam deutlich zu Tage. Die binnenwirtschaftlichen Interessen wurden für dringlicher erachtet als eine aktive Kooperation im EWS. Aufgrund der 'Asymmetrie' in den Präferenzen der teilnehmenden Länder - v. a. zwischen Deutschland und Frankreich - fehlte zudem der Grundkonsens über die anzustrebenden wirtschaftspolitischen Prioritäten in den ersten Jahren des EWS. Es wurde aber auch deutlich, daß in dieser Zeit vom System selbst kaum ein deflationärer bzw. disziplinierender Druck ausging. Neben der anfänglichen Schwäche der D-Mark dürften die verschärften Kapitalverkehrskontrollen und die vielen, teilweise umfangreichen Leitkursanpassungen der Grund gewesen sein für den geringen Koordinationszwang des Systems auf die nationalen Geldpolitiken. Wahrscheinlich war gerade der massive - eigentlich nur für Ausnahmefälle gedachte - Einsatz dieser Maßnahmen eine notwendige Bedingung für das Fortbestehen des EWS in den ersten Jahren; denn das Vertrauen in die Stabilität bzw. in die Funktionseffizienz des Systems war angesichts der schwierigen weltwirtschaftlichen Lage und des geringen währungspolitischen Koopera-

---

54 Für eine nähere Analyse der Wirtschaftspolitik Belgiens in dieser Zeit siehe Herz, B. (1994), S. 156f.

55 Der Verlust der Wettbewerbsfähigkeit der irischen Wirtschaft im EWS wurde in den ersten Jahren allerdings durch den traditionell (und wegen des zunächst starken Pfund Sterling) stärkeren Handel mit Großbritannien aufgefangen; erst als die britische Währung gegenüber den anderen EWS-Währungen fiel kam es auch zu einer Abwertung des Irischen Pfunds; für einen Überblick der damaligen wirtschaftlichen Situation Irlands und dessen Wirtschaftspolitik in bezug auf das EWS siehe Walsh, B. M. (1983), S. 174f.

tionsgrades in dieser Zeit nicht gerade hoch.[56] Das niedrige Kooperationsniveau zeigte sich auch in der Nichteinhaltung des Zeitplanes der vereinbarten institutionellen Weiterentwicklung des EWS, nach dem die 'zweite Phase' u. a. mit der Errichtung des Europäischen Währungsfonds im März 1981 hätte anlaufen sollen; diese wurde auf unbestimmte Zeit verschoben.[57]

2. Die Phase der Konsolidierung - Ökonomische Einsichten und strategisches Verhalten

Die bisher umfassendste Leitkursanpassung im März 1983, bei der alle Währungen neu bewertet wurden, markierte einen Wechsel in der EWS-Entwicklung, der sich schon im Verlauf des Jahres 1982 abzeichnete. Aufgrund der ernüchternden wirtschaftlichen Entwicklungen wurden in dieser Zeit in verschiedenen Ländern verstärkt Bestrebungen in Gang gesetzt, die nationalen Wirtschaftspolitiken in Richtung Stabilisierung umzustellen und eine mehr antiinflationäre Geldpolitik zu betreiben. Die kleineren EWS-Staaten übernahmen immer mehr die 'hard currency option' in ihren Geldpolitiken, indem sie sich strikt an der Stabilität des Wechselkurses ihrer Währungen gegenüber der härtesten Währung im EWS, der D-Mark, ausrichteten, um die Glaubwürdigkeit ihrer Desinflationspolitik zu erhöhen.[58]

Dagegen war Frankreich nur zögerlich bereit, seine mit anfänglich viel Optimismus und ideologischer Überzeugung getragene Wirtschaftspolitik aufzugeben. Damit spitzte sich die Polarisierung zwischen Deutschland und Frankreich nicht nur in der wirtschaftlichen Entwicklung, sondern auch im politischen Bereich zu und führte im Vorfeld der Leitkursanpassung vom März 1983 beinahe zu einem Auseinanderbrechen der währungspolitischen Kooperation.

---

56 So stellte selbst die EG-Kommission fest, daß die wiederholten umfangreichen Leitkursanpassungen von 1982 die „Glaubwürdigkeit des Systems allmählich zu schwächen drohen", EG-Kommission, EW Nr.12 (1982), S. 35.

57 Angesichts der unüberbrückbaren Meinungsverschiedenheiten gerade zwischen Frankreich und Deutschland über den Autonomiestatus des Währungsfonds führte die Einsicht der Unrealisierbarkeit der geplanten institutionellen Veränderungen dazu, daß man in der Kommission nicht mehr von der Endphase, sondern von einer 'nichtinstitutionellen, evolutionären' Weiterentwicklung des EWS sprach, vgl. hierzu Kloten, N. / Gösele, W. (1982), S.477f. und Kleinheyer, N. (1987), S. 117f.; siehe auch Fußnote 187 in Teil C auf S. 150.

58 Für Dänemark siehe Christensen, M. (1987), Andersen, T. / Risager, O. (1988), S. 674f., für Belgien vgl. Herz, B. (1994), S. 171f., für Irland siehe Dornbusch, R. (1989), S. 181f. und Kremers, J. J. M (1990), S. 138f.

Auf politischer Ebene führte man von französischer Seite zunehmend und am heftigsten in der Zeit kurz vor dem März-Realignment verbale Attacken gegen Deutschland, indem man der Bundesbank die Spannungen im EWS zuschrieb, weil sie die starke Aufwertungstendenz der D-Mark mit ihrer überzogenen Stabilisierungspolitik provoziert habe, und der deutschen Regierung mangelnde Kooperation vorwarf und sie aufforderte, einen adäquaten wirtschaftspolitischen Kurs zur Konjunkturankurbelung zu verfolgen. Deutschland erwartete von Frankreich gerade das Gegenteil, v. a. eine Reduzierung seiner inflationär wirkenden Budgetdefizite. In Frankreich wurden immer mehr Rufe laut, sich vom inakzeptablen 'Diktat' Deutschlands zu befreien und aus dem EWS auszuscheiden; innerhalb der französischen Regierung entfachte sich eine hitzige Debatte mit gegensätzlichen Positionen über Verbleib im EWS, und damit Verlust der nationalstaatlichen Autonomie, oder Austritt aus dem EWS und Festhalten am aktuellen wirtschaftspolitischen Kurs.[59]

Die politischen Spannungen setzten sich in den Realignment-Verhandlungen fort. Zwischen den beiden Ländern gab es divergierende Vorstellungen über die Verteilung des Anpassungsbedarfs bzw. über die Mindestaufwertung der D-Mark und der maximal vertretbaren Abwertung des Fr. Franc. Während die DBBk aufgrund der Sorge, durch die Devisenmarktinterventionen ihre Kontrolle über das nationale Geldangebot zu verlieren, auf eine entsprechende Aufwertung drängte,[60] versuchte Frankreich die Abwertung seiner Währung gegenüber der ECU so gering wie möglich zu halten und drohte sogar mit dem Austritt aus dem EWS, um seinen Forderungen Nachdruck zu verleihen; das nationale Prestige bzw. die Sorge, sein Gesicht durch eine im Inland schlecht zu verkaufende starke Abwertung gegenüber dem *europäischen* Währungsdurchschnitt zu verlieren, spielte dabei die entscheidende Rolle.[61]

Angesichts der offensichtlichen Grenzen einer autonomen expansiven Wirtschaftspolitik bei gleichzeitiger restriktiver Politik der Partnerstaaten, zusammen mit der negativen Beschäftigungsentwicklung, der sinkenden Wettbewerbsfähigkeit der französischen Wirtschaft und den wachsenden Haushalts-

---

59 Vgl. hierzu Loriaux, M. (1991), S. 261f., Fröhlich, H.-P. (1986), S. 81, Eggerstedt, H. / Sinn, S. (1987), S. 19.

60 Nach Neumann, M. J. M. / Hagen v., J. (1993, S. 305) drohte die Bundesbank sogar damit, ihre obligatorischen Stützungsinterventionen zugunsten des Fr. Franc einzustellen, um die Aufwertung der D-Mark durchzusetzen.

61 Obwohl nur die bilateralen Kursanpassungen relevant sind für die Entwicklungen auf den Handels- und Devisenmärkten, war es für Frankreich wichtig, gegenüber der ECU nicht so stark abzuwerten. Man einigte sich darauf, daß die D-Mark gegenüber der ECU um circa 5,5 % aufwertete, während die Fr. Franc-Abwertung gegenüber der ECU nur 2,6 % betrug, jedoch bilateral gegenüber der D-Mark über 8 % ausmachte, vgl. Tab. 2 auf S. 143, siehe dazu Thygesen, N. (1984), S. 271, Kleinheyer, N. (1987), S. 120.

defiziten bei steigenden Inflationsraten sah sich die französische Regierung zu einem rigorosen wirtschaftspolitischen Kurswechsel gezwungen. Das gleichzeitig mit dem Realignment verabschiedete Konsolidierungsprogramm des damaligen Wirtschaftsministers Jacques Delors ('plan de rigueur') sollte die Staatsverschuldung drosseln, die Leistungsbilanzdefizite reduzieren und die Inflation eindämmen.[62] Frankreich hatte sich damit jedoch nicht plötzlich zu einem überzeugten Verfechter des Monetarismus und der Angebotspolitik gewandelt; die äußerst kritische außenwirtschaftliche Situation zusammen mit der Erkenntnis, daß der wichtigste Handelspartner Deutschland mit der neuen konservativ-liberalen Regierung unter Bundeskanzler Helmut Kohl kaum zu einem wirtschaftlichen Expansionskurs zu überreden war, sowie der Ausgang der inländischen politischen Debatte, die Mitgliedschaft im EWS bzw. im Wechselkursmechanismus nicht aufzukündigen, führten zu dieser gravierenden Neuorientierung der französischen Wirtschaftspolitik.[63]

Mit der Entscheidung für den Verbleib im EWS änderte Frankreich grundlegend seine europapolitische Strategie. Nach dem Scheitern des 'sozialistischen Experimentes' und der Einsicht, daß man ohne Zusammenarbeit mit den anderen Mitgliedstaaten kaum Veränderungen auf währungspolitischer Ebene durchsetzen konnte, stand nun das Ziel im Vordergrund, die wirtschaftliche Entwicklung Frankreichs voranzutreiben und dessen Wirtschaftsstruktur zu modernisieren, um in Europa wieder an wirtschaftlicher Stärke und Einfluß zu gewinnen. Die nun zunehmende Ausrichtung der Geldpolitik an der Stabilität des Franc/D-Mark-Wechselkurses und das Festhalten der 'politique rigueur', begleitet von Deregulierungs- und Liberalisierungsmaßnahmen in den Folgejahren, waren Ausdruck des Bestrebens, den deutschen Stabilisierungsvorsprung einzuholen und wirtschaftlich mit Deutschland gleichzuziehen. Gleichzeitig setzte Frankreich zu einer politischen Offensive in der Gemeinschaft an. Die nach der Entsendung des Wirtschafts- und Finanzministers J. Delors als Präsident der EG-Kommission nach Brüssel folgenden zahlreichen Reformvor-

---

62 Zu den Maßnahmen im einzelnen siehe Muet, P.-A. / Fonteneau, A. (1990), S. 158f.

63 So schreibt Wyplosz, C. (1988, S. 66), daß dieser Wechsel in der Wirtschaftspolitik der sozialistischen Regierung als „largely opportunistic, or rather darwinian" zu verstehen ist; vgl. hierzu auch die an gleicher Stelle zitierte Arbeit von Cohen, D. (1988). Neben den außenwirtschaftlichen Zwängen lassen sich auch politische Zwänge im Inland anführen, denn das politische Überleben F. Mitterands und seiner Partei stand wegen der Regierungskrise zwischen den Koalitionspartnern, aber auch wegen der Polarisierung in den eigenen Reihen der sozialistischen Partei in bezug auf Verbleib im oder Austritt aus dem EWS auf dem Spiel. Angesichts der Kommunalwahlen im März 1983, die der Linkskoalition erhebliche Verluste einbrachten, setzte F. Mitterand schließlich innerhalb seiner eigenen Partei die Entscheidung für den Verbleib Frankreichs im EWS zusammen mit der Annahme des Austeritätsprogrammes durch, vgl. hierzu Sachs, J. / Wyplosz, C. (1986), S. 270f., Fröhlich, H.-P. (1986), S. 80, Haywood, E. (1993), S. 272f.

schläge der Kommission, insbesondere das Forcieren des schon lange geplanten gemeinsamen Binnenmarktprogrammes, das mit der Unterzeichnung der Einheitlichen Europäischen Akte im Februar 1986 auf den Weg gebracht wurde, dokumentieren die ehrgeizigen Ambitionen Frankreichs, die politische Führerschaft in der EG zu übernehmen bzw. auszubauen. Dahinter stand auch das Bestreben, die gewünschte institutionelle Weiterentwicklung der Gemeinschaft zu einer Wirtschafts- und Währungsunion voranzubringen.[64]

Die Ausrichtung hin zu einer mehr stabilitätsorientierten Politik wurde durch eine in den Folgejahren relativ ruhigen Phase im EWS mit stabilen Wechselkursrelationen und einer zunehmenden Konvergenz in den nationalen Entwicklungen, insbesondere in den Preissteigerungsraten, begünstigt; die Inflationsrückführung wurde dabei durch den weltweiten Desinflationsprozeß mit dem Verfall der Rohölpreise erheblich unterstützt. Der Grund für die Wechselkursstabilität im EWS lag jedoch hauptsächlich in der ausgeprägten Schwäche der deutschen Währung gegenüber dem US-Dollar in Verbindung mit der boomenden amerikanischen Wirtschaft, die anfangs für alle EWS-Mitgliedstaaten von Vorteil war. Während die Hartwährungen D-Mark und Niederländischer Gulden gegenüber den anderen EWS-Währungen einer wachsenden Unterbewertung ausgesetzt waren, konnten die anderen Mitgliedstaaten, v. a. Frankreich und Italien, ihren Handel mit den Vereinigten Staaten durch die Dollar-Überbewertung ausweiten und die Situation im EWS zu ihren Gunsten nutzen, indem sie relativ günstig Waren aus Deutschland importierten und mit Gewinn auf dem US-amerikanischen Markt verkauften. Auf der anderen Seite vermochte die deutsche Wirtschaft durch die Unterbewertung der D-Mark sowohl gegenüber dem US-Dollar als auch im EWS ihre Wettbewerbsposition in den Vereinigten Staaten und in Europa stark verbessern. Letzteres zeigte sich in den nationalen Außenhandelspositionen; einem wachsenden deutschen Exportüberschuß mit den meisten Ländern in der Gemeinschaft standen entsprechende Defizite, insbesondere das hohe Negativsaldo Frankreichs mit Deutschland, gegenüber.[65]

Mit der ab Anfang 1985 einsetzenden Dollarabwertung v. a. gegenüber der D-Mark setzten auch wieder die Spannungen im EWS-Wechselkursgefüge ein. Im Juli 1985 mußte als erste Währung die It. Lira um 8 % gegenüber allen anderen EWS-Währungen abgewertet werden. Die italienische Staatsverschuldung und das Leistungsbilanzdefizit Italiens waren stark angestiegen und der anfängliche Inflationsrückgang stagnierte seit Anfang 1985 bei einer Teue-

64 Das Ziel der Wirtschafts- und Währungsunion wurde erstmals in das Vertragswerk der Gemeinschaft aufgenommen, vgl. hierzu S. 148.

65 Zu den Entwicklungen im innereuropäischen Handel und im Welthandel der drei Kernländer Deutschland, Frankreich und Italien vgl. Bini Smaghi, L. / Vona, S. (1988), 143f.

rungsrate, die wesentlicher höher war als der EWS-Durchschnitt. Im April 1986 mußte das Irische Pfund eine starke Abwertung hinnehmen und die D-Mark wurde zusammen mit dem Niederländischen Gulden gegenüber allen anderen Währungen aufgewertet. Neun Monate später, im Januar 1987, gab es nochmals eine allgemeine Aufwertung der beiden letztgenannten Währungen im EWS.[66] Abgesehen von den Abwertungen der It. Lira und des Irischen Pfunds fielen die Leitkursanpassungen in ihren Ausmaß nicht so stark aus wie noch in den früheren Perioden; sie waren jedoch Ausdruck für die immer noch existierenden Unterschiede bzw. Ungleichgewichte in den makroökonomischen Entwicklungen der Mitgliedsländer.

Insgesamt gesehen war diese Phase gekennzeichnet von einer Konvergenz in den Inflationsentwicklungen der EWS-Mitgliedstaaten und einer zunehmenden Orientierung der Geldpolitiken an nominal stabilen Wechselkursen gegenüber der D-Mark. Allerdings war die Wechselkursausrichtung der Geldpolitik gerade für Frankreich und noch stärker für Italien nur durch das Beibehalten umfangreicher Kapitalverkehrskontrollen möglich. Auch die Zunahme intramarginaler Interventionen vorwiegend in D-Mark, war Ausdruck des Bestrebens, den Druck auf die eigene Währung schon vor dem Erreichen der Limitkurse zu begegnen. Gerade diese Interventionen verstärkten jedoch den restriktiven Druck auf die inländischen Politiken wiederum und trugen darüber hinaus zur stärkeren Rolle der D-Mark als die Reserve- und Interventionswährung im EWS bei. Von diesen Entwicklungen im EWS hat Deutschland bisher am meisten profitiert; die Möglichkeit einer relativ autonomen Geldpolitik bei stabilen Wechselkursen wurde von der DBBk genutzt, um einen binnenorientierten geldpolitischen Kurs zu verfolgen; die Unterbewertung der D-Mark kam der deutschen Exportwirtschaft zugute.[67] Dabei wuchsen die Handelsüberschüsse Deutschlands gegenüber den Partnerstaaten in der Gemeinschaft auch deshalb, weil die wieder ansteigenden Haushaltsdefizite in allen EWS-Ländern, außer in Deutschland und Dänemark, mitverantwortlich waren für die höhere inländische Nachfrage in diesen Ländern. Dies wiederum verstärkte die innereuropäischen Handelsungleichgewichte bei insgesamt relativ geringen Wachstumsraten.[68]

Auf institutioneller Ebene war zwar die Einheitliche Europäische Akte mit dem ehrgeizigen Ziel der Wirtschafts- und Währungsunion verabschiedet wor-

---

66 Vgl. Tab. 2 auf S. 143, zu den einzelnen Realignments im Detail siehe Gros, D. / Thygesen, N. (1992), S.83f.

67 Von französischer und italienischer Seite wurde deshalb immer wieder beklagt, daß Deutschland eine 'free rider'-Position im EWS einnehme, vgl. De Cecco, M. (1989), S. 94.

68 Vgl. hierzu De Cecco, M. (1989), S. 93; zur Entwicklung des Wirtschaftswachstums im EWS siehe De Grauwe, P. (1987).

den, jedoch konnten die von der Kommission vorgeschlagenen und v. a. von Frankreich und Italien präferierten weitergehenden institutionellen Veränderungen des EWS - mit mehr Möglichkeiten zur Einflußnahme Brüssels auf die nationalen Geldpolitiken - aufgrund des Widerstandes Deutschlands und der Niederlande nicht durchgesetzt werden.[69] Es wurde lediglich in die Akte aufgenommen, daß die Zusammenarbeit in der Wirtschafts- und Währungspolitik vorrangig auf das Ziel der Konvergenz ausgerichtet sein soll, zudem bedürfen Entscheidungen über eine zukünftige institutionelle Weiterentwicklung des EWS der Zustimmung aller beteiligter Staaten. Angesichts der schwierigen Verhandlungen und der schleppenden Ratifizierung der Akte mußte auch Frankreich erkennen, daß institutionelle Veränderungen nicht so schnell erreicht werden konnten.[70] Dies lag auch ganz im Interesse der Bundesbank, die eine Einschränkung ihrer Unabhängigkeit sowohl im EWS als auch im Inland durch eine - wie es die EG-Kommission umschrieb - Erweiterung der 'monetären Kapazität der Gemeinschaft' befürchtete.

3. 'Iron Monetary System' - Wechselkursresistenz im Zeichen europapolitischen Aktionismus

Trotz der Erfolge in der Inflationsbekämpfung wuchs die Unzufriedenheit bei einigen Mitgliedstaaten über das niedrige europäischen Wachstum und die hohe Arbeitslosigkeit. Die Forderung insbesondere an Deutschland, eine aktivere Nachfragepolitik zu betreiben, wurde immer lauter. Aufgrund des erreichten Grades an Währungsstabilität war eine restriktive Wirtschaftspolitik nicht mehr wünschenswert. Man lastete der Bundesrepublik an, daß sie durch eine konsolidierungsbesessene Finanzpolitik den restriktiven 'bias' des EWS noch weiter verstärke.[71] Insbesondere Frankreich war nicht mehr bereit, die restriktiven Zwänge, die von der deutschen Wirtschafts- und Währungspolitik ausgingen, weiter zu akzeptieren, wollte jedoch auch nicht die Wechselkursstabilität aufgeben und weitere Abwertungen hinnehmen. Das gerade in den Augen der französischen Regierung zu geringe Wachstum von Sozialprodukt und Binnennachfrage in Deutschland war insofern unerwünscht, als es den Abbau der hohen französischen Leistungsbilanzdefizite im Handel mit Deutschland verhinderte und den anhaltenden Aufwertungsdruck auf die D-Mark bzw. die Schwäche des Fr. Franc mitverursachte. Dieser Druck auf die Wechselkursrela-

---

69 Vgl. Gros, D. / Thygesen, N. (1992), S. 88, zu den Vorschlägen der Kommission bezüglich der institutionellen Weiterentwicklung des EWS und den Verhandlungen im Detail siehe die an gleicher Stelle zitierte Veröffentlichung von Louis, J.-V. (1988).

70 Zu den Schwierigkeiten bei der Ratifizierung der Akte siehe Hrbek, R. (1987), S. 498f.

71 Vgl. hierzu Matthes, H. (1988), S. 95f.

tionen bedeutete, daß bei Festhalten an den bestehenden Wechselkursen die Wirtschafts- und Währungspolitik weiter restriktiv, die Zinsen also hoch und das Wirtschaftswachstum gering bleiben mußten, um eine weitere Verschlechterung der Leistungsbilanzsituation zu vermeiden.[72]

Hinzu kam der Abbau der Kapitalverkehrskontrollen, der seit Ende 1986 in Frankreich, aber auch ansatzweise in Italien, in Angriff genommen wurde[73] und das Festhalten an den bestehenden Wechselkursen in Form höherer inländischer Zinsen verteuerte. Während früher die beiden Länder versuchten, durch ausgeprägte Kapitalverkehrsbeschränkungen ihre Finanzmärkte abzuschotten, um zumindest einen Teil ihrer währungspolitischen Souveränität zu bewahren und gleichzeitig die Teilnahme am EWS zu erleichtern, mußten nun mit der zunehmenden Kapitalmobilität auch höhere Zinsen in Kauf genommen werden, die um so höher waren, je laxer die Währungspolitik gehandhabt wurde. Die gestiegene Kapitalmobilität war nicht nur Folge des - nicht zuletzt auf deutsches Drängen zurückgehenden - Nachziehens Frankreichs und Italiens bei der Kapitalverkehrsliberalisierung, sondern resultierte auch aus der zunehmenden Internationalisierung der Finanzmärkte. Die Konsequenzen dieser Finanzmarktentwicklungen deuteten sich schon im Zusammenhang mit dem Realignment vom Januar 1987 an. Aufgrund des rapiden US-Dollar-Verfalls Ende 1986 und der dadurch induzierten massiven Kapitalexporte nach Deutschland, gefolgt von einer wieder restriktiveren Geldpolitik der Bundesbank wegen des befürchteten Inflationsimportes, kam die D-Mark unter Aufwertungsdruck auch im EWS. Der Fr. Franc fiel auf seinen Limitkurs und mußte mit erheblichen Interventionsbeträgen gestützt werden, obwohl von den makroökonomischen Daten ein so starker Abwertungsdruck eigentlich nicht gerechtfertigt war. Die französische Stabilitätspolitik wurde jedoch von den Finanzmärkten durch die vorangegangene Streikwelle in Frankreich als nicht mehr glaubwürdig eingeschätzt. Auf der anderen Seite hatten die gegenseitigen Anschuldigungen der politisch Verantwortlichen in Frankreich und Deutschland mit dazu beigetragen, die Unsicherheit zu verstärken. Trotz umfangreicher obligatorischer Stützungsinterventionen blieb der Druck auf die Wechselkursrelationen bestehen und führte in kurzer Zeit zu der Leitkursneufestsetzung.[74] Darin zeigte sich die ausgeprägte Sensibilität der Finanzmärkte auf politische Äuße-

---

72 Der französische Finanzminister formulierte das Problem mit einer eindeutigen Schuldzuweisung an die deutsche Adresse so, daß die Konvergenz im EWS deshalb noch unzureichend sei, weil es Länder in diesem System gäbe, die in ihrem Außenhandel „sogar zu hohe Überschüsse" erzielen, Auszug aus einem Vortrag zitiert in Gleske, L. (1988), S. 27.

73 Im Laufe des Jahres 1987 wurden in Frankreich die Kontrollen deutlich abgebaut, während Italien die durchgeführten Liberalisierungsmaßnahmen teilweise wieder rückgängig machte, vgl. Maier, G. (1988), S. 50.

74 Vgl. dazu Gros, D. / Thygesen, N. (1992), S. 84.

rungen und die mit der Kapitalverkehrsliberalisierung zunehmende Fähigkeit derselben, Veränderungen im EWS-Wechselkursgefüge trotz gegengerichteter massiver Interventionen der Zentralbanken in relativ kurzer Zeit durchzusetzen.

Angesichts dieser unerwünschten Situation und des vereinbarten weiteren Abbaus der Kapitalverkehrsbeschränkungen verstärkten Frankreich und Italien ihre Bemühungen auf politischer Ebene, eine Modifizierung des EWS-Regelwerks zu ihren Gunsten zu erreichen. Nachdem schon vorher Maßnahmen zur Verbesserung der Finanzierung von Interventionen durchgesetzt wurden, wie die Möglichkeit ECU-Bestände zu Interventionszwecken zu mobilisieren,[75] die jedoch nicht die erwünschte Wirkung zeigten, verlangten beide Länder eine Erweiterung der Interventionsmodalitäten im EWS. Frankreich machte noch weitergehende Vorschläge und forderte u. a., die Planungen zur Installation einer gemeinsamen, föderativ aufgebauten Zentralbank aufzunehmen.[76] Diese institutionellen Vorschläge fanden jedoch nicht die Zustimmung der Bundesregierung und der DBBk, die nicht bereit war, die alleinige Kontrolle über die inländische Geldmengenentwicklung abzugeben. Auf der anderen Seite sah auch die Bundesbank die Gefahr, daß mit dem weiteren Abbau der Kontrollen im Kapitalverkehr die Störanfälligkeit des EWS sich eher erhöhen würde, was auch nicht in ihrem Interesse lag. Mit den vereinbarten Maßnahmen des Basel/ Nyborg-Abkommens[77] der Zentralbanken im September 1987 wurde ein Kompromiß gefunden, bei dem auch die DBBk Konzessionen machte. Insbesondere die Möglichkeit der Finanzierung von intramarginalen Interventionen über den EWFZ bedeutete de facto eine Kreditgewährung der Bundesbank und damit eine daraus folgende Geldschöpfung, wenn auch zeitlich begrenzt durch die Rückzahlungsverpflichtung der Schuldnerzentralbanken.[78] Zur zukünftigen währungspolitischen Zusammenarbeit kam man überein, „den Spielraum für einen aktiveren, flexibleren und konzertierten Einsatz der verfügbaren Instrumente, nämlich Wechselkursänderungen innerhalb der Schwankungsmargen,

75 Zu den 1985 vereinbarten Regelungen vgl. die in Fußnote 162 in Teil C auf S. 140 genannten Quellen.

76 Zu den Forderungen Frankreich vgl. das Memorandum des damaligen französischen Finanz- und Wirtschaftsministers E. Balladur vom 12.2.1987, zitiert in Schönfelder, W. / Thiel, E. (1994), S. 26.

77 Zu der etwas irreführenden Bezeichnung Basel/Nyborg-Abkommen sei bemerkt, daß die Maßnahmen zum EWS durch die EG-Zentralbankpräsidenten am 8.9.1987 abschließend in Basel vereinbart und lediglich durch die Beschlüsse der EG-Finanzminister vom 12./ 13. September 1987 in Nyborg bestätigt wurden. Die Vereinbarungen wurden also von den Notenbanken in eigener Zuständigkeit und Verantwortung getroffen, was allerdings faktisch nur auf die Bundesbank zutraf.

78 Für kreditfinanzierte intramarginale Interventionen bedarf es zusätzlich der Zustimmung der Gläubigerzentralbank. Zu den vereinbarten Maßnahmen siehe Teil C, S. 140 und 144.

Zinssätze und Interventionen, auszunutzen".[79] Auf Drängen der Bundesbank wurde auch eine Erklärung in das Abkommen aufgenommen, in der sich die Zentralbanken verpflichteten, in ihren nationalen Geldpolitiken dem Ziel der Preisniveaustabilität Priorität einzuräumen.[80]

Dieses Abkommen stellte damit eine grundlegende Änderung in der währungspolitischen Kooperation dar, weil sich die Zentralbanken nun offiziell zu einem wesentlich stärkeren gemeinsamen Vorgehen zur Förderung des Zusammenhalts der Wechselkursrelationen im EWS verpflichteten. Die Zustimmung zu einem mehr symmetrisch ausgerichteten Regelwerk, das den Hartwährungsländern einen Teil der vielgescholtenen Anpassungslast auferlegte, fiel der Bundesbank nicht leicht, und sie gab zu verstehen, daß die Grenzen des Ausbaus der EWS-Regelungen im bestehenden institutionellen Rahmen erreicht seien, und sie keine weiteren Verpflichtungen mehr eingehen könne.[81]

Die vereinbarte engere Kooperation wurde schon im Verlauf des Jahres 1987 auf die Probe gestellt. Aufgrund des Börsenkrachs an der Wallstreet im Oktober fiel in kurzer Zeit der US-Dollar-Kurs gegenüber den EWS-Währungen um mehr als 10 %. Gleichzeitig setzte eine starke Kapitalflucht in die Alternativanlagewährung D-Mark ein, die wiederum zu Spannungen im EWS führte. Insbesondere der Fr. Franc geriet unter Abwertungsdruck. Die Bundesbank und die Banque de France reagierten in einer konzertierten Aktion mit mehreren Maßnahmen. Während die DBBk die Leitzinsen senkte wurden in Frankreich die Zinsen erhöht, die Bandbreite wurde mit dem Zulassen einer zweiprozentigen Abwertung des Franc voll ausgenutzt und zusätzlich intervenierte die BdF massiv an den Devisenmärkten unter Inanspruchnahme der neuen Kreditfinanzierungsmöglichkeit über den EWFZ. Nachdem sich der Druck auf den Fr. Franc und die Spannungen im EWS gelegt hatten, wurde von offizieller Seite in beiden Ländern die Effizienz der währungspolitischen Kooperation in Europa hervorgehoben, die auch unter solchen Schwierigkeiten erfolgreich die Wechselkurse verteidigen konnte.[82] Mit dieser Aktion wurde deutlich, daß die Bedeutung der deutsch-französischen Zusammenarbeit für das gesamte EWS immer wichtiger wurde. Auf der anderen Seite konnte Frankreich damit mehr Einfluß auf die deutsche Währungspolitik gewinnen.

Diesen Einfluß versuchte die französische Regierung auf bilateraler Ebene durch eine engere wirtschaftspolitische Zusammenarbeit mit Deutschland noch

---

79 Pressemitteilung des Ausschusses der Zentralbankpräsidenten vom 18.9.1987 (abgedruckt in Krägenau, H. / Wetter, W. (1993), S. 128).

80 Vgl. Pöhl, K.-O. (1987), S. 2f.

81 Vgl. hierzu Pöhl, K.-O. (1987), S. 3.

82 Vgl. Ungerer, H. (1990), S. 347.

auszuweiten. Dahinter stand die Strategie, sich durch zwischenstaatliche Abkommen die Möglichkeit zu schaffen, auf die Politik der Bundesbank einwirken zu können. Die Unterzeichnung des Zusatzprotokolls zum Vertrag über die deutsch-französische Zusammenarbeit durch den deutschen Bundeskanzler und den französischen Staatspräsidenten am 22. Januar 1988 führte zur Gründung des deutsch-französischen Finanz- und Wirtschaftsrates.[83] Die Aufgaben des Rates, dem die Wirtschafts- und Finanzminister sowie die Zentralbankpräsidenten der beiden Staaten angehören, sind in Art. 4 des Protokolls festgelegt. Demnach soll er u. a. „regelmäßig die Währungspolitik beider Länder im nationalen, europäischen und internationalen Bereich mit dem Ziel einer möglichst weitgehenden Abstimmung" erörtern. Gerade wegen dieser Passage und der unterschiedlichen Interpretationsmöglichkeiten befürchtete die DBBk, daß die französische Seite vor allem die Abstimmung im Sinne einer Einflußnahme betonen werde.[84] Obwohl durch dieses Protokoll keine Einschränkung der gesetzlichen Unabhängigkeit der Bundesbank vorlag,[85] konnte doch somit im Rat der politische Druck auf die DBBk erhöht werden, ihr geldpolitisches Handeln zu rechtfertigen bzw. Kompromissen zuzustimmen.[86]

Die folgenden Jahre waren insgesamt von einer ausgeprägten Wechselkursstabilität gekennzeichnet; Leitkursanpassungen wurden seit dem Januar-Realignment von 1987 nicht mehr vorgenommen.[87] Dies obwohl der Prozeß der Finanzmarktliberalisierung durch die Verabschiedung der Richtlinie im Juni 1988, wonach bis Juli 1990 alle Kapitalverkehrskontrollen abgeschafft sein sollten,[88] sich weiter verstärkte, während der Konvergenzprozeß der Inflations-

---

83 Das Gesetz zu der gemeinsamen Erklärung und zu dem Vertrag vom 22.1.1963 zwischen der Bundesrepublik Deutschland und der französischen Republik über die deutsch-französische Zusammenarbeit (verabschiedet am 15.6.1963) ist abgedruckt in Bundesgesetzblatt Nr. 19 (1963), S. 705f., das Gesetz zu den Zusatzprotokollen vom 22.1.1988 (verabschiedet am 20.12.1988) ist abgedruckt in Bundesgesetzblatt Nr. 44 (1988), S.1150f. sowie in den relevanten Teilen in Krägenau, H. / Wetter, W. (1993), S. 133.

84 Der französische Text spricht von der Erörterung „en vue d'une coordination aussi étroite que possible". Gerade wegen den Interpretationsspielräumen und dem Wunsch der französischen Regierung, dem Protokoll einen herausgehobenen völkerrechtlichen Rang zu geben, drängte die DBBk auf eine deutliche Klarstellung von seiten der Bundesregierung, daß weder ihr Handlungsspielraum noch ihre Unabhängigkeit durch diesen Vertrag berührt werde. Dies wurde dann auch in Form einer Denkschrift (abgedruckt in Krägenau, H. / Wetter, W. (1993), S. 133f.) bei der Gesetzesverabschiedung im Bundestag zum Ausdruck gebracht.

85 Zur rechtlichen Beurteilung des Protokolles siehe Siebelt, J. (1988), S. 148f.

86 Zur politökonomischen Beurteilung des Rates vgl. Masuch, K. (1988).

87 Bis auf die technische Anpassung der It. Lira im Januar 1990 und der allgemeinen Anpassung anläßlich des Beitritts Großbritanniens zum Wechselkursmechanismus im Oktober 1990, vgl. Fußnote 4 auf S. 170.

88 Siehe dazu Fußnote 182 in Teil C auf S. 148f.

raten im EWS zum Stillstand gekommen war. Darüber hinaus waren teilweise wieder zunehmender Divergenzen in den ökonomischen Entwicklungen der Mitgliedstaaten zu beobachten, v. a. in Italien, dessen Inflationsrate in dieser Zeit wieder stark anstieg,[89] aber auch in Spanien mit hohen und steigenden Inflationsdifferenzen zum EWS-Durchschnitt.[90] Die 'commitments' zur Wechselkursstabilität, die die politisch Verantwortlichen im Vertrauen auf die neu vereinbarten 'Maßnahmen zur Stärkung des EWS' immer wieder bekräftigten und dabei ihren Willen, die Wechselkursrelationen beizubehalten, auch bei aufkommenden Spannungen im EWS demonstrierten,[91] genossen anscheinend bei den Märkten eine hohe Glaubwürdigkeit, die ihren Niederschlag in einer Stabilisierung der Wechselkurserwartungen fand; diese Erwartungshaltung führte mit den größeren Freiheiten im Kapitalverkehr zu einer erhöhten Attraktivität der Schwachwährungen bei internationalen Investoren.[92] Die Wechselkursstabilität wurde jedoch mit hohen inländischen Zinsen und damit einer Zunahme der Staatsverschuldung v. a. in Italien und Spanien erkauft. Allerdings führten gerade die hohen Zinssätze zu starken Kapitalimporten, die die steigenden Leistungsbilanzdefizite teilweise überfinanzierten, die Finanzierung der Haushaltsdefizite erleichterten und zu der relativen Stärke der It. Lira und der Spanischen Peseta im Wechselkursband trotz des wachsenden Inflationsdifferentials beitrugen.

Auf der politischen Verhandlungsebene wurden von französischer und italienischer Seite weitere konkrete institutionelle Schritte in Richtung Währungsunion gefordert; sie erneuerten die schon oft in geäußerte Kritik am bestehenden EWS, daß die Asymmetrie in den Anpassungslasten immer noch zu hoch und eine grundlegende Änderung des Währungssystems unumgänglich sei, wenn die währungspolitische Kooperation sich weiter entwickeln sollte.[93] In Deutschland wurde die politische Debatte zur Zukunft der Währungskooperation uneinheitlich geführt. Während der damalige Außenminister Hans-

89 Zwischen 1987 und 1991 wuchs das Inflationsdifferential Italiens gegenüber Deutschland auf circa 20 % (vgl. Abb. 10 auf S. 169); für eine nähere Analyse der Faktoren (v. a. Staatsdefizit-, Lohn- und Arbeitsmarktentwicklung), die zur 'Re-Inflation' in Italien führten, siehe De Nardis, S. / Micossi, S. (1991), S. 180f.

90 Spanien ist im Juni 1989 mit einer erweiterten Bandbreite (± 6 %) für die Spanische Peseta dem Wechselkursmechanismus beigetreten; die kumulierten Inflationsdifferenzen Spaniens gegenüber Deutschland fielen ähnlich hoch aus wie im Fall Italiens.

91 In 1988 und Anfang 1989 kamen der Fr. Franc und die It. Lira zeitweise unter Abwertungsdruck, der mittels intramarginaler Interventionen und entsprechenden Zinsveränderungen erfolgreich abgefangen wurde, vgl. Ungerer, H. (1990), S. 347f.

92 Vgl. hierzu Giavazzi, F. / Spaventa, L. (1990), S. 69f.

93 Vgl die beiden Memoranden des damaligen französischen Wirtschaftsministers E. Balladur und des damaligen italienischen Schatzministers G. Amato, abgedruckt in Krägenau, H. / Wetter, W. (1993), S. 337f. bzw. 375f.

Dietrich Genscher sich persönlich vehement für eine Währungsunion einsetzte, die auch vom Bundeskanzler Helmut Kohl unterstützt wurde, gab es Bedenken sowohl bei der Bundesbank als auch bei den Finanz- und Wirtschaftsministerien.[94] Auf der Sitzung des Europäischen Rates im Juni 1988 wurde die Kommission beauftragt, einen Bericht zur Wirtschafts- und Währungsunion zu erarbeiten. Die Aufgabe des Ausschusses unter Vorsitz des Präsidenten J. Delors bestand nicht darin zu prüfen, ob eine Währungsunion überhaupt notwendig ist und welche Vor- und Nachteile sie für die einzelnen Mitgliedstaaten bringt, sondern es ging allein darum, einen Zeitplan für das Endziel EWWU zu entwickeln. Der im Juni 1989 veröffentlichte Bericht schlug einen Dreistufenplan vor, dessen erste Stufe die Vollendung des Binnenmarktes, die Schaffung eines einheitlichen Finanzraumes sowie die Stärkung der Zusammenarbeit der Zentralbanken beinhaltete. In der zweiten Stufe sollte u. a. ein Europäisches Zentralbankensystem errichtet und im Verlauf der Endstufe eine die nationalen Währungen ersetzende Gemeinschaftswährung eingeführt werden.

In der darauf einsetzenden Kritik am 'Delors-Bericht' kamen wieder einmal die gleichen Interessengegensätze bzw. Positionen zum Ausdruck, die schon von den Verhandlungen zum 'Werner-Bericht' Anfang der siebziger Jahre her bekannt waren.[95] Während insbesondere die Franzosen und Italiener den Vorschlag begrüßten und auf eine schnelle Realisierung drängten, kam von deutscher Seite innerhalb der Bundesregierung v. a. Kritik aus dem Wirtschaftsministerium, in dessen Auftrag der Wissenschaftliche Beirat ein Gutachten erstellt hatte, das den Dreistufenplan in der derzeitigen Fassung ablehnte und in einer Stellungnahme vor einer raschen politischen Festlegung auf die Grundlinien des Plans warnte.[96] Die Bundesbank, die zwar im Ausschuß mitgearbeitet hatte, sah die Vorschläge, insbesondere die der zweiten und dritten Stufe, nicht mehr als Optionen an, für deren konkretere Ausarbeitung im Rahmen eines neuen EG-Vertrages noch erhebliche Zeit notwendig sein würde. Man sollte sich zuerst auf die Maßnahmen der ersten Stufe konzentrieren und auf eine Verbesserung der Konvergenz in der Gemeinschaft hinarbeiten.[97] Auch in

---

94 Zu den unterschiedlichen Positionen siehe Schönfelder, W. / Thiel, E. (1994), S.30f.; zur Haltung der Bundesbank vgl. z. B. Pöhl, K.-O. (1988).

95 Zum Werner-Bericht vgl. S. 123f.; für einen Überblick über die Positionen und offiziellen Stellungnahmen der Mitgliedsländer siehe Krägenau, H. / Wetter, W. (1993), S. 53f.

96 Vgl. BMWi (1989a/b), der Beirat forderte v. a. eine hohe wirtschaftliche und wirtschaftspolitische Konvergenz als notwendige Voraussetzung für eine Währungsunion.

97 Vgl. DBBk, AaP Nr. 33 (1989) ('Pöhl ermahnt zu Realismus und Augenmaß'), S. 2f. Die Abneigung der Bundesbank gegenüber dem Stufenplan, insbesondere die Bedenken eines vorschnellen Eintritts in die 2. Stufe, brachte der damalige Bundesbankpräsident K.-O. Pöhl in einem persönlichen Interview kurz nach der Veröffentlichung des Berichtes prägnant auf den Punkt: „Wir können sehr gut mit dem Status quo leben", zitiert in Marsh, D. (1992), S. 311.

weiten Teilen der deutschen Wirtschaftswissenschaft überwog die (Detail-) Kritik am Drei-Stufen-Konzept, hinsichtlich der ökonomischen Konsequenzen bzw. der Effizienz der zeitlich abgestuften Währungsintegration und hinsichtlich des Aussehens der im Delors-Bericht nur vage skizzierten Statuten einer zukünftigen Europäischen Zentralbank und deren Geld- und Währungspolitik in der Endstufe.[98]

Großbritannien, das bisher schon immer skeptisch gegenüber einer stärkeren Integration der EG-Staaten auf institutioneller Ebene war und heftig gegen den geplanten Weg zu einer Währungsunion opponierte,[99] brachte einen Gegenvorschlag zum Dreistufenplan in die Diskussion. Dieser sogenannte 'Hard-ECU'-Vorschlag der britischen Regierung beinhaltete als Kernpunkt eine allmähliche Verdrängung der nationalen Währungen durch die ECU. Institutionelle Veränderungen, wie in der zweiten und dritten Stufe geplant, wurden abgelehnt; vielmehr sollte sich die ECU auf sehr lange Sicht in einem evolutionären Prozeß als einheitliche Währung in Europa entwickeln können.[100] Dieser Vorschlag hatte jedoch von Anfang an keine Chance, durchgesetzt zu werden und es schien, daß er auch deshalb so vehement von der britischen Regierung vertreten wurde, um den institutionellen Weg zur EWWU zu verhindern.

Trotz dieser verschiedenen Positionen wurde auf der Regierungskonferenz in Madrid im Juni 1989 der Dreistufenplan im Grundsatz angenommen. Man einigte sich vorerst auf den Beginn der ersten Stufe am 1. Juli 1990 und es wurde vereinbart, daß vorbereitende Arbeiten für einen neuen Vertrag über die zweite und dritte Stufe eingeleitet werden sollten.

Die dramatischen Ereignisse während des Jahres 1989, die Umwälzungen in Osteuropa mit dem allmählichen Zerfall des kommunistischen Machtbereichs der Sowjetunion, die in den vorläufigen Höhepunkt der Öffnung der Berliner Mauer im November 1989 mündeten, veränderten die politische Situation in der Europäischen Gemeinschaft. Die Vision eines vereinten Europas wurde auf der politischen Ebene nun stärker als zuvor als notwendig für die Zukunft Europas gesehen. Die Dynamik im europäischen Integrationsprozeß verstärkte

---

98 Vgl. u. a. Vaubel, R. (1989), Scharrer, H.-E. (1989a/b), Francke, H.-H. (1990b), Willms, M. (1990).

99 Zur britischen Debatte siehe Artis, M. J. (1990), Brown, R. (1990), Frowen, F. (1990); die Haltung der britischen Premierministerin M. Thatcher kommt besonders deutlich in der Veröffentlichung ihres persönlichen Beraters Walters, A. (1990) zum Ausdruck.

100 Siehe die Veröffentlichung des britischen Schatzamtes bzw. die Stellungnahmen des Schatzkanzlers, abgedruckt in Krägenau, H. / Wetter, W. (1993), S. 357f.; für eine umfassende kritische Analyse dieses schon früher diskutierten und wieder aufgegriffenen Parallelwährungskonzeptes (vgl. die in Fußnote 118 in Teil C auf S. 127 genannten Quellen) siehe Fry, M. J. (1990).

sich, es ging jetzt um mehr als 'nur' um eine Wirtschafts- und Währungsunion; diese sollte Vorstufe für eine weitergehende politische Union sein. Daran hatte die unerwartet schnelle Vereinigung der beiden deutschen Staaten in 1990 einen großen Anteil. Die deutsche Regierung war nach dem Mauerfall bemüht, von den europäischen Partnerstaaten, v. a. von Frankreich, politische Unterstützung für die sich abzeichnende Vereinigung der beiden deutschen Staaten zu bekommen und bekräftigte ihr Festhalten am Ziel der EWWU auch, um die Sorge der EG-Staaten zu beseitigen, daß ein vereintes Deutschland anderen Zielen nachgehen und weniger die europäische Integration verfolgen würde; es wurde v. a. vom Bundeskanzler H. Kohl auch in der Folgezeit immer wieder betont, daß die deutsche Einheit als Teil einer größeren europäischen Einheit verstanden werden müsse. Diese Haltung gegenüber den andern EG-Staaten kam schon in den Verhandlungen im Vorfeld des Straßburger Gipfels im Dezember 1989 zum Ausdruck. Es gab innerhalb der deutschen Regierung noch große Bedenken gegenüber einer vorschnellen Einberufung der nächsten Regierungskonferenz, die konkrete Vertragsverhandlungen über die nächsten Stufen zum Gegenstand haben sollte.[101] Trotz der Bedenken wurde auf dem Gipfel das Datum für die Regierungskonferenz schon auf Ende 1990 festgelegt. Die Vermutung liegt nahe, daß die Einigung auf diesen frühen Zeitpunkt neben dem persönlichen Engagement des deutschen Bundeskanzlers auch durch Zusagen der anderen Staaten, v. a. Frankreichs, zur Unterstützung der deutschen Wiedervereinigung zustande kam.

Die Dynamik im Verhandlungsprozeß und das bisher auf europäischer Ebene nicht dagewesene Ausmaß der politischen Aktivitäten der folgenden zwei Jahre, das sich in den vielen Berichten der verschiedenen Gremien der Gemeinschaft, den regen Verhandlungen, informellen Treffen und Sondertagungen im Vorfeld der zahlreichen Gipfel und Regierungskonferenzen zeigte, sowie das starke persönliche Engagement des französischen Präsidenten François Mitterand und des deutschen Bundeskanzlers Helmut Kohl führten letztlich zur Annahme des Vertrages über die Europäische Union im Dezember 1991 auf der Regierungskonferenz in Maastricht, der am 7. Februar 1992 von allen Mitgliedsregierungen unterzeichnet wurde.[102]

In der konkreten Vertragsausgestaltung spiegelten sich jedoch die divergierenden Interessen der Mitgliedsländer wider. Die politischen Motive waren dabei

---

101 Innerhalb der Regierung gab es große Differenzen v. a. zwischen dem Außenministerium, das eine schnelle Einberufung forcierte und dem vor übereilten Schritten warnenden Finanzministerium; vgl. hierzu Schönfelder, W. / Thiel, E. (1994), S. 65f.

102 Eine ausführliche Beschreibung der Verhandlungsetappen in den Jahren 1990 und 1991 bis zur Unterzeichnung des Unionsvertrages geben Schönfelder, W. / Thiel, E. (1994), S. 71f.; der EU-Vertrag ist abgedruckt in BPA, Bulletin (1992a).

ausschlaggebend für das Zurückdrängen der ökonomischen Bedenken gegenüber der EWWU. Mit der Währungsunion sah v. a. Frankreich die Möglichkeit, die starke Stellung der Bundesbank zu beseitigen und mehr Einfluß auf die zukünftige europäische Geldpolitik zu erlangen. Um Deutschland zur Aufgabe seines 'höchsten Gutes', der stabilen D-Mark, zu bewegen, stimmte auch Frankreich dem von der DBBk geforderten Unabhängigkeitstatus der EZB nach dem Vorbild des deutschen Bundesbankgesetzes zu.[103] Deutschland konnte die Aufnahme von Konvergenzkriterien durchsetzen, die als Voraussetzung zum Eintritt in die letzte Stufe erfüllt sein müssen.[104] Damit war es grundsätzlich möglich, daß die zukünftige Währungsunion zuerst nicht alle Mitgliedstaaten umfaßen wird.[105] Spanien, Portugal, Griechenland und Irland forderten als Gegenleistung für ihre Zustimmung v. a. substantielle Finanztransfers, die mit der geplanten Einrichtung eines Kohäsionsfonds auch durchgesetzt wurden.[106] Großbritannien, das im Grunde den Vertrag ablehnte, setzte für sich eine 'opting out'-Klausel in Form eines Zustimmungsvorbehalts für den Eintritt in die dritte Stufe durch, während Dänemark einen Prüfungsvorbehalt des Vertrages wegen des von der dänischen Verfassung vorgeschriebenen, noch durchzuführenden Referendums anmeldete.[107]

---

103 Obwohl die französische Regierung in den Verhandlungen zum EZB-Status für eine eher föderativ aufgebaute und von der Politik kontrollierbare EZB plädiert hatte. Auch mit der Annahme des von deutscher Seite aus geforderten Autonomie-Status ist nach französischen Vorstellungen die Unabhängigkeit einer EZB letztlich nur innerhalb der vom Europäischen Rat festzulegenden Leitlinien der Wirtschafts- und Währungsunion bzw. in Zusammenhang mit einer nach den Wünschen Frankreichs zukünftigen starken europäischen Wirtschaftsregierung zu verstehen, vgl. Krägenau, H. / Wetter, W. (1993), S. 64f.; diese Autonomieauffassung kommt in der Analyse des Handlungsspielraums der Banque de France auch bei dem neuen Zentralbankgesetz zum Ausdruck, vgl. dazu die Ausführungen auf S. 105f.

104 Diese beinhalteten Wechselkursstabilität zumindest in den letzten 2 Jahren, eine Inflationsdifferenz zu den 3 preistabilsten Länder von höchstens 1,5 % und eine Differenz der langfristigen Zinsen von maximal 2%, desweiteren eine Begrenzung der Defizitquote auf 3 % und der Staatsverschuldung auf 60% des BIP, vgl. Art. 109j des EU-Vertrages und das Protokoll über das Verfahren bei einem übermäßigen Defizit; für eine kritische Analyse dieser Kriterien vgl. Buiter, W. / u. a. (1993), Klein, M. / Neumann, M. J. M. (1993), Hasse, R. (1994).

105 Dies könnte neben der Verringerung der Risiken einer Währungsunion durch Nichtteilnahme von 'Problemländern' auch deshalb im Interesse der DBBk gelegen haben, weil sie mit weniger Mitgliedern auch ein größeres Gewicht in der EZB haben würde.

106 Auf der Sitzung des Europäischen Rates in Edinburgh im Dezember 1992 wurde ein Umfang der zusätzlichen Finanzhilfen von 15,15 Mrd. ECU für den Zeitraum 1993-99 (ergänzend zu den 161 Mrd. ECU, die für die traditionellen Strukturfonds vorgesehen sind) vereinbart, vgl. die Tabelle in BPA Bulletin (1992b), S. 1295.

107 Vgl. die entsprechenden Protokolle des Vertrages; die potentielle 'Freistellung' von der Teilnahme an der 3. Stufe wurde von Dänemark nach der Volksabstimmung dann auch beantragt; zu den dänischen Erklärungen siehe BPA Bulletin (1992b), S. 1290f.

Auffallend ist, daß zwar der Unionsvertrag einen genauen Zeitplan für die Verwirklichung der Währungsunion vorsah, die Beschlüsse zu anderen wichtigen Bereichen dagegen kaum über allgemeine Absichtserklärungen hinausgingen. Gerade die Koordination der Wirtschafts- und Fiskalpolitiken wurde nur wenig präzisiert. Von deutscher Seite wurde befürchtet, daß in einer Währungsunion bei Weitergeltung nationalstaatlicher Souveränität in der Fiskalpolitik, wegen der nun fehlenden Disziplinierungsmechanismen der Währungskonkurrenz, nationale Anreize für höhere Budgetdefizite geschaffen werden, mit negativen Konsequenzen für die gesamte Union. Die einseitige Ausrichtung des Vertrages auf die Währungsunion zeigt wiederum, daß nationale Souveränität nur dort aufgegeben wird, wo es am ehesten zu verschmerzen ist. Dies gilt v. a. für Frankreich und Italien, die in einer Währungsunion zwar auch ihre währungspolitische Souveränität aufgeben müßten, darin jedoch eher die Chance sahen, einen größeren Einfluß im multilateralen geldpolitischen Entscheidungsprozeß der zukünftigen EZB geltend zu machen, als es bisher im EWS möglich war. Dagegen ging es für Deutschland um den Verlust seiner als erfolgreich angesehenen Geldpolitik mit einer wertstabilen, international bedeutsamen Währung. Es ist zu erwarten, daß auf der nächsten Regierungskonferenz 1996 die Verhandlungen um die Eintrittsbedingungen in die zukünftige Währungsunion noch weiter geführt werden. Es zeigte sich, daß in den Vertragsverhandlungen gerade im Detail das strategische Verhalten der Beteiligten dominierte; denn hinter der offiziellen 'Europa-Euphorie' ging es doch letztlich um „Macht, Einfluß und die Verfolgung nationaler Interessen."[108]

4. Das EWS in der Krise - Politische Vorstellungen, ökonomische Realitäten und das Glaubwürdigkeitsproblem

Obwohl die Bundesbank schon früh darauf hinwies, daß die ausgeprägte Stärke einiger Partnerwährungen sich hauptsächlich auf die inflationsbedingt höheren inländischen Zinsen und dem daraus resultierenden starken Kapitalimport stütze, und Wechselkurskorrekturen - wegen des befürchteten Änderungsdrucks auf die Kursrelationen im EWS - nicht grundsätzlich ausgeschlossen werden dürften,[109] wurden Realignments von den meisten Partnerstaaten abgelehnt. Man befürchtete einen Verlust der Glaubwürdigkeit der eigenen Wirtschaftspolitik und des politischen Engagements für die EWWU bei den Märk-

108 W. Nölling, Landeszentralbankpräsident von Hamburg, in einem Vortrag im März 1991, zitiert in Marsh, D. (1992), S. 312.

109 Vgl. DBBk, GB (1990), S. 66; schon 1989 hatte die DBBk wegen der Gefahr von Inflationsimporten bereits ein Realignment mit einer Aufwertung der D-Mark Frankreich und v. a. Italien angeboten, was aber ablehnt wurde mit der Begründung, daß eine Abwertung die Inflation nur anheizen würde, vgl. Giovannini, A. (1990b), S. 7.

ten.[110] Der Entschlossenheit Frankreichs und anderer EWS-Länder, keine Leitkursanpassungen im EWS zuzulassen, lag auch der Glaube zugrunde, die Bundesbank zu einem mehr expansiven Kurs zwingen zu können, um selbst einen Zinssenkungsspielraum angesichts der zunehmenden Konjunkturschwäche und der schlechten Beschäftigungssituation zu erlangen.[111]

Der Wechselkursänderungsbedarf, der sich zwischen 1987 und 1991 v. a. wegen der Inflationsdifferenzen im EWS aufstaute, wurde allerdings durch den Nachfrageschock infolge der deutschen Vereinigung vorerst abgeschwächt. Denn einerseits konnten die Leistungsbilanzunterschiede in Europa durch die starke Mehrnachfrage aus Deutschland und andererseits die Inflationsdifferenzen durch die erhöhten deutschen Preisteigerungsraten abgebaut werden. Somit verzögerten bzw. schwächten die Konsequenzen der deutschen Wiedervereinigung den Anpassungsdruck auf die Wechselkursrelationen, v. a. im Fall der It. Lira.

Dennoch wurden die Spannungen im EWS-Wechselkursgefüge, die sich schon Ende 1991, als der Vertrag gerade angenommen wurde, abzeichneten, im Sommer 1992 so stark, daß es letztlich zum Austritt der It. Lira und des Pfund Sterling aus dem Wechselkursmechanismus kam. Nach erneuten massiven Unruhen auf den Devisenmärkten folgte ein knappes Jahr später der Zusammenbruch des EWS mit der Quasi-Wechselkursfreigabe durch die generelle Bandbreitenerweiterung auf ± 15 %.

Für die Ursachen des Zusammenbruchs des EWS sind mehrere Faktoren verantwortlich, die in ihrer Kombination das grundsätzliche Problem des „inkonsistenten Quartetts“[112] widerspiegeln. Darunter ist die theoretisch fundierte und wiederholt durch die Empirie bestätigte Unmöglichkeit zu verstehen, feste Wechselkurse, vollständige Kapitalmobilität, freien Handel und unterschiedliche nationale Geldpolitiken über einen längeren Zeitraum zusammen in Einklang zu bringen; letztlich muß mindestens ein Element aufgegeben werden. Vor dieser Inkonsistenz permanenter fester Wechselkurse bei unzureichender monetärer Konvergenz im EWS wurde von seiten der Wissenschaft schon früh gewarnt.[113] Das Risiko einer Instabilität des EWS durch die fehlende Glaubwürdigkeit der Wechselkursfixierung bis zum Eintritt in die letzte Stufe der EWWU wurde jedoch bei den politisch Verantwortlichen nicht gesehen bzw. unterschätzt.

---

110 Insbesondere Frankreich, das an seiner Politik des ‘franc fort’ festhalten wollte.

111 Vgl. Eichengreen, B. / Wyplosz, C. (1993), S. 78f.

112 Padoa-Schioppa, T. (1988), S. 372f.

113 Vgl. hierzu Portes, R. (1993), S. 2f.

Es wurde von der Politik auch nicht erwartet, daß sich nach Vertragsunterzeichnung eine ausgeprägte Skepsis in der Bevölkerung gegenüber Europa in fast allen Mitgliedstaaten ausbreitete. Der negative Ausgang des Referendums in Dänemark und das denkbar knappe Ja der französischen Volksabstimmung ließen den Glauben an die Verwirklichung der EWWU nahezu verschwinden. Auch die kontroverse Debatte, die in Deutschland geführt wurde, die Bedenken von Teilen der Wirtschaftswissenschaft, daß der Maastrichter Vertrag zur EWWU nicht eine dauerhaftes funktionsnotwendiges Preisstabilitätsniveau gewährleiste,[114] und der unklare Ausgang der Prüfung des Vertrages auf Konformität mit dem Grundgesetz beim Bundesverfassungsgericht nährten die Zweifel an der Errichtung der EWWU. Auch dadurch wurde das anfängliche Vertrauen in die Stabilität des EWS, die gerade durch die Erwartungen in die politische Forcierung der Währungsunion erhalten werden konnte, gestört. Angesichts divergierender Entwicklungen der Inflationsraten, eines starken Rückgangs der Wettbewerbsfähigkeit, der sich in den hohen Leistungsbilanzdefiziten v. a. Italiens, aber auch Spaniens, Portugals und Großbritanniens[115] zeigte, wuchs vielmehr der Glaube, daß die Verpflichtung bzw. der Anreiz bei diesen Ländern geringer sei, eine den Eintrittskonditionen in die Währungsunion entsprechende Stabilitätspolitik zu betreiben und deshalb der weitere politische Integrationsprozeß nicht mehr mit festen Wechselkursen zu vereinbaren sei.

Ein weiterer wichtiger Faktor, der die Krise verstärkte, ist in der restriktiven deutschen Geldpolitik zu sehen, die die DBBk ab Ende 1991 weiter verschärfte.[116] Angesichts der durch die Wiedervereinigung wieder angeheizten Inflation bei einer weiter expansiven Finanzpolitik sah sich die Bundesbank zu dieser harten Restriktionspolitik mit hohen Zinsen gezwungen, die jedoch die meisten anderen EWS-Staaten in ihrer Anpassungsfähigkeit überforderte. Nach dem Austritt der It. Lira und des Pfund Sterling und den folgenden massiven Abwertungen der Spanischen Peseta und des Portugiesischen Escudo, der erst im April 1992 dem Wechselkursmechanismus beitrat, kamen bei den erneuten Spannungen im Sommer 1993 verstärkt der Fr. Franc, die Dänische Krone und

114 In einem Manifest, das am 10.6.92 in der 'Frankfurter Allgemeinen' veröffentlicht wurde, äußerten über 60 deutsche Wirtschaftswissenschaftler massive Kritik am Vertrag und warnten vor der Gefahr der überhasteten Einführung der EWWU; zur Nach-Maastricht-Debatte in Deutschland vgl. Krägenau, H. / Wetter, W. (1993), S. 87f.

115 Ein weiterer Grund, der als Ursache des massiven Abwertungsdrucks auf das Pfund Sterling gesehen wurde, war der (wohl aus politischen Gründen) zu hoch angesetzte Eintrittsleitkurs des Pfund Sterling gegenüber der D-Mark im Oktober 1990, vgl. hierzu Temperton, P. (1993), S. 15.

116 In einer Umfrage unter Devisenmarkthändlern in Europa wurden als Hauptgründe für die EWS-Krise im September 1992 neben den als überfällig angesehenen Wechselkursanpassungen die hohen deutschen Zinssätze angegeben, vgl. Eichengreen, B. / Wyplosz, C. (1993), S. 95.

das Irische Pfund unter Abwertungsdruck. Um weitere unerwünschte Realignments zu verhindern und um dem Marktdruck zu widerstehen, mußten neben erheblichen intramarginalen Interventionen die inländischen Zinsen über dem schon sehr hohen deutschen Zinsniveau gehalten werden. Dies war den meisten dieser Staaten, v. a. Frankreich, das bei einer niedrigen Inflationsrate dem deflationären Druck der hohen Zinsen besonders stark ausgesetzt war, angesichts der wirtschaftlichen Rezession nicht länger möglich und wurde auch nicht mehr eingesehen. Die Bundesbank war dagegen - trotz heftigster Kritik Frankreichs - nicht mehr bereit, die inländischen Zinssätze, die sie zuvor in mehreren Schritten leicht zurücksetzte, weiter merklich zu senken. Es schien, daß die DBBk im Gegensatz zu der letzten Währungskrise, bei der sie den Fr. Franc und die Dänische Krone massiv unterstützte, zu diesem Zeitpunkt nicht mehr am 'Überleben' des EWS interessiert war. Die umfangreichen obligatorischen Interventionen, zu denen auch die Bundesbank verpflichtet war, nützten in der Folgezeit nichts mehr; das Potential der Zentralbanken, gegen die Spekulation wirksam anzugehen, war erschöpft.

Die heftigen Auseinandersetzungen während den Beratungen kurz vor der Wechselkursfreigabe waren geprägt von gegenseitigen Schuldzuweisungen für das Debakel im EWS. Während die Franzosen am liebsten den Austritt der D-Mark aus dem Wechselkursmechanismus und den Fr. Franc als neue starke Währung im Verbund gesehen hätten und gegen eine Wechselkursfreigabe opponierten, setzten die Deutschen mit Unterstützung der Niederländer und Belgier letztlich die Bandbreitenerweiterung durch.[117] Der Bundesbank war der Ausgang insofern recht, als sie nun von ihren Interventionsverpflichtungen befreit war und wieder eine binnenorientierte Geldpolitik betreiben konnte. Die währungspolitische Kooperation war auf ihrem Tiefpunkt gelangt und der geplante Maastrichter Weg in die Währungsunion war damit vorläufig gescheitert.

Der Zusammenbruch des EWS verdeutlicht die besondere Rolle der Glaubwürdigkeit politischer Wechselkurs-'commitments'. Nach den theoretischen Ausführungen in Teil B kann ein 'hands tying' über den Wechselkurs - wenn überhaupt - nur dann erfolgreich sein, wenn der Glaubwürdigkeitsimport vom Niedriginflations- bzw. Starkwährungsland in das Schwachwährungsland so stark ist, daß sich die Erwartungen auch längerfristig stabilisieren. Dies setzt eine völlige Akkomodierung der Geldpolitik des Hartwährungslandes voraus. Ob es zu einer Erwartungsstabilisierung kommt, hängt jedoch letztlich von den Präferenzstrukturen der geldpolitischen Entscheidungsträger ab. Denn wenn erwartet wird, daß in bestimmten Situationen eine wechselkursorientierte Geldpolitik zugunsten einer aktiven Politik zur Stimulierung von Output und

117 Zu den Verhandlungen kurz vor der Wechselkursfreigabe siehe Münster, W. (1993).

Beschäftigung aufgegeben wird, dann ist auch das Wechselkursziel nicht mehr glaubwürdig, obwohl die aktuellen ökonomischen Fundamentaldaten keinen Wechselkursänderungsbedarf anzeigen. Dies traf insbesondere auf Frankreich zu. Trotz der niedrigen französischen Inflationsrate der letzten Jahre, die ab 1991 sogar unter der deutschen Rate lag, kam der Fr. Franc unter Abwertungsdruck, weil die Märkte angesichts der schlechten Beschäftigungssituation in Frankreich erwarteten, daß die Bereitschaft der Regierung, die festen Paritäten durch weitere Zinserhöhungen zu verteidigen, mit stärker werdender Konjunkturschwäche abnehmen werde; diese Einschätzung wurde durch die einseitigen Zinssenkungen im März 1993 noch bestärkt. Während die Märkte der Bundesbank zutrauten, mit den monetären Problemen der Vereinigung fertig zu werden und den inflationären Trend umzukehren, glaubten sie der französischen Regierung noch immer nicht, daß sie angesichts steigender Arbeitslosigkeit auch in Zukunft an ihrer aktuellen Politik festhalten würde. Daraus kann geschlossen werden, daß es der französischen Stabilitätspolitik an Glaubwürdigkeit fehlte; die geldpolitischen Erfolge der letzten Jahre hatten nicht ausgereicht, eine starke Vertrauensbasis aufzubauen. Das Reputationsniveau der Banque de France war nach wie vor niedrig.[118] Die geringe Reputation hatte ihre Ursachen in der starken Abhängigkeit der BdF von der Regierung und im Verhalten der politisch Verantwortlichen, die den Anpassungsdruck der Wechselkursfixierung stets beklagten und immer wieder versuchten, diesen Druck mit verschiedenen Maßnahmen abzumildern. Dagegen wurde beispielsweise die Niederlande, die sich durch eine langjährige rigorose Bindung an die D-Mark das notwendige Vertrauen der Märkte in ihre stabilitätsorientierte Geldpolitik erwarb, von der Spekulation gar nicht erst erfaßt.

Die Problematik der fehlenden Glaubwürdigkeit politisch fixierter Wechselkurse wurde von den Verantwortlichen unterschätzt als das EWS nach Maastricht schon als eine de facto gegebene Währungsunion hingestellt wurde. Solange verschiedene Währungen existieren, können sich ihre Wechselkursrelationen auch ändern. Die potentiellen Anreize, über den Wechselkurs nationale Ziele zu verfolgen, sind mit einer politisch vorgegeben Fixierung nicht verschwunden. Die grundsätzliche Möglichkeit der Änderung kann zu Wechselkurserwartungen bezüglich zukünftiger Divergenzen in den nationalen wirtschaftspolitischen Aktivitäten führen, die dann die tatsächliche Kursänderung durchsetzen. Diese Erwartungshaltung wurde mit der Debatte über ein 'finales' Realignment vor dem unwiderruflichen Festzurren der Wechselkurse in der dritten Stufe noch geschürt. Die fehlende Berücksichtigung bzw. falsche Einschätzung des Verhaltens der privaten Märkte führte zu der Illusion, daß man nicht abwerten mußte, wenn man nicht wollte; dies trotz der offensicht-

118 Zur Reputation der französischen Geldpolitik vgl. Weber, A. (1992), S. 1486f.

lichen Stärkung der Marktmacht durch Kapitalverkehrsliberalisierung und fortgeschrittene Finanzmarktintegration. Ex post machte man von betroffener offizieller Seite bezeichnenderweise hauptsächlich die Märkte für die Währungskrisen verantwortlich.[119] Angesichts des weltweiten täglichen Nettoumsatzes auf den Devisenmärkten von circa einer Billion US-Dollar,[120] der die offiziellen Währungsreserven der europäischen Staaten bei weitem überstieg, hätte man schon vorher wissen können, daß eine zunehmend unglaubwürdige Wechselkursfixierung bei freiem Kapitalverkehr nicht lange durchzuhalten ist.

Es zeigte sich auch, daß die ursprünglich vorgesehenen Konfliktlösungsmöglichkeiten des relationalen Vertrages EWS nicht eingesetzt wurden. Die geringe Kooperationsbereitschaft der beteiligten Länder kam in den nationalen Beschuldigungen vor und nach den Währungskrisen deutlich zum Ausdruck. Gerade die großen Mitgliedstaaten warfen sich gegenseitig - offen oder verdeckt - 'opportunistisches Verhalten' vor. Aus Sicht Frankreichs und Großbritanniens wurde das Verhalten Deutschlands, insbesondere die restriktive Geldpolitik der Bundesbank, als stabilitätspolitisch ebenso unnötig wie konjunkturpolitisch schädlich und als eindeutig gegen die Kooperation gerichtet angeprangert. Dagegen wurde diesen von deutscher Seite angelastet, überfällige Leitkursanpassungen durch Ausnutzung ihres Veto-Rechts bei Realignment-Entscheidungen verhindert zu haben; die Anschuldigung, daß diese ablehnende Haltung hauptsächlich mit der Erreichung kurzfristiger binnenwirtschaftlich motivierter Ziele bzw. mit nationalen strategisch-politischen Motiven zu erklären sei, wurde zwar offiziell nicht offen ausgesprochen, war jedoch zwischen den Zeilen herauszulesen.

Der Konflikt zwischen den Mitgliedstaaten über den adäquaten geldpolitischen Kurs offenbarte, daß die Bindungswirkung des EWS nur solange Bestand hatte, wie der Konflikt mit binnenwirtschaftlichen Interessen gering war. Angesichts des deutschen Vereinigungsschocks und des allgemeinen Konjunkturabschwungs war jedoch der Interessenkonflikt so groß, daß es letztlich zur Quasi-Vertragsauflösung kam. Auch wenn das ursprüngliche EWS hinsichtlich seines Regelwerk ein stabilitätsorientiertes Festkursabkommen darstellte, so konnte es nur bedingt zur Stabilisierung der Wechselkurse beitragen. Das Verhalten der Mitglieder war ausschlaggebend für die Funktionseffizienz des Systems und war auch allein verantwortlich für dessen Scheitern. Das 'self-enforcing'-Potential des Abkommens hatte nicht ausgereicht, auch bei starken monetären

---

119 Als ein (starkes) Beispiel für die Anschuldigungen von offizieller Seite sei das Zitat vom französischen Finanzminister M. Sapin (Financial Times vom 23.9.92) genannt: „During the revolution, such people [speculators] were known as agioteurs, and they were beheaded", zitiert in Portes, R. (1993), S. 10.

120 Nach Schätzung des IMF für 1993, vgl. Collignon, S. (1994), S. 236.

und realen Störungen die währungspolitische Kooperation aufrechtzuerhalten. Die Transaktionskosten des Vertragsverhältnisses in Form zunehmender Fehlanpassungskosten, die in der politisch motivierten Reduktion der Anpassungsflexibilität des Systems auf unvorhergesehene Veränderungen bzw. Störungen zum Ausdruck kamen, zusammen mit den Kosten des Glaubwürdigkeitsverlustes bei den privaten Märkten in Form hoher Zinsen und übermäßiger Interventionen überstiegen offensichtlich die zu erzielenden nationalen Kooperationsvorteile im EWS.

5. Das EWS im Übergang - Die aktuelle währungspolitische Situation in Europa

Vom ursprünglichen EWS ist eigentlich nur noch der Name geblieben. Sein Herzstück, der Wechselkursmechanismus mit engen Bandbreiten, existiert nicht mehr; de facto bestehen jetzt flexible Wechselkurse in Europa. Die bisherige, nicht mehr haltbare währungspolitische Kooperation in Form fester Wechselkurse ist zugunsten einer eher nicht-kooperativen Lösung aufgegeben worden. Der ursprünglich geplante Weg in die Währungsunion scheint vorerst versperrt zu sein, denn es ist nicht damit zu rechnen, daß die alten Bandbreiten wieder eingeführt werden können. Der Glaubwürdigkeitsverlust des Paritätengitters ist einfach zu groß, als daß das Konvergenzkriterium, wonach die Wechselkurse innerhalb der engen Bandbreiten für mindestens zwei Jahre gehalten werden müssen, erfüllt werden könnte; die Märkte würden in Erwartung eines Realignments vor Eintritt in die Währungsunion wieder mit massiven spekulativen Angriffen auf die Kurse reagieren. Dem mit einer Wiedereinführung umfangreicher Kapitalverkehrskontrollen zu begegnen, würde schon in Widerspruch zum gemeinsamen Binnenmarktprojekt stehen. Denn freier Kapitalverkehr wird als notwendiges Element einer Marktintegration gesehen. Die Einschränkung des Kapitalverkehrs würde die Glaubwürdigkeit des gesamten Integrationsprozesses wiederum schmälern.[121] Darüber hinaus ist es noch fraglich, ob die anderen Konvergenzkriterien von allen Mitgliedstaaten gemäß dem aufgestellten Zeitplan erfüllt werden können. Derzeit kommt nur Luxemburg allen Kriterien nach; 1993 schaffte noch kein Mitgliedsland jede der Bedingungen; Griechenland, Portugal und Spanien überschritten sogar alle Schwellenwerte. Insbesondere für letztere Länder ist die Erfüllung der Kriterien auch

121 Zum Vorschlag der Wiedereinführung umfassender Kapitalverkehrskontrollen in Form einer Anlagensteuer siehe Eichengreen, B. / Wyplosz, C. (1993), S. 120f., vgl. hierzu weitergehend Menkhoff, L. / Michaelis, J. (1994).

in den kommenden Jahren nicht zu erwarten.[122] Desweiteren sind aufgrund der ökonomischen und politischen Probleme einer zukünftigen Europäischen Währungsunion noch viele Fragen offen, die bei der nächsten Konferenz behandelt werden müssen.[123] All dies macht deutlich, daß die Übergangsphase noch geraume Zeit andauern wird und die Einhaltung des vereinbarten Zeitplans für die Währungsunion eher unwahrscheinlich ist.

Die aktuelle, als integrationsfeindlich angesehene Situation flexibler Wechselkurse kann sich jedoch als eine geeignete währungspolitische Option für die weitere europäische Integration erweisen. Das Glaubwürdigkeitsproblem fester Wechselkurse ist vorerst gelöst, die notwendigen Anpassungen sind erfolgt und aufgrund der fehlenden Realignmenterwartungen wird es auch keine massiven spekulativen Attacken wie zuvor mehr geben. Den Staaten ist es nun möglich, die wirtschaftspolitischen Aktivitäten wieder stärker an den nationalen Erfordernissen auszurichten. Die aktuelle Situation, in der die Wechselkurse überwiegend eine geringe Schwankungsbreite aufweisen,[124] zeigt, daß das befürchtete Währungschaos nicht eingetreten ist und die Stabilitätspolitiken in den meisten Ländern nicht aufgegeben wurden. In diesem wettbewerblichen Umfeld kann nun der Prozeß der Etablierung unabhängiger geldpolitischer Institutionen, der mit den Beschlüssen des Maastrichter Vertrags eingeleitet wurde und in einigen Ländern mit neuen Zentralbankgesetzen auch schon verwirklicht wurde, weiter geführt werden. Mit der Erhöhung der Effizienz der Zentralbankpolitiken und der Einschränkung politischer Unsicherheitsfaktoren ist bei flexiblen Wechselkursen auch der Erfolg im Reputationsaufbau der Notenbanken sichtbarer als bei politisch festgelegten Kursrelationen. Die Kooperation zwischen den Zentralbanken kann vertieft werden, indem der Informationsaustausch über das jeweilige nationale geldpolitische Vorgehen intensiviert wird. Zudem ist mit den aufgezeigten Problemen einer politisch verordneten, jedoch ökonomisch nicht haltbaren, zu 'engen' Kooperation, die in einem erhöhten Opportunismusrisiko und in politisch motivierten Fehlanpassungen verbunden mit hohen Transaktionskosten zum Ausdruck kamen, nicht mehr zu rechnen. Durch weitere Reformen der nationalen finanzpolitischen

---

122 Vgl. Francke, H.-H. (1994), S. 13f. Spanien z. B. hat mit den Prognosen des neuen inländischen Konvergenzplanes quasi zugegeben, daß es nicht in der Lage ist, bis 1997 die Kriterien zu erfüllen; vgl. den Artikel 'Spanien kann die Maastricht-Kriterien bis 1997 nicht erfüllen' in der Frankfurter Allgemeinen Nr. 221 vom 22. 9. 94, S. 17.

123 Wie z. B. die Frage der Ausgestaltung der fiskalpolitischen Komponente einer Währungsunion bzw. der Konstruktion eines europäischen Finanzausgleichsystems; zu diesem Problembereich vgl. Hagen v., J. (1993), Francke, H.-H. (1994), S. 21f.

124 Zwischen D-Mark, Fr. Franc, Niederländischen Gulden, Belgischen/Luxemburgischen Franc und Irischen Pfund wird derzeit (September 1994) sogar die frühere, enge Bandbreite von ± 2,25 % nicht überschritten.

Institutionen, die zu einer stärkeren Budgetdisziplin führen, könnte der reale und nominale Konvergenzprozeß der Mitgliedstaaten gestützt werden.

Angesichts der gegenwärtigen Situation in Europa kann sich damit die Alternative eines glaubwürdigen 'kooperativen Floatings', das die Vorteile des Freiheitsgrades flexibler Wechselkurse mit einer effizienten geldpolitischen Zusammenarbeit zwischen unabhängigen Zentralbanken verbindet, gegenüber einer mit politischen Unsicherheitsfaktoren behafteten monetären Zentralisierung durch eine 'verordnete' Währungsunion für alle Staaten als das für die Übergangsphase geeignetere kooperative Gleichgewicht erweisen, das als Grundlage für den weiteren europäischen Integrationsprozeß eher von Vorteil ist. Denn mit der Etablierung effizienter nationaler geld- und fiskalpolitischer Institutionen als Voraussetzung für eine erfolgreiche Währungsunion, zusammen mit der Möglichkeit, daß jedes Land die Wahl hätte, einzutreten oder nicht, würde eine zukünftige, auf gemeinsame Interessen gegründete Währungsunion - wenn auch zunächst nur mit einigen Ländern - eher zu realisieren sein.[125] Die Glaubwürdigkeitsproblematik ist damit jedoch nicht völlig verschwunden. Denn die Aufgabe einer freiwilligen impliziten Koordination der Währungspolitiken zugunsten einer direkten zentralisierten Koordination über supranationale Institutionen birgt auch bei insgesamt 'gleichlaufenden' Volkswirtschaften immer noch viele Unsicherheiten. Politikkonflikte sind in einer EZB nicht auszuschließen, zumal die Bindung zukünftiger geldpolitischer Entscheidungsträger an aktuelle Vereinbarungen nicht unbedingt zwingend ist. Mit starken Meinungsverschiedenheiten zwischen den nationalen Vertretern in der EZB über den adäquaten geldpolitischen Weg ist damit gerade bei schlecht gehender Konjunktur zu rechnen und es besteht die Gefahr, daß die zukünftige Politik der EZB unberechenbar wird und ihre Glaubwürdigkeit verliert.

Es kommt letztlich darauf an, ob eine supranationale verbindliche Politikkoordination die Anreizstruktur so verändern kann, daß sich ein gemeinsames zielgerechtes Vorgehen auch in Konfliktfällen gegenüber nationalen Interessen durchsetzen wird; der Zwang zur Koordination - nicht nur im währungspolitischen Bereich - wird schon wegen der hohen Austrittskosten aus der Währungsunion auf jeden Fall stärker sein als im EWS.

---

125 Zum Vorschlag der freiwilligen Teilnahme an einer Währungsunion bzw. eines 'Europas mehrerer Geschwindigkeiten' vgl. De Grauwe, P. (1994), S. 170f., Scharrer, H.-E. (1994), S. 241f.

E. Abschließende Überlegungen

Die Geschichte der währungspolitischen Kooperation in Europa war schon immer von einem Verhandlungsprozeß geprägt, in dem die vorgebrachten unterschiedlichen ökonomischen, politischen und ideologischen Argumente die nationalen Zielvorstellungen und wirtschaftspolitischen Präferenzen widerspiegelten. Die vielschichtigen nationalen Motive für eine engere Zusammenarbeit auf währungspolitischer Ebene zeigten sich in der Einführung und Entwicklung des EWS und nicht zuletzt in den Bestrebungen zur Etablierung einer Europäischen Währungsunion. Die dabei divergierenden Vorstellungen der Mitgliedstaaten über Zielrichtung, Funktionsweise und Weiterentwicklung der währungspolitischen Kooperation vor dem Hintergrund der Zusammenarbeit auf anderen Gebieten verdeutlichen die Komplexität der Interessenstrukturen in der Gemeinschaft. Daß dabei die politisch Verantwortlichen ökonomische Sachverhalte und Implikationen in ihrem Handeln zu wenig berücksichtigen, liegt in dem wohl immer bestehenden 'trade off' zwischen der ökonomisch optimalen und der verhandlungspolitisch machbaren bzw. politisch erwünschten Lösung. Die Einführung des EWS bietet ein anschauliches Beispiel eines zwischenstaatlichen Verhandlungsspiels, in dem weniger das Finden einer gemeinsamen, ökonomisch optimalen Geldpolitik für interne und externe Währungsstabilität oder für andere makroökonomische Ziele im Vordergrund stand, sondern vielmehr das Finden eines Kooperationsniveaus, das mit den nationalen Interessen aller Mitgliedstaaten vereinbar war.

Die weitere Entwicklung des EWS verdeutlicht auch, daß das Kooperationsniveau, das durch die vereinbarten vertraglichen Regelungen des Systems gewährleistet werden sollte, schon im Verlauf der ersten Jahre nicht den Interessen einiger Mitgliedstaaten, insbesondere Frankreich, entsprach bzw. nicht den erwarteten Nutzengewinn einbrachte. Daß gerade Frankreich letztlich auch auf eine Politik umschwenkte, die die anderen Länder praktizierten, lag weniger an dem Disziplinierungszwang des Systems, sondern an der Einsicht, daß das Festhalten an der damaligen wirtschaftspolitischen Ausrichtung - unabhängig von der EWS-Teilnahme - keinen binnenwirtschaftlichen Nutzen mehr gebracht hätte und zudem mit der Aufkündigung der Kooperation die Einflußmöglichkeiten auf die Politik innerhalb der Beziehung verloren gegangen wären.

Die Erfolge der EWS-Mitgliedstaaten in der Inflationsbekämpfung in den achtziger Jahren müssen vor dem Hintergrund der weltweiten Rückführung des allgemeinen Preisauftriebs gesehen werden. Es vollzog sich ein stabilitätspolitischer Wertewandel mit einer generellen Umorientierung der nationalen Wirtschaftspolitiken. Diese Umorientierung mit entsprechenden Konvergenzfortschritten zwischen den Mitgliedstaaten ist deshalb nur zum Teil auf die asymmetrisch ausgelegten Regeln des EWS zurückzuführen. Die Handhabung des Systems durch die Mitgliedsländer bzw. das nationale strategische Verhalten innerhalb der Vertragsbeziehung war ausschlaggebend für die Entwicklung der währungspolitischen Kooperation. Das strategische Verhalten v. a. der großen Mitgliedsländer äußerte sich sowohl im nationalen währungspolitischen Verhalten als auch im verhandlungspolitischem Vorgehen auf supranationaler Ebene.

Frankreich versuchte, über die Mitgliedschaft im EWS auf die Gestaltung der Geldpolitik in Europa Einfluß zu nehmen, indem es sich mit institutionellen Änderungsvorschlägen zur Weiterentwicklung des EWS für eine gemeinschaftliche Währungspolitik und Notenbankorganisation vehement einsetzte, v. a. um die starke Position Deutschlands bzw. der Deutschen Bundesbank im EWS zu schwächen. Dabei nahm es auch eine inländische Geldpolitik in Kauf, die restriktiver ausfiel als wahrscheinlich jene, die es nach innenpolitischem Kalkül verfolgt hätte. Auch für Italien war die möglichst frühe Gründung einer Europäischen Währungsunion von Interesse, weil es darin u. a. einen Weg sah, für die zunehmenden Schwierigkeiten, die sich ab Ende der achtziger Jahre in Form wieder ansteigender Inflation und Staatsverschuldung und sinkender Wettbewerbsfähigkeit ankündigten, substantielle Unterstützung von den anderen Mitgliedstaaten zu erhalten; zumal sich die Fixierung der Wechselkursrelationen durch die unzureichende monetäre Disziplin und des Wegfalls der Kapitalverkehrskontrollen zunehmend schwieriger und kostenaufwendiger (in Form hoher inländischer Zinsen) gestaltete. In Deutschland ist die Interessenlage aufgrund der speziellen Gegebenheiten differenzierter zu sehen. Während die Bundesregierung, v. a. der Bundeskanzler, den Plan einer Währungsunion begrüßten, u. a. auch um der im Zuge der deutschen Wiedervereinigung wachsenden Befürchtung der anderen Länder vor einem übermächtigen Deutschland mit der grundsätzlichen Begeisterung für eine tiefere europäische Integration zu begegnen, war die Bundesbank zu einer Europäischen Zentralbank eher skeptisch eingestellt. Dies nicht nur wegen der vorgebrachten Vorbehalte und Befürchtungen, daß eine Währungsunion angesichts der noch bestehenden wirtschaftlichen und wirtschaftspolitischen Divergenzen ein gefährliches Unterfangen und eine Gefahr für die Geldwertstabilität in Deutschland darstelle, sondern auch wegen des zwangsläufigen Verlustes ihrer eigenen Autonomie. Darüber hinaus genoß die deutsche Geldpolitik durch das bisherige EWS auch spezielle Vorteile, die sich in dem durch das EWS gestärkten Gegengewicht der D-Mark zum US-Dollar, der größeren geldpolitischen Freiheiten aufgrund der Regeln des Systems und in der Unterbewertung der D-Mark im EWS, die innerhalb der Gemeinschaft Wettbewerbsvorteile für die deutsche Exportwirtschaft mit sich brachte, zeigten und mit dem Aufgehen der D-Mark in einer gemeinsamen europäischen Währung verschwänden. Großbritannien versuchte mit seinen Gegenvorschlägen den Plan für eine Wirtschafts- und Währungsunion zu verhindern, weil es von je her eine traditionell ablehnende Haltung zu jeglicher tieferen Integration Europas einnahm, die sich in dem ausgehandelten Eintrittsvorbehalt Großbritanniens in die Währungsunion äußerte.

Das EWS in seiner ursprünglichen Form stellte ein Kompromiß zwischen den verschiedenen nationalen Interessenlagen dar, der sich jedoch als ungeeignet erwies, gemäß den Vorstellungen der Monetaristen bzw. Institutionalisten durch feste Wechselkurse eine Konvergenz der Wirtschaftspolitiken und eine gemeinsame effiziente geldpolitische Koordination quasi automatisch zu erzeugen. Die mangelnde Glaubwürdigkeit führte letztendlich zu dem Zusammenbruch des EWS. Der Maastrichter Vertrag beinhaltet auch ein Interessenkompromiß, der einerseits in den Eintrittsvoraussetzungen für die Teilnahme an der Währungsunion und andererseits in dem festen Fahrplan für den Eintritt in die dritte Stufe zum Ausdruck kommt. Angesichts der aktuellen Situation in der Gemeinschaft und der Vorbehalte Großbritanniens und Dänemarks bleibt es jedoch zweifelhaft, ob der Fahrplan eingehalten werden kann und der Vertrag in seiner originären Fassung zu realisieren ist.

Solange souveräne Staaten existieren, gibt es unterschiedliche nationale Politikauffassungen und wirtschaftspolitische Zielvorstellungen. Ein Aufgeben der geldpolitischen Autonomie ist angesichts der begrenzten Güter- und Faktormobilität in Europa und der geringeren Anpassungsflexibilität auf asymmetrische Schocks wohl nicht kostenlos. Auch die fiskalpolitischen Probleme zeigen, daß die Währungsunion schwer zu handhabende Risiken mit sich bringt, die über die Frage der Preisniveaustabilität weit hinausgehen. Deshalb ist eine verstärkte Koordinierung der Fiskal- und Wirtschaftspolitiken Voraussetzung für den langfristigen Bestand einer Europäischen Währungsunion. Dies erfordert letztlich einen weitergehenden Souverantitätsverzicht aller Mitgliedstaaten zugunsten einer tieferen supranationalen Koordination.

Auf der nächsten Regierungskonferenz in 1996 werden auf jeden Fall viele noch offen stehende Fragen und Probleme behandelt werden müssen. Mit der Aufnahme Schwedens, Finnlands und Österreichs in die Gemeinschaft wird sich die europäische Union auf fünfzehn und in der Folge mit der geplanten Aufnahme osteuropäischer Länder auf zwanzig oder mehr Mitgliedstaaten erweitern. Dies erfordert eine umfassende Reform der bestehenden gemeinschaftlichen Institutionen und der Verfahren ihrer Zusammenarbeit, die bisher nur in geringem Maße an den jeweiligen politischen und wirtschaftlichen Erfordernissen angepaßt wurden und einer immer größer werdenden Gemeinschaft nicht mehr gerecht werden bzw. deren Handlungsfähigkeit in Frage stellen dürften.

Vor dem Hintergrund der bisherigen Entwicklung der europäischen Wirtschafts- und Währungsintegration, in der es immer wieder Ansätze zu einer engeren Koordinierung der nationalen Politiken gegeben hat, die häufig nicht wie geplant umgesetzt werden konnten, erscheint es schon wegen der noch existierenden unterschiedlichen Zielvorstellungen und Präferenzen der jetzigen Mitgliedstaaten eher zweifelhaft, ob eine solche tiefgreifende Reform der Europäischen Union in absehbarer Zeit realisiert werden kann. Auf der anderen Seite stellt sich die Frage, ob nicht eine zunehmende Politikzentralisierung auf supranationaler Ebene bei wachsender Zahl und Heterogenität der Teilnehmerländer einen Konflikt zwischen Vertiefung und Erweiterung der Gemeinschaft generiert, der wegen der offensichtlich hohen gesamtwirtschaftlichen und politischen Kosten die Gefahr in sich birgt, ökonomisch wie auch integrationspolitisch kontraproduktiv zu wirken.

Anhang

Zu Kapitel IV.2.b) in Teil B

Gleichungssystem für das Modell:

$$
\begin{array}{ccccccccccccc}
\pi_2 & & +\beta e & & & & & +(\beta-1)p_2 & -\beta p_1 & & & = & 0 \\
& \pi_1 & -\beta e & & & & & -\beta p_2 & +(\beta-1)p_1 & & & = & 0 \\
& & \delta^{-1}e & +\beta x_2 & -\beta x_1 & & & +\delta^{-1}p_2 & -\delta^{-1}p_1 & & & = & 0 \\
& & & x_2 & & & & +p_2 & & & & = & m_2+\overline{x} \\
& & & x_2 & & -(1-\alpha)n_2 & & & & & & = & \overline{x} \\
& & & & x_1 & & & & +p_1 & & & = & m_1+\overline{x} \\
& & & & x_1 & & -(1-\alpha)n_1 & & & & & = & \overline{x} \\
& & & & & \alpha n_2 & & -p_2 & & +w_2 & & = & 0 \\
& & & & & & \alpha n_1 & & -p_1 & & +w_1 & = & 0 \\
& & & & & & & & & w_2 & & = & m_1^e \\
& & & & & & & & & & w_1 & = & m_1^e.
\end{array}
$$

Hieraus folgt unmittelbar: $w_1 = m_1^e \quad w_2 = m_2^e$.

Durch weitere Umformungen des Gleichungssystems erhält man:

$$
\begin{array}{ccccccccccc}
\pi_2 & & +\beta e & & & & & +(\beta-1)p_2 & -\beta p_1 & = & 0 \\
& \pi_1 & -\beta e & & & & & +\beta p_2 & +(\beta-1)p_1 & = & 0 \\
& & e & +\beta\delta x_2 & -\beta\delta x_1 & & & +p_2 & -p_1 & = & 0 \\
& & & x_2 & & & & +p_2 & & = & m_2+\overline{x} \\
& & & & x_1 & & & & +p_1 & = & m_1+\overline{x} \\
& & & & & (1-\alpha)n_2 & & +p_2 & & = & m_2 \\
& & & & & & (1-\alpha)n_1 & & +p_1 & = & m_1 \\
& & & & & n_2 & & & & = & m_2-m_2^e \\
& & & & & & n_1 & & & = & m_1-m_1^e.
\end{array}
$$

Durch wiederholtes Einsetzen und Auflösen folgt:

(9)
$$n_1 = m_1 - m_1^e \qquad n_2 = m_2 - m_2^e$$
$$p_1 = m_1 - (1-\alpha)(m_1 - m_1^e) \qquad p_2 = m_2 - (1-\alpha)(m_2 - m_2^e)$$
$$x_1 = \bar{x} + (1-\alpha)(m_1 - m_1^e) \qquad x_2 = \bar{x} + (1-\alpha)(m_2 - m_2^e)$$
$$e = m_1 - (1-\alpha)(m_1 - m_1^e) - m_2 + (1-\alpha)(m_2 - m_2^e) + \beta\delta(1-\alpha)(m_1 - m_1^e) - \beta\delta(1-\alpha)(m_2 - m_2^e)$$

(10)
$$\pi_1 = m_1 - (1-\alpha)(m_1 - m_1^e) + \delta\beta^2(1-\alpha)\left[m_1 - m_1^e - (m_2 - m_2^e)\right]$$
$$\pi_2 = m_2 - (1-\alpha)(m_2 - m_2^e) + \delta\beta^2(1-\alpha)\left[m_2 - m_2^e - (m_1 - m_1^e)\right].$$

Zur begleitenden, näheren Erklärung der verwendeten Gleichungen sollen im folgendem die möglichen Gleichgewichtslösungen bei verschiedenen geldpolitischen Strategien Schritt für Schritt hergeleitet werden. Zur Kenntlichmachung der Gleichungen, die auch im Haupttext vorkommen, wird deren Numerierung beibehalten. Die relevanten Ausgänge für das geldpolitische 'one-shot'-Spiel sind:

Fall 1: Die Zentralbank fährt eine restriktive Geldpolitik mit Nullinflation und vermag dies dem privaten Sektor glaubhaft zu machen.

Fall 2: Die Zentralbank ist in der Lage, die privaten Wirtschaftssubjekte zu täuschen und inflationiert.

Fall 3: Der Öffentlichkeit ist der Anreiz der Zentralbank, ihren Nutzen mit Hilfe einer monetären Überraschungstaktik zu erhöhen, bekannt und läßt sich nicht täuschen.

Fall 4: Land 2 versucht, durch glaubhaftes Anbinden seiner Währung an der des Landes 1 mit der niedrigeren Inflationsrate, die Erwartungen der Öffentlichkeit zu beeinflussen.

Es wird zunächst isoliert aus der Sicht der Zentralbank des Landes 2 argumentiert und angenommen, daß für Land 1 $m_1 = m_1^e$ gilt (Die Gleichgewichtslösungen gelten analog für Land 1). Im letzten Fall werden mögliche Interdependenzen zwischen den beiden, nun in ihren Politikpräferenzen unterschiedlichen Ländern und deren Auswirkungen berücksichtigt.

Fall 1 ('precommitment'):

Die Zentralbank kündigt $m_2 = 0$ an und hält sich daran. Die Öffentlichkeit glaubt ihr und setzt entsprechend ihren Erwartungen ($m_2^e = 0$) das Lohnniveau

($p_2^e = w_2 = 0$). Durch Einsetzen der Größen in die geldpolitische Zielfunktion gelangt man zum resultierenden Nutzenniveau $2U_2^p$:

$$2U_2 = -\sigma\left(n_2 - n_2^*\right)^2 - \pi_2^2$$

$$2U_2 = -\sigma\left(m_2 - m_2^e - n_2^*\right)^2 - \left[m_2 - (1-\alpha)(m_2 - m_2^e) + \varepsilon\left(m_2 - m_2^e - (m_1 - m_1^e)\right)\right]^2$$

$$2U_2 = -\sigma\left(m_2 - m_2^e - n_2^*\right)^2 - \left[m_2(\alpha+\varepsilon) + m_2^e(1-\alpha-\varepsilon) + \varepsilon\left(m_1^e - m_1\right)\right]^2$$

$$2U_2\Big|_{m_1 = m_1^e,\ m_2 = m_2^e = 0} = -\sigma\left(-n_2^*\right)^2$$

$$2U_2^p = -\sigma\left(n_2^*\right)^2.$$

In diesem 'precommitment'-Gleichgewicht ist die Inflationsrate gleich 0 und die Beschäftigungsrate gleich ihrer natürlichen Rate.

Fall 2 ('cheating'):

Das Gleichgewicht im Fall 1 ist jedoch nicht stabil, bzw. zeitinkonsistent, weil ein Anreiz der Zentralbank besteht, durch Überraschungsinflationierung ihre Nutzenfunktion zu maximieren. Um dies zu verdeutlichen, wird der Grenznutzen einer monetären Überraschung für $m_1 = m_1^e$, $m_2 = m_2^e = 0$ hergeleitet:

$$2U_2 = -\sigma\left(m_2 - m_2^e - n_2^*\right)^2 - \left[m_2(\alpha+\varepsilon) + m_2^e(1-\alpha-\varepsilon) + \varepsilon\left(m_1^e - m_1\right)\right]^2$$

$$\frac{\partial\, 2U_2}{\partial\, m_2} = -2\sigma\left(m_2 - m_2^e - n_2^*\right) - 2\left[m_2(\alpha+\varepsilon) + m_2^e(1-\alpha-\varepsilon) + \varepsilon\left(m_1^e - m_1\right)\right](\alpha+\varepsilon)$$

$$\frac{\partial\, 2U_2}{\partial\, m_2}\Big|_{m_2 = m_2^e} = -2\sigma\left(-n_2^*\right) - 2\left[m_2(\alpha+\varepsilon+1-\alpha-\varepsilon) + \varepsilon\left(m_1^e - m_1\right)\right](\alpha+\varepsilon)$$

$$= 2\sigma\, n_2^* - 2\left[m_2 + \varepsilon\left(m_1^e - m_1\right)\right](\alpha+\varepsilon)$$

$$\frac{\partial\, 2U_2}{\partial\, m_2}\Big|_{m_1 = m_1^e,\, m_2 = 0} = 2\sigma\, n_2^* > 0.$$

Der marginale Grenznutzen einer monetären Überraschung ($2\sigma\, n_2^*$) ist positiv und reflektiert die Möglichkeit eines Nutzengewinnes durch die induzierte Beschäftigungserhöhung. Für die Zentralbank ist die Strategie optimal, nach dem Festsetzen der Nominallöhne auf Basis der erwarteten Geldangebotsveränderung von $m_2^e = 0$, von ihrer Ankündigung, $m_2 = 0$ zu spielen, abzuweichen.

Unter der Annahme $m_1 = m_1^e, m_2^e = 0$ ergibt sich die optimale Geldangebotsrate m_2^c aus:

$$\left.\frac{\partial\ 2U_2}{\partial\ m_2}\right|_{m_1 = m_1^e} = m_2\left[-2\sigma - 2(\alpha+\varepsilon)^2\right] + m_2^e\left[2\sigma - 2(\alpha+\varepsilon)(1-\alpha-\varepsilon)\right] + 2\sigma\ n_2^* \overset{!}{=} 0$$

$$m_2 = \frac{m_2^e\left[\sigma - (\alpha+\varepsilon)(1-\alpha-\varepsilon)\right] + \sigma\ n_2^*}{\sigma + (\alpha+\varepsilon)^2}$$

$$\left.\frac{\partial\ 2U_2}{\partial\ m_2}\right|_{m_2^e = 0} \Rightarrow m_2^c = \frac{\sigma\ n_2^*}{\sigma + (\alpha+\varepsilon)^2} = \pi_2^c > 0.$$

Das entsprechende Nutzenniveau ($2U_2^c$) berechnet sich wie folgt:

$$2U_2 = -\sigma\ (m_2 - m_2^e - n_2^*)^2 - \left[m_2(\alpha+\varepsilon) + m_2^e(1-\alpha-\varepsilon) + \varepsilon\ (m_1^e - m_1)\right]^2$$

$$2U_2\Big|_{m_1 = m_1^e,\ m_2^e = 0} = -\sigma\ (m_2 - n_2^*)^2 - \left[m_2 - (1-\alpha)m_2 + \varepsilon\ m_2\right]^2$$

$$= -\sigma\ (m_2 - n_2^*)^2 - (\alpha+\varepsilon)^2 (m_2)^2$$

$$2U_2\Big|_{m_2 = m_2^c} = -\sigma\left[\frac{\sigma\ n_2^*}{\sigma + (\alpha+\varepsilon)^2} - n_2^*\right]^2 - (\alpha+\varepsilon)^2 \frac{\sigma^2 (n_2^*)^2}{\left(\sigma + (\alpha+\varepsilon)^2\right)^2}$$

$$= -\sigma\ (n_2^*)^2\left[\frac{-(\alpha+\varepsilon)^2}{\sigma + (\alpha+\varepsilon)^2}\right]^2 - \sigma^2 (n_2^*)^2 \frac{(\alpha+\varepsilon)^2}{\left(\sigma + (\alpha+\varepsilon)^2\right)^2}$$

$$2U_2^c = -\sigma\ (n_2^*)^2\left[\frac{(\alpha+\varepsilon)^2}{\sigma + (\alpha+\varepsilon)^2}\right] \quad > \quad 2U_2^p = -\sigma\ (n_2^*)^2.$$

Im 'cheating'-Gleichgewicht ist das erreichte Nutzenniveau höher als im Fall 1. Die Zentralbank erfährt gegenüber dem 'precommitment'-Gleichgewicht einen Nutzenzuwachs, der sich in der Erhöhung der Beschäftigungsrate n widerspiegelt ($n_2 = m_2 - m_2^e > 0$).

Fall 3 ('Nash'):

Da der Öffentlichkeit der Anreiz seitens der Geldpolitik zur monetären Überraschung bekannt ist und diesen in ihrer Erwartungsbildung berücksichtigt, finden sich die Akteure am Ende im Nash-Gleichgewicht wieder. Die resultierende Geldangebotsrate wird für $m_1 = m_1^e, m_2 = m_2^e$ wie folgt hergeleitet:

$$\left.\frac{\partial\ 2U_2}{\partial\ m_2}\right|_{m_1=m_1^e} = m_2\left[-2\sigma-2(\alpha+\varepsilon)^2\right]+m_2^e\left[2\sigma-2(\alpha+\varepsilon)(1-\alpha-\varepsilon)\right]+2\sigma\, n_2^* \overset{!}{=} 0$$

$$m_2 = \frac{m_2^e\left[\sigma-(\alpha+\varepsilon)(1-\alpha-\varepsilon)\right]+\sigma\, n_2^*}{\sigma+(\alpha+\varepsilon)^2}$$

$$\left.\frac{\partial\ 2U_2}{\partial\ m_2}\right|_{m_2=m_2^e} \Rightarrow m_2\left[2\sigma+2(\alpha+\varepsilon)^2-2\sigma+2(\alpha+\varepsilon)(1-\alpha-\varepsilon)\right]=2\sigma\ n_2^*$$

$$m_2\left[\alpha^2+2\alpha\varepsilon+\varepsilon^2+\alpha-\alpha^2-2\alpha\varepsilon+\varepsilon-\varepsilon^2\right]=\sigma\ n_2^*$$

$$(11)\quad m_2^n = \frac{\sigma\ n_2^*}{\alpha+\varepsilon} = \pi_2^n > 0.$$

Das entsprechende Nutzenniveau (U_2^n) wird folgendermaßen bestimmt:

$$2U_2 = -\sigma\left(m_2-m_2^e-n_2^*\right)^2-\left[m_2(\alpha+\varepsilon)+m_2^e(1-\alpha-\varepsilon)+\varepsilon\left(m_1^e-m_1\right)\right]^2$$

$$2U_2\Big|_{m_1=m_1^e} = -\sigma\left(m_2-m_2^e-n_2^*\right)^2-\left[m_2(\alpha+\varepsilon)+m_2^e(1-\alpha-\varepsilon)\right]^2$$

$$2U_2\Big|_{m_2=m_2^e} = -\sigma\left(-n_2^*\right)^2-\left[m_2(\alpha+\varepsilon+1-\alpha-\varepsilon)\right]=-\sigma\left(-n_2^*\right)^2-\left(m_2\right)^2$$

$$2U_2\Big|_{m_2=m_2^n} = -\sigma\left(n_2^*\right)^2-\left[\frac{\sigma\ n_2^*}{\alpha+\varepsilon}\right]^2 = -\sigma\left(n_2^*\right)^2-\frac{\sigma^2\left(n_2^*\right)^2}{(\alpha+\varepsilon)^2}$$

$$(12)\quad 2U_2^n = -\sigma\left(n_2^*\right)^2\left[1+\frac{\sigma}{(\alpha+\varepsilon)^2}\right] \quad < \quad 2U_2^p = -\sigma\left(n_2^*\right).$$

Im Ergebnis fällt der Nutzen geringer aus als im 'precommitment'-Gleichgewicht, die Inflationsrate π_2^n ist positiv, ohne daß sich die Beschäftigungsrate erhöht hat ($m_2 = m_2^e \rightarrow n_2 = m_2 - m_2^e = 0$). Für Land 1 gelten die Gleichgewichtslösungen analog.

Fall 4 ('pegging'):

Es wird nun angenommen, daß $n_2^* > n_1^*$ ist. Im Nash-Gleichgewicht ist dann $m_2^n = \pi_2^n > m_1^n = \pi_1^n$ und damit $U_2^n < U_1^n$. Mit einem festen Anbinden seiner Währung an die des Landes 1, kopiert Land 2 die Geldpolitik des Landes 1 und kann diese Politik der Öffentlichkeit glaubhaft machen ($m_2 = m_1 = m_2^e$).

Zunächst wird das Nutzenniveau des Landes 2 ($2U_2^{f'}$) bei gegebener Geldpolitik des Landes 1 ($m_1 = m_1^n = \sigma\, n_1^* / (\alpha + \varepsilon)$) bestimmt:

$$2U_2 = -\sigma\,(m_2 - m_2^e - n_2^*)^2 - \left[m_2(\alpha + \varepsilon) + m_2^e(1 - \alpha - \varepsilon) + \varepsilon\,(m_1^e - m_1)\right]^2$$

$$2U_2 \Big|_{m_1 = m_1^e,\, m_2 = m_2^e} = -\sigma\,(-n_2^*)^2 - (m_2)^2$$

$$2U_2 \Big|_{m_2 = m_1^n} = -\sigma\,(n_2^*)^2 - \left[\frac{\sigma\, n_1^*}{\alpha + \varepsilon}\right]^2$$

$$(13)\quad 2U_2^{f'} = -\sigma\left[(n_2^*)^2 + \frac{\sigma\,(n_1^*)^2}{(\alpha + \varepsilon)^2}\right] \;>\; 2U_2^n = -\sigma\,(n_2^*)^2\left[1 + \frac{\sigma}{(\alpha + \varepsilon)^2}\right].$$

Unter der Annahme, daß die Geldpolitik von Land 1 nicht tangiert wird, erhöht Land 2 mit der Strategie der Wechselkursfixierung seinen Nutzen gegenüber der Nash-Lösung um:

$$2\left(U_2^{f'} - U_2^n\right) = -\sigma\left[(n_2^*)^2 + \frac{\sigma\,(n_1^*)^2}{(\alpha + \varepsilon)^2}\right] - (-\sigma)(n_2^*)^2\left[1 + \frac{\sigma}{(\alpha + \varepsilon)^2}\right]$$

$$2\left(U_2^{f'} - U_2^n\right) = -\sigma\,(n_2^*)^2 - \frac{\sigma^2 (n_1^*)^2}{(\alpha + \varepsilon)^2} + \sigma\,(n_2^*)^2 + \frac{\sigma^2 (n_2^*)^2}{(\alpha + \varepsilon)^2}$$

$$2\left(U_2^{f'} - U_2^n\right) = \sigma^2\left[\frac{(n_2^*)^2 - (n_1^*)^2}{(\alpha + \varepsilon)^2}\right] > 0.$$

Bei einem fixen nominellen Wechselkurs zwischen den beiden Ländern kann jedoch die Geldpolitik des Landes 1 nicht mehr exogen sein, weil sich π_2 und π_1 ändern:

$$\pi_1 = m_1 - (1 - \alpha)(m_1 - m_1^e); \qquad \pi_2 = m_2 - (1 - \alpha)(m_2 - m_2^e).$$

Der Anreiz des Landes 1 für eine monetäre Überraschung ist stärker als bei flexiblem Wechselkurs. Denn der 'trade-off' zwischen Beschäftigung und Inflation, der die Stärke des Effektes einer Inflationserhöhung auf die Beschäftigungsrate zum Ausdruck bringt, ist gewachsen:

Flexibler Wechselkurs

$$n_1 = m_1 - m_1^e$$
$$\pi_1 = m_1 - (1-\alpha)(m_1 - m_1^e) + \varepsilon\left(m_1 - m_1^e - (m_2 - m_2^e)\right)$$
$$= m_1(\alpha+\varepsilon) + m_1^e(1-\alpha-\varepsilon) - \varepsilon m_2 + \varepsilon m_2^e$$

Fester Wechselkurs

$$n_1 = m_1 - m_1^e$$
$$\pi_1 = m_1 - (1-\alpha)(m_1 - m_1^e)$$
$$= \alpha\, m_1 + m_1^e(1-\alpha)$$

$$\frac{\partial n_1}{\partial \pi_1} = \frac{\partial n_1/\partial m_1}{\partial \pi_1/\partial m_1} = \frac{1}{\alpha+\varepsilon} \quad < \quad \frac{1}{\alpha} = \frac{\partial n_1/\partial m_1}{\partial \pi_1/\partial m_1} = \frac{\partial n_1}{\partial \pi_1}.$$

Die um den Wechselkurseffekt reduzierten Gleichungen für das Preisniveau der beiden Länder tangieren deren Nutzenkalkül. Die Nutzenfunktionen haben dann folgendes Aussehen:

$$2U_1 = -\sigma\left(m_1 - m_1^e - n_1^*\right)^2 - \left[m_1 - (1-\alpha)(m_1 - m_1^e)\right]^2$$
$$= -\sigma\left(m_1 - m_1^e - n_1^*\right)^2 - \left[\alpha\, m_1 + (1-\alpha)m_1^e\right]^2.$$

Nutzenfunktion des Landes 2 analog:

$$2U_2 = -\sigma\left(m_2 - m_2^e - n_2^*\right)^2 - \left[\alpha m_2 + (1-\alpha)m_2^e\right]^2.$$

Bestimmung der optimalen Geldangebotsrate m_1^f für Land 1 im Gleichgewicht:

$$\frac{\partial\, 2U_1}{\partial\, m_1} = -2\sigma\left(m_1 - m_1^e - n_1^*\right) - 2\left[\alpha m_1 + (1-\alpha)m_1^e\right]\alpha \overset{!}{=} 0$$

$$\left.\frac{\partial\, 2U_1}{\partial\, m_1}\right|_{m_1 = m_1^e} = -2\,\sigma\left(-n_1^*\right) - 2\left[m_1 + (\alpha+1-\alpha)\right]\alpha \overset{!}{=} 0$$

$$\left.\frac{\partial\; 2U_1}{\partial\; m_1}\right|_{m_1 = m_1^e} = 2\sigma\; n_1^* = 2m_1\alpha$$

$$(14) \quad m_1^f = \frac{\sigma\; n_1^*}{\alpha} = \pi_1^f \quad > \quad m_1^n = \frac{\sigma\; n_1^*}{\alpha+\varepsilon} = \pi_1^n.$$

Herleitung des entsprechenden Nutzenniveaus von Land $1\left(2U_1^f\right)$:

$$2U_1 = -\sigma\left(m_1 - m_1^e - n_1^*\right)^2 - \left[m_1 - (1-\alpha)\left(m_1 - m_1^e\right)\right]^2$$

$$2U_1\Big|_{m_1 = m_1^e} = -\sigma\left(-n_1^*\right)^2 - \left[m_1 - (\alpha + 1 - \alpha)\right]^2$$

$$= -\sigma\left(-n_1^*\right)^2 - \left(m_1\right)^2$$

$$2U_1\Big|_{m_1 = m_1^f} = -\sigma\left(n_1^*\right)^2 - \left[\frac{\sigma\, n_1^*}{\alpha}\right]^2$$

$$= -\sigma\left(n_1^*\right)^2 - \frac{\sigma^2\left(n_1^*\right)^2}{\alpha^2}$$

$$(15)\quad 2U_1^f = -\sigma\left(n_1^*\right)^2\left[1 + \frac{\sigma}{\alpha^2}\right] \;<\; 2U_1^n = -\sigma\left(n_1^*\right)^2\left[1 + \frac{\sigma}{(\alpha+\varepsilon)^2}\right].$$

Die Inflationsrate π_1^f ist im Gleichgewicht bei festen Wechselkursen höher und infolge fällt das Nutzenniveau des Landes 1 geringer aus, als im Nash-Gleichgewicht bei flexiblen Wechselkursen.

Der Nutzenverlust beträgt:

$$2\left(U_1^f - U_1^n\right) = -\sigma\left(n_1^*\right)^2\left[1 + \frac{\sigma}{\alpha^2}\right] - (-\sigma)\left(n_1^*\right)^2\left[1 + \frac{\sigma}{(\alpha+\varepsilon)^2}\right]$$

$$= -\sigma\left(n_1^*\right)^2 - \frac{\sigma^2\left(n_1^*\right)^2}{\alpha^2} + \sigma\left(n_1^*\right)^2 + \frac{\sigma^2\left(n_1^*\right)^2}{(\alpha+\varepsilon)^2}$$

$$2\left(U_1^f - U_1^n\right) = \sigma^2\left(n_1^*\right)^2\left[\frac{1}{(\alpha+\varepsilon)^2} - \frac{1}{\alpha^2}\right] < 0.$$

Das entsprechende Nutzenniveau von Land 2 $\left(2U_2^f\right)$ ergibt sich aus:

$$2U_2 = -\sigma\left(m_2 - m_2^e - n_2^*\right)^2 - \left[m_2 - (1-\alpha)\left(m_2 - m_2^e\right)\right]^2$$

$$2U_2\Big|_{m_2 = m_2^e} = -\sigma\left(-n_2^*\right)^2 - \left(m_2\right)^2$$

$$2U_2 \Big|_{m_2 = m_1^f} = -\sigma \left(n_2^*\right)^2 - \left[\frac{\sigma\, n_1^*}{\alpha}\right]^2$$

$$(15) \quad 2U_2^f = -\sigma \left[\left(n_2^*\right)^2 + \frac{\sigma \left(n_1^*\right)^2}{\alpha^2}\right].$$

Der (bedingte) Nutzenzuwachs für Land 2 ist:

$$2\left(U_2^f - U_2^n\right) = -\sigma \left[\left(n_2^*\right)^2 + \frac{\sigma \left(n_2^*\right)^2}{\alpha^2}\right] - (-\sigma)\left(n_1^*\right)^2 \left[1 + \frac{\sigma}{(\alpha+\varepsilon)^2}\right]$$

$$= -\sigma \left(n_2^*\right)^2 - \frac{\sigma^2 \left(n_1^*\right)^2}{\alpha^2} + \sigma \left(n_2^*\right)^2 + \frac{\sigma^2 \left(n_2^*\right)^2}{(\alpha+\varepsilon)^2}$$

$$2\left(U_2^f - U_2^n\right) = \sigma^2 \left[\frac{\left(n_2^*\right)^2}{(\alpha+\varepsilon)^2} - \frac{\left(n_1^*\right)^2}{\alpha^2}\right] > 0 \quad \text{wenn gilt:} \quad \frac{(\alpha+\varepsilon)}{\alpha} < \frac{n_2^*}{n_1^*}.$$

Wenn unterstellt wird, daß Land 2 aus der Wechselkursfixierung einen eindeutigen Nutzenzuwachs erfährt ($U_2^f > U_2^n$), so besteht wiederum ein Anreiz für Land 2, die Verpflichtung, seine Währung an der des Landes 1 zu fixieren, nach dem Festsetzen der Nominallöhne zu brechen. Um dies zu verdeutlichen, wird - analog zu den Ausführungen bei Fall 2 - der Grenznutzen einer monetären Überraschung für $m_1^f = m_1^e = m_2 = m_2^e$ hergeleitet:

$$2U_2 = -\sigma \left(m_2 - m_2^e - n_2^*\right)^2 - \left[m_2(\alpha+\varepsilon) + m_2^e(1-\alpha-\varepsilon) + \varepsilon \left(m_1^e - m_1\right)\right]^2$$

$$\frac{\partial\, 2U_2}{\partial\, m_2} \Big|_{m_2 = m_2^e} = 2\sigma n_2^* - 2\left[m_2(1) + \varepsilon \left(m_1^e - m_1\right)\right](\alpha+\varepsilon)$$

$$\frac{\partial\, 2U_2}{\partial\, m_2} \Big|_{m_2 = m_1^f = m_1^e} = 2\left[n_2^* - \frac{\sigma\, n_1^*}{\alpha}\right](\alpha+\varepsilon)$$

$$(16) \quad \frac{\partial\, 2U_2}{\partial\, m_2} = 2\sigma \left[n_2^* - \frac{n_1^*(\alpha+\varepsilon)}{\alpha}\right] > 0 \quad \text{wenn gilt:} \quad \frac{(\alpha+\varepsilon)}{\alpha} < \frac{n_2^*}{n_1^*}.$$

Zu Kapitel IV.2.c) in Teil B

Damit die Wechselkursstrategie des Landes 2 glaubwürdig wird, müssen in die Zielfunktion Abweichungskosten (P_2) implementiert werden, die diesen Anreiz zumindest kompensieren:

$$2U_2' = 2U_2^f - 2\phi\, P_2 \qquad \begin{array}{ll} \phi = 0 & \text{wenn Ankündigung } (m_2 = m_1) \text{ gehalten wird,} \\ \phi = 1 & \text{bei Abweichung } (m_2 > m_1). \end{array}$$

Der Grenznutzen einer monetären Überraschung wäre dann:

$$\frac{\partial\, 2U_2'}{\partial\, m_2} = \frac{\partial\, 2U_2^f}{\partial\, m_2} - 2P_2.$$

Soll die Wechselkursstrategie glaubwürdig sein, müssen die Abweichungskosten mindestens so hoch sein wie der Nutzen aus einer Aufkündigung des Wechselkursarrangements (vgl. Gleichung (16)):

$$(17) \quad 2P_2 \overset{!}{\geq} 2\sigma \left[n_2^* - \frac{n_1^*(\alpha + \varepsilon)}{\alpha} \right].$$

Falls beide von diesem institutionellen Arrangement einen Vorteil erringen sollen, muß der Nutzengewinn des Landes 2 den Nutzenverlust des Landes 1 übersteigen, um Kompensationszahlungen überhaupt erst möglich zu machen:

$$2\left(U_2^f - U_2^n\right) + 2\left(U_1^f - U_1^n\right) = \sigma^2 \left[\frac{\left(n_2^*\right)^2}{(\alpha+\varepsilon)^2} - \frac{\left(n_1^*\right)^2}{\alpha^2} \right] + \sigma^2 \left(n_1^*\right)^2 \left[\frac{1}{(\alpha+\varepsilon)^2} - \frac{1}{\alpha^2} \right] \overset{!}{>} 0$$

$$2\left(U_2^f - U_2^n\right) + 2\left(U_1^f - U_1^n\right) = \frac{\sigma^2 \left(n_2^*\right)^2 + \sigma^2 \left(n_1^*\right)^2}{(\alpha+\varepsilon)^2} - \frac{2\sigma^2 \left(n_1^*\right)^2}{\alpha^2} \overset{!}{>} 0$$

$$(18) \quad 2\left(U_2^f - U_2^n\right) + 2\left(U_1^f - U_1^n\right) = -\sigma^2 \left(n_1^*\right)^2 \left[\frac{2}{\alpha^2} - \frac{1 + \left(n_2^*/n_1^*\right)^2}{(\alpha+\varepsilon)^2} \right] > 0$$

$$\text{wenn gilt:} \left(1 + \frac{\varepsilon}{\alpha}\right)^2 < \frac{1}{2}\left[1 + \left(\frac{n_2^*}{n_1^*}\right)^2\right].$$

Literaturverzeichnis

Abreu, D. / Rubinstein, A. (1988): The Structure of Nash Equilibrium in Repeated Games with Finite Automata, in: Econometrica Vol. 56 (1988), S. 1259-1281.

Adams, W. J. (1989): Restructuring the French Economy, Washington D. C. 1989.

Akerlof, G. A. (1970): The Market for "Lemons": Qualitative Uncertainty and the Market Mechanism, in: Quarterly Journal of Economics Vol. 84 (1970), S. 488-500.

Alesina, A. (1987): Macroeconomic Policy in a Two-Party System as a Repeated Game, in: Quarterly Journal of Economics Vol. 102 (1987), S. 651-678.

Alesina, A. (1989): Politics and Business Cycles in Industrial Democracies, in: Economic Policy No. 8 (1989), S. 55-98.

Alesina, A. / Tabellini, G. (1988): Credibility and Politics, in: European Economic Review 32 (1988), S. 542-550.

Alesina, A. / Summers, L. (1993): Central Bank Independence and Macroeconomic Performance: Some Comparative Evidence, in: Journal of Money, Credit and Banking Vol. 25 (1993), S. 151-162.

Aliber, R. Z. (1986): Fixed Exchange Rates and the Rate of Inflation, in: C. Campbell / W. Dougan (Hrsg.): Alternative Monetary Regimes, Baltimore / London 1986, S. 116-121.

Andersen, T. / Risager, O. (1988): Stabilization Policies, Credibility, and Interest Rate Determination in a Small Open Economy, in: European Eonomic Review 32 (1988), S. 669-679.

Arrow, K. J. (1953): Uncertainty and the Welfare Economics of Medical Care, in: The American Economic Review Vol. 53 (1953), S. 941-973.

Artis, M. J. (1990): The United Kingdom and the EMS, in: P. De Grauwe / L. Papademos (Hrsg.): The European Monetary System in the 1990s, London / New York 1990, S. 286-301.

Artis, M. J. / Nachane, D. (1989): Wages and Prices in Europe: A Test of the German Leadership Thesis, Centre for Economic Policy Research (CEPR) Discussion Paper Series No. 296, London 1989.

Artis, M. J. / Taylor, M. P. (1988): Exchange Rates, Interest Rates, Capital Controls and the European Monetary System: Assessing the Track Record, in: F. Giavazzi / S. Micossi / M. Miller (Hrsg.): The European Monetary System, Cambridge / u. a. 1988, S. 185-206.

Aufricht, H. (1967): Central Banking Legislation - A Collection of Central Bank, Monetary and Banking Laws Vol. II: Europe, IMF, Washington D. C. 1967.

Aumann, R. J. / Sorin, S. (1989): Cooperation and Bounded Rationality, in: Games and Economic Behavior Vol. 1 (1989), S 5-39.

Aumann, R. J. / Hart, S. (Hrsg.) (1992/94): Handbook of Game Theory - with Economic Applications Vol. I / Vol. II, Amsterdam / u. a. 1992/1994 (Vol. III in Vorbereitung).

Ausschuss der Zentralbankpräsidenten (1985): Ausschuss der Präsidenten der Zentralbanken der Mitgliedstaaten der Europäischen Wirtschaftsgemeinschaft - Europäischer Fonds für währungspolitische Zusammenarbeit, Textsammlung zum Europäischen Währungssystem, Basel 1985.

Axelrod, R. (1984): The Evolution of Cooperation, New York 1984 (Deutsche Übersetzung: Die Evolution der Kooperation, München 1987).

Backus, D. / Driffill, J. (1985): Inflation and Reputation, in: The American Economic Review Vol. 75 (1985), S. 530-538.

Bade, R. / Parkin, M. (1988): Central Bank Laws and Monetary Policy, Working Paper of the Department of Economics, University of Western Ontario, Oktober 1988.

Baffi, P. (1987): The European Monetary System and Italian Participation (englische Übersetzung des Dokumentes, das vom damaligen Gouverneur der Banca d'Italia dem Interministriellen Ausschuß am 26.10.1978 vorgelegt wurde), in: F. Ciocca (Hrsg.): Money and the Economy: Central Bankers' Views, London 1987, S. 263-276.

Banaian, K. / u. a. (1986): (Banaian, K. / Laney, L. O. / Willett, T. D.) Central Bank Independence: An International Comparison, in: M. Toma / E. Toma (Hrsg.): Central Bankers, Bureaucratic Incentives, and Monetary Policy, Dordrecht 1986, S. 199-217.

Barro, R. J. (1986): Reputation in a Model of Monetary Policy with Incomplete Information, in: Journal of Monetary Economics Vol. 17 (1986), S. 3-20.

Barro, R. J. / Gordon, D. B. (1983a): A Positive Theory of Monetary Policy in a Natural Rate Model, in: Journal of Political Economy Vol. 91 (1983), S. 589-610.

Barro, R. J. / Gordon, D. B. (1983b): Rules, Discretion and Reputation in a Model of Monetary Policy, in: Journal of Monetary Economics Vol. 12 (1983), S. 101-121.

Barroux, Y. / Dagognet, N. (1990): Analysis of the Relationship between Money Stock and Monetary Base: The French Experience during the Period of Quantitative Controls on Credit (1973-1985), in: Artus, P. / Barroux, Y. (Hrsg.): Monetary Policy, Dordrecht / u. a. 1990, S. 117-129.

Basar, T. / Olsder, G. J. (1982): Dynamic Noncooperative Game Theory, New York 1982.

Bayne, N. / Putnam, R. D. (1987): Hanging Together - Cooperation and Conflict in the Seven-Power Summits, 2. erweiterte Auflage London 1987.

BdF, BT: Banque de France, Bulletin Trimestiel, Statistiques Monétaires et Financières Annuelles, verschiedene Jahrgänge und Ausgaben.

BdF (1986a): Banque de France, La Banque de France et la Monnaie, 4. Auflage Paris 1986.

BdF (1986b): Banque de France, La Banque De France: History - Organisation - Role, Paris 1986.

BdI, EB: Banca d'Italia, Economic Bulletin, Rom, verschiedene Jahrgänge und Ausgaben.

BdI, JB: Banca d'Italia, Ordinary General Meeting of Shareholders, Annual Report (Englische Ausgabe des Jahresberichtes), Rom, verschiedene Jahrgänge.

Bean, C. (1987): The Impact of North Sea Oil, in: R. Dornbusch / R. Layard (Hrsg.): The Performance of the British Economy, Oxford 1987, S. 64-96.

Becker, G. S. (1976): The Economic Approach to Human Behavior, Chicago 1976 (Deutsche Übersetzung: Der ökonomische Ansatz zur Erklärung des menschlichen Verhaltens, Tübingen 1982).

Beckh, S. (1990): Das Instrumentarium der Deutschen Bundesbank seit dem Übergang zur Geldmengensteuerung, Berlin 1990.

Berlanda, P. / Masera, R. (1993): The Italy Case, in: G. Bognetti (Hrsg.): What Bank Model for Europe?, Annals of Public and Cooperative Economics Vol. 64 No. 1 (1993), S. 71-92.

Berthold, N. (1990): Internationale währungspolitische Arrangements - Ökonomische und polit-ökonomische Aspekte, in: Kredit und Kapital 23. Jg. (1990), S. 437-467.

Besnard, D. / Redon, M. (1989): La Banque de France, Paris 1989.

Bini Smaghi, L. / Micossi, S. (1989): Managing Exchange Markets in the EMS with Free Capital, in: Banca Nazionale Del Lavoro (Hrsg.): Quarterly Review No. 171, Dezember 1989, S. 395-430.

Bini Smaghi, L. / Vona, S. (1988): Economic Growth and Exchange Rates in the European Monetary System: Their Trade Effects in a Changing External Environment, in: F. Giavazzi / S. Micossi / M. Miller (Hrsg.): The European Monetary System, Cambridge / u. a. 1988, S. 140-178.

BIZ, JB: Jahresberichte der Bank für internationalen Zahlungsausgleich in Basel, verschiedene Jahrgänge.

Blackburn, K. / Christensen, M. (1989): Monetary Policy and Policy Credibility: Theories and Evidence, in: Journal of Economic Literature Vol. 27 (1989), S. 1-45.

Blanchard, O. J. / Muet, P.-A. (1993): Competitiveness through Disinflation: An Assessment of the French Macroeconomic Strategy, in: Economic Policy No. 16 (1993), S. 11-56.

BMWi (1989a): Europäische Währungsordnung, Gutachten des wissenschaftlichen Beirats beim Bundesministerium für Wirtschaft, Studien-Reihe 61, Februar 1989.

BMWi (1989b): Stellungnahme des Wissenschaftlichen Beirates beim Bundesministerium für Wirtschaft zum Bericht des Delors-Ausschusses, Studien-Reihe 63, Juni 1989.

Bofinger, P. (1988): Das Europäische Währungssystem und die geldpolitische Koordination in Europa, in: Kredit und Kapital, 21. Jg. (1988), S. 317-354.

Bofinger, P. (1991): Festkurssysteme und geldpolitische Koordination, Baden-Baden 1991.

Boissieu de, C. (1990): Recent Developments in the French Financial System, in: C. de Boissieu (Hrsg.): Banking in France, London / New York 1990, S. 1-25.

Bordes, C. / Strauss-Kahn, M. O. (1987): 1977 - 1986: Dix Ans de Politique D'Objectifs en France - Ou le "Targeting" à la Française, Les Etudes de la SUERF sur la Politique Monetaire et les Systemes Financières No. 4, Tilburg 1987.

Bouvier, J. (1988): The Banque de France and the State from 1850 to the Present Day, in: G. Tonolio (Hrsg.): Central Banks' Independence in Historical Perspective, Berlin / New York 1988, S. 73-104.

Boyer, R. / Orléan, A. (1993): How Do Conventions Evolve?, in: U. Witt (Hrsg.): Evolution in Markets and Institutions, Heidelberg 1993, S. 17-29.

BPA, Bulletin (1992a): Vertrag über die Europäische Union (EUV), Bulletin des Presse- und Informationsamtes der Bundesregierung Nr. 16 vom 12. Februar 1992, S. 113-148.

BPA, Bulletin (1992b): Europäischer Rat in Edinburgh, Tagung der Staats- und Regierungschefs der Europäischen Gemeinschaft am 11. und 12. Dezember 1992, Schlußfolgerungen des Vorsitzes, Bulletin des Presse- und Informationsamtes der Bundesregierung Nr. 140 vom 28. Dezember 1992, S. 1277-1302.

Breig, H. / Francke, H.-H. (1991): Kundenbeziehungen von Kreditinstituten und Finanzierungsentscheidungen von Unternehmen in ausgewählten Ländern der EG (Hrsg.: Gesellschaft zur Förderung der wissenschaftlichen Forschung über das Spar- und Girowesen e. V.), Bonn 1991.

Brennan, G. / Buchanan, J. M. (1987): The Reason of Rules - Constitutional Political Economy, Cambridge / u. a. 1987.

Bromley, D. W. (1989): Economic Interests and Institutions - The Conceptual Foundations of Public Policy, New York 1989.

Brown, R. (1990): British Monetary Policy and the European Monetary Integration, in: H. Sherman / R. Brown / P. Jacquet / D. Julius (Hrsg.): Monetary Implications of the 1992 Process, London 1992, S. 99-123.

Bruni, F. (1988): Costs and Benefits of Liberalization of Capital Flows: Some Theoretical and Policy Issues with Special Reference to the Italian Case, in: D. E. Fair / C. de Boissieu (Hrsg.): International Monetary and Financial Integration - The European Dimension, Dordrecht 1988, S. 223-237.

Bruni, F. / u. a. (1989): (Bruni, F. / Penati, A. / Porta, A.) Financial Regulation, Implizit Taxes, and Fiscal Adjustment in Italy, in: M. Monti (Hrsg.): Fiscal Policy, Economic Adjustment, and Financial Markets, Washington D.C. 1989, S. 197-230.

Brunner, K. (1983): The Pragmatic and Intellectual Tradition of Monetary Policymaking and the International Monetary Order, in: K. Brunner (Hrsg.): Lessons of Monetary Experiences from the 1970s, London 1983, S. 97-141.

Bryant, R. / u. a. (1988): (Bryant, R. / Henderson, D. / Holthaus, G. / Hooper, R. / Symanski, S.) Empirical Macroeconomics for Independent Economics, Washington 1988.

Buchanan, J. M. (1968): The Demand and Supply of Public Goods, Chicago 1968.

Buchanan, J. M. / Tullock, G. (1962): The Calculus of Consent, Ann Arbor 1962.

Buiter, W. / u. a. (1993): (Buiter, W. / Corsetti, G. / Roubini, N.) Excessive Deficits: Sense and Nonsense in the Treaty of Maastricht, in: Economic Policy No. 16 (1993), S. 57-100.

Bundesgesetzblatt: Bundesgesetzblatt Teil II (Hrsg.: Bundesminister der Justiz), verschiedene Ausgaben und Jahrgänge.

Burda, M. C. / Wyplosz, C. (1993): Macroeconomics - A European Text, New York / u.a. 1993.

Burgard, H. (1980): Währungsrecht und Währungspolitik in der EG, in: H. J. Hahn (Hrsg.): Integration und Kooperation im Europäischen Währungswesen, Baden-Baden 1980, S. 41-62.

Caesar, R. (1981): Der Handlungsspielraum von Notenbanken. Theoretische Analyse und internationaler Vergleich, Baden-Baden 1981.

Caesar, R. (1987): Kontrollierbarkeit der Geldversorgung bei festen Wechselkursen, in: C. Köhler / R. Pohl (Hrsg.): Aspekte der Geldpolitik in offenen Volkswirtschaften, Berlin 1987, S. 119-142.

Caesar, R. (1988): German Monetary Policy and the EMS, in: D. Fair / C. de Boissieu (Hrsg.): International Monetary and Financial Integration - The European Dimension, Dordrecht 1988, S. 102-125.

Caesar, R. (1990): Die Autonomie der Deutschen Bundesbank - Ein Modell für Europa?, in: R. H. Hasse / W. Schäfer (Hrsg.): Europäische Zentralbank, Göttingen 1990, S. 111-127.

Caesar, R. / Dickertmann, D. (1979): Einige kritische Anmerkungen zum Europäischen Währungssystem, in: Kredit und Kapital 12. Jg. (1979), S. 279-312

Cairncross, A. (1988): The Bank of England: Relationships with the Government, the Civil Service, and Parliament, in: G. Tonolio (Hrsg.): Central Banks' Independence in Historical Perspective, Berlin / New York 1988, S. 39-72.

Canzoneri, M. B. (1985): Monetary Policy Games and the Rule of Private Information, in: The American Economic Review Vol. 75 (1985), S. 1056-1070.

Canzoneri, M. B. / Gray, J. A. (1985): Monetary Policy Games and the Consequences of Non-Cooperative Behavior, in: International Economic Review Vol. 26 (1985), S. 547-564.

Canzoneri, M. B. / Henderson, D. W. (1988): Is Sovereign Policymaking Bad?, in: Carnegie-Rochester Conference Series on Public Policy 28 (1988), S. 93-140.

Caranza, C. / Fazio, A. (1985): Methods of Monetary Control in Italy, 1974-1983, in: D. R. Hodgman (Hrsg.): The Political Economy of Monetary Policy: National and International Aspects, Federal Reserve Bank of Boston, Conference Series No. 26, Boston 1985, S. 65-88.

Castello-Branco, M. / Swinburne, M. (1991): Central Bank Independence and Central Bank Functions, in: P. Downes / R. Vaez-Zadeh (Hrsg.): The Evolving Role of Central Banks, International Monetary Fund Washington, D. C. 1991, S. 414-444.

Cezanne, W. / Möller, H. (1979): Die Europäische Union als Währungsunion?, Baden-Baden 1979.

Chant, J. F. / Acheson, K. (1986): The Choice of Monetary Instruments and the Theory of Bureaucracy, in: E. F. Toma / M. Toma (Hrsg.): Central Bankers, Bureaucratic Incentives, and Monetary Policy, Dordrecht 1986, S. 107-128.

Christensen, M. (1987): On Interest Rate Determination, Testing for Policy Credibility and the Relevance of the Lucas Critique - Some Danish Experiences, in: European Economic Journal of Political Economy 3 (1987), S. 369-388.

Christensen, M. (1990): Policy Credibility and the Lucas Critique, in: Artus, P. / Barroux, Y. (Hrsg.): Monetary Policy, Dordrecht / u. a. 1990, S. 79-95.

Claassen, E.-M. / Wyplosz, C. (1985): Capital Controls: Some Principles and the French Experience, in: J. Melitz / C. Wyplosz (Hrsg.): The French Economy, Theory and Policy, Boulder, Colorado 1985, S. 237-266.

Coase, R. H. (1960): The Problem of Social Cost, in: Journal of Law and Economics Vol. 3 (1960), S. 386-405.

Cohen, D. (1988): What Caused the Rise of Conservatism?: A French View, in: Economic Policy Nr. 6 (1988), S. 196-219.

Cohen, D. / Wyplosz, C. (1989): The European Monetary Union: An Agnostic Evaluation, Centre for Economic Policy Research (CEPR) Discussion Paper Series No. 306, London 1989.

Collignon, S. (1994): Das Europäische Währungssystem im Übergang - Erfahrungen mit dem EWS und politische Optionen, Wiesbaden 1994.

Commons, J. R.(1934): Institutional Economics. Its Place in Political Economy, Madison / Wisconsin 1934 (2. Auflage 1961 erschienen).

Cukierman, A. (1986): Central Bank Behavior and Credibility: Some Recent Theoretical Developments, in: Federal Reserve Bank of St. Louis Review, No. 5 (1986), S. 5-17.

Cukierman, A. (1993): Central Bank Strategy, Credibility, and Independence: Theory and Evidence, Cambridge (Massachusetts) 1993.

Cukierman, A. / Liviatan, N. (1990): Rules, Discretion, Credibility and Reputation, in: Bank of Israel Economic Review Vol. 65 (1990), S. 3-25.

Cukierman, A. / Meltzer, A. H. (1986): A Theory of Ambiguity, Credibility and Inflation Under Discretion and Asymmetric Information, in: Econometrica Vol. 54 (1986), S. 1099-1128.

DB-Ausschuß (1957): Ausschuß für Geld und Kredit des Deutschen Bundestages: Schriftlicher Bericht über den Entwurf eines Gesetzes über die Deutsche Bundesbank, Bundesdrucksache 2, 3603 (1957).

DBBk, AaP: Deutsche Bundesbank, Auszüge aus Presseartikeln, verschiedene Jahrgänge und Ausgaben (Zitierweise bei Artikeln ohne Angabe des Verfassers).

DBBk, Beihefte: Statistische Beihefte zu den Monatsberichten der Deutschen Bundesbank, Reihe 5 (ab 1993 Devisenkursstatistik), verschiedene Jahrgänge und Ausgaben.

DBBk, GB: Geschäftsberichte der Deutschen Bundesbank, verschiedene Jahrgänge (die in Klammern angegebene Jahreszahl bezieht sich auf das jeweilige Berichtsjahr).

DBBk, MB: Monatsberichte der Deutschen Bundesbank, verschiedene Jahrgänge und Ausgaben.

DBBk (1987): Gesetz über das Kreditwesen, Sonderdrucke der Deutschen Bundesbank Nr. 2, 9. Auflage Frankfurt a.M. 1987.

DBBk (1988): Internationaler Währungsfonds (IWF) und Weltbankgruppe, Sonderdrucke der deutschen Bundesbank Nr. 3a, Frankfurt a.M. 1988.

DBBk (1989): Die Deutsche Bundesbank - Geldpolitische Aufgaben und Instrumente, Sonderdrucke der Deutschen Bundesbank Nr. 7, 5. Auflage Frankfurt a.M. 1989.

De Alessi, L. (1980): The Economics of Property Rights: A Review of the Evidence, in: Research in Law and Economics Vol. 2 (1980), S. 1-47.

De Cecco, M. (1989): The European Monetary System and National Interests, in: Guerrieri / Padoan (Hrsg.): The Political Economy of European Integration - States, Markets and Institutions, New York / u. a. 1989, S. 85-99.

De Grauwe, P. (1987): International Trade and Economic Growth in the European Monetary System, in: European Economic Review Vol. 31 (1987), S. 389-398.

De Grauwe, P. (1989): Is the European Monetary System a DM-Zone?, Centre for Economic Policy Research (CEPR) Discussion Paper Series No. 297, London 1989.

De Grauwe, P. (1992): The Economics of Monetary Integration, New York 1992.

De Grauwe, P. (1994): Towards European Monetary Union without the EMS, in. Economic Policy No. 18 (1994), S. 149-185.

Delgado, F. / Dumas, B. (1993): Monetary Contracting between Central Banks and the Design of Sustainable Exchange-Rate Zones, in: Journal of International Economics Vol. 34 (1993), S. 201-224.

Delors-Bericht (1989): Ausschuß zur Prüfung der Wirtschafts- und Währungsunion: Bericht zur Wirtschafts- und Währungsunion in der Europäischen Gemeinschaft (Amt für amtliche Veröffentlichungen der Europäischen Gemeinschaften) Luxemburg 1989.

Demekas, D. G. / u. a. (1988): (Demekas, D. G. / Bartholdy, K. / Gupda, S. / Lipschitz, L. / Mayer, T.) The Effects of the Common Agricultural Policy of the European Community: A Survey of the Literature, in: Journal of Common Market Studies Vol. 27 (1988), S. 113-145.

De Nardis, S. / Micossi, S. (1991): Disinflation and Re-inflation in Italy and the Implications for Transition to Monetary Union, in: Banca Nazionale Del Lavoro (Hrsg.): Quarterly Review No. 177, Juni 1991, S. 165-196.

Dini, L. (1990): The Italian Banking System, in: BdI, EB No. 11 (1990), S. 70-74.

Dittus, P. (1987): Die Wahl der Geldverfassung, Köln / u. a. 1987.

Dornbusch, R. (1989): Credibility, Debt and Unemployment: Ireland's Failed Stabilisation, in: Economic Policy Nr. 8 (1989), S. 173-209.

Dornbusch, R. / Frankel, J. (1988): The Flexible Exchange Rate System: Experience and Alternatives, in: S. Borner (Hrsg.): International Finance and Trade in a Polycentric World, Houndsmills / u. a. 1988, S. 151-197.

Downs, A. (1967): Inside Bureaucracy, Boston 1967.

Driessen, T. (1988): Cooperative Games, Solutions and Applications, Dordrecht / u. a. 1988.

Driffill, J. / Miller, M. (1992): Is the Road to Monetary Union Paved with Recession?, in: R. Barrell / J. Whitley (Hrsg.): Macroeconomic Policy Coordination in Europe - The ERM and Monetary Union, London 1992, S. 172-184.

Dudler, H.-J. (1991): Monetary Control and Exchange Market Management: German Policy Experience From the 1985 Plaza Agreement to the 1989 Summit of the Arch, in: Z. Eckstein (Hrsg.): Aspects of Central Bank Policy Making, Berlin / u. a. 1991, S. 299-332.

Edison, H. J. (1993): The Effectiveness of Central-Bank Intervention: A Survey of the Literature after 1982, Special Papers in International Economics (Hrsg.: Department of Economics, Princeton University New Jersey) No. 18, Juli 1993.

Eggerstedt, H. / Sinn, S. (1987): The EMS 1979-1986: The Economics of Muddling Through, in: Geld und Währung / Monetary Affairs, 3. Jg., S. 5-23.

Eggertsson, T. (1990): Economic Behavior and Institutions, Cambridge / u. a. 1990.

EG-Kommission, CS: Kommission der Europäischen Gemeinschaften, Generaldirektion Wirtschaft und Finanzen (Hrsg.): Sonderreihe Country Studies, verschiedene Ausgaben, (Amt für amtliche Veröffentlichungen der Europäischen Gemeinschaften) Luxemburg.

EG-Kommission, EW: Kommission der Europäischen Gemeinschaften, Generaldirektion Wirtschaft und Finanzen (Hrsg.): Europäische Wirtschaft, verschiedene Jahrgänge und Ausgaben, (Amt für amtliche Veröffentlichungen der Europäischen Gemeinschaften) Luxemburg.

EG-Kommission, EW-Beiheft A: Kommission der Europäischen Gemeinschaften, Generaldirektion Wirtschaft und Finanzen (Hrsg.): Beiheft A zu Europäische Wirtschaft, Konjunkturtendenzen, verschiedene Jahrgänge und Ausgaben, (Amt für amtliche Veröffentlichungen der Europäischen Gemeinschaften) Luxemburg.

EG-Kommission, (1984): Mitteilung der Kommission an den Rat: Fünf Jahre währungspolitische Zusammenarbeit in Europa, KOM (84) endg., Brüssel, 6. März 1984.

Eichengreen, B. / Wyplosz, C. (1993): The Unstable EMS, in: Brooking Papers on Economic Aktivity No. 1 (1993), S. 51-143.

Eijffinger, S. (1993): Convergence of Monetary Policies in Europe - Concepts, Targets and Instruments, in: K. Gretschmann (Hrsg.): Economic and Monetary Union - Implications for National Policy-Makers, Dordrecht 1993, S. 169-193.

Eijffinger, S. / Schaling, E. (1992): Central Bank Independence: Criteria and Indices, Research Memorandum Department of Economics Tilburg University, No. 548, Tilburg 1992.

Eijffinger, S. / Schaling, E. (1993): Central Bank Independence: Searching for the Philosophers' Stone, in: D. E. Fair / R. J. Raymond (Hrsg.): The New Europe : Evolving Economic and Financial Systems in East and West, Dordrecht 1993, S. 262-279.

Eizenga, W. (1987): The Independence of the Deutsche Bundesbank and the Nederlandsche Bank with Regard to Monetary Policy - A Comparative Study, SUERF (Société Universitaire Européenne de Recherches Financières, Tilburg) Papers on Monetary and Financial Systems No. 2 (1987).

Eizenga, W. (1990): The Banque de France and Monetary Policy, SUERF (Société Universitaire Européenne de Recherches Financières, Tilburg) Papers on Monetary and Financial Systems No. 8 (1990).

Elsner, W. (1986a): Ökonomische Institutionenanalyse, Berlin 1986.

Elsner, W. (1986b): Das klassische Modell der Institutionenemergenz nach Adam Smith. Seine Bedeutung für die moderne Institutionenökonomie, Diskussionspapier der Fakultät für Wirtschaftswissenschaften der Universität Bielefeld Nr. 157 (1986).

Elster, J. (1989): Social Norms and Economic Theory, in: Journal of Economic Perspectives Vol 3, No. 4 (1989), S. 99-117.

Elster, J. (1990): Ulysses and the Sirens - Studies in Rationality and Irrationality, (Neuauflage der 3. überarbeiteten Auflage von 1988) Cambridge / u. a. 1990 (Deutsche Übersetzung von Teilen (Kap. I und II) der englischen Erstausgabe von 1979: Subversion der Rationalität, Frankfurt a.M. / New York 1987, S. 33-140).

Elster, J. (1992): Nuts and Bolts for the Social Sciences, 3. Auflage Cambridge / u. a. 1992.

Emerson, M. / u. a. (1991): (Emerson, M. / Gros, D. / Italiener, A. / Pisani-Ferry, J. / Reichenbach, H.) Ein Markt - Eine Währung: Potentielle Nutzen und Kosten der Errichtung einer Wirtschafts- und Währungsunion, Bonn / u. a. 1991.

Emminger, O. (1986): D-Mark, Dollar, Währungskrisen - Errinnerungen eines ehemaligen Bundesbankpräsidenten, Stuttgart 1986.

Fehl, U. (1990): Wachsende internationale Interdependenzen und Transmisson von Effekten binnenwirtschaftlicher Politik auf das Ausland, in: E. Kantzenbach (Hrsg.): Probleme der internationalen Koordination der Wirtschaftspolitik, Berlin 1990, S. 9-43.

Feldstein, M. (1992): The Case against EMU, in: The Economist, 13. Juni 1992, S. 19-22.

Fellner, W. (1976): Towards a Reconstruction of Macroeconomics: Problems of Theory and Policy, American Enterprise Institute, Washington D.C. 1976.

Filc, W. (1989): Ursachen des Abbaus der Netto-Währungsreserven der Deutschen Bundesbank, in: Wirtschaftsdienst 1989/X, S. 515-519.

Fischer, S. (1977): Long Term Contracts, Rational Expectations, and the Optimal Money Supply Rule, in: Journal of Political Economy Vol. 85 (1977), S. 191-205.

Flood, R. P. / Isard, P. (1989): Monetary Policy Strategies, in: IMF Staff Papers Vol. 36 (1989), S. 612-632.

Fraenkel, G. (1991): Die italienische Wirtschaftspolitik zwischen Politik und Wirtschaft, Berlin 1991.

Francke, H.-H. (1985): Theoretische Grenzen und Möglichkeiten für die Geldpolitik bei flexiblen Wechselkursen, in: G. Ashauer / u. a. (Hrsg.): Möglichkeiten einer binnenwirtschaftlich orientierten Geldpolitik bei weltweit hohen Zinsen, Berlin 1985; S. 19-59.

Francke, H.-H. (1990a): Politische Interessenstrukturen in der Europäischen Währungsordnung, in: H. Riese / H.-P. Spahn (Hrsg.): Geldpolitik und ökonomische Entwicklung - Ein Symposium, Studien zur monetären Ökonomie Bd. 4, Regensburg 1990, S. 137-150.

Francke, H.-H. (1990b): Zu einigen ablauf- und ordnungspolitischen Problemen einer Europäischen Zentralbank aus polit-ökonomischer Sicht, in: R. H. Hasse / W. Schäfer (Hrsg.): Europäische Zentralbank, Göttingen 1990, S. 134-151.

Francke, H.-H. (1993): Der deutsch-französische Weg zur Europäischen Zentralbank, Vorträge des Frankreich-Zentrums der Albert-Ludwigs-Universität Freiburg, Heft 1 Dezember 1993.

Francke, H.-H. (1994): Europäischer Währungsraum und europäischer Finanzausgleich, Diskussionspapier für das 15. Gemeinsame Seminar der Wirtschaftswissenschaftlichen Fakultäten Freiburg und Nagoya, September 1994.

Frank, R. H. (1988): Beyond Self-Interest. The Strategic Role of Emotions, New-York / London 1988.

Frankel, J. A. / Rockett, K. E. (1988): International Macroeconomic Policy Coordination When Policymakers Do Not Agree on the True Model, in: The American Economic Review Vol. 78 (1988), S. 318-340.

Franz, O. (Hrsg.) (1988): Europäische Währung - eine Utopie?, Sindelfingen 1988.

Fratianni, M. / Hagen von, J. (1990a): The European Monetary System Ten Years After, in: Carnegie-Rochester Conference Series on Public Policy 32 (1990), S. 173-242

Fratianni, M. / Hagen von, J. (1990b): German Dominance in the EMS: Evidence from Interest Rates, in: Journal of International Money and Finance Vol. 9 (1990), S. 358-375.

Fratianni, M. / Hagen von, J. (1992): The European Monetary System and European Monetary Union, San Francisco / Oxford 1992.

Fratianni, M. / Peeters, T. (Hrsg.) (1978): One Money for Europe, London 1978.

Frenkel, J. A. / Razin, A. (1987): The Mundell-Fleming Model a Quarter Century Later: A Unified Exposition, in: IMF Staff Papers Vol. 34 (1987), S. 567-620.

Frey, B. S. (1992): Economics as a Science of Human Behaviour - Towards a New Social Science Paradigm, Boston / u. a. 1992.

Frey, B. S. / u. a. (1984): (Frey, B. S. / Pommerehne, W. W. / Schneider, F. / Gilbert, G.) Consensus and Dissension Among Economists: An Empirical Inquiry, in: The American Economic Review Vol. 74 (1984), S. 986-994.

Friedman, M. (1953): The Case for Flexible Exchange Rates, in: Essays in Positive Economics, Chicago 1953, S. 157-203.

Fröhlich, H.-P. (1986): Die französische Wirtschaftspolitik unter Präsident Mitterrand aus europäischer Perpektive, in: Europa-Archiv 41. Jg (1986), S. 70-86.

Fröhlich, H.-P. (1990): Freier Kapitalverkehr in Europa, Beiträge zur Wirtschafts- und Sozialpolitik des Instituts der deutschen Wirtschaft Nr. 184, Köln 1990.

Frowen, S. F. (1990): Die Rolle Großbritanniens im Europäischen Währungssystem, in: H. Riese / H.-P. Spahn (Hrsg.): Geldpolitik und ökonomische Entwicklung - Ein Symposium, Studien zur monetären Ökonomie Bd. 4, Regensburg 1990, S. 156-162.

Fry, M. J. (1990): The Hard ECU and Alternative Paths to European Monetary Union, London School of Economics (LSE) Financial Markets Group Special Paper No. 28, London 1990.

Fuchs, H. (1989): Zur Interdependenz des europäischen Währungssystems und der privaten Verwendung von ECU, Berlin 1989.

Fudenberg, D. / Tirole, J. (1991): Game Theory, Cambridge (Massachusetts) 1991.

Funabashi, Y. (1988): Managing the Dollar: From Plaza to Louvre, Washington D.C. 1988.

Furubotn, E. G. / Pejovich, S. (1972): Property Rights and Economic Theory: A Survey of Recent Literature, in: Journal of Economic Literature 10 (1972), S. 1137-1162.

Furubotn, E. G. / Richter, R. (1989): The New Institutional Approach to Economic History, Editorial Preface, in: Journal of Institutional and Theoretical Economics (JITE), Vol. 145 (1989), S. 1-5.

Gaiotti, E. / u. a. (1989): (Gaiotti, E. / Giucca, P. / Micossi, S.) Cooperation in Managing the Dollar (1985-87): Interventions in Foreign Exchange Markets and Interest Rates, Temi di Discussione (Hrsg.: Banca d'Italia) Nr. 119, Rom 1989.

Garfinkel, M. R. (1989): What Is an 'Acceptable' Rate of Inflation? - A Review of the Issues, in: Federal Reserve Bank of St. Luis Review Vol. 71 (1989), S. 3-14.

Gazetta Uffiziale: Gazetta Uffiziale della Repubblica Italiana, Serie Generale, Rom, verschiedene Ausgaben.

Giavazzi, F. (1988): Incentives to Fix the Exchange Rate, in: European Economic Review 32 (1988), S. 382-387.

Giavazzi, F. / Giovannini A. (1987): Models of the EMS: Is Europe a Greater Deutschmark Area?, in: R. C. Bryant / R. Portes (Hrsg.): Global Macroeconomics - Policy Conflicts and Cooperation, New York 1987, S. 237-265.

Giavazzi, F. / Giovannini A. (1989): Limiting Exchange Rate Flexibility - The European Monetary System, Cambridge (Massachusetts) 1989.

Giavazzi, F. / Pagano, M. (1988): The Advantage of Tying One's Hands - EMS Discipline and Central Bank Credibility, in: European Economic Review 32 (1988), S. 1055-1082.

Giavazzi, F. / Spaventa, L. (1990): The 'New' EMS, in: P. De Grauwe / L. Papademos, L. (Hrsg.): The European Monetary System in the 1990s, London / New York 1990, S. 65-85.

Gilboa, I. / Samet, D. (1989): Bounded Versus Unbounded Rationality: The Tyranny of the Weak, in: Games and Economic Behavior Vol. 1 (1989), S. 213-221.

Giovannini, A. (1990a): European Monetary Reform: Progress and Prospects, in: Brookings Papers on Economic Activity, No. 2 (1990), S. 217-291.

Giovannini, A. (1990b): The Transition to European Monetary Union, Essays in International Finance (Hrsg.: Department of Economics, Princeton University New Jersey) No. 178 (1990).

Gleske, L. (1980): Die Zusammenarbeit der Notenbanken in Europa, in: H. J. Hahn (Hrsg.): Integration und Kooperation im Europäischen Währungswesen, Baden-Baden 1980, S. 87-101.

Gleske, L. (1988): Probleme und Perspektiven der internationalen Währungsentwicklung, Tübingen 1988.

Goldberg, V. P. (1976): Regulation and Administered Contracts, in: The Bell Journal of Economics Vol. 7 (1976), S. 426-448.

Goldberg, V. P. (1980): Relational Exchange: Economics and Complex Contracts, in: American Behavior Scientist Vol. 23 (1980), S. 337-352.

Goodfriend, M. (1986): Monetary Mystique: Secrecy and Central Banking, in: Journal of Monetary Economics Vol. 17 (1986), S. 63-92.

Goodman, J. B. (1992): Monetary Sovereignty - The Politics of Central Banking in Western Europe, Ithaca / London 1992.

Grilli, V. / u. a. (1991): (Grilli, V. / Masciandaro, D. / Tabellini, G.) Political and Monetary Institutions and Public Financial Policies in the Industrial Countries, in: Economic Policy No. 13 (1991), S. 341-392.

Gros, D. (1987): The Effectiveness of Capital Controls, IMF Staff Papers, Vol. 34 (1987), S. 621-642.

Gros, D. (1990): Seigniorage and EMS Discipline, in: P. De Grauwe / L. Papademos (Hrsg.): The European Monetary System in the 1990s, London 1990, S. 162-178.

Gros, D. / Thygesen, N. (1988): The EMS - Achievements, Current Issues and Directions for the Future, CEPS Paper No. 35, Brüssel 1988.

Gros, D. / Thygesen, N. (1992): European Monetary Integration, London / New-York 1992.

Große, E. U. / Lüger, H.-H. (1989): Frankreich verstehen - Eine Einführung mit Vergleichen zur Bundesrepublik, 2. aktualisierte Auflage Darmstadt 1989.

Gudin de Vallerin, P. / u. a. (1991): (Gudin de Vallerin, P. / Magnier, A. / Ponty, N.) Taux d'intérêt: une asymétrie moins forte, in: Economie et Statistique Nr. 246 / 247 (September/ Oktober 1991), S. 55-63.

Guerrieri P. / Padoan, P. C. (1988): International Cooperation and the Role of Macroeconomic Regimes, in: P. Guerrieri / P. C. Padoan (Hrsg.): The Political Economy of International Co-operation, London / u. a. 1988, S. 1-27.

Haan de, J. / u. a. (1992): (Haan de, J. / Serks, C. G. M. / Kam de, C. A.) Towards Budget Discipline: An Economic Assessment of the Possibilities for Reducing National Deficits in the Run-up to EMU, Economic Papers (Hrsg.: EG-Kommission) No. 99, Dezember 1992.

Haberler, G. (1980): Notes on Rational and Irrational Expectations, American Enterprise Institute Reprint No. 111 Washington D.C. (1980).

Hagen von, J. (1989): Monetary Targeting with Exchange Rate Constraints: The Bundesbank in the 1980s, in: Federal Reserve Bank of St. Luis Review, Sept. / Okt. 1989, S. 53-69.

Hagen von, J. (1992): Policy-Delegation and Fixed Exchange Rates, in: International Economic Review Vol. 33 (1992), S. 849-870.

Hagen von, J. (1993): Monetary Union and Fiscal Union: A Perspective from Fiscal Federalism, in: P. R. Masson / M. P. Taylor (Hrsg.): Policy Issues in the Operation of Currency Unions, Cambridge 1993, S. 264-296.

Hamada, K. (1985): The Political Economy of International Monetary Independence, Cambridge (Massachusetts) 1985.

Hamburger, H. (1979): Games as Models of Social Phenomena, San Fransisco 1979.

Hansmeyer, K.-H. / Mackscheidt, K. (1973): Die Free-Rider-Position der Finanzpolitik, in: D. Duwendag (Hrsg.): Macht und Ohnmacht der Bundesbank, Frankfurt a.M. 1973, S. 132-148.

Hart, O. (1987): Incomplete Contracts, in: J. Eatwell / u. a. (Hrsg.): The New Palgrave, A Dictionary of Economics Vol. 2 (1987), S. 752-759.

Hasse, R. H. (1989) Die Europäische Zentralbank: Perspektiven für eine Weiterentwicklung des Europäischen Währungssystems, Reihe Strategien und Optionen für die Zukunft Europas (Hrsg.: Bertelsmann Stiftung), Gütersloh 1989.

Hasse, R. H. (1994): Konvergenzkriterien des Maastricht-Vertrages: Können sie Glaubwürdigkeit erzeugen?, in: F. Franzmeyer (Hrsg.): Das Konvergenzproblem - Wirtschaftspolitik im Europa von Maastricht (Sonderheft Nr. 151 des Deutschen Instituts für Wirtschaftsforschung), Berlin 1994, S. 73-93.

Hayek von, F. A. (1945): The Use of Knowledge in Society, in: The American Economic Review Vol. 35 (1945), S. 519-530.

Hayek von, F. A. (1952): Individualismus und wirtschaftliche Ordnung, Erlenbach / Zürich 1952.

Haywood, E. (1993): The European Policy of François Mitterand, in: Journal of Common Market Studies Vol. 31 (1993), S. 269-282.

Hellmann, R. (1979): Das Europäische Währungssystem - Kritische Einführung mit Dokumentation, Baden-Baden 1979.

Hellmann, R. (1990): Der langwierige Prozeß wirtschafts- und währungspolitischer Zusammenarbeit zwischen EG-Staaten, in: W. Filc / C. Köhler (Hrsg.): Kooperation, Autonomie und Devisenmarkt, Berlin 1990, S. 203-219.

Herder-Dorneich, P. (1982): Der Sozialstaat in der Rationalitätenfalle. Grundfragen der sozialen Steuerung, Stuttgart / u. a. 1982.

Herz, B. (1993): Die Folgen der September-Krise des EWS, in: Wirtschaftsdienst 1993/V, S. 247-251.

Herz, B. (1994): Währungspolitische Asymmetrie im Europäischen Währungssystem, Baden-Baden 1994.

Herz, B. / Nürk, B. (1990) Die erste Phase der Europäischen Wirtschafts- und Währungsunion, in: Wirtschaftsdienst 1990/VI, S. 313-319.

Herz, B. / Röger, W. (1991): Asymmetrien im EWS: Wirtschaftsstruktur und institutionelle Regeln, in: J. Siebke (Hrsg.): Monetäre Konfliktfelder der Weltwirtschaft, Schriftenreihe des Vereins für Socialpolitik Bd. 210, Berlin 1991, S. 489-501.

Hester, D. D. / Sdogati, F. (1989): European Financial Integration: Some Lessons from Italy, in: Banca Nazionale Del Lavoro (Hrsg.): Quarterly Review No. 170, September 1989, S. 253-344.

Hirschman, A. O. (1970): Exit, Voice and Loyalty, Cambridge (Massachusetts) 1970 (Deutsche Übersetzung: Abwanderung und Widerspruch, Tübingen 1974).

Hirshleifer, J. (1982): Evolutionary Models in Economics and Law, in: Research in Law and Economics Vol. 4 (1982), S. 1-60.

Hirshleifer, J. (1987): On the Emotions as Guarantors of Threats and Promises, in: J. Dupre (Hrsg.): The Latest and the Best, Cambridge (Massachusetts) 1987, S. 307-326.

Holler, M. J. / Illing, G. (1993): Einführung in die Spieltheorie, 2. Auflage Berlin / u. a. 1993.

Holtfrerich, C.-L. (1982): Wechselkurssystem und Phillips-Kurve, in: Kredit und Kapital, 15. Jg. (1982), S. 65-89.

Holtfrerich, C.-L. (1983): Wechselkurssystem und Phillips-Kurve - Erwiderung und Kommentar, in: Kredit und Kapital, 16. Jg. (1983), S. 242-252.

Holtfrerich, C.-L. (1988): Relations between Monetary Authorities and Governmental Institutions: The Case of Germany from the 19th to the Present, in: G. Tonolio (Hrsg.): Central Banks' Independence in Historical Perspective, Berlin / New York 1988, S. 105-159.

Holtham, G. / Hallet, H. (1987): International Policy Cooperation and Model Uncertainty, in: R. Bryant / R. Portes (Hrsg.): Global Macroeconomics: Policy Conflict and Cooperation, London 1987,S. 128-177.

Horn, H. / Persson, T. (1988): Exchange Rate Policy, Wage Formation and Credibility, in: European Economic Review Vol. 32 (1988), S. 1621-1636.

Hrbek, R. (1987): Der mühsame Einstieg in die EG-Reform, in: Wirtschaftsdienst 1987/X, S. 497-505.

IMF, IFS: International Monetary Fonds (Hrsg:): International Financial Statistics, Washington DC, verschiedene Jahrgänge und Ausgaben.

Issing, O. (1990): Europäische Währungsintegration - Ausgangslage, Strategien, Risiken -, Wirtschaftswissenschaftliche Beiträge des Volkswirtschaftlichen Instituts der Universität Würzburg 1990.

Issing, O. (1992): Perspektiven der Europäischen Währungsunion, in: DBBk, AaP Nr. 18 (1992), S. 1-6.

Issing, O. (1993): Stabilitätspolitik bewahrt internationales Vertrauen in die D-Mark, in: Wirtschaftsdienst 1993/VIII, S. 395-397.

Jarchow, H.-J. (1978): Inflationsgefahr für die Bundesrepublik, in: Wirtschaftsdienst 1978/X, S. 541-544.

JITE (1993): Symposium „New Institutional Economics - Recent Progress; Expanding Frontiers“, 10th Seminar on the New Institutional Economics, Wallerfangen January 24-26, 1992, in: Journal of Institutional and Theoretical Economics (JITE) Vol 149 (1993), S. 1-361.

Johnson, C. (Hrsg.) (1991): Ecu - The Currency of Europe, London 1991.

Journal Officiel (1993/94): Journa l Officiel de la République Française, Lois - Statut de la Banque de France (Gesetz Nr. 93-980 vom 4.8.1993), Paris den 6.8.1993, S. 11047-1150 und Paris den 5.1.1994, S. 231-233, in dem die Ergänzungen bzw. Veränderungen, die am 31.12.1993 (Gesetz Nr. 93-1444) verabschiedet wurden, abgedruckt sind.

Kalai, E. (1990): Bounded Rationality and Strategic Complexity in Repeated Games, in: T. Ichiishi / A. Neyman / Y. Tauman (Hrsg.): Game Theory and Applications, New York 1990, S. 131-157.

Karfakis, C. J. / Moschos, D. S. (1990): Interest Rate Linkages within the European Monetary System: A Time Series Analysis, in: Journal of Money, Credit and Banking Vol. 22 (1990), S. 388-394.

Kees, A. (1987): The Monetary Committee of the European Community, in: Kredit und Kapital, 20. Jg. (1987), S. 258-267.

Kenen, P. (1988): Managing Exchange Rates, London 1988.

Keohane, R. O. (1984): After Hegemony - Cooperation and Discord in the World Political Economy, Princeton / New Jersey 1984.

Keohane, R. O. (1988): Bargaining Perversities, Institutions and International Economic Relations, in: P. Guerrieri / P. C. Padoan (Hrsg.): The Political Economy of International Co-operation, London / u. a. 1988, S. 28-50.

Kirchgässner, G. (1991): Homo oeconomicus - Das ökonomische Modell individuellen Verhaltens und seine Anwendung in den Wirtschafts- und Sozialwissenschaften, Tübingen 1991.

Kirchgässner, G. / Wolters, J. (1991): Gibt es eine DM-Zone in Europa? Eine empirische Untersuchung über die Auswirkungen des Europäischen Währungssystems auf den Zinszusammenhang, in: J. Siebke (Hrsg.): Monetäre Konfliktfelder der Weltwirtschaft, Schriftenreihe des Vereins für Socialpolitik Bd. 210, Berlin 1991, S. 503-516.

Klein, B. (1980): Transaction Cost Determinants of 'Unfair' Contractual Arrangements, in: The American Economic Review, Papers and Proceedings Vol. 70 (1980), S. 356-362.

Klein, B. (1985): Self-Enforcing Contracts, in: Journal of Institutional and Theoretical Economics (JITE) Vol. 141 (1985), S. 594-600.

Klein, B. / Leffler, K. B. (1981): The Role of Market Forces in Assuring Contractual Performance, in: Journal of Political Economy, Vol. 89 (1981), S. 615-641.

Klein, M. / Neumann, M. J. M. (1990): Seigniorage: What is it and Who gets it?, in: Weltwirtschaftliches Archiv, Zeitschrift des Instituts für Weltwirtschaft an der Universität Kiel 130. Jg. (1990), S. 205-221.

Klein, M. / Neumann, M. J. M. (1993): Fiskalpolitische Regeln und Beitrittsbedingungen für die Europäische Währungsunion: Eine Analyse der Beschlüsse von Maastricht, in: D. Duwendag / J. Siebke (Hrsg.): Europa vor dem Eintritt in die Wirtschafts- und Währungsunion, Berlin 1993, S. 195-226.

Kleinheyer, N. (1987): Die Weiterentwicklung des Europäischen Währungssystems, Veröffentlichung des Instituts für Empirische Wirtschaftsforschung Bd. 24, Berlin 1987.

Kloten, N. / Gösele, W. (1982): Der Fall EWS - Theoretische und empirische Aspekte, in: W. Ehrlicher / D. B. Simmert (Hrsg.): Geld- und Währungspolitik in der Bundesrepublik Deutschland, Berlin 1982, S. 449-478.

Kösters, W. (1990): Wohlfahrtsgewinne durch international koordinierte Wirtschaftspolitik?, in: E. Kantzenbach (Hrsg.): Probleme der internationalen Koordination der Wirtschaftspolitik, Berlin 1990, S. 45-70.

Krägenau, H. / Wetter, W. (1993): Europäische Wirtschafts- und Währungsunion - Vom Werner-Plan zum Vertrag von Maastricht, Baden-Baden 1993.

Kremers, J. J. M (1990): Gaining Policy Credibility for a Disinflation. Ireland's Experience in the EMS, in: IMF Staff Papers Vol. 37 (1990), S. 116-145.

Kreps, D. M. / Wilson, R. (1982): Reputation and Imperfect Information, in: Journal of Economic Theory Vol. 27 (1982), S. 253-279.

Kronman, A. (1985): Contract Law and the State of Nature, in: Journal of Law, Economics, and Organisation Vol. 1 (1985), S. 5-33.

Krugman, P. R. (1989): Exchange-Rate Instability, Cambridge (Massachusetts) / u. a. 1989.

Krugman, P. R. (1992): Currencies and Crises, Cambridge (Massachusetts) / u. a. 1992.

Külp, B. (1992): Coordination Demand and Coordination Chances of a Stability Policy in the Common Market, in: T. Matsugi / A. Oberhauser (Hrsg.): Economic Cooperation in the 1990s, Berlin 1992, S. 101-132.

Kutan, A. M. (1991): German Dominance in the European Monetary System: Evidence from Money Supply Growth Rates, in: Open Economies Review Vol. 2 (1991), S. 285-294.

Kydland, F. E. / Prescott, E. C. (1977): Rules Rather than Discretion: The Inkonsistency of Optimal Plans, in: Journal of Political Economy Vol. 85 (1977), S. 473-491.

Lang, P. / Ohr, R. (1983): Wechselkurssystem und Phillips-Kurve, in: Kredit und Kapital, 16. Jg. (1983), S. 231-241.

Lerch, W. (1983): Das „Experiment Barre“, Köln 1983.

Levich, R. M. / Sommariva, A. (1987): The ECU Market, Lexington (Massachusetts) 1987.

Levine, P. (1990): Monetary Policy and Credibility, in: T. Bandyopadhyay / S. Ghatak (Hrsg.): Current Issues in Monetary Economics, New York / u. a. 1990, S. 252-280.

Lewis, D. (1969): Convention: A Philosophical Study, Cambridge (Massachusetts) 1969.

Linhart, P. B. / u. a. (Hrsg.) (1992): Bargaining with Incomplete Information, San Diego / u. a. 1992.

Lohmann, S. (1992): Optimal Commitment in Monetary Policy: Credibility versus Flexibility, in: The American Economic Review Vol. 82 (1992), S. 273-286.

Loriaux, M. (1991): France after Hegemony - International Change and Financial Reform, Ithaca / London 1991.

Louis, J.-V. (1988): Monetary Capacity of the Single Act, in: Common Market Law Review Vol. 25 (1988), S. 96-134.

Lucas, R. E. (1973): Some International Evidence on Output-Inflation-Tradeoffs, in: The American Economic Review Vol. 63 (1973), S. 326-334.

Ludlow, P. (1980): The Political and Diplomatic Origins of the European Monetary System, July 1977-March 1979, in: Occasional Paper (Hrsg.: Research Institute of the John Hopkins University, Bologna Center) No. 32, Juni 1980, S. 1-66.

Ludlow, P. (1982): The Making of the European Monetary System - A Case Study of the Politics of the European Community, Butterworths European Studies, London / u. a. 1982.

MacDonald, R. / Taylor, M. P. (1991): Exchange Rates, Policy Convergence, and the European Monetary System, in: Review of Economics and Statistics (1991), S. 553-558.

MacDonald, R. / Taylor, M. P. (1992): Exchange Rate Economics: A Survey, IMF Staff Papers, Vol. 39 (1992), S. 1-57.

Machin, H. (1989): Economic Planning: Policy-Making or Policy-Preparation?, in: P. Godt (Hrsg.): Policy-Making in France - From Gaulle to Mitterand, London / New York 1989, S. 127-141.

Macneil, J. R. (1974): The Many Futures of Contract, in: Southern California Law Review Vol. 47 (1974), S. 691-816.

Macneil, J. R. (1978): Contracts: Adjustment of Long-term Economic Relations Under Classical, Neoclassical, and Relational Contract Law, in: Northwestern University Law Review Vol. 72 (1978), S. 854-906.

Magnificio, G. (1977): Eine Währung für Europa, Baden-Baden 1977.

Maier, G. (1988): Monetäre Kooperation in Europa, in: Wirtschaftsdienst 1988/I, S. 47-51.

Mailath, G. J. (1992): Introduction: Symposium on Evolutionary Game Theory, in: Journal of Economic Theory Vol. 57 (1992), S. 259-277.

Malinvaud, E. (1991): Discussion of Grilli, V. / u. a. (1991), in: Economic Policy Nr. 13 (1991), S. 376-379.

Marsh, D. (1992): Die Bundesbank - Geschäfte mit der Macht, München 1992.

Masera, R. S. (1981): The First Two Years of the EMS: The Exchange Rate Experience, in: Banca Nazionale Del Lavoro (Hrsg.): Quarterly Review Vol. 138 (1981), S. 271-289.

Masson, P. R. / Taylor, M. P. (1993): Currency Unions: A Survey of the Issues, in: P. R. Masson / M. P. Taylor (Hrsg.): Policy Issues in the Operation of Currency Unions, Cambridge / New York 1993, S. 3-51.

Mastropasqua, C. / u. a. (1988): (Mastropasqua, C. / Micossi, S. / Rinaldi, R.) Interventions, Sterilisation and Monetary Policy in European Monetary System Countries, 1979-87, in: F. Giavazzi / S. Micossi / M. Miller (Hrsg.): The European Monetary System, Cambridge / u. a. 1988, S. 252-287.

Masuch, K. (1988): Der deutsch-französische Finanz- und Wirtschaftsrat, in: WiSt Heft 6 (1988), S. 309-311.

Matthes, H. (1988): Die Entwicklung des EWS mit Blick auf 1992 - Thesen zum gegenwärtigen Stand der Debatte um das EWS, in: D. Duwendag (Hrsg.): Europa-Banking: Bankpolitik im Europäischen Finanzraum und währungspolitische Integration, Schriften zur monetären Ökonomie Bd. 27, Baden-Baden 1988, S. 85-109.

Mauro, G. (1990): The Bond Market and the Changing Financial Structure of Italy, in: D. H. Gowland (Hrsg.): International Bond Markets, London 1990, S. 158-189.

Melitz, J. (1985): The French Financial System Mechanisms and Questions of a Reform, in: J. Melitz / C. Wyplosz (Hrsg.): The French Economy, Theory and Policy, Boulder, Colorado 1985, S. 362-386.

Melitz, J. (1988): Monetary Discipline and Cooperation in the European Monetary System: A Synthesis, in: F. Giavazzi / S. Micossi / M. Miller (Hrsg.): The European Monetary System, Cambridge / u. a. 1988, S. 51-79.

Melitz, J. (1993): Monetary Policy in the Other G-7 Countries: France, in: M. Fratianni / D. Salvatore (Hrsg.): Monetary Policy in Developed Economies, Handbook of Comparative Economic Policies Vol. 3, Westport / London 1993, S. 335-369.

Menger, C. (1883): Untersuchungen über die Methode der Socialwissenschaften und der Politischen Ökonomie insbesondere, Leipzig 1883, neu aufgelegt in: Carl Menger, Gesammelte Werke, Bd. II (Hrsg.: F. A. von Hayek), Tübingen 1969.

Menkhoff, L. / Michaelis, J. (1994): Steuern zur Begrenzung unerwünschter Währungsspekulation, Diskussionsbeiträge des Instituts für Finanzwissenschaft der Albert-Ludwigs-Universität Freiburg Nr. 32, Freiburg 1994 (erscheint in Aussenwirtschaft, Heft 3/1995).

Meyer, W. (1983): Entwicklung und Bedeutung des Property Rights-Ansatzes in der Nationalökonomie, in: A. Schüller (Hrsg.): Property Rights und ökonomische Theorie, München 1983, S. 1-44.

Michaelis, J. (1994): DM-Exchange Rate Policymaking, in: H.-E. Scharrer (Hrsg.): Economic and Monetary Cooperation: The EC and Japan, Baden-Baden 1994, S. 75-100.

Micossi, S. (1985): The Intervention and Financing Mechanisms of the EMS and the Role of the ECU, in: Banca Nazionale Del Lavoro (Hrsg.): Quarterly Review No. 155, Dezember 1985, S. 327-345.

Minford, P. (1993): Time-Inconsistency, Democracy and Optimal Contingent Rules, Centre for Economic Policy Research (CEPR) Discussion Paper Series No. 767, London 1993.

Morsiani, G. S. (1990): Länderbericht Italien, in: Gesellschaft zur Förderung der wissenschaftlichen Forschung über das Spar- und Girowesen e. V. (Hrsg.): Kreditinstitute im europäischen Binnenmarkt 1993, Stuttgart 1990, S. 195-223.

Münster, W. (1993): High Noon um zwei Uhr nachts, in: DBBk, AaP Nr. 53 (1993), S. 2-3.

Münzer, C. (1992): Bankenaufsicht im Spannungsfeld von statischen Kontrollinteressen und innovativer Dynamik der Finanzmärkte, Pfaffenweiler 1992.

Muet, P.-A. / Fonteneau, A. (1990): Reflation and Austerity - Economic Policy under Mitterand (Englische Übersetzung des Originals 'La gauche face à la crise', Paris 1985), New York / u. a. 1990.

Mundell, R. A. (1968): International Economics, New York 1968.

Mussa, M. L. (1979): Macroeconomic Interdependence and the Exchange Rate Regime, in: R. Dornbusch / J. Frenkel (Hrsg.): International Economic Policy: Theory and Evidence, Baltimore 1979, S. 160-204.

Mussa, M. L. (1990): Exchange Rates in Theory and in Reality, Essays in International Finance (Hrsg.: Department of Economics, Princeton University New Jersey) No. 179 Princeton 1990.

Myerson, R. B. (1991): Game Theory, Analysis of Conflict, Cambridge (Massachusetts) 1991.

Nardozzi, G. (1988): A Central Bank Between the Government and the Credit System: The Bank of Italy after World War II, in: G. Tonolio (Hrsg.): Central Banks' Independence in Historical Perspective, Berlin / New York 1988, S. 161-196.

Nash, J. F. (1951): Non Cooperative Games, in: Annals of Mathematics Vol. 54 (1951), S. 286-295.

Nauschütz, M. (1992): Beschäftigungspolitische Konzeptionen verschiedener gesellschaftlicher Gruppen in Frankreich, Pfaffenweiler 1992.

Neumann, M. J. M. (1979): Rationale Erwartungen in Makromodellen, in: Zeitschrift für Wirtschafts- und Sozialwissenschaften, Jg. 99 (1979), S. 371-401.

Neumann, M. J. M. (1982): Phillips-Illusion - Ein Kommentar, in: Kredit und Kapital, 15. Jg. (1982), S. 566-571.

Neumann, M. J. M. (1991): Precommitment to Stability by Central Bank Independence, in: Open Economies Review Vol. 2 (1991), S. 95-112.

Neumann, M. J. M. (1993): Die Deutsche Bundesbank als Modell für eine Europäische Zentralbank? - Koreferat zu Vaubel, R. (1993), in: D. Duwendag / J. Siebke (Hrsg.): Europa vor dem Eintritt in die Wirtschafts- und Währungsunion, Berlin 1993, S. 81-95.

Neumann, M. J. M. / Hagen von, J. (1993): Monetary Policy in the Other G-7 Countries: Germany, in: M. Fratianni / D. Salvatore (Hrsg.): Monetary Policy in Developed Economies, Handbook of Comparative Economic Policies Vol. 3, Westport / London 1993, S. 299-334.

Neumann von, J. / Morgenstern, O. (1947): The Theory of Games and Economic Behavior, 2. Auflage Princeton / New Jersey 1947.

Niskanen, W. A. (1971): Bureaucracy and Representative Government, Chicago 1971.

North, C. D. (1990): Institutions, Institutional Change and Economic Performance, Cambridge / New York. 1990.

Nuck, S. W. (1994): Zur ökonomischen Theorie geldpolitischer Institutionen, Pfaffenweiler 1994.

Oberesch, D. (1983): Wirtschaftliche Integration der Benelux-Staaten, Köln / u. a. 1983.

Obstfeld, M. (1983): Exchange Rates, Inflation, and the Sterilisation Problem: Germany 1975-81, in: European Economic Review Vol. 21 (1983), S. 161-189.

Obstfeld, M. (1992): Destabilizing Effects of Exchange-Rate Escape Clauses, Centre for Economic Policy Research (CEPR) Discussion Paper Series No. 518, London 1992.

OECD (1988): Why Economic Policies Change Course, Paris 1988.

Olson, M. (1971): The Logic of Collective Action: Public Goods and the Theory of Groups, 2. Auflage Cambridge (Massachusetts) 1971 (Deutsche Übersetzung: Die Logik des kollektiven Handelns, 2. Auflage Tübingen 1985).

Osborne, M. J. / Rubinstein, A. (1990): Bargaining and Markets, San Diego / u. a. 1990.

Padoa-Schioppa, T. (1988): The European Monetary System: A Long-term View, in: F. Giavazzi / S. Micossi / M. Miller (Hrsg.): The European Monetary System, Cambridge / u. a. 1988, S. 369-384.

Padoa-Schioppa Kostoris, F. (1993): Italy, the Scheltered Economy: Structural Problems in the Italian Economy (Englische Übersetzung des italienischen Originals L'Economia Sotto Tutela), Oxford / u. a. 1993.

Pagano, M. (1991): Discussion of Grilli, V. / u. a. (1991), in: Economic Policy No. 13 (1991), S. 379-381.

Paprotzki, M. (1991): Die geldpolitischen Konzeptionen der Bank von England und der Deutschen Bundesbank, Frankfurt a.M. / u. a. 1991.

Patat, J.-P. (1987): Monnaie, Institutions Financières et Politique Monétaire, 4. Auflage, Paris 1987.

Persson, T. / Tabellini, G. (1990): Macroeconomic Policy, Credibility and Politics, London / u. a. 1990.

Peschutter, G. (1992): Geldpolitik bei multipler Zielsetzung, Bern / u. a. 1992.

Peters, H. J. M. (1992): Axiomatic Bargaining Game Theory, Dordrecht / u. a. 1992.

Phlips, L. (1989): The Economics of Imperfect Information, Cambridge / u. a. 1989.

Pöhl, K.-O. (1987): Pressegespräch mit Bundesbankpräsident Karl Otto Pöhl am 14. September 1987 in Frankfurt, in: DBBk, AaP Nr. 66 (1987), S. 1-3.

Pöhl, K.-O. (1988) Voraussetzungen für die Schaffung einer europäischen Währung, in: O. Franz (Hrsg.): Europäische Währung - eine Utopie?, Sindelfingen 1988, S. 103-111.

Pöhl, K. -O. (1991): Ansprache anläßlich des Amtswechsels des Bundesbankpräsidenten am 27.8.1991 in der Frankfurter Paulskirche, in: DBBk, AaP Nr. 63 (1991), S. 7-10.

Ponzi, D. / Safford, J. (1994): Länderbericht Italien, in: Wissenschaftsförderung der Sparkassenorganisation e. V. Bonn (Hrsg.): Handbuch des öffentlichen Kredits in Europa, Stuttgart 1994, S. 211-238.

Portes, R. (1993): EMS and EMU after the Fall, in: The World Economy Vol. 16 (1993), S. 1-15.

Prate, A. (1987): La France et sa Monnaie, Essai sur les Relations entre la Banque de France et les Gouvernements, Paris 1987.

Rasmusen E. (1991): Games and Information - An Introduction to Game Theory, Oxford / Cambridge (Massachusetts) 1991.

Raymond. R. (1992): The Effects of Financial Innovation and Deregulation on French Monetary Policy, in: S. F. Frowen / D. Kath (Hrsg.): Monetary Policy and Financial Innovations in Five Industrial Countries, New York 1992, S. 82-100.

Reszat, B. (1986): Wirtschaftliche Interdependenz und internationale Kooperation, in: Hamburger Jahrbuch für Wirtschafts- und Gesellschaftspolitik (Hrsg.: A. Gutowski / B. Molitor) 31. Jahr, Tübingen 1986, S. 267-291.

Reszat, B. (1992): Irrationalitäten und Anomalien als Bestimmungsfaktoren währungspolitischer Entscheidungen, in: Kredit und Kapital 25. Jg. (1992), S. 94-109.

Richter, R. (1987): Geldtheorie, Berlin / Heidelberg, 1987.

Richter, R. (1988): The New Institutional Economic Applied to Monetary Economics, in: Journal of Institutional and Theoretical Economics (JITE) Vol. 144 (1988), S. 208-224.

Richter, R. (1989): The Louvre Accord From the Viewpoint of the New Institutional Economics, in: Journal of Institutional and Theoretical Economics (JITE) Vol. 145 (1989), S. 704-719.

Richter, R. (1990): Sichtweise und Fragestellung der Neuen Institutionenökonomik, in: Zeitschrift für Wirtschafts- und Sozialwissenschaften Bd. 110 (1990), S. 571-591.

Rogoff, K. (1985a): The Optimal Degree of Commitment to an Intermediate Monetary Target, in: Quarterly Journal of Economics Vol. 100 (1985), S. 1169-1189.

Rogoff, K. (1985b): Can International Monetary Policy Cooperation Be Counterproductive?, in: Journal of International Economics Vol. 18 (1985), S. 199-217.

Rogoff, K. (1987): Reputational Constraints on Monetary Policy, in: Carnegie Rochester Conference Series on Public Policy Vol. 26 (1987), S. 141-182.

Rogoff, K. / Sibert, A. (1988): Elections and Macroeconomic Policy Cycles, in: Review of Economic Studies Vol. 55 (1988), S. 1-16.

Rowe, N. (1989): Rules and Institutions, New York / u. a. 1989.

Rubinstein, A. (1986): Finite Automata Play the Repeated Prisoners' Dilemma, in: Journal of Economic Theory Vol. 39 (1986), S. 83-96.

Sachs, J. / Wyplosz, C. (1986): The Economic Consequences of President Mitterrand, in: Economic Policy No. 2 (1986), S. 262-322.

Salvemini, M. T. (1983): The Treasury and the Money Market: The New Responsibilities after the Divorce, in: Review of the Economic Conditions in Italy, Februar 1983, S. 33-55.

Sannucci, V. (1989): The Establishment of a Central Bank: Italy in the Nineteenth Century, in: M. De Cecco, / A. Giovannini (Hrsg.): A European Central Bank?, Cambridge / u. a. 1989, S. 244-280.

Scharrer, H.-E. (1989a): Stabilitätspolitischer Grundkonsens erforderlich, in: Der Delors-Bericht: ein wegweisendes Dokument?, Zeitgepräch in: Wirtschaftsdienst 1989/VI, S. 279-283.

Scharrer, H.-E. (1989b): Probleme einer Europäischen Wirtschafts- und Währungsunion im Spiegel des Delors-Berichts, in: Mayer / Scharrer / Schmahl (Hrsg.): Der Europäische Binnenmarkt: Perspektiven und Probleme, Hamburg 1989, S. 237-260.

Scharrer, H.-E. (1994): Eine Europäische Währungsunion nach dem Modell des Europa der zwei Geschwindigkeiten, in: F. Franzmeyer (Hrsg.): Das Konvergenzproblem - Wirtschaftspolitik im Europa von Maastricht (Sonderheft Nr. 151 des Deutschen Instituts für Wirtschaftsforschung), Berlin 1994, S. 237-254.

Schelling, T. C. (1960): The Strategy of Conflict, Cambridge (Massachusetts) 1960.

Schelling, T. C. (1982): Establishing Credibility: Strategic Considerations, in: The American Economic Review Vol. 72 (1982), S. 77-80.

Schmid, A. A. (1972): Analytical Institutional Economics, in: American Journal of Agricultural Economics Vol. 54 (1972), S. 893-901.

Schmidt, H. (1985): Vorschläge für eine Weiterentwicklung des Europäischen Währungssystems, in: Europa-Archiv Folge 8 (1985), S. 223-232.

Schmidt, H. (1990): Die Deutschen und ihre Nachbarn, 2. Auflage Berlin 1990.

Schönfelder, W. / Thiel, E. (1994): Ein Markt - Eine Währung: Die Verhandlungen zur Europäischen Wirtschafts- und Währungsunion, Baden-Baden 1994.

Schotter, A. (1981): The Economic Theory of Social Institutions, Cambridge / u. a. 1981.

Seidel, B. (1994): Italien: Konsolidierung der öffentlichen Finanzen nur unter EG-Zwang?, in: F. Franzmeyer (Hrsg.): Das Konvergenzproblem - Wirtschaftspolitik im Europa von Maastricht (Sonderheft Nr. 151 des Deutschen Instituts für Wirtschaftsforschung), Berlin 1994, S. 96-122.

Selten, R. (1978): The Chain Store Paradox, in: Theory and Decision, Vol. 9 (1978), S. 172-159.

Selten, R. (1990): Bounded Rationality, in: Journal of Institutional and Theoretical Economics (JITE) Vol. 146 (1990), S. 649-658.

Sen, A. K. (1969): A Game Theoretic Analysis of Theories of Collectivism in Allocation, in: T. Majumdar (Hrsg.): Growth and Choice, Bombay 1969, S. 67-98.

Sen, A. K. (1994): Welfare Economics and Two Approaches to Rights, Paper to be presented at the Annual Meeting of the European Public Choice Society in Valencia (Spain), 6.-9. April 1994.

Shubik, M. (1985): Game Theory in the Social Sciences, Concepts and Solutions, 3. Auflage Cambridge / London 1985.

Siebelt, J. (1988): Der juristische Verhaltensspielraum der Zentralbank, Baden-Baden 1988.

Simon, H. A. (1957): Models of Man: Social and Rational, New York 1957.

Simon, H. A. (1961): Administrative Behavior, New York 1961.

Simon, H. A. (1987): Bounded Rationality, in: J. Eatwell / u. a. (Hrsg.): The New Palgrave: A Dictionary of Economics Vol. 1 (1987), S. 266-267.

Smeets, H.-D. (1984): Wechselkurssystem und Phillips-Kurve, in: Kredit und Kapital, 17. Jg. (1984), S. 396-403.

Smeets, H.-D. (1990): Does Germany Dominate the EWS?, in: Journal of Common Market Studies Vol. 29 (1990), S. 37-52.

Smith, A. (1795): The Theory of Moral Sentiments, neu herausgegeben von D. D. Raphael / A. L. Macfie, Oxford 1976.

Spahn, H.-P. (1988): Bundesbank und Wirtschaftskrise, Studien zur monetären Ökonomie (Hrsg.: H. Riese / H.-P. Spahn) Bd. 1, Regensburg 1988.

Spahn, H.-P. (1990): Wechselkursinstabilität und Hartwährungsstrategie: Zur Rolle der D-Mark im künftigen EWS, in: Kredit und Kapital 23. Jg. (1990), S. 149-173.

Spaventa, L. (1980): Italy joins the EMS - A Political History, in: Occasional Paper (Hrsg.: Research Institute of the John Hopkins University, Bologna Center) No. 32, Juni 1980, S. 67-93.

Spaventa, L. (1989): Seigniorage: Old and New Policy Issues, in: European Economic Review Vol. 33 (1989), S. 557-563.

Spinelli, F. / Tirelli, P. (1993): Monetary Policy in the Other G-7 Countries: Italy, in: M. Fratianni / D. Salvatore (Hrsg.): Monetary Policy in Developed Economies, Handbook of Comparative Economic Policies Vol. 3, Westport/London 1993, S. 371-403.

Stackelberg von, H. (1951): Grundlagen der theoretischen Volkswirtschaftslehre, 2. Auflage, Tübingen / Bern 1951.

Sturm, R. (1990): Die Politik der Deutschen Bundesbank, in: Beyme / Schmidt (Hrsg.): Politik in der Bundesrepublik Deutschland, Opladen 1990, S. 255-282.

Tabellini, G. (1988a): Centralized Wage Setting and Monetary Policy in a Reputational Equilibrium, in: Journal of Money, Credit and Banking Vol. 20 (1988), S. 102-118.

Tabellini, G. (1988b): Monetary and Fiscal Policy Coordination with a High Public Debt, in: F. Giavazzi / L. Spaventa (Hrsg.): High Public Debt: the Italian Experience, Cambridge / u. a. 1988, S. 90-126.

Tavlas, G. S. (1991): On the International Use of Currencies: The Case of the Deutsche Mark, Essays in International Finance (Hrsg.: Department of Economics, Princeton University New Jersey) No. 181, Princeton 1991.

Taylor, J. B. (1980): Aggregate Dynamics and Staggered Contracts, in: Journal of Political Economy Vol. 88 (1980), S. 1-23.

Taylor, M. (1976): Anarchy and Cooperation, New York 1976.

Telser, L. G. (1980): A Theory of Self-Enforcing Agreements in: Journal of Business, Vol. 53 (1981), S. 27-44.

Telser, L. G. (1987): A Theory of Efficient Cooperation and Competition, Cambridge / u. a. 1987.

Temperton, P. (1993): Introduction, in: P. Temperton (Hrsg.): The European Currency Crisis, Cambridge 1993, S. 3-48.

Thaler, R. H. (1992): The Winner's Curse - Paradoxes and Anomalies of Economic Life, New York / u. a. 1992.

Thomas, L. C. (1986): Games, Theory and Applications, Chichester 1986.

Thygesen, N. (1984): Exchange-Rate Policies and Monetary Targets in the EMS Countries, in: R. S. Masera / R. Triffin (Hrsg.): Europe's Money - Problems of European Monetary Co-ordination and Integration Oxford 1984, S. 262- 286.

Thygesen, N. (1990): Benefits and Costs of an Economic and Monetary Union relative to EMS, Panel Diskussion: From EMS to EMU, in: P. De Grauwe / L. Papademos (Hrsg.): The European Monetary System in the 1990's, London / New York 1990, S. 304-311.

Tietzel, M. (1988): Zur ökonomischen Theorie des Betrügens und des Fälschens, in: Jahrbuch für Nationalökonomie und Statistik, Bd. 204 (1988), S. 17-35.

Tsoukalis, L. (1977): The Politics and Economics of European Monetary Integration, London 1977.

Tsoukalis, L. (1993): The New European Economy - the Politics and Economics of Integration, 2. überarbeitete Auflage Oxford / New York 1993.

Ungerer, H. (1990): The EMS 1979-1990, Policies - Evolution - Outlook, in: Konjunkturpolitik 36. Jg. (1990), S. 329-362.

Ungerer, H. / u. a. (1983), (Ungerer, H. / Ewans, O. / Nyberg, P.): The European Monetary System: The Experience 1979-82, Occasional Paper (Hrsg.: International Monetary Fund) No. 19, Washington D.C. Mai 1983.

Ungerer, H. / u. a. (1986), (Ungerer, H. / Ewans, O. / Mayer, T. / Young, P.): The European Monetary System: Recent Developments, Occasional Paper (Hrsg.: International Monetary Fund) No. 48, Washington, D.C. Dezember 1986.

Ungerer, H. / u. a. (1990): (Ungerer, H. / Hauvonen, J. J. / Lopez-Claros, A. / Mayer, T.) The European Monetary System: Developments and Perspectives, Occasional Paper (Hrsg.: International Monetary Fund) No. 73, Washington, D.C. November 1990.

Uterwedde, H. (1989): Frankreichs Wirtschaft, in: Landeszentrale für politische Bildung Baden-Würtemberg (Hrsg.): Der Bürger im Staat, 39. Jg. (1989), S. 129-134.

Vaciago G. (1990): Entwicklungen der italienischen Geldpolitik: Vergangenheit und Zukunft, in: O. Clauser / P. Mooslechner / G. Pegoretti (Hrsg.): Finanz, Industrie und Währung in Italien und im deutschsprachigen Raum, Berlin 1990, S. 203-213.

Varian, H. A. (1992): Microeconomic Analysis, 3. Auflage, New York / London 1992.

Vaubel, R. (1979): Die Rückkehr zum neuen Europäischen Währungssystem, in: Wirtschaftsdienst 1979/I, S. 25-30.

Vaubel, R. (1989): Überholte Glaubenssätze, in: Der Delors-Bericht: ein wegweisendes Dokument? - Zeitgepräch in: Wirtschaftsdienst 1989/VI, S. 276-279.

Vaubel, R. (1990): Koreferat zu Kösters, W. (1990), in: E. Kantzenbach (Hrsg.): Probleme der internationalen Koordination der Wirtschaftspolitik, Berlin 1990, S. 71-77.

Vaubel, R. (1991): A Public Choice View of International Organisations, in: R. Vaubel / T. D. Willett (Hrsg.): The Political Economy of International Organisations - A Public Choice Approach, San Francisco / Oxford 1991, S. 27-45.

Vaubel, R. (1993): Eine Public-Choice-Analyse der Deutschen Bundesbank und ihre Implikationen für die Europäische Währungsunion, in: D. Duwendag / J. Siebke (Hrsg.): Europa vor dem Eintritt in die Wirtschafts- und Währungsunion, Berlin 1993, S. 23-79.

Vickers, J. (1986): Signalling in a Model of Monetary Policy with Incomplete Information, in: Oxford Economic Papers 38 (1986), S. 443-455.

Viénot, M. (1993): The France Case, in: G. Bognetti (Hrsg.): What Bank Model for Europe?, Annals of Public and Cooperative Economics Vol. 64 No. 1 (1993), S. 55-61.

Vries de, T. (1980): On the Meaning and Future of the European Monetary System, in: Essays in International Finance (Hrsg.: Department of Economics, Princeton University New Jersey) No. 138, Princeton 1980, S. 1-60 (wieder abgedruckt in B. Eichengreen (Hrsg.): Monetary Regime Transformations, Cambridge 1992, S. 445-497).

Wärneryd, K. (1990): Economic Convention, Stockholm 1990.

Wagner, H. (1992): Seigniorage und Inflationsdynamik, in: Kredit und Kapital 25. Jg. (1992), S. 335-358.

Walsh, B. M. (1983): Ireland in the European Monetary System: The Effects of a Change in Exchange Rate Regime, in: M. De Cecco (Hrsg.): International Economic Adjustment: Small Countries and the European Monetary System, Oxford 1983, S. 160-188.

Walters, A. A. (1990): Sterling in Danger: the Economic Consequences of Pegged Exchange Rates, London 1990.

Weber, A. (1990): EMU and Asymmetries and Adjustment Problems in the EMS: Some Empirical Evidence,Centre for Economic Policy Research (CEPR) Discussion Paper Series No. 448, London 1990.

Weber, A. (1991): Reputation and Credibility in the European Monetary System, in: Economic Policy Nr. 12 (1991), S. 57-102.

Weber, A. (1992): The Role of Policymakers' Reputation in the EMS Disinflations - An Empirical Evalution, in: European Economic Review Vol. 36 (1992), S. 1473-1492.

Wegner, M. (1973): Wirtschafts- und Währungsunion - Ziele und Wege, in: U. Weinstock (Hrsg.): Neun für Europa - Die EWG als Motor europäischer Integration, Düsseldorf 1973, S. 65-91.

Weniger, L. (1988): Kapitalverkehrskontrollen im Europäischen Währungssystem, Frankfurt a. M. / u. a. 1988.

Willeke, C. (1993): Zentralbanken und Inflation - Ein institutionenökonomischer Ansatz, Berlin 1993.

Willet, T. D. (Hrsg.) (1988): Political Business Cycles - The Political Economy of Money, Inflation, and Unemployment, Durham / London 1988.

Williamson, O. E. (1976): Franchise Bidding for Natural Monopolies - In General and with Respect to CATV, in: The Bell Journal of Economics Vol. 7 (1976), S. 73-104.

Williamson, O. E. (1985a): The Economic Institutions of Capitalism, New York / London 1985 (Deutsche Übersetzung: Die ökonomischen Institutionen des Kapitalismus, Tübingen 1990).

Williamson, O. E. (1985b): Reflections on the New Institutional Economics, in: Journal of Institutional and Theoretical Economics (JITE) Vol. 141 (1985), S. 187-195.

Willms, M. (1990): Der Delors-Plan und die Ausgestaltung einer gemeinsamen europäischen Geldpolitik, in: R. H. Hasse / W. Schäfer (Hrsg.): Europäische Zentralbank, Göttingen 1990, S. 86-105.

Wilson, J. S. G. (1989): The Money Market in France, in: Banca Nazionale Del Lavoro (Hrsg.): Quarterly Review No. 169, Juni 1989, S. 191-206.

Witt, U. (1988): Eine individualistische Theorie der Entwicklung ökonomischer Institutionen, in: Jahrbuch für Neue Politische Ökonomie Bd. 7, Tübingen 1988, S. 72-95.

Witt, U. (1991): Reflections on the Present State of Evolutionary Economic Theory, in: G. H. Hodgson / E. Screpanti (Hrsg.): Rethinking Economics - Markets, Technology and Economic Evolution, Hants / Vermont 1991, S. 83-102.

Witt, U. (Hrsg.) (1992): Explaining Process and Change - Approaches to Evolutionary Economics, Ann Arbor (Michigan) 1992.

Wyplosz, C. (1988): Monetary Policy in France: Monetarism or Darwinism?, in: Finanzmarkt und Portfolio Management Nr. 4, 2. Jg. (1988), S. 56-67.

Wyplosz, C. (1989): Asymmetry in the EMS: Intentional or Systemic?, in: European Economic Review 33 (1989), S. 310-320.

Ypersele v., J. / Koeune, J.-C. (1984): Das Europäische Währungssystem - Geschichte, Funktionsweise und Aussichten (Hrsg.: EG-Kommission), Brüssel / Luxemburg 1984.

FSC
www.fsc.org
MIX
Papier | Fördert gute Waldnutzung
FSC® C083411

Kolibri 360 GmbH
Ferdinand-Jühlke-Straße 7
99095 Erfurt, Deutschland
produktsicherheit@kolibri360.de